U0603740

权威·前沿·原创

皮书系列为
"十二五" "十三五" 国家重点图书出版规划项目

北京蓝皮书

BLUE BOOK OF BEIJING

北京文化发展报告
（2017~2018）

ANNUAL REPORT ON CULTURAL DEVELOPMENT
OF BEIJING (2017-2018)

主　编／李建盛

社会科学文献出版社
SOCIAL SCIENCES ACADEMIC PRESS（CHINA）

图书在版编目（CIP）数据

北京文化发展报告. 2017－2018/李建盛主编. ——
北京：社会科学文献出版社，2018.5
（北京蓝皮书）
ISBN 978－7－5201－2456－0

Ⅰ.①北…　Ⅱ.①李…　Ⅲ.①文化发展－研究报告－
北京－2017－2018　Ⅳ.①G127.1

中国版本图书馆 CIP 数据核字（2018）第 053208 号

北京蓝皮书
北京文化发展报告（2017～2018）

主　　编 / 李建盛

出 版 人 / 谢寿光
项目统筹 / 邓泳红　郑庆寰
责任编辑 / 张　媛

出　　版 / 社会科学文献出版社·皮书出版分社（010）59367127
　　　　　　地址：北京市北三环中路甲 29 号院华龙大厦　邮编：100029
　　　　　　网址：www.ssap.com.cn
发　　行 / 市场营销中心（010）59367081　59367018
印　　装 / 三河市龙林印务有限公司

规　　格 / 开本：787mm×1092mm　1/16
　　　　　　印张：23　字数：383 千字
版　　次 / 2018 年 5 月第 1 版　2018 年 5 月第 1 次印刷
书　　号 / ISBN 978－7－5201－2456－0
定　　价 / 89.00 元

皮书序列号 / PSN B－2007－082－4/8

本书如有印装质量问题，请与读者服务中心（010－59367028）联系

▲▲ 版权所有 翻印必究

北京蓝皮书编委会

总　　编　王学勤

副 总 编　鲁　亚　田淑芳　赵　弘　杨　奎

《北京文化发展报告（2017～2018）》
编 委 会

主　　编　李建盛

副 主 编　陈红玉　王林生　陈　镭

本卷各专题主持人或撰稿人

李建盛	陈红玉	王林生	陈　镭	梅　松
张　凯	廖　旻	安　静	马柳婷	王淑娇
郑以然	杨　扬	张学骞	王文超	周　峥
叶亮清	孔少华	何　群	颜培璇	周庆宇
荆艳峰	陆跃祥	刘　敏	张　瑜	张　锐
许　妍	郭金良	晏　晨	黄仲山	景俊美
李明璇	张　丽	张　力		

主编简介

李建盛 北京市社会科学院文化研究所所长、研究员，首都文化发展研究中心主任，北京市文艺学会会长，中国瑶族文化传承研究中心主任，主要从事文化理论、首都文化发展战略和文艺理论研究。主要学术著作有《当代设计的艺术文化学阐释》《后现代转向中的美学》《艺术学关键词》《美学：为什么与是什么》《艺术 科学 真理》《北京文化 60 年（1949～2009）》《公共艺术与城市文化》《中国特色社会主义先进文化之都建设研究》《北京公共文化服务体系与惠民工程建设》等，多部学术著作获省部级优秀科研成果奖，《北京文化发展报告》多次获优秀皮书奖。

摘　要

2017年北京市积极落实首都城市战略定位，围绕全国文化中心建设，推进各文化领域建设发展，《北京城市总体规划（2016年－2035年）》更加明确了北京文化发展和全国文化中心建设的战略目标。在2017年的相关指数排名中，北京在全球城市指数排名中与2016年相同，仍然保持第9位；在全球城市实力指数排名中，北京位居第13；在全球城市"文化交流"指数排名中，北京位居第7，这几项指数在中国城市排名中，北京位居第一，但与"全球城市"伦敦、纽约、东京相比尚有较大差距。2017年，在中国城市综合竞争力排名中，北京位居第四，连续三年保持相同的稳定地位，位居上海、香港和深圳之后。在城市创新创业环境总体排名中位居全国第一；北京城市品牌发展、文化品牌、旅游品牌、投资品牌和品牌传播指数位居全国第一；北京城市文化竞争力指数位居全国第一；北京城市文化影响力指数位居全国第一。研究表明，北京文化建设发展位居全国前列，全国文化中心地位进一步巩固和提升。

第一部分"总报告"，报告以《北京城市总体规划（2016年－2035年）》视野中的全国文化中心建设为主题，概述2017年北京历史文化名城保护、公共文化服务体系建设、文化创意产业发展以及文化交流传播等方面发展动态，比较分析北京在国际、国内城市体系中的综合竞争力和文化竞争力优势及存在的差距，并提出相关对策建议。

第二部分"文化建设与文化发展战略"，以北京文化发展年度新进展、新城市总体规划视域中北京文化建设的整体战略、全国文化中心建设背景下的文化创意产业发展战略研究、京津冀文化协同发展等为主要内容，概述2017年北京文化发展的新动态和新趋势，并提出对策建议。

第三部分"城市文化与公共文化服务体系"，以北京"三个文化带"建设与利用分析、北京公共文化服务发展报告、全民阅读与阅读空间、民营书店发展、博物馆文化创意产业发展为内容展开分析，并提出相关对策建议。

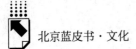

第四部分"文化创意产业与文化经济",就北京文化科技融合企业、文化创意产业结构性问题、文化财政金融创新、"旅游＋"融合创新、首都电影产业发展等相关产业展开分析,并提出相关对策建议。

第五部分"历史文化名城保护与文化交流传播",分析北京历史名城和非物质文化遗产的保护传承、北京文化传播、北京文化"走出去"、首都传播国际化发展等问题,并提出相关对策建议。

目 录

Ⅰ 总报告

Ⅱ 文化建设与文化发展战略

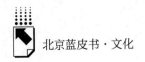

Ⅲ 城市文化与公共文化服务体系

Ⅳ 文化创意产业与文化经济

Ⅴ 历史文化名城保护与文化交流传播

皮书数据库阅读**使用指南**

总 报 告

General Report

B.1
新版《北京城市总体规划》
视野中的全国文化中心建设

李建盛[*]

摘 要： 2017 年，北京市积极落实首都城市战略定位要求，围绕全国文化中心建设推进各文化领域的建设发展，《北京城市总体规划（2016 年－2035 年）》更加明确了北京文化发展和全国文化中心建设的战略目标。在 2017 年的相关指数排名中，北京在全球城市指数排名中与 2016 年相同，仍然保持在第 9 位；在全球城市实力指数排名中，北京位居第 13；在全球城市"文化交流"指数排名中，北京位居第 7，这几项指数在中国城市排名中，北京位居第一，但与"全球城市"伦敦、纽约、东京相比尚有较大差距。2017 年，在中国城市综合竞争力排名中，北京位居第四，连续三年保持相同的稳定地位，位居

---

* 李建盛，北京市社会科学院文化研究所所长、研究员，首都文化发展研究中心主任。

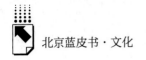

上海、香港和深圳之后。北京文化建设发展位居全国前列，全国文化中心地位进一步巩固和提升，在城市创新创业环境总体排名中位居全国第一；北京城市品牌发展、文化品牌、旅游品牌、投资品牌和品牌传播指数位居全国第一；北京城市文化竞争力指数位居全国第一；北京城市文化影响力指数位居全国第一。值得注意的是，北京的城市文化软实力指数总体排名位居第四，城市文化软实力民众满意度指数排名全国第13。这表明北京的宜居城市建设、文化软实力增强，尤其是在城市文化服务公众满意度方面尚有较大的提升空间。本报告围绕全国文化中心建设，概述2016年北京的历史文化名城保护传承、公共文化服务建设、文化创意产业发展以及文化交流传播拓展等方面发展动态，比较分析北京在国际、国内城市体系中的综合竞争力和文化竞争力优势以及存在的差距，并针对需要进一步加强的问题提出相关对策建议。

关键词： 北京城市总体规划　全国文化中心　历史文化名城　城市文化

一　《北京城市总体规划（2016年－2035年）》与全国文化中心建设

2016年6月北京市政府发布《北京市"十三五"时期加强全国文化中心建设规划》，明确了"十三五"时期全国文化中心的建设目标和建设措施，这是一个为期五年（2016～2020年）的全国文化中心建设专项规划。2017年9月中共中央、国务院批复的《北京城市总体规划（2016年－2035年）》则是一个近期、中期和远期密切相关的首都城市发展的战略性总体规划。《北京城市总体规划（2016年－2035年）》从首都城市的总体布局和战略发展出发，规划了全国文化中心建设，更具有指导性、深远性、全局性和战略性意义。

　　2017 年 9 月，中共中央、国务院批复的《北京城市总体规划（2016 年 –
2035 年）》明确了北京是全国政治中心、文化中心、国际交往中心与科技创新
中心的城市战略定位。全国文化中心是北京城市战略定位的四个核心功能之
一，这意味着北京作为文化中心的建设需要从城市战略高度上来定位和发展。
北京是全国的文化中心，同时也是全国文化中心城市，和全国政治中心、国际
交往中心与科技创新中心一道共同履行"四个服务"的基本职能。在全国文
化中心的战略定位上，北京的文化建设发展不仅要充分利用深厚的历史文化资
源，而且要充分利用现代文化资源优势，有力发挥凝聚荟萃、辐射带动、创新
引领以及传播交流和服务保障的重要功能，把北京建设成为物质文明和精神文
明协调发展，传统文化和现代文明交相辉映，历史文脉和时尚创意相得益彰，
既具有包容性，又具有亲和力，充满人文关怀，彰显人文风采，展示文化魅力
的中国社会主义先进文化之都。

　　在发展目标上，《北京城市总体规划（2016 年 – 2035 年）》提出要建设国
际一流和谐宜居之都，立足北京实际，突出中国特色，依照国际一流的标准，
坚持以人民为中心的思想，把首都北京建设成为在政治、科技、文化、社会和
生态各方面具有广泛而重要的国际影响力的城市，把北京建设成为人民幸福安
康的美好家园。而首都文化的繁荣发展是建设国际一流和谐宜居之都极为重要
的维度，因此，《北京城市总体规划（2016 年 – 2035 年）》在城市总体发展目
标中提出了 2016 ~ 2035 年的战略性要求和阶段性目标。总体规划提出，到
2020 年，北京全国文化中心地位要得到进一步增强，市民素质和城市文明程
度要得到显著的提高；到 2035 年，要把北京建设成为文化自信、多元包容、
魅力彰显的世界文化名城；到 2050 年，要把北京建设成为弘扬中华文明与引
领时代潮流的世界文脉标志。如果说 2020 年的发展目标是就北京作为全国的
文化中心提出来的，强调的是全国文化中心地位的增强和市民素质与城市文明
程度的提高，那么 2035 年的发展目标则是在北京作为世界文化名城的世界坐
标中提出来的，强调的是中国首都城市和全国文化中心的文化自信、文化魅
力、文化丰富性和文化包容性，而 2050 年的发展目标则是在比世界文化名城
更高层次上的世界文脉标志上提出来的，强调对中华文明的弘扬和对时代潮流
的引领。

　　《北京城市总体规划（2016 年 – 2035 年）》第四章对北京城市文化的建设

发展进行规划，提出加强历史文化名城保护，强化首都风范、古都风韵、时代风貌的城市特色。首都风范可以说是从北京作为国家首都城市战略发展的高度来强调北京城市特色，古都风韵是从北京作为世界著名的历史文化名城来突出北京城市特色，而时代风貌则紧密结合北京城市文化的创新发展来彰显北京城市特色，这充分说明文化和全国文化中心的建设发展在北京城市特色和城市整体发展格局中所具有的极为重要的意义和作用。第四章对北京城市文化建设发展的规划明确了城市文化发展的各个方面，并且强调指出，北京既是见证历史沧桑变迁的千年古都，也是不断展现我们国家发展新面貌的现代化城市，而且在新的建设发展中成为东西方文化相遇与交融的国际化大都市，因此，要通过北京历史文化遗产和文化价值的保护和传承，通过构建城市的景观格局，规划和管控城市空间的立体性、平面的协调性、风貌的整体性、文脉的延续性等，创造丰富宜人和充满活力的城市公共空间，以大力推进全国文化中心的建设，提升首都的文化软实力和国际影响力。

《北京城市总体规划（2016年–2035年）》第四章既切合实际，又富有战略性地明确了北京城市文化的保护传承和建设发展，对于推进全国文化中心建设及提升首都文化软实力和国际影响力具有指导性、战略性和实践性意义。北京是有着悠久历史和深厚文化底蕴的世界文化名城，无论其物质形态还是其非物质性文化都凝聚着丰富深厚的中华传统文化，展示着具有浓郁地域特色的北京文化。因此，在北京城市文化建设发展上，总体规划强调要构建全覆盖、更完善的历史文化名城保护体系，在更加开阔的视角和更广阔的视野中不断挖掘北京的历史文化内涵，扩大文化保护的对象和范围，构建四个层次、两大重点领域、三条文化带以及几个方面的历史文化名城保护体系，保护和发展并重，把保护中发展与发展中保护紧密结合起来。北京老城是城市在历史过程中凝聚和积淀的宝贵的城市形态，既是北京城市的历史性和物质性空间，也是城市的历史性和文化性表征；总体规划还明确了加强北京老城的保护，坚持整体性保护的十大重点，即保护北京城市传统中轴线、明清北京城"凸"字形城廓，整体保护明清皇城，恢复历史河湖水系，保护老城原有的棋盘式道路网骨架以及街巷胡同格局，保护北京所特有的胡同—四合院的传统建筑形态、老城平缓开阔的空间形态、重要景观视廊与街道对景和老城传统建筑色彩与形态特征以及古树名木及大树等。同时提出要加强文化的保护和腾退，不断完善保护实施机制。明确提出要加强三山五园地区保护。三山五园地区既有浓厚的传统历史文化，也有新兴城市文化，是传统历史文化和现代新兴文化交融的复合型地区。规划指出，要充分利用优秀的历史文化资源、优质的人文底蕴和优美的生态环境，把该地区建设成为具有典范作用的国家历史文化传承区，并且把它建设成为国际交往活动的重要载体。由此，要通过形成南北文化带、突出三个分区特色、塑造若干关键节点，努力构建历史文脉和生态环境相交融的整体城市空间。要不断加大文物和遗址的保护力度，加强历史风貌和重要历史文化节点的保护，激活和活化非物质文化遗产，从而保护和传承该地区的历史文化；通过西山山脉生态环境的保护、大尺度绿色空间的恢复以及综合整治和功能提升的实施，恢复该地区山水田园的自然历史风貌。

新编总体规划不仅突出强调了历史文化名城的整体保护和重点领域，而且从城市文化战略发展高度重视城市的设计。总体规划第四章提出要加强城市设计，以塑造传统文化与现代文明交相辉映的首都城市特色风貌。明确提出要建立城市设计管理体系并贯穿于城市规划、城市建设和城市管理全过程，更科学更合理地统筹城市建筑布局和协调城市景观风貌；要求不仅通过精心设计，而且重视保护提升，使历史建筑的文化魅力、现代建筑的赏心悦目和舒适宜人的城市空间相得益彰，把北京建设成为赏心悦目的城市。重要战略措施是进行特色风貌分区，构建绿水青山和两轴十片多点的城市整体景观格局，加强管控建筑高度、城市天际线等，通过发展绿色建设、提高建筑设计水平、优化城市公共空间，积极打造首都城市建设的精品力作。要以社会主义核心价值观的培育和弘扬为统领，以历史文化名城的保护和文化传承为根基，高水平地建设重大功能性文化设施，创造高品质的国际一流的文化设施，构建并完善现代公共文化服务体系，加强和推进首都城市文明建设，发展提升文化创意产业，形成涵盖首都各区、辐射京津冀、服务全国以及面向世界的文化中心发展新格局，积极发挥全国文化中心的示范带头作用，不断扩大北京在国内、国际的文化竞争力、传播力和影响力，从而实现北京建设世界文化名城和世界文脉标志的目标。

《北京城市总体规划（2016 年 – 2035 年）》是为落实北京的"四个中心"城市战略定位，建设国际一流和谐宜居之都的目标而编制的新版北京城市总体规划，明确了在全国文化中心建设的价值导向上以社会主义核心价值观的培育和弘扬为引领，在城市文脉传承上以北京历史文化名城保护为根基，在城市文化空间格局拓展上以推进大运河、长城和西山永定河"三个文化带"为抓手，在满足人民群众日益丰富的文化需求上积极推动公共文化服务体系示范区建设，在文化创新和文化经济发展上加强文化创新产业引领区的建设，在总体目标上把北京建设成为彰显文化自信与展现多元包容魅力的世界文化名城。因此，《北京城市总体规划（2016年－2035年）》对于当前和未来全国文化中心的建设发展具有指导性、深远性、全局性、战略性和实践性意义。

2017年是实施北京市"十三五"规划和《北京市"十三五"时期加强全国文化中心建设规划》的第二年，是中共中央和国务院正式批复《北京城市总体规划（2016年－2035年）》之年。在全国文化中心建设上，必须坚持中国特色社会主义先进文化方向，培育和践行社会主义核心价值观，完善北京公共文化服务体系，保护历史文化名城"金名片"，推动文化创新和文化创意产业发展，大力加强首都全国文化中心建设，积极落实首都的城市战略定位，建设国际一流和谐宜居之都。2017年6月北京市第十二次党代会召开，党代会报告提出要树立坚定的文化自信和文化自觉，积极推进全国文化中心建设，发挥全国文化中心功能，持续不断地推进社会主义核心价值观的践行，牢牢掌握意识形态工作主导权，保护城市历史文脉，发展文化创意产业和公共文化服务，彰显中华优秀文化的魅力，推动文化"走出去"，积极传播中华民族优秀文化，展示北京作为大国首都的形象，把北京建设成为文化繁荣发展、道德风尚和社会风气最好的城市。2017年1月，北京市人民政府印发的市政府工作报告重点工作方案共198项，其中13项有关首都文化和全国文化中心建设，包括用中国梦与核心价值观凝聚共识，培育理想信念和价值追求，围绕抗战爆发80周年相关活动进行爱国主义教育，举办"北京榜样"大型活动，做好典型模范宣传、市民素质和城市文明提升、公共文化服务示范区创建和文化综合服务效能提升、基层公共文化服务设施建设、首都市民系列文化活动、文化艺术精品创作引导和支持、国有文化企业改革创新、文化创意产业功能区的转型升级和相关大型项目建设、推动中轴线申遗和"一轴一线"魅力恢复工作、旧城和历史文化街区特色保护、统筹推进"三个文化带"建设以及积极推进名镇和名村与传统村落的保护。

二 2017年北京文化发展现状与动态

2017年，中共中央、国务院批复《北京城市总体规划（2016年-2035年）》，北京城市文化保护、建设和发展在更高的城市战略层面被纳入城市总体规划之中。全国文化中心建设领导小组强调要把首都文化这篇大文章做好，加强顶层设计，重点抓好"一核一城三带两区"建设，这意味着北京文化建设发展进入了新的阶段。2017年，北京的文化保护传承和建设发展，紧紧围绕"十三五"时期北京市全国文化中心建设规划积极稳步推进，首都文化各方面的发展都取得重要进展。

（一）将城市历史文化保护传承纳入整体规划，积极推进历史文化名城建设

2017年，北京市发挥新版《北京城市总体规划》战略引领和刚性约束的作用，牢牢把握传承北京历史文脉重点，扎实开展物质文化遗产保护和非物质文化遗产传承，积极擦亮北京历史文化名城"金名片"。

1. 全面规划历史文化名城的空间布局，明确历史文化名城保护体系

《北京城市总体规划（2016年-2035年）》把北京历史文化名城保护和城市历史文化传承纳入总体规划，突出历史文化名城保护的整体性、系统性和战略性。要不断优化空间布局，积极推进功能重组，突出南北和东西两轴的政治、文化功能，加强老城的整体保护，塑造二环路沿线文化景观，重塑首都北京独有的壮美空间秩序，重现卓越的世界古都城市规划建设；继承和发展传统城市中轴线和长安街形成的两轴格局，优化和完善政治中心和文化中心功能，彰显国家首都形象以及中华文化魅力；大力推动老城的整体保护与复兴，把它建设成为承载中华优秀传统文化的代表地区。总体规划提出加强北京历史文化名城保护，强化首都风范、古都风韵、时代风貌的城市特色，形成更加完善的全覆盖的涵盖四个层次、两大重点区域、三个文化带和九个方面的北京历史文化名城保护体系；不断拓展和丰富历史文化名城保护内容，更加精心地整体保护长城、北京故宫、周口店北京人遗址、颐和园等七处世界遗产；加强大运河、长城和西山永定河"三个文化带"的整体保护利用，进一步加强北京历

史建筑及工业遗产保护，深入挖掘近现代北京的城市发展脉络，以及加强名镇名村、传统村落保护和发展，同时保护和恢复老字号等文化资源和非物质文化遗产。加强老城的整体保护，坚持传统中轴线、明清北京城"凸"字形城廓、历史河湖水系、13 片文化精华区等十个重点区域的整体保护或恢复。加强三山五园地区保护，着力构建历史文脉与生态环境相交融的整体城市空间结构；加大力度保护文物和遗址，重视历史风貌和重要历史文化节点的保护和重塑，活化和激活非物质文化遗产，保护、挖掘和传承、弘扬北京的优秀历史文化。北京历史名城保护的空间战略布局和保护传承体系将有力指导和推进历史名城的整体保护和古都风韵的重塑。

2. 大力推进核心区的文物腾退和保护工作，加强历史文化遗产传承保护

2017 年，北京市大力推进核心区的文物腾退与保护工作，推进通州历史文化遗产保护工作、保护和修缮"三个文化带"文物、大遗址保护利用等重点文博工作。《北京市人民政府关于组织开展"疏解整治促提升"专项行动（2017－2020 年）的实施意见》出台。东城和西城制定了具有针对性的措施、行动计划和保护目标，通过疏解、腾退和环境整治等措施整治城市环境，恢复传统风貌。东城区出台《东城区实施"文化强区"战略推进全国文化中心建设行动计划（2017－2020 年）》，力图在"十三五"期间打造南锣鼓巷、雍和宫—国子监、张自忠路南等 6 片历史文化精华区，并实现会馆类文物全部腾退和文化利用，把历史街区塑造为城市"街道客厅"。前门地区三里河重现了"水穿街巷"景观，修缮后的临汾会馆成为北京会馆文化陈列馆，南锣鼓巷得到全面修缮整治，并增设"老物件博物馆""非遗公益大讲堂"，积极推进"大故宫文化区"建设。2017 年东城区实施 17 项不可移动文物腾退工作。西城区扎实推进核心区城市整治和文物保护工作，制定《西城区"十三五"期间不可移动文物保护行动计划》《西城区街区整理实施方案》《西城区街区整理城市设计导则》《西城区街区公共空间管理办法》等，不可移动文物腾退保护工作进展顺利，2016 年启动 17 项，2017 年启动 15 项，2018 年和 2019 年将分别启动 6 项和 8 项。西城区以街区整理为重点推进老城保护，引入"街区"概念，创新街区整理模式，实现城市更新、生态修复和文化复兴的多重目标和良好局面。此外，作为老城核心，中轴线申遗前期准备工作有序推进，景山公园寿皇殿建筑群和大高玄殿的修缮正在进行之中，南中轴线天坛周边违建已完

成搬迁，永定门西侧先农坛腾退整治启动，朝阜大街的整治提升工程进展顺利，修缮整治工作稳步开展。

3. 积极推进"三个文化带"研究，有效开展文物保护工作

建设"三个文化带"是建设全国文化中心、保护历史文化名城以及实施北京城市总体规划的重点内容。2017 年，本着"保护为主、抢救第一、合理利用、加强管理"的工作方针，启动多项"三个文化带"保护、利用和建设工程，取得明显成效。诸如积极开展大运河文化带区域内的通州三庙一塔、颐和园、北海和玉河故道遗址等保护工程，研究编制汉代路县故城遗址的保护规划，实施遗址公园建设工程，北京市文化局与通州区联合编制《北京城市副中心 2018 - 2020 年文物专项行动计划》。长城文化带完成箭扣 146 号敌楼到150 号敌楼和长城（天梯至鹰飞倒仰）的修缮工程，对长城修缮定额编制和长城（北京段）修缮技术规范与标准等展开课题研究。西山永定河文化带重点实施黑龙潭行宫院倒座房和龙王庙碑亭等的修缮以及局部文物修复工程，已完成北法海寺遗址保护工程。北京市文物局正在配合和组织相关部门研究编制"三个文化带"保护建设规划、五年行动计划，并明确了 2018 年的重点文物和遗存保护重点任务。在西山永定河文化带的保护利用和建设上，2017 年海淀区以三山五园地区为重点加快推进人文和自然环境建设，全面开展玉泉山周边地区园外园的环境提升工程，同时正在研究和编制西山永定河文化带（海淀段）和大运河文化带（海淀段）的保护利用规划以及行动计划，深入梳理文化资源，加快重要文化景观恢复，进一步加强重点文物和遗存的保护修缮，扎实推进文化带的空间塑造和文化保护传承。

4. 文物考古取得重要成果，非物质文化遗产传承持续深化

2017 年，北京考古勘探面积不断扩大，发掘古代墓葬、窑址、灰坑、房址等约 66000 平方米，陶器、瓷器、铜器等地下文物共计 1 万余件（套）。12月，北京市文物局发布 2017 年七大地下文物保护成果，包括副中心考古发现战国至清代墓葬、路县故城发现辽金窑址和唐代墓、新机场考古发现清代家族墓、世园会建设区考古发现魏晋家族墓、圆明园如园遗址发现清代皇家园林建筑基址、圆明园紫碧山房遗址发现清代建筑基址、房山区河北镇发现清代庄亲王园寝群。本年度，北京市利用多种渠道向社会宣传推广非遗文化资源，一是举办展览推广活动，广泛展示北京非物质文化遗产，创新非物质文化遗产宣传

形式，增强市民对非遗文化的了解，"非物质文化遗产保护讲座月"特别活动、"国宝非遗聚金街 工匠精神共传承"等活动取得明显效果。二是结合文化产业推广非遗产品，借助市场开发非遗资源，如"民间瑰宝 魅力之都"2017北京非物质文化遗产时尚创意设计大赛等，将传播与传承、文化与时尚、遗产与产业相结合。三是加强知识产权保护，保障非遗传承人权利，西城区成立非物质文化遗产12330工作站，有助于北京知识产权保护与非物质文化遗产保护深度融合，推进非物质文化遗产的保护、传承与发展。

（二）加快建设公共文化服务体系示范区，推动公共文化服务深化发展

2017年，北京市全面启动公共文化服务示范区创建，文化设施建设重点向郊区、人口稠密和公共文化服务薄弱区域倾斜，并推动公共文化服务向精细化深入，结合非首都功能疏解和环境整治，营造新型城市文化公共空间，不断完善三大文化服务配送体系，加大对群众文化活动的扶持力度，壮大基层文化组织人员队伍，提高公共文化服务质量。

1. 创建公共文化服务体系示范区，提升首都公共文化服务品质

朝阳区、东城区已被列入第一批和第二批国家公共文化服务体系建设示范区，海淀区正在创建第三批示范区。2017年，北京市出台相关政策措施，加快建设公共文化服务区。9月，北京市《关于加快推进公共文化服务体系示范区建设的意见》（以下简称《意见》）提出，加强北京市公共文化服务体系示范区建设，是落实首都城市战略定位、履行首都职责、建设全国文化中心和国际一流和谐宜居之都的重要内容和任务。北京公共文化要向广度和深度推进，以15分钟为服务半径，进行基层文化设施布局的规划，进一步完善北京公共文化设施网络体系；鼓励设置区域综合文化中心，支持实体书店建设；鼓励和引导党政机关和国有企事业单位以及学校文化设施向公众免费或优惠开放，扩大服务覆盖范围。目前，全市有五个区通过评审获得了首都公共文化服务示范区创建资格，分别为石景山区、丰台区、通州区、大兴区、房山区。力争到2020年，北京市公共文化服务体系示范区建设取得显著成效，率先建成均衡发展、供给丰富以及服务高效和保障有力的首都现代公共文化服务体系。《意见》提出了联合社会力量以共同推动公共文化建设的方案，吸纳

社会组织和企业创造优质的公共文化产品和服务，提升公共文化设施的专业化管理和运营水平，支持民办机构兴办图书馆、博物馆、美术馆、实体书店、公共阅读空间、点播影院。同时，发布新版《北京市优秀群众文化项目扶持办法》，突出"以社会主义核心价值观引领""坚持创造性转化和创新性发展"等原则，扩大群众文化活动项目扶持面，激发基层市民的文化创造活力，提升群众文化活动品质。本年度，签署了《通武廊三地文化领域协同发展战略框架协议》，旨在打造由京津冀三地十几个区市构成的"京津冀公共文化服务示范走廊"，采取多种措施扩大公共文化服务范围，丰富和拓展公共文化服务渠道。

2. 推进公共文化服务的基础设施建设，开展丰富多样的群众文化活动

北京市落实"1+3"公共文化服务政策体系，不断加强公共文化服务的基础设施建设。大中型文化设施建设虽然相对缓慢，但仍在稳步推进之中，重点向郊区和人口稠密、公共文化服务薄弱的区域倾斜。北部郊区的海淀区温泉镇北部文化中心开放后，完成开放了唐家岭中关村森林公园四期工程；昌平区回龙观、天通苑启动综合文化体育中心建设。南部地区的房山文化活动中心向公众开放服务。此外，北京即将启动的公共文化设施项目建设有"一带一路"博物馆（怀柔）、永定河滨水文化公园（门头沟）、卢沟桥国家文化公园（丰台）、天桥文化传承中心（西城）等。目前，北京市、区、街乡、社村四级公共文化设施共6815个，比2015年增加了124个。服务设施平均覆盖率达98%。全市共有6863个社区（村），社区（村）综合文化室达6585个，建有率为95.9%。2017年，望京街道图书馆、香河园地区文化中心等一批基层文化服务设施开始对外服务。东城区等地区把"15分钟文化圈"的标准提高到"10分钟文化圈"，对基层文化服务设施提出了新要求。2017年，北京市加强基层群众文化活动队伍建设，提高基层公共文化服务质量和水平。到2017年，全市区村文化组织人员数量达7583人，基本覆盖所有行政区（村），此外街乡综合文化中心的基层文化人才2299人，各类文化志愿者人数更是多达4万余人。2017年文化活动丰富多样，共开展文化活动2.2万场，涵盖歌舞、曲艺、摄影、戏剧和阅读等多个领域，其中街乡、社区的基层文化活动占76%，涌现出一批优秀原创节目、优秀团队、品牌文化活动，为人民群众提供了丰富多样的精神食粮，营造了良好的城市文化氛围。

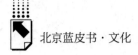

3. 通过非首都功能疏解开辟公共文化空间，利用"互联网＋"推动公共文化服务创新

非首都功能疏解为合理配置文化空间资源、建设公共文化服务设施提供了重要契机。2017 年，朝阳区香河园地区某商业娱乐中心改建成地区综合文化活动中心；崇文门外都市馨园社区地下民防设施腾退被改建为非遗博物馆和社区文体活动室；昌平区正在通过回购天通中苑一栋建筑改建为天通苑文化中心，同时升级改造回龙观体育文化公园；目前正在实施疏解的朝阳区黑庄户乡将以农耕文化为主题建设大型公园；丰台区南苑村正进行大面积腾退并规划建设与奥林匹克森林公园相呼应的城南大型公园；此外，东城区左安门角楼复建成功，被开辟为北京历史文化主题的公共图书馆。北京市充分利用互联网信息和数字技术，建设新型的文化服务平台。2017 年，北京市相关部门定期对基层公共电子阅览室进行维护和巡检，开展数字服务活动，全市图书"一卡通"通借通还成员单位增加了 17 家，总数达 206 家，西城区和通州区作为北京市试点建立线上、线下服务相结合的配送平台，不断提高文化服务的效率和效能；海淀区建立公共文化服务数字平台——文化@海淀（PC 端和微信平台），有效整合和利用多种类型的文化资源，满足丰富、快捷、多样的文化需求。

（三）深化体制机制改革，助力文化创意产业发展

2017 年，北京市出台文化体制机制改革相关举措，创新和探索北京文化创意产业发展的方式，开拓文化创意产业发展新领域。2017 年 1 月至 11 月，北京市规模以上的文化创意产业法人单位收入总值达到 1.36 万亿元，同比增长 9.4%。文化创意产业依然是北京市仅次于金融业的支柱性产业。

1. 出台相关文化体制改革和产业发展政策，助推文化创意产业发展

为落实首都城市的战略定位和京津冀协同发展战略，构建开放型的经济发展新体制，不断深化北京服务业扩大开放综合试点，创新服务业开放模式，加强服务业体制机制改革，大力提升北京市的现代服务业和服务贸易发展水平，国务院 2017 年 6 月批复了《深化改革推进北京市服务业扩大开放综合试点工作方案》，列出 10 条放宽外资准入清单，包括文化艺术、广播电视电影音像业、人力资源服务业等在内的 9 个行业。在文化创意产业领域，允许外商在海淀区、石景山区、顺义区和朝阳区的国家文化产业创新试验区、丰台区的中关

村科技园区、通州区的马驹桥镇投资建设演出娱乐场所，进一步扩大投融资领域。文化创意产业市场的准入条件进一步扩大，文化创意产业体制机制创新力度加大，有利于发展和提升北京文化创意产业。11月，为进一步加快文化改革发展步伐，促进市属国有文化企业健康和可持续发展，助力全国文化中心建设，北京市出台《关于深化市属国有文化企业改革的意见》，提出通过文化企业改革的不断深化，推动国有文化企业在重要领域以及关键环节实现重大突破，并且明确了文化企业的重点改革工作任务分工和时间进度。力争到2020年底基本完成市属国有文化企业的分类改革任务，进一步优化国有文化资本的布局结构，基本构建具有文化特色的现代企业制度，进一步完善国有文化资产监管体制，打造一批具有核心竞争力和国际影响力的大型骨干文化企业。同时，为支持北京文化创意产业发展，北京市文资办、北京市文化局、北京市科委和北京市经信委等部门持续推出文化创意产业的补贴、奖励和贴息等一系列扶持政策和措施，调动了文化企业和文化产业从业者的积极性，推动了北京文化创意产业的新发展。最新数据显示，全国文化企业共有上市公司58家，其中北京占21家，市值累计为3000多亿元，体现了北京文化企业的强劲实力和竞争力。2017年1~11月规模以上北京市文化创意产业发展情况如表1所示。

表1　2017年1~11月规模以上北京市文化创意产业发展情况

项目	收入合计		从业人员平均人数	
	2017年1~11月（亿元）	同比增长（%）	2017年1~11月（万人）	同比增长（%）
合计	13600.0	9.4	122.8	-0.3
文化艺术服务	285.8	14.5	5.7	1
新闻出版及发行服务	699.2	8.6	7.6	-1.3
广播电视电影服务	704.9	1.5	5.5	-0.3
软件和信息技术服务	5735.5	15.5	67.6	-0.1
广告和会展服务	1732.0	7.0	6.5	-5.7
艺术品生产与销售服务	1059.4	0.5	1.8	0.6
设计服务	287.7	10.1	8.4	11
文化休闲娱乐服务	932.7	-1.0	8.4	-2.7
文化用品设备生产销售及其他辅助	2162.9	6.7	11.3	-4.2

注：各领域数据按2011年国民经济行业分类（GB/T 4754-2011）标准汇总。

资料来源：北京市统计局。

2. 加快文化财政金融创新，构建文化创意产业联动融资服务体系

2017 年，北京市在文化财政金融领域进行了多方面的创新。在文化财政领域，继续完善各区文化创意产业发展专项资金管理，创新文化消费支持方式，细化文化财政扶持政策，联合金融机构助力中小微文化企业发展。在文化金融领域，银行不断深化文化产业金融服务，众筹助力传统文化产业发展，PPP 模式升级服务文化产业，资本持续聚焦文娱产业。为健全北京文化发展投融资体系，北京构建了涵盖投资基金、融资担保和融资租赁以及小额贷款等的一整套文化产业联动融资服务体系，成立北京文化产权交易中心，在华夏银行和北京银行等设立专门的文创事业部和文化创意支行。为缓解北京文化创意企业融资难、融资贵和融资慢等问题，北京市文资办同市财政局共同推出北京文化创意产业"投贷奖"的联动体系，凭借北京市文化创意产业金融服务网络平台和文化创意企业股权转让平台等文化金融服务类平台，有效发挥文化创意产业"投贷奖"的联动作用。目前，已实现线上注册企业达 2000 余家，推出服务文创企业的金融产品超过 1000 个。2017 年初，为加快分行文化金融升级步伐，北京银行北京分行成立文化金融领导小组，编制和出台《2017 年北京分行文化金融"百亿计划"》，争取在 2017 年北京分行的文化金融余额突破100 亿元。8 月 23 日，北京银行与北京市新闻出版广电局共同签署了新一轮五年期《支持北京新闻出版与广播影视产业发展全面战略合作协议》，为北京市新闻出版广电局统筹管理和服务的文化企业在今后五年内所提供的授信额度从100 亿元提高至 500 亿元；11 月，北京银行率先和北京市文促中心签署战略合作协议，实现文化产业与金融资本的对接。截至 2017 年 6 月底，北京银行文化金融贷款余额已超 530 亿元，累计发放贷款达 1500 余亿元，共支持 5000 余家文化创意企业实现长足发展。在第六届中国文化金融创新峰会上，北京市文化创意产业促进中心和清科集团联合发布北京市最具投资价值文化创意企业榜单，推出了 50 家最具投资价值的文化创意企业，上榜企业涵盖动漫游戏、广播影视和创意设计等领域，体现了较强的市场前景与创新能力。

3. 培育扩大服务消费和优化升级商品消费，推动文化消费经济增长

文化消费是满足人们精神文化需要和推动文化经济增长的重要途径，随着消费社会的发展，文化消费在社会文化和经济生活中发挥日益重要的作用。北京文化消费规模已接近 900 亿元，处于北京全市服务型消费前三位。2016 年，

北京的人均教育文化娱乐消费支出达 3687 元，占消费支出的 10.6%。为贯彻落实国务院的指导意见和扩大旅游、文化、体育等领域消费的意见，2017 年 6 月，北京市人民政府出台了《关于培育扩大服务消费优化升级商品消费的实施意见》，包括 23 个方面、48 项具体措施，以培育和扩大消费服务，优化和升级商品消费，充分释放消费新活力和培育经济发展新动能，包括丰富文化消费、扩大旅游消费、促进体育消费、引领时尚消费、扩大新产品和服务供给、拓展多层次消费供给新空间等，其中文化消费涵盖扩大文化新消费、加强国际文化交流、拓展文化消费新空间、促进文化惠民消费、拉动文化旅游消费等。文化消费领域和文化消费途径得到了有力拓展，有利于更好地满足首都人民和全国人民的文化需要，也有助于推动北京文化消费经济的发展。2017 年，第五届北京惠民文化消费季以"文化惠民"为主题，体现传承、创新和弘扬的主线，融合发展、创新供给、拓展受众和提升形象的总体思路，将历史文化传承与现代文明传播相结合，积极创新文化消费模式，拓展文化消费渠道，扩大文化消费，在第四届"十大文化消费园区"的基础上，创新性地推出商场、社区以及文创园区和文化小镇四大类特色文化空间，体现了艺术外观、文化内涵和创意生态的融合，并且邀请了万科、侨福芳草地以及爱琴海购物中心和金融街购物中心等参与进来。此外，通过通州区宋庄镇、房山区青龙湖镇以及延庆区大庄科镇等特色文化小镇建设，共同打造具有较高品质的文化消费集群，成功地打造了一批文化消费新地标，富有成效地形成了文化消费"一站式综合体"；积极推动昌平、怀柔、门头沟、延庆和平谷的全域旅游示范区创建工作，不断开展海外旅游推介和宣传推广活动。同时，北京各区紧密结合自身的区位优势和文化特色，持续性地举办丰富多彩的惠民文化消费活动，努力开辟市区联动和相互呼应的文化消费发展格局，在满足人民群众丰富多样的精神文化生活需求，提升市民文化生活质量的同时，推动城市文化消费与文化经济的持续发展。

（四）加强对外文化交流，提高文化交流传播影响力

作为国际大都市和国际交往中心，北京大力加强对外文化交流和文化"走出去"活动，积极传播中华文化和北京文化。2017 年，北京市围绕中心服务大局，积极开展多层次的对外文化交流活动，拓展已有文化交流合作平台作

用，创新对外文化交流传播的形式和内容，创新对外文化交流和文化"走出去"形式、机制和方法，有力展示北京城市形象和文化形象，提升了国际影响力。

1. 发挥多元主体协同作用，积极推动北京文化"走出去"

2017年，政府在推动对外文化交流传播中发挥主导性作用的同时，积极构建对外文化交流的多元主体模式，形成了多元主体协同的文化传播方式。政府积极为对外文化交流传播搭建平台，继续完善北京优惠政策，创造良好服务条件，创新文化艺术生产引导机制，鼓励和扶持原创性产品，完善财政投入方式，引导文艺院团进行精品创作，并加强对外文化贸易骨干人才的培训，提高对外文化交流能力和水平。北京市文化局全方位搭建戏曲艺术的国际交流平台，推动戏曲艺术向海外发展，在传播中华文化方面取得较大成效。充分调动社会团体参与的积极性，发挥社会组织、学术团体、智库等机构在对外交流传播中的主动性和创造性，许多社会组织参与海外孔子学院和一些海外文化中心的建设，加强人文交流和国际合作。在市场经济条件下，企业间的市场行为在某种程度上也是一种文化交流活动。2017年一批文化传媒公司在"走出去"中逐渐壮大。（北京）时代出版传媒不断创新对外合作、对外贸易模式，实现从产品"走出去"到产业"走出去"、从产业项目化到资本国际化、从出版"走出去"到文化"走进去"的转变。同仁堂扩展海外市场，并在海外多个地区开设网点，包括中医诊所、零售终端、养生中心，通过品牌将中医药文化传播到了世界各地。2017年7月北京举办外商投资政策的说明交流会，向外资企业和投融资机构等阐明中国政策原则，这既是一种国际性企业间的交流，也是一种文化的传播，立体性、多层面的对外文化交流与传播将更加有影响力。

2. 利用多种对外文化交流传播形式，提高北京文化影响力

2017年，北京市利用多种对外文化交流形式传播首都文化和中华文化。一是以"一带一路"倡议和举办2022年冬奥会为契机，加强对外文化交流。8月在北京举办的"一带一路"文化遗产合作交流国际高峰论坛，旨在促进"一带一路"沿线文化遗产保护与传承的合作，共同探讨国际民间艺术保护和文化遗产传承等方面的理论与实践经验，继续承办以"一带一路"国家交流为主题的优秀青少年"欢动北京"活动，用文艺演出、艺术之旅和互动联欢

等多种形式，促进中外青少年交流，体验北京文化，增进相互了解。二是加强对外文化交流的品牌和机制建设，组织文艺团体海外演出，在美国、加拿大、芬兰、捷克、德国和希腊等国家开展"欢乐春节"活动。2017年春节期间，北京市文化局组织36支演出团组、400多位艺术家参加在国外的演出；2017年6月在阿斯塔纳开展文化活动周活动，在世博会的中国馆表演京剧《京韵华彩》、杂技《激踏·球技》等节目。三是加强中国名著的海外翻译与阅读推广，利用传统媒介和新媒体多种形式推动中华优秀文化"走出去"。四是向国际推广中国电影、电视剧和游戏，向国际社会推介文化产品，讲述中国故事，传扬中国文化价值。五是不断扩大新闻媒体传播，充分利用人民网海外版、中国网、中国网络电视台等重点新闻网站传播中国声音，传播北京文化和北京城市的新建设和新发展，塑造良好的首都城市形象，扩大北京文化影响力。

3. 利用国际化品牌化展示文化创新成果，推动对外文化贸易发展

2017年，北京市充分利用国际化品牌化的文化交流展示平台，展示文化新成果和新发展。2017年9月，以"文化科技融合、传承创新发展"为主题，举办了为期三天的第十二届中国北京国际文化创意产业博览会，文博会体现了更为明显的高端化、专业化、市场化和国际化特征，汇聚海内外的文化产业优质资源，充分展示融合、创新和发展的中国文化创意产业最新成果。据不完全统计，文化创意产业博览会举办期间，共签署文化创意产品交易、艺术品交易以及银企合作等协议总金额977.28亿元。其中文化创意产业投融资、文创产品交易与产业合作共65场项目推介交易的签约活动尤其引人注目，较为活跃的当属影视文化制作与版权项目交易，其签约金额高达371亿元，占总金额的37.9%；落户园区的文创产业合作项目达478亿元，占比49%；文化与金融、文化与科技等融合项目金额达171亿元，占比17.5%；落实"一带一路"倡议的文化"走出去"项目有所增加，文化贸易签约金额达138亿元，成效明显，占比14%。2017年，北京的文化贸易在全国处于领先水平，北京市商务委数据显示，北京市的文化贸易中2017年1~6月进出口总额为22.94亿美元，同比增长11.1%，其中，出口额达9.78亿美元，进口额为13.16亿美元，分别同比增长了21.8%和4.3%。核心文化服务（包括广告、电影、音像）的进出口额为13.91亿美元，与上年

同比增长了 6.3%，其中，出口额为 7.34 亿美元，进口额为 6.57 亿美元，分别同比增长了 13.6% 和下降了 0.9%。核心文化产品进出口额达 9.02 亿美元，同比增长 19.5%，其中，出口 2.43 亿美元，进口 6.59 亿美元，分别增长了 56% 和 10%。

三 2017年北京城市竞争力和文化实力国际国内比较分析

城市的综合实力与竞争力包括多方面的因素，文化同样是城市综合实力和竞争力的一个非常重要的方面。北京作为中国的首都，也是国际化的大都市和国际交往中心、全国文化中心，文化的繁荣发展是其中重要的标志，是衡量全国文化中心的文化建设和发展的极为重要的维度。本报告对北京的城市文化实力与竞争力进行分析，并在国际国内城市发展坐标中比较分析北京作为全国文化中心的城市竞争力和文化实力。

（一）北京与国外重要城市的综合实力与城市文化相关性比较分析

一个城市的综合竞争力往往指该城市在一定区域范围内资源聚散、产品供给和服务的能力，是一个城市经济、社会、科技和环境等综合发展能力和水平的集中体现。当城市从规模型向质量型、从生存型向宜居型、从物质型向服务型转变，文化在城市发展中会具有越来越重要和突出的地位和作用。城市综合竞争力是一个城市综合实力的表征，它不仅包括城市实力和文化竞争力的维度，同时也为城市文化发展与和谐宜居城市的建设提供了强有力的基础，诸如文化体验和文化互动等软性因素越来越成为城市吸引力的维度。

图 1 为科尔尼公司 2017 年全球城市指数榜前 25 名，该公司所编列的全球城市指数分为五大维度合计 27 个衡量标准，分别根据商业活动（30%）、人力资本（30%）、信息交流（15%）、文化体验（15%）以及政治参与（10%）五大维度进行综合评估，全球领先城市指数排名如表 1 所示。

2017年排名	2012年	2012~2017年△	城市	得分
1	2	0	纽约	63.2
2	1	0	伦敦	62.9
3	3	0	巴黎	53.2
4	4	0	东京	47.4
5	5	0	香港	44.7
6	11	5	新加坡	39.1
7	7	0	芝加哥	38.3
8	6	-2	洛杉矶	38.1
9	14	5	北京	37.0
10	10	0	华盛顿	34.4
11	9	-2	布鲁塞尔	34.0
12	8	-4	首尔	33.8
13	18	5	马德里	33.7
14	20	6	柏林	33.0
15	32	17	墨尔本	32.5
16	16	0	多伦多	32.3
17	12	-5	悉尼	32.3
18	19	1	莫斯科	31.8
19	21	2	上海	31.7
20	13	-7	维也纳	30.0
21	15	-6	波士顿	29.8
22	26	4	阿姆斯特丹	29.2
23	17	-6	旧金山	29.0
24	24	0	巴塞罗那	28.6
25	37	12	伊斯坦布尔	28.3

图例：
商业活动（30%）
人力资本（30%）
信息交流（15%）
文化体验（15%）
政治参与（10%）

图 1 2017 年全球城市指数榜前 25 名

资料来源：2017 年 6 月全球管理咨询公司科尔尼公司发布的《2017 年全球城市指数排行榜》。

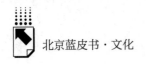

表1　2016～2017年全球城市指数排名

单位：分

2017 年排名	2016 年排名	城　市	2017 年得分
1	2	纽　约	63.2
2	1	伦　敦	62.9
3	3	巴　黎	53.2
4	4	东　京	47.4
5	5	香　港	44.7
6	8	新加坡	39.1
7	7	芝加哥	38.3
8	6	洛杉矶	38.1
9	9	北　京	37.0
10	10	华盛顿	34.4
19	20	上　海	31.7

　　从表1可以看出，2016年和2017年，纽约、伦敦、巴黎、东京、香港仍然位居全球领先城市前5名，有所不同的是位居前两位的纽约和伦敦互换了位置，纽约由2016年的第2名变成了2017年的第1名，而伦敦则由2016年的第1名变成了第2名。巴黎、东京、香港2016年和2017年保持不变，仍分别为第3、第4、第5名。北京在2016年和2017年的全球城市指数排行榜中保持不变，仍然位居第9位，表明北京在全球领先城市的稳定位置。上海虽未能进入前10名，但与2016年相比有所上升，由2016年的第20名上升为第19名。图1显示，在全球城市指数维度中，北京和上海的商业活动与纽约、伦敦、巴黎、东京、香港差距较小，基本平衡，而在人力资本和文化体验方面则与纽约、伦敦和巴黎等城市有着较为明显的差距。

　　表2根据日本城市开发商森大厦株式会社森纪念财团的研究机构，即城市战略研究所2017年10月12日发布的2017年"全球城市实力指数"（GPCI）报告整理。2008年以来，GPCI已发布10版报告，这项报告的特点是更多地考虑综合性因素，不同于其他报告侧重于经济因素排名。GPCI根据经济、研究与开发、文化交流以及宜居性、环境和便利性六个领域、70个指标，评估全球40个主要城市所具有的国际影响力。

表 2　2017 年全球实力城市指数

单位：分

实力城市指数排名	领域排名	经济		研究与开发		文化交流		宜居性		环境		便利性	
1 伦敦	1	纽约	323.2	纽约	183.7	伦敦	333.1	柏林	369.3	法兰克福	200.1	巴黎	245.3
2 纽约	2	伦敦	301.6	伦敦	165.1	纽约	233.1	阿姆斯特丹	363.7	苏黎世	197.5	伦敦	244.0
3 东京	3	北京	295.6	东京	162.9	巴黎	217.3	斯德哥尔摩	359.2	新加坡	191.4	上海	224.0
4 巴黎	4	东京	294.3	洛杉矶	148.9	东京	186.3	维也纳	358.6	日内瓦	191.3	纽约	221.1
5 新加坡	5	上海	256.0	首尔	126.5	新加坡	180.9	法兰克福	358.4	斯德哥尔摩	190.5	香港	206.7
6 首尔	6	苏黎世	243.7	新加坡	125.4	柏林	158.1	巴塞罗那	352.6	维也纳	189.6	东京	206.1
7 阿姆斯特丹	7	香港	242.7	波士顿	119.5	北京	155.0	巴黎	350.5	伦敦	188.0	阿姆斯特丹	201.6
8 柏林	8	新加坡	239.3	芝加哥	113.6	维也纳	148.9	马德里	348.3	哥本哈根	187.7	法兰克福	201.2
9 香港	9	悉尼	231.5	圣弗朗西斯科	112.1	迪拜	141.9	温哥华	344.7	悉尼	177.4	新加坡	197.5
10 悉尼	10	首尔	227.9	巴黎	104.4	悉尼	135.2	哥本哈根	342.0	温哥华	174.3	首尔	192.8
11 洛杉矶	11	迪拜	216.5	香港	96.4	首尔	134.0	多伦多	342.0	柏林	172.8	伊斯坦布尔	191.1
12 法兰克福	12	巴黎	211.9	大阪	87.2	巴塞罗那	133.9	米兰	338.9	东京	172.4	莫斯科	181.5
13 北京	13	圣弗朗西斯科	210.4	柏林	79.7	曼谷	132.1	佛罗里达	334.0	阿姆斯特丹	172.2	迪拜	177.0
14 维也纳	14	斯德哥尔摩	209.8	北京	77.9	阿姆斯特丹	131.7	东京	332.8	圣保罗	172.0	芝加哥	168.0
15 上海	15	华盛顿	204.8	华盛顿	75.7	布鲁塞尔	131.5	苏黎世	329.2	台北	167.9	北京	158.9
16 斯德哥尔摩	16	日内瓦	202.8	悉尼	73.2	伊斯坦布尔	127.7	悉尼	329.1	华盛顿	166.6	巴塞罗那	158.4
17 圣弗朗西斯科	17	法兰克福	198.8	阿姆斯特丹	65.2	上海	124.0	伦敦	328.3	圣弗朗西斯科	164.4	马德里	156.8
18 苏黎世	18	多伦多	198.5	上海	61.7	洛杉矶	123.6	吉隆坡	327.5	香港	162.8	布鲁塞尔	156.6

资料来源：根据日本城市开发商森大厦株式会社森纪念财团的研究机构，即城市战略研究所 2017 年 10 月 12 日发布的 2017 年 "全球城市指数"（GPCI）报告整理。

表 2 的全球城市实力指数表明，六大领域的综合排名位居前 10 位的分别为伦敦、纽约、东京、巴黎、新加坡、首尔、阿姆斯特丹、柏林、香港和悉尼，被视为名副其实的"全球城市"，其中亚洲地区的东京、新加坡、首尔和香港四大城市跻身全球十大实力城市，北京在综合实力排名中位居第 13，上海位居第 15。值得注意的是，在领域排名中，中国的北京和上海两大城市因其人口规模、GDP 水平和世界 500 强企业的运营落户数而在"经济"指数排名中占有较为显著的位置，北京位居第 3，上海位居第 5，香港位居第 7；在"研究与开发"指数排名中，排在前 5 位的分别为纽约、伦敦、东京、洛杉矶和首尔，香港位居第 11，北京位居第 14，上海位居第 18；在"宜居性"指数排名中，纽约、伦敦、东京、巴黎等综合指数排名位居前列的城市均未进入前 10 名，中国的香港、北京、上海排名更为靠后，说明对于大城市特别是超大城市来说，城市宜居问题是一个重要难题；在"环境"指数排名中，纽约、伦敦、东京、巴黎等世界城市，只有伦敦进入第 6 名；在"文化交流"指数排名中，处于前 10 的城市分别是伦敦、纽约、巴黎、东京、新加坡、柏林、北京、维也纳、迪拜和悉尼，北京位居第 7，上海位居第 17。这表明，北京作为中国的文化中心和国际交往中心，在文化方面体现了相对较强的实力和竞争力。

（二）北京与国内城市综合竞争力和文化竞争力比较分析

城市综合实力是对城市竞争力的一种综合评价，涵盖经济、社会、资源和文化四大资源系统。城市综合实力在总体上体现为一个城市经济资源、社会资源和环境资源以及文化资源在区域和国际资源分配竞争中的能力。这种竞争能力由城市综合经济竞争力、产业竞争力、商业贸易竞争力、财政金融竞争力、社会体制竞争力、基础设施竞争力以及环境/资源/区位竞争力、人力资本教育竞争力、科技竞争力和文化形象竞争力等构成，共有 10 项一级指标、50 项二级指标和 216 项三级指标。表 3 排列 1 的数据来自中国城市竞争力研究会所发布的《2016 年中国城市竞争力排行榜》。数据表明，在中国城市综合竞争力排名中北京位居第 4，从 2015 年、2016 年到 2017 年连续保持第 4 位，与前两年一样，位居上海、香港和深圳之后，在中国内地四个直辖市中排名第 2。这说明北京的综合竞争力处于比较稳定的位置。但值得注意的是，与 2016 年相比，上海、香港、深圳的城市综合竞争力得分有所下降，北京的综合竞争力得分则有所上升，北京 2017 年的得分为 9947.95 分，2016 年的得分为 9204.24 分。数据分析表明，北京在全国城市体系中具有较强的综合竞争力，保持了原有的竞争力位置，且有所上升，不过与上海和香港相比仍有相当差距，与深圳相比仍有一定距离。

表 3　2017 年中国城市综合竞争力、城市品牌发展、城市创新创业环境、城市创意排名

单位：分

类别	排列 1		排列 2	排列 3	排列 4
	城市综合竞争力		城市品牌发展	城市创新创业环境	城市创意
排名	城市	分数	城市	城市	城市
1	上海	12985.17	北京	北京	北京
2	香港	12846.38	上海	上海	上海
3	深圳	10049.67	深圳	深圳	香港
4	北京	9947.95	广州	广州	深圳
5	广州	8355.25	杭州	重庆	杭州
6	重庆	7435.39	重庆	天津	广州
7	天津	7163.94	成都	杭州	重庆
8	杭州	6959.41	南京	武汉	苏州
9	苏州	6447.76	天津	南京	天津
10	南京	5721.07	西安	成都	台北

资料来源：中国城市竞争力研究会发布的《2017 年中国城市竞争力排行榜》；中国社会科学院财经战略研究院和中国社会科学出版社共同发布的《中国城市营销发展报告（2017）》；清华大学启迪创新研究院发布的《2017 中国城市创新创业环境评价研究报告》；深圳大学管理学院、深圳大学文化产业研究院和深圳大学国家文化创新研究中心发布的《2017 中国城市创意指数（CCCI2017）》。

中国城市已进入现代化快速发展期和城市品质提升期，城市发展品牌对于塑造城市形象、提高城市竞争力和影响力都变得越来越重要，在某种重要意义上，城市品牌可以说是城市可持续发展和高品质发展的一种内在动力。城市品牌与城市文化发展有着更为内在的联系。表 3 排列 2 排名取自中国社会科学院财经战略研究院和中国社会科学出版社 2017 年 12 月联合推出的《中国城市营销发展报告（2017）》，该报告提供了中国城市品牌发展指数（CBDI）。城市

品牌发展指数包括五个一级指标,第一个一级指标就是城市文化品牌,另外四个分别为城市旅游品牌、城市投资品牌和城市宜居品牌以及城市品牌传播,这是国内第一个运用品牌结构方式开展的城市品牌测评。该报告指出,我国的城市品牌建设获得了重要的发展,城市品牌发展均衡性得到了明显改进,优质城市品牌的数量和质量也有所提升,不过,我国城市品牌的建设依然存在文化活力彰显不够、宜居城市的建设仍然比较滞后等问题。该报告显示,在2017年的中国城市发展品牌测评中,位居前10位的城市分别为北京、上海、深圳、广州、杭州、重庆以及成都、南京、天津和西安,北京、上海、深圳和广州四个城市位列前4位,北京、上海、重庆和天津四个直辖市均进入前10名,在各项比较中,北京均处于第1位,这说明北京作为中国首都和全国文化中心在全国城市格局中具有首位的竞争力。

创新是时代的主题,也是城市发展的主题,创新力也是城市的重要活力和内在驱动力。表3排列3的城市创新创业环境排名,取自清华大学启迪创新研究院2017年11月发布的《2017中国城市创新创业环境评价研究报告》,该报告从"政策环境"、"产业环境"、"人才环境"和"研发环境"、"金融环境"以及"中介市场环境"六项核心要素出发,对2016年度中国百强城市的创新创业环境进行评估。该报告显示,在2017年中国城市的创新创业环境中,排名前10位的城市分别为北京、上海、深圳、广州、重庆、天津、杭州、武汉、南京和成都,位居前4位的仍然是中国的四个一线城市,而北京作为全国文化中心和科技创新中心具有独特的优势,其中6项创新创业要素排名中有4项位居第1,从而在全国城市创新创业环境总体排名中位居全国首位,这表明北京的创新创业具有强劲的实力和突出的竞争力。近年来,北京持续加强"创意之都"建设,表3排列4取自深圳大学管理学院与深圳大学文化产业研究院等机构联合发布的中国城市创意指数。该指数选择国内共50座大中型城市展开评估,评价模型包括要素推动力、需求拉动力和发展支撑力以及产业影响力,共4个一级指标、11个二级指标和28个三级指标。中国城市创意指数旨在通过对城市文化创意竞争力进行量化评估和排名,显示各城市的文化产业政策和文化产业竞争力存在的优势与不足,从而进一步完善文化政策,推动文化事业和文化产业发展。该指数显示,北京在该指数排名中与2016年一样稳居榜首,位居第2到第5的城市分别为上海、香港、深圳、杭州,位居第6到第10的城市分别为广州、重庆、苏州、天津、台北。这表明北京在全国创意城市建设和发展方面取得重要成效，持续保持稳定而强劲的创意城市竞争力。

表4各排列数据来自中国社会科学院财经战略研究院和中国社会科学出版社共同发布的《中国城市营销发展报告（2017）》。报告显示，在城市品牌发展、文化品牌、旅游品牌、宜居品牌、投资品牌和品牌传播六项排名中，北京有五项位居全国城市第一，只有宜居品牌在全国城市排名中位居第三，在上海和深圳之后。该指数排名表明，北京的城市品牌发展在全国城市体系中具有引人注目的优势。该报告的"文化品牌发展指数"主要从文化独特性、文化开放性、文化活力和文化影响力四个方面进行研究和评估，这说明作为全国文化中心城市，北京的文化独特性、开放性以及文化活力和吸引力在全国城市中都具有领先地位。

表4　中国城市品牌发展指数（CBDI）和五个一级指标得分排名

城市	CBDI排名	城市	文化品牌	城市	旅游品牌	城市	投资品牌	城市	宜居品牌	城市	品牌传播
北京	1	北京	1	北京	1	北京	1	上海	1	北京	1
上海	2	上海	2	上海	2	深圳	2	深圳	2	上海	2
深圳	3	重庆	3	重庆	3	上海	3	北京	3	深圳	3
广州	4	成都	4	杭州	4	广州	4	厦门	4	广州	4
杭州	5	广州	5	成都	5	杭州	5	大连	5	杭州	5
重庆	6	天津	6	武汉	6	南京	6	广州	6	重庆	6
成都	7	南京	7	苏州	7	苏州	7	杭州	7	南京	7
南京	8	杭州	8	天津	8	天津	8	成都	8	成都	8
天津	9	西安	9	广州	9	厦门	9	南京	9	天津	9
西安	10	武汉	10	西安	10	武汉	10	苏州	10	西安	10

资料来源：中国社会科学院财经战略研究院和中国社会科学出版社共同发布的《中国城市营销发展报告（2017）》。

城市的文化竞争力是各种文化因素在经济、社会各方面发展中体现出来的实力，文化资源优势、文化创意产业发展实力以及城市文化氛围各方面都在城市发展中体现出较强的竞争力。表5排列1的指数排名取自中国城市竞争力研究会2017年12月发布的中国文化竞争力十佳城市排行榜。GN中国文化竞争力城市评价指标体系利用5项一级指标即文化资源、文化特色、文化产业和文化事业以及文化品牌，11 项二级指标和 60 项三级指标对城市文化竞争力进行评估。2017 年中国文化竞争力城市指数排名显示，北京的城市文化竞争力得分最高，为 92.46 分，处于全国城市文化竞争力的第一位。位居第 2 到第 5 名的城市分别为杭州（91.88）、西安（91.03）、南京（90.45）和洛阳（89.72），第 6 到第 10 名的城市分别为抚州（88.64）、济宁（87.41）、嘉兴（86.80）、荆门（86.46）和潮州（85.93）。值得注意的是，在中国文化竞争力十佳城市排行榜中上海、广州、深圳等一线城市缺席，其他两个直辖市天津和重庆也未出现在十佳名单中。同样值得注意的是，位居前五位的北京、杭州、西安、南京、洛阳均为具有历史文化积淀的古都城市，这说明城市文化历史积淀形成的资源在城市文化竞争力中具有非常明显的作用。总体排名显示，北京在全国城市文化竞争力中具有其他城市难以比拟的优势。

表 5　2017 年城市文化竞争力、文化影响力、文化软实力、
公共文化服务、文化产业和民众满意度排名

单位：分

类别	排列 1		排列 2		排列 3		排列 4		排列 5		排列 6	
	文化竞争力		文化影响力		文化软实力		公共文化服务		文化产业		民众满意度	
排名	城市	得分	城市	得分	城市	得分	城市	得分	城市	得分	城市	得分
1	北京	92.46	北京	82.2	杭州	90.55	深圳	93.06	杭州	97.87	重庆	97.98
2	杭州	91.88	上海	78.3	上海	84.32	北京	92.01	成都	89.64	杭州	94.06
3	西安	91.03	西安	62.7	厦门	84.16	上海	87.13	厦门	89.23	厦门	84.95
4	南京	90.45	苏州	61.4	北京	81.35	杭州	78.28	上海	88.85	济南	84.88
5	洛阳	89.72	杭州	61.0	重庆	80.98	天津	77.82	北京	82.14	西安	82.75
6	抚州	88.64	南京	60.1	成都	79.35	厦门	77.76	大连	82.01	大连	80.96
7	济宁	87.41	广州	57.4	济南	78.75	宁波	76.96	南京	81.66	上海	78.21
8	嘉兴	86.80	成都	55.0	南京	78.24	广州	75.40	济南	79.52	宁波	78.16
9	荆门	86.46	洛阳	50.1	深圳	78.22	南京	74.80	武汉	75.61	南京	78.07
10	潮州	85.93	青岛	50.0	大连	77.42	武汉	73.89	青岛	75.50	成都	77.97
13											北京	72.26

资料来源：中国城市竞争力研究会发布的中国文化竞争力十佳城市排行榜；大令研究院和中国城市经济学会等公布的《中国城市文化影响力指标研究》；人民论坛测评中心"城市文化软实力指数"课题组公布的城市文化软实力指数。

表5排列2取自2017年3月发布的首批15个城市文化影响力数据。该研究项目是大今研究院与中国城市经济学会等机构协同开展的《中国城市文化影响力指标研究》，其目的是通过对城市文化发展现况与存在问题的研究，更好地促进城市发展和提高城市的文化软实力。该项目首批选择15个城市作为研究对象，从城市历史、现代发展和市民印象三大指标展开研究和评估。在该项指数排名中，北京以82.2分位居榜首，位居第2的是上海（78.3），第3到第10名分别为西安（62.7）、苏州（61.4）、杭州（61.0）、南京（60.1）、广州（57.4）、成都（55）、洛阳（50.1）、青岛（50）。该项研究表明，不同的研究和评估侧重点会有不同的测评结果。在该指数排名中，上海的城市文化影响力位居第2，当然同时也显示，北京作为历史文化名城和全国的文化中心，其文化影响力在全国文化城市排名中位居第1，说明北京在城市历史、现代发展和文化形象上所具有的首屈一指的影响力。

表5排列3、4、5、6的指数排名取自人民论坛测评中心"城市文化软实力指数"课题组研究公布的数据。该项研究围绕公共文化服务、文化产业和民众满意度三个方面开展城市文化软实力状况调查和分析，以中国15个副省级城市和4个直辖市为研究和评估对象。表5排列3显示，北京（81.35）的城市文化软实力指数得分排名居杭州（90.55）、上海（84.32）、厦门（84.16）之后，位居第4；表5排列4为城市公共文化服务的指数排名，评估内容主要包括公共文化权利、基层公共文化服务和公共文化服务设施建设等，指数排名前五位的城市分别为深圳（93.06）、北京（92.01）、上海（87.13）、杭州（78.28）和天津（77.82），北京位居第2，说明在公共文化服务保障、公共服务基础设施建设等方面北京处于全国领先地位；表5排列5为当年的城市文化产业发展状况指数，分析和评估内容有四项指标，分别为居民（教育文化和娱乐）的消费价格涨跌幅度、第三产业增加值增幅和旅游收入所占GDP比重以及城市旅游吸引力，在这项得分排名中，位居前5位的城市分别为杭州（97.87）、成都（89.64）、厦门（89.23）、上海（88.85）和北京（82.14）。表5排列6为城市文化软实力的民众满意度指数排名，该项指数主要考察市民对城市文化软实力的满意程度，以反映文化软实力建设在城市发展中取得的成效，在该排名中，位居前5位的城市分别为重庆（97.98）、杭州

（94.06）、厦门（84.95）、济南（84.88）、西安（82.75），上海（78.21）位居第7，北京（72.26）位居第13。总体上看，"城市文化软实力指数"显示，北京位居第4，尚有较大的发展和上升空间，尤其是在文化软实力的公众满意度方面与相关城市相比有较大差距。

四　问题与建议

2017年，北京文化建设和发展积极落实2016年发布的《北京市"十三五"时期加强全国文化中心建设规划》及2016年9月中共中央、国务院批复的《北京城市总体规划（2016年-2035年）》，全国文化中心文化建设发展的战略性定位和发展目标更加明确。2017年，北京更紧密地围绕全国文化中心建设主题积极扎实地开展文化保护传承和文化创新发展。本报告的研究和分析表明，2017年，北京在全球城市指数排名中与2016年相同，仍然保持在第9位，上海位居第19；在全球城市实力指数排名中，北京位居第13，上海位居第15；在全球城市"文化交流"指数排名中北京位居第7，上海位居第19。这表明，在全球城市和实力指数中，北京与被视为名副其实的"全球城市"的伦敦、纽约、东京、巴黎相比尚有较大差距，但体现了北京作为中国国家首都、全国文化中心和国际交往中心具有相对较强的城市实力和竞争力，文化交流呈现了良好发展态势。2017年，在中国城市综合竞争力排名中，北京位居第4，从2015年、2016年到2017年连续3年保持相同的稳定地位，位居上海、香港和深圳之后。而上海、香港、深圳的城市综合竞争力得分与2016年相比有所下降，北京的综合竞争力得分则稍有上升，北京在全国城市体系中具有较强综合竞争力，但与上海和香港相比仍有相当差距。在2017年中国城市的创新创业环境中，北京作为全国文化中心和科技创新中心具有独特的优势，其中6项创新创业要素排名中有4项位居第1，城市创新创业环境总体排名中位居全国第1，表明北京的创新创业具有强劲的实力和突出的竞争力。在2017年中国城市品牌发展、文化品牌、旅游品牌、宜居品牌、投资品牌和品牌传播六项排名中，北京有5项位居全国城市第1，只有宜居品牌位居第3，在上海和深圳之后。2017年中国文化竞争力城市的指数排名显示，北京的城市文化竞争力得分最高，为92.46分，位居全国城市文化竞争力排名第1，居前5位的北京、杭州、西安、南京、洛阳均为具有历史文化积淀的古都城市，说明城市文化历史积淀形成的资源在城市文化竞争力中具有相当重要的作用。总体排名表明，作为全国文化中心城市，北京在文化竞争力中具有明显优势。2017年中国城市文化影响力指数排名中，北京在城市历史、现代发展和市民印象三大指数排名中，以82.2分位居全国城市第1，其次是上海（78.3）。2017年中国城市文化软实力指数排名显示，北京的城市文化软实力指数位居第4，得分81.35分，排在杭州（90.55）、上海（84.32）、厦门（84.16）之后；城市公共文化服务的指数排名中，北京（92.01）位居第2，深圳（93.06）第1，第3～5名分别为上海（87.13）、杭州（78.28）和天津（77.82），表明北京在公共文化服务保障、公共服务基础设施建设等方面处于全国领先地位；城市文化产业发展状况指数显示，北京（82.14）位居第5，前4名分别为杭州（97.87）、成都（89.64）、厦门（89.23）、上海（88.85）；在城市文化软实力民众满意度指数排名中，北京（72.26）位居全国城市第13。2017年中国城市文化软实力指数显示，北京总体排名位居第4，尚有较大的发展和上升空间。总体上，北京文化建设发展位居全国前列，全国文化中心地位得到进一步巩固和提升，在城市创新创业环境总体排名中位居全国第1；2017年北京的城市品牌发展、文化品牌、旅游品牌、投资品牌和品牌传播指数均位居全国第1；北京的城市文化竞争力指数位居全国第1；北京的城市文化影响力指数位居全国第1；值得注意的是，北京的城市文化软实力指数总体排名位居第4，城市文化软实力民众满意度指数排名全国第13，这表明北京的宜居城市建设、文化软实力有待增强，尤其是在城市文化服务公众满意度方面尚有较大的提升空间。

（一）落实新版《北京城市总体规划》，明确北京文化中心的阶段性目标，全面推进首都文化建设发展

2017年9月，中共中央、国务院正式批复《北京城市总体规划（2016年－2035年）》，这是包含了北京城市近期、中期和远期发展目标的战略性总体规划。在全国文化中心建设问题上，它从北京城市总体布局和建设发展的战略高度规划全国文化中心建设和发展，对于加强全国文化中心的历史文化名城保护传承、城市文化建设发展、公共文化服务提升拓展和文化创意产业以及文化交流传播的整体发展更具有指导性、深远性、全局性和战略性。总体规划提出，到 2020 年，全国文化中心地位要得到进一步增强，市民素质和城市文明程度要得到显著的提高；到 2035 年，把北京建设成为文化自信和多元包容、魅力彰显的世界文化名城；到 2050 年，要把北京建设成为弘扬中华文明与引领时代潮流的世界文脉标志。实现总体规划提出的全国文化中心建设目标，第一，明确全国文化中心建设各个不同时期的阶段性目标，牢牢把握各个阶段性目标的内容和任务，制定实现阶段性目标的路线图，出台与《北京城市总体规划（2016 年–2035 年）》提出的全国文化中心建设目标相适应、相匹配的全国文化中心建设规划；第二，新版《北京城市总体规划》对全国文化中心建设的目标要求做出了全面部署，涵盖全国文化中心建设的各个领域和各个方面，为更好地落实总体规划提出的全国文化中心建设任务目标，建议研究和制定与新版《北京城市总体规划》提出的各个文化领域相适应的，更具有指导性、针对性和可操作性的专项建设规划；第三，按照新版《北京城市总体规划》关于全国文化中心建设的总体要求、阶段性内容和任务目标，以及各个领域和各个方面的专项规划，制定推进全国文化中心建设的实施路径和保障措施，建立具有针对性和可操作性的建设管理机制和实施评估机制，确保各阶段任务目标、各专项任务目标、各领域任务目标的顺利达成。

（二）加强北京文化资源的挖掘、整合和研究，使北京文化资源成为推动城市文化发展的动力

城市文化资源是城市软实力的重要资本和城市发展的重要动力，文化资源只有转化为城市文化资本才能成为城市发展的内在动力。北京作为历史文化名城和现代化都市已建构和积淀了丰富深厚的文化资源，需要大力加强北京文化资源的全面挖掘、系统整合和深入研究。

（1）围绕古都文化、红色文化、京味文化和创新文化等，系统开展以下方面的研究。①全国文化中心建设研究，以习近平总书记视察北京的重要指示精神为指导，对全国文化中心建设展开战略发展研究；②首都文化研究，以全国文化中心建设为视野，对首都文化的基本构成、北京城市文化空间和文化地标展开全面研究；③历史名城文化研究，从历时性与共时性相结合的角度，对

北京历史名城的物质性文化、非物质性文化、京味文化进行深入的挖掘和阐释；④北京红色文化研究，从历时性和共时性角度深入研究北京的红色文化；⑤创新文化研究，从首都城市战略定位和城市创新发展的角度，对北京的创新文化展开深入研究；⑥北京文化历史研究，从历时性角度对北京文化发展的历史、在北京文化发展中做出重大贡献的历史名人、记载北京文化的历史文献进行研究和梳理。

（2）做好北京文化资源挖掘和文化内涵提炼阐释的规划，明确工作要点、时间节点和任务重点。围绕全国文化中心内涵的挖掘、提炼和阐释，借鉴相关省市文化资源、历史文脉梳理和研究的成功经验和工作机制，制定北京文化资源挖掘、梳理、整合和提炼工作的前期规划、中期规划和长期规划，明确任务的阶段性和目标性。

（三）加强"三个文化带"顶层设计和规划，积极推进"三个文化带"建设

《北京城市总体规划（2016年–2035年）》提出的"三个文化带"建设是建构北京城市文化空间的重大战略性举措，全国文化中心建设领导小组已经分别成立永定河西山文化带建设小组、长城文化带建设小组、大运河文化带建设小组，三个文化带的建设工作在稳步推进。目前需要进一步重视和加强的工作主要有三点。第一，三个文化带的地理空间区位、文化资源禀赋、生态资源优势都有各自不同的特点和建设目标要求，但它们都是北京城市发展战略中的文化空间构成。三个文化带之间既有明显的差异性，也具有明显的共同性，都是加强全国文化中心建设的重大举措，因此，需要加强三个文化带之间的统筹与协作，加快编制文化带建设的总体规划与专项规划，发挥各方力量的主动性与创造性。第二，三个文化带是北京历史文化名城"金名片"的有机构成部分，而文化是其中的灵魂，三个文化带的建设必须重视文化资源盘查整理、历史文脉梳理、文化内涵提炼和可持续发展的制度保障，因此，需要深化文化内涵挖掘，制定和出台对三个文化带的文物遗存和资源整理归类、保护利用具有规范性、针对性和可操作性的指导性文件。第三，三个文化带是北京历史文化名城和全国文化中心城市的有机构成，在延续城市历史文脉和塑造城市特色文化空间中具有极其重要的战略地位，必须高度重视三个文化带的顶层设计，着

力打造首都城市的特色文化空间带，在整体城市格局中有力推动三个文化带的协调可持续发展，因此，需要在全国文化中心城市建设的总体布局、北京城市总体文化空间结构，乃至京津冀文化空间协同发展格局中进行总体规划，充分尊重和考虑三个文化带各自的自然空间构成、生态资源禀赋和文化资源特色等，在总体规划和布局中突出差异性、个体性和独特性，构建具有相互融合而又各具特色和魅力的城市文化空间带，推进三个文化带建设的协调可持续发展。

（四）完善历史名城保护模式，彰显历史名城古都风韵

《北京城市总体规划（2016 年 - 2035 年）》提出，北京的历史文化遗产是源远流长的中华文明的伟大见证，是北京世界文化名城建设的根基，必须精心保护好北京历史文化名城"金名片"，突出北京历史文化的整体价值。因此，在历史文化名城保护传承中要恰当处理好老城保护与历史文化名城整体保护、历史文化名城保护与名城文化传承、文物古迹保护与区域环境维护、历史文化名城与现代城市发展之间的复杂关系。第一，逐步建立和完善历史文化名城立体多维的保护模式，不断加强中心城区与远郊区及京津冀在历史文化保护方面的交流合作，形成协同合作的保护机制；在名城保护结构层次上，以老城、中心城区、市域、京津冀四个层次为基础，打破行政区划和空间限制，构建历史文化保护区、文化保护带、文物遗址点线面相结合的保护传承协同机制。第二，坚持"物"的保护和"文"的传承结合，克服历史名城保护中的重物质挖掘而轻人文发掘、重物态保护而轻价值传递的倾向，在尊重和保护好历史名城物质性载体的同时，积极挖掘历史名城文化内涵、人文价值和文化精神，使历史名城更好地传递名城文化，古都风貌更好地展现古都风韵。第三，在首都城市战略定位和"四个中心"核心功能结构中，融入全域历史文化景观的整体视野，重现古都风貌和传统景观特色在整体城市格局中的空间构成和文化构成，在一流和谐宜居之都的城市发展目标中融入城市生态总体环境，重视城市文脉的延续和可持续延展，打造生态文化保护精品，再现山水绕京华的景观；在保护传承和创造性转化中塑造历史名城的传统景观视廊，重视首都风貌、古都风韵和时代风貌城市景观的有机结合、相得益彰、交相辉映。

（五）加强公共文化服务体系建设，提升市民文化生活品质

公共文化服务是满足人民群众不断增长的精神文化需求，提升市民文化生活品质的重要内容和途径，增强公共文化服务布局的均衡性，增加公共文化空间和基础设施供给，广泛吸纳社会力量参与建设，最大限度提升文化设施的效能，无疑是进一步丰富和完善北京公共文化服务体系的重要途径。第一，逐步改变公共文化服务的单一化服务模式，提高首都基层公共文化服务设施供给和服务效能，推动公共文化服务设施逐步向城市综合体发展，有效整合各种文化资源，有机联合公共文化和相关文化产业，构建功能多样的城市公共文化服务综合体，在政府主导下推动公私合营 PPP 服务模式发展。第二，积极盘活现有城市空间和基础设施资源，不断促进公共文化服务向基层化和细致化发展，高度重视城市社区的公共文化需求，把公共文化服务真正落到实处。借助非首都功能疏解，充分利用拆迁腾退后的各类设施，包括过去不受重视的地下室资源，开辟新的城市和社区公共文化空间，举办类型多样的文化活动，从而满足最需要公共文化服务的社区居民的文化需求，切实提高公共文化服务基础设施的利用率，增强居民的获得感、幸福感和自豪感。第三，积极推进公共文化云等数字服务平台的建设，拓宽文化服务途径，增强文化服务效能。总结和推广文化@海淀、西城文化云数字平台的成功经验，充分利用公共文化服务数字平台的集成性、便利性和互动性，促进公共文化资源信息共享和利用的最大化。第四，继续实施和拓展文化惠民工程，进一步完善公共图书、文化活动和公益演出等文化服务配送体系，支持实体书店、城市书屋甚至民营书店发展，建构层次多样、分布合理的城市图书供给体系和城市阅读空间，营造全民阅读的首都书香氛围。

（六）激发文化创意产业的创新创造活力，推动文化创意产业向高端发展

北京市正在全力推进全国文化中心建设，而作为近年来一直领跑全国的北京文化创意产业在全国文化中心建设中具有极为重要的地位和作用。《北京城市总体规划（2016年－2035年）》提出，要大力激发文化创意产业的创新创造活力，聚焦文化生产前端，鼓励创意、创新、创作和创造，建设创意北京，

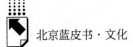

把北京建设成为传统文化元素和现代时尚符号汇聚与融合的时尚创意之都，不断优化和提升传统优势行业，发展和壮大新兴文化创意产业，加强文化科技融合产业的培育。目前，北京还存在文化创意企业多而不强、产业国际竞争力不强、产业政策滞后于产业发展等问题。第一，应进一步发挥北京全国文化中心和科技创新中心的创新引领作用，不断激发文化创造、创新和创意活力，不断增强文化创意力和文化创意竞争力，持续推动文化"走出去"战略，推动文创企业在更大范围、更广领域和更高层次上参与国际文化合作和竞争，打造在全国领先、在国际上有影响的文化创意产业中心和创意之都。第二，针对北京地区文化创意产业发展不平衡和不充分，海淀、朝阳、东城和西城的文化创意产业发展稳定，优势明显，而其他区县文化创意产业的发展在增速和占有率方面明显较弱的问题，需要进一步加强对相关弱势文化创意产业功能的支持和建设，进一步加强顶层设计和组织领导，完善相关政策体系和文化产业投融资体系，有力促进北京文化创意产业的平衡发展和充分发展，整体提升北京文化创意产业的水平和能力。第三，进一步加强北京文化创意产业发展的体制机制建设，加强北京文化创意产业发展的统筹协调，创新中央地方文化创意产业发展的协调联动机制，主动联系和对接大型央企、央属高校、科研院所等中央在京单位，不断完善文化创意产业决策咨询机制，营造良好政策环境，扩大政策红利，制定北京文化创意人才队伍建设中长期规划，确保推动文化创造、创新、创意的人才队伍发展。

文化建设与文化发展战略

**Capital Culture Construction
and Culture Development Strategy**

B.2

2017年北京文化建设新进展

张　凯*

摘　要： 2017年，北京立足首都核心功能定位和全国文化中心建设，
在文化领域的多个层面取得了一系列新的成就：历史文化名
城保护机制进一步完善；公共文化服务体系示范区建设进一
步推进，文化供给更为多元；文创产业投融资渠道进一步拓
宽，文化市场更为繁荣；文化交流项目更为丰富，城市的国
际影响力有了进一步提升。本报告总结了2017年北京文化建
设的新进展，并针对现状提出了改进建议。

关键词： 首都核心功能　历史文化保护　公共文化服务　文创产业
文化交流

---

* 张凯，博士，北京市社会科学院文化研究所助理研究员。

2017 年是"十三五"规划实施的第二年。在文化领域,《国家文物事业发展"十三五"规划》《"十三五"时期文化发展改革规划》《"十三五"推进基本公共服务均等化规划》《"十三五"时期文化产业发展规划》《国家"十三五"时期文化发展改革规划纲要》等涉及文物保护、公共文化服务、文化产业、文化旅游、文化体制改革等各种细分文化领域规划相继颁布,引领布局全国的文化建设工作。10 月 18 日,党的十九大胜利召开,习近平总书记在报告中为新时代文化建设提出了新的目标和定位,要求坚定文化自信,坚决贯彻中国特色社会主义文化的发展道路,在文化体制改革方面继续深化,在文化管理体制方面不断完善,建设社会主义文化强国。

2017 年,北京市委市政府紧紧围绕"四个中心"战略定位和国际一流和谐宜居之都发展目标,不断创新文化建设运行机制,创新管理模式,疏解北京非首都城市功能,加大对北京文化建设投入力度,历史文化名城保护工作取得重大进展,古都文化风貌更加鲜明;公共文化活动精彩纷呈,市民文化生活更加丰富;文化产业建设开创新局面,投融资渠道更加便捷多样;文化交流往来频繁,城市文化影响力与日俱增。12 月 20 日,中国城市竞争力研究会按照《GN 中国文化竞争力城市评价指标体系》制定的中国文化竞争力十佳城市排行榜发布,北京由于在文化资源、文化特色、文化产业、文化事业、文化品牌等指标上有着突出的优势而以 92.46 的高分位居榜首,其形象锦言为"天下京味,大国首善",充分展现了全国文化中心的地位。

一 推进全国文化中心建设,规划北京城市建设新格局

2017 年,北京市委市政府紧紧围绕"建设一个什么样的首都,怎样建设首都"的核心问题,加强顶层设计,疏解北京非首都核心功能,大力推进全国文化中心建设。

(一)成立全国文化中心建设领导小组,加强北京文化建设的顶层设计

8 月,全国文化中心建设领导小组正式成立并召开第一次会议,北京市委

书记蔡奇任小组组长，下设"一办七组"，办公室设在北京市委宣传部，主任由宣传部部长兼任，包括老城保护组、长城文化带建设组、文化内涵挖掘组等七个小组。该小组的成立开启了北京文化建设的新阶段，小组将打破文化建设中的机构障碍和条块分割，统筹各部门各领域的工作和资源分配，形成文化建设"一盘棋"。

小组的工作主要致力于北京文化建设的顶层设计、完善政策、重点工程项目的统筹协调，从四个方面加大工作力度：一是改革，即积极推进文化领域的供给侧改革，结合政府"有形之手"和市场"无形之手"，以改革促进北京文化产品的供需矛盾解决，调动文化创作与产品开发的活力。二是保护，即重点加强"一城三带"的保护，加强历史文化街区、四合院和名人故居等的修缮和开发利用，重塑北京的古都风貌。三是建设，大力推进公共文化服务体系的全覆盖，建成具有全国影响力的公共文化服务体系示范区，支持实体书店、博物馆、图书馆、剧院等文化设施的建设，鼓励民间资本和社会力量的参与，大力弘扬社会主义核心价值观，大力宣传社会正能量和公共文明。四是发展，充分开发北京深厚的文化底蕴，鼓励创新，促进文化创意产业圈建设，注重文化与科技、金融的融合，形成产业的规模化、集聚化、专业化。

（二）总体规划城市空间布局，绘制北京未来发展新蓝图

9月，中共中央、国务院批复的《北京城市总体规划（2016年－2035年）》正式颁布。在文化中心建设方面，规划中要求加强历史文化名城的保护，塑造具有首都风范并兼具古都风韵和时代风貌的特色城市文化形象。在具体实施过程中，一是要构建更加完善且全面的历史文化名城保护体系，围绕四个层次、两大重点区域、三条文化带、九个方面保护北京的历史文化，对北京的世界文化遗产、三条文化带、历史建筑和名镇村落等加强保护力度，对老字号、地名、戏曲、音乐等非物质文化遗产进行重新发掘和整理；二是加强老城整体保护，对北京老城区的建筑、胡同、街道、河流、树木、文物等完善登记注册，对过去不合理的侵占改造行为加强整治腾退，重现其历史风貌；三是加强三山五园地区保护，恢复北京园林、河流的自然历史风貌，构建历史文脉与生态环境交融的整体空间结构，让北京的自然人文环境重新焕发生机；四是加强城市设计，塑造传统文化与现代文明交相辉映的城市特色风貌，更好地统筹

城市建筑布局，协调城市景观风貌，构建绿水青山、两轴十片多点的城市整体景观格局，尤其是对城区的建筑高度、天际线和色彩加强管控，打造富有地方色彩的首都城市景观；五是加强文化建设的投入力度，努力提升首都城市的文化软实力，不断加强功能性文化设施的建设，促进首都文明和文化创意产业的发展，努力提升北京文化的国际影响力。

二 疏解北京非首都核心功能，重塑文化古都形象

2017年，北京加快了城区的疏解整治进程，推进城市古建筑的腾退保护工作，全面开展三个文化带建设，完善非遗保护体系和宣传推广渠道。

（一）推进古建筑腾退工作，加大文物建筑安全监测力度

2017年，北京市委市政府统筹协调，加大城市空间的治理力度，切实拆除、打击有损北京古都风貌的违法建筑和行为，重塑北京的古都文化风貌。2月，《北京市人民政府关于组织开展"疏解整治促提升"专项行动（2017～2020年）的实施意见》正式颁布，该意见是在明确北京城市功能基础上对城市空间进行规划和布局，力图改变过去北京城区因违法乱建而损害的城市形象，尤其是针对老城区各类历史文化街区中的乱搭乱建现象，要求明确责任、落实工作，腾退、拆除各种影响北京老城风貌或损害古迹原貌的建筑物，切实改变北京城市空间的整体风貌。在此基础上，《北京市"疏解整治促提升"专项行动2017年工作计划》颁布，从十项重点任务出发清理北京城市整体环境。一年来，北京先后腾退多处企事业单位占用的古建筑和院落，彻底清除南锣鼓巷、北海、景山等景区的乱搭乱建现象，将一大批产业、企业和人口从北京城区迁出。目前，北京东西城已经启动了32处古建的腾退工作，东城区的法国兵营、清末太医院、安乐禅林、丰城会馆等17处，西城区包括安徽会馆、浏阳会馆等15项直管公房也逐步开始了腾退。

12月，北京出台了全国首个《文物建筑安全监测规范》，指导文物建筑安全监测全套的工作流程，对于文物本体的监测又细分为木结构、砖结构、石质文物建筑的监测，并都列出了操作性很强的表格，对监测项目、

监测方法甚至监测设备均给予了指导。该标准的制定填补了国内文物建筑安全监测标准的空白，为全国文物建筑的安全保护检测技术的发展提供了引导，对进一步完善文物建筑行业国家标准体系和相关行业的发展有着深远的意义。

（二）三个文化带建设全面开展，打造北京古都文化新地标

大运河、长城、西山永定河三个文化带承载着北京特有的历史文化遗产。2015 年开始，三个文化带建设就已经进入北京市委市政府的文化保护议题，并于 2016 年首次发布于《北京市"十三五"时期加强全国文化中心建设规划》中。2017 年，三个文化带建设成为北京市文化建设的重点工作。其中，《长城文化带保护建设五年行动计划（2018～2022）征求意见稿》已经发布，力图有计划推进重点长城段落维护修缮，加强未开放长城的管理，对长城保护范围及建设控制地带内的城乡建设实施严格监管，以优化生态环境、展示长城文化为重点的相关文化产业，展现长城作为拱卫都城重要军事防御系统的历史文化及景观价值。在具体工作方面，昌平区作为三个文化带均有分布的地区，2017 年专门成立推进全国文化中心建设领导小组，下设明十三陵世界文化遗产保护组等六个专项工作组，并制定《昌平区大运河文化带保护传承利用重点项目清单》和《昌平历史文化地标建设重点任务清单》。目前，大运河源头风貌再现、永安古城历史文化展示等首批推进项目已经确定。除此之外，通州区 2017 年编制《通州大运河文化旅游品牌提升规划》《城市副中心背景下的通州文化旅游开发对策研究》《通州大运河旅游景区创建国家 5A 级景区可行性研究报告》，将合理利用大运河森林公园、运河公园、"三庙一塔"景区、休闲农庄等景区。同时，推动京津冀协同发展，与河北省香河县、天津市武清区成立"通武廊旅游合作联盟"，签订三地旅游联盟框架协议，共同推动运河旅游带建设以及北运河全线通航。

在三个文化带宣传方面，北京出版集团在经过详细调研后，策划推出一批相关的文化作品，目前已列入出版计划的有《古地图中的三个文化带》《文化地理中的三个文化带》《话说运河：流淌着的遗产》《话说西山：文化大观园》，以及"颐和园文化研究丛书：湖山系列""刘绍棠文集·大运河乡土文学书系""漕运三部曲""一城三带文化读本""北京文化探微""京腔京韵话

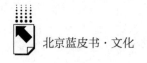

北京——北京'故事'系列丛书""北京北部长城文化带系列丛书"等57个项目，正在策划的有近300个项目，计划在未来3年内推出千余种出版物。

（三）非遗保护体系渐趋完善，不断延伸宣传推广渠道

近年来，伴随着国家非物质文化遗产保护相关法律和制度的完善，属地管理、分级负责的管理模式渐趋成熟，民间各种非物质文化遗产的保护传承水平不断提升，宣传教育和推广利用的程度不断加深，一个遍及全国的非物质文化遗产保护体系已经逐步形成，人们对中国非物质文化遗产的关注和保护意识明显增强。11月，联合国教科文组织、全球希望联合会、永新华控股集团、永新华韵文化产业投资集团共同发起的"联合国教科文组织国际非物质文化遗产大数据平台"发布仪式顺利举行。该平台是以互联网为平台进行非物质文化遗产保护、传承和交流工作，将建立统一的制度、备案体系、分类标准和唯一的国际标识编码，以此加强文化版权保护，并通过大数据分析挑选对应非遗项目落位线下园区，打通O2O，形成线上线下一体化运作体系。目前，平台已搜集世界105个国家和地区的3万多项非遗项目，传承人3000余人已列入其中，预计将收集87万中国非遗全量词条。

2017年，北京通过多种渠道面向社会宣传推广自身的非遗文化资源。一是举办展览推广活动，增强市民对非遗文化的了解。7月，国家图书馆举办了由文化部非物质文化遗产司、国家图书馆和北京联合大学艺术学院联合承办的"非物质文化遗产保护讲座月"特别活动——"非遗中的老北京"。活动创新了非遗宣传的形式，首次以现场访谈、技艺展示和非遗展览等方式结合的活动形态，向公众介绍包括彩塑京剧脸谱、戏曲盔头制作技艺、北京刻瓷、北京砖雕、传统灯彩和京派内画鼻烟壶六种富有京味色彩的非遗技艺，并在腾讯网、北京时间、新浪网、光明网、数字图书馆推广工程等平台进行全程直播，最大限度地扩大非遗宣传的活动面，惠及更多的民众。除了现场的活动，国家图书馆还联合文化部非物质文化遗产司举办了"非物质文化遗产保护讲座月"，面向读者推出10场非遗精品讲座。9月25日，"国宝非遗聚金街 工匠精神共传承"2017年京津冀非遗项目走进王府井活动，在北京apm购物中心举办。参展的均为京津冀三地已入选国家级、省市级非遗名录或是本地区有显著特色的非遗项目，全方位体现非遗文化的魅力。

二是结合文化产业推广非遗产品，借助市场开发非遗资源。6 月 10 日，北京非物质文化遗产保护中心和北京市西城区文化委员会共同主办的"民间瑰宝 魅力之都"2017 北京非物质文化遗产时尚创意设计大赛启动，大赛的口号为"100 天让非遗融入百姓生活"，分为启动仪式、体验行动、赛事评选、成果展示四大板块，对非遗感兴趣的单位、院校、文创企业、设计公司和设计师、非遗创客、手工艺制作者、学生等均可以单位或个人名义参赛。本届赛事最终共举办"一米之内"非遗体验活动 6 场，开展"传·承"大师课 77 课时，收到参赛作品 117 件。

三是加强知识产权保护，保障非遗传承人的权利。6 月 28 日，北京市西城区非物质文化遗产 12330 工作站在西城区非物质文化遗产保护中心成立。该工作站是北京首家专门对非物质文化遗产开展知识产权保护服务的工作站，将大大促进北京知识产权保护与非物质文化遗产保护深度融合，促进非物质文化遗产的保护传承与发展。

三 推进公共文化服务全覆盖，不断丰富市民文化生活

公共图书馆是公共文化服务体系建设的重要阵地，11 月，国家第一部图书馆专门法《中华人民共和国公共图书馆法》审议通过，该法是为了加强对全国公共图书馆管理，促进公共图书馆的建设发展，保证人民群众更好地享受文化服务。其中明确了文献信息查询与借阅，阅览室、自习室等公共空间设施场地以及讲座、阅读推广等服务项目均为全民免费使用，并鼓励公民、法人以及境外个体或团体依法参与国内公共图书馆的建设，公共图书馆的建设有了更多的渠道和支持。

近年来，北京不断推进公共文化服务设施和网络的建设，目前全市市、区、街乡、社村四级公共文化设施共有 6815 个，平均覆盖率达 98%。全市共有 6863 个社区（村），社区（村）综合文化室有 6585 个，建有率达 95.2%，公共电子阅览室 300 家，市级公共文化服务和村（社区）公共文化服务几乎实现全覆盖。同时，全市街乡综合文化中心已有基层文化人才 2299 人、社区村群众文化组织员 7583 人，基本能够满足基层公共文化服务的需求。这些基

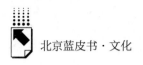
层文化组织员经过培训，要达到"六会标准"：会做群众工作、会组织活动、会指挥、会乐器、会编舞、会电脑，切实保障公共文化服务的有效开展。

（一）打造公共文化服务体系示范区，发挥全国文化中心引领作用

目前，北京朝阳区和东城区早已被列入第一批和第二批国家公共文化服务体系示范区，海淀区正在创建第三批示范区。9月，北京市印发《关于加快推进公共文化服务体系示范区建设的意见》（以下简称《意见》），提出本市将以15分钟为服务半径，规划基层文化设施布局，完善公共文化设施网络体系；鼓励设置区域综合文化中心，支持实体书店建设；鼓励和引导党政机关、国有企事业单位和学校内部文化设施向公众免费或优惠开放，扩大服务覆盖范围。到2020年，公共文化服务体系示范区建设将取得显著成效，率先建成均衡发展、供给丰富、服务高效、保障有力的现代公共文化服务体系。除此之外，《意见》还制定了联合社会力量共同建设公共文化的方案，要求吸纳社会组织和企业创作优质公共文化产品和服务，提升公共文化设施的专业化管理和运营水平，支持民办机构兴办图书馆、博物馆、美术馆、实体书店、公共阅读空间、点播影院。打造文创产品服务交易平台，发挥北京作为消费试点城市的先行示范作用，培育和促进文化消费。

（二）组织扶持各类文化活动，丰富市民生活

2017年，北京市政府联合各种文化机构和企业，共开展各类文化活动2.4万场，涉及文学、戏剧、音乐、舞蹈等各种体裁，大力提升北京的文化氛围。在2017年举办的首都市民系列文化活动中，北京市委宣传部、北京市文化局成立了市、区、街乡、社区（村）四级文化活动联动机制，围绕六大板块组织各类专题文化活动235项，各类文化活动2.2万场，3000万人次参与，其中主要的创新之处有以下几方面。

一是强调市民参与。在2017年开展的许多文化活动中，政府或文化机构唱独角戏的情况有所减少，强调市民参演和展示的项目大大增加。4月，在第22个"世界读书日"期间，北京启动了"2017北京阅读季"系列活动，大力推动全民阅读。全市十六个区分别有着主题鲜明的全民阅读方案，推动全民参

与阅读交流。西城区在"阅读春天"活动中发布第一个区级《北京市西城区"十三五"时期全民阅读推广规划》；海淀区制定了"文化行走 悦读海淀"系列主题活动，打造海淀区特色文化地标，并面向全区开展"阅读大使"征选活动；朝阳区将阅读与行走创新结合，推出"阅读行走12小时"；房山区延续"诵读之乡"传统开展5000人大型诵读活动，等等。2017首都市民系列文化活动"歌唱北京"中，参加活动的多为普通市民组成的合唱团，演唱者们年龄、职业、水平均有不同，但参与者和评论者都显示了极大的热情，活动期间共有万余名市民现场参与，网上参与留言、评论、投票者达350余万人次，视频播放量达8000万。

二是以"十九大"召开为契机，组织各种文化庆祝活动。"十九大"是2017年涉及国计民生的重要会议，为迎接党的十九大胜利召开，市委宣传部统筹全市文化资源，于8月至11月开展"不忘初心 筑梦祖国"迎接党的十九大主题系列文化活动，涵盖文艺展演、主题展览、展映展播、市级重点文化活动及区级群众文化活动等五大类60项。系列活动展示了首都文化建设的优秀成果，也在广大市民中弘扬了社会主义核心价值观，传播了正能量。

三是加强互联网与文化融合，扩大文化活动推广范围。在今年的文化系列活动中，互联网参与和传播成为其中重要的创新形式。在8月份开始启动的"首都市民音乐厅"继续沿用了网上抢票的方式，共有62790人次参与了11场次的抢票活动。在宣传推广方面，首都图书馆联合各种专业院团、公共文化机构的平台进行推介宣传，及时播报演出信息。通过与文化部云平台合作，本次活动推出网络直播形式，演出期间最高点播量达30多万次，网络观众累计达100多万人。2017年首都市民系列文化活动也充分利用互联网科技的优势，多项活动均采用了网络直播的方式，扩大了文化活动的传播范围，期间吸引370万网民留言参与，视频点击量达8800万次。

（三）拓宽文化供给渠道，提升文化资源质量

2017年，北京十分重视与社会各种文化机构企业的合作，在政策和资金方面鼓励各种力量投入北京文化建设中，以此提升北京的文化服务资源供给质量。在政策方面，《北京市优秀群众文化项目扶持办法》9月正式出台，针对北京有关系统及各区从事群众文化创作和活动的非专业文化机构、文艺团队和

个人,每两年扶持一批优秀原创作品、团队和品牌文化活动,涵盖了音乐、舞蹈、戏剧、绘画、摄影、文学等各种体裁,由北京市基层公共文化建设资金提供奖励和资助,以此鼓励文化创作的热情。在实际工作中,今年的"首都市民音乐厅"仍然采用了"政府购买,专业院团唱戏,公共文化机构搭台"三方协作的模式,由政府提供文化场馆和设施,专业团队提供文化资源和服务,大大满足了市民的文化需求。8月,西城区联合上海创图科技股份有限公司北京子公司共同推出的"西城文化云"正式上线,连接起西城图书馆、西城文化馆、天桥剧场、天桥艺术中心、梅兰芳大剧院等诸多的文化场所,至今已经拥有手机注册用户3万多人,平台访问达到55万人次,发放演出票超过3万张,票务预订率达到100%。该平台能够借助大数据分析整理出不同年龄、职业的市民在文化需求方面的不同,更有针对性地完善和提供文化资源内容,提升公共文化服务效能。

四 投融资领域建设成效显著,文化市场繁荣活跃

2017 年,北京文创产业发展迅速,1~11 月规模以上文创产业法人单位收入达到 1.36 万亿元,同比增长 9.4%(见表1),动漫游戏产业总产值达

表1 2017 年 1~11 月规模以上文化创意产业情况

项目	收入合计		从业人员平均人数	
	2017 年 1~ 11 月(亿元)	同比增长 (%)	2017 年 1~ 11 月(万人)	同比增长 (%)
合计	13600.0	9.4	122.8	-0.3
文化艺术服务	285.8	14.5	5.7	1
新闻出版及发行服务	699.2	8.6	7.6	-1.3
广播电视电影服务	704.9	1.5	5.5	-0.3
软件和信息技术服务	5735.5	15.5	67.6	-0.1
广告和会展服务	1732.0	7.0	6.5	-5.7
艺术品生产与销售服务	1059.4	0.5	1.8	0.6
设计服务	287.7	10.1	8.4	11
文化休闲娱乐服务	932.7	-1.0	8.4	-2.7
文化用品设备生产销售及其他辅助	2162.9	6.7	11.3	-4.2

注:各领域数据按 2011 年国民经济行业分类(GB/T 4754-2011)标准汇总。

资料来源:北京市统计局。

627 亿元，相比 2016 年的 521 亿元增长约 20%；昆仑游戏、完美世界等为首的原创研发企业网络游戏出口额约为 116.09 亿元，与上年的 60.2 亿元相比增长了约 93%。北京已经成为全国动漫游戏产业的研发中心。在文创产业园建设方面，朝阳区的国家文创实验区目前已吸引了 3.76 万家文创企业，占全市总数的 15%，其中上市企业达 81 家。在 2017 年前 10 个月，规模以上企业实现收入 1121 亿元。

（一）加强政策扶持力度，保障文创产业发展

2017 年 6 月，《深化改革推进北京市服务业扩大开放综合试点深化方案》得到国务院批复，提出了 10 条放宽外资准入的清单，包括航空运输、其他建筑业、文化艺术、银行业、人力资源服务业、广播电视电影音像业等 9 个行业。在文创产业领域，允许外商在海淀区、石景山区、顺义区、朝阳区的国家文化产业创新试验区、丰台区的中关村科技园区、通州区的马驹桥镇投资建设演出娱乐场所，进一步扩大了投融资领域的范围。这一政策对新时代北京文创产业的发展有着极大的促进作用，它扩大了文创产业的市场准入条件，也为引入世界文创产业先进管理经验和人才准备了条件。

11 月，《关于深化市属国有文化企业改革的意见》（以下简称《意见》）正式下发，提出要通过改革的不断深化，保证国有文化企业能够在经营管理的各个重要领域有所改进和突破，争取在 2020 年底前实现市属国有文化企业改革工作的顺利完成，从而优化国有文化资本的布局结构，建设具有一定文化特色的现代企业制度以及更加完善的国有文化资产监管体制，形成一批真正在国际上有着强大影响力和竞争力的企业。其中，拓宽国有文化企业投融资渠道是实现这一目标的关键环节。《意见》中明确提出要加快国有文化企业的上市融资步伐，加快企业上市通过公开增发、定向增发等方式引入更多资本，以此增强企业的市场活力。

6 月，"北京市文创金融服务网络平台"开始试运行。该平台整合了商业银行、融资租赁、融资担保、股权基金、会计师事务所、税务师事务所、律师事务所等 30 多家专业化服务机构，为文创企业提供一揽子金融服务。在此基础上，11 月，北京文资办推出"投贷奖"联动体系，力争为本市文创企业破解因规模、资产较小而难以获得贷款融资的问题。这一体系能够在股权融资等

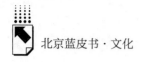

方面为本市的文创企业提供更多的便利和支持。鼓励政策推出 7 天就已经有 2000 余家线上注册企业，1 年左右预计将会超过 10000 家，并会推出 1000 个专门服务文创企业的相关金融产品。

（二）银行合作力度加大，金融资本提供有力支撑

北京银行北京分行 2017 年初成立文化金融领导小组，并颁布《2017 年北京分行文化金融"百亿计划"》。该计划是为了加快北京分行在文化金融领域的发展步伐，力图在 2017 年内文化金融余额能够突破 100 亿元。为了支持北京广播影视产业发展，8 月 23 日，北京银行与北京市新闻出版广电局签署了《支持北京新闻出版与广播影视产业发展全面战略合作协议》，在未来五年内，北京银行为市新闻出版广电局管理和服务的文化企业提供的授信额度将从 100 亿元提高到 500 亿元。11 月，北京银行与北京市文化创意产业促进中心签署战略合作协议，开启文化产业与金融资本的对接。2017 年上半年，北京银行在文化金融贷款领域的余额超过了 530 亿元，共发放贷款达 1500 余亿元，为 5000 多家文创企业的发展提供了切实有力的保障。

除此之外，12 月，杭州银行在京成立了北京文化金融事业部，制定了"追梦计划"。该计划的核心要旨为"尊重工匠精神、以金融培育大师"，北京地区符合"3 + 3 + X"文化创意产业体系范围内的人才都可获得其提供的一揽子金融服务方案。

（三）文化消费稳步增长，大力开发市场潜力

近年来，伴随着文化资源的不断丰富，北京文化市场一直保持着平稳的增长态势。2017 年，北京的演出场次累计高达 24557 场，观众人数、票房收入分别以 1075.8 万人次和 17.17 亿元创历史新高，文化消费规模总量已接近 900 亿元，居全市服务型消费前三名。文化消费已然成为北京市民的重要生活支出项目。7 月 6 日，《关于培育扩大服务消费优化升级商品消费的实施意见》正式发布，从 23 个方面用 48 条具体措施推动文化消费、旅游消费、体育消费、养老消费等服务消费方面的完善和升级，力争到 2020 年消费对经济发展的贡献率将达到 70% 左右，要求在文艺作品创作、国际文化产品交流、北京历史文化资源开发以及书店等文化消费空间建设方面培育新的消费增长点，努力开

发北京的文化消费潜力。

7月，以"文化惠民"为主旨的第五届北京惠民文化消费季正式拉开序幕，期间共举办近200项文化活动，向消费者免费发放5000万元优惠券。本届消费季除了延续往年互联网互动交流、文化品牌评选等活动外，还有以下创新之处。

一是加强了与传统文化的结合，将非遗保护融合于文化创意产品展示与销售中。本届北京惠民文化消费季中的"匠心筑梦"板块，通过传统工艺展示、交流互动、设计演出、衍生品销售的形式推广非遗文化产品，其中的"大国工匠"景泰蓝工艺传承体验课、"艺+遗"蜡染非遗再设计等活动受到了市民的热烈欢迎。

二是按照商场、社区、文创园区、文化小镇等四类文化空间分别根据其特色展开别具一格的文化消费活动，塑造各种文化消费业态互联互动的模式。与此同时，还打造了一批文化消费新地标、"一站式综合体"。

五　立足国际交往中心，不断扩大文化影响力

2017年，北京以"一带一路"建设、举办2022年冬奥会为契机，着力加强自身文化资源的开发与宣传，不断推进自身文化建设的同时，继续立足自身城市文化中心和国家首都的地位，增强与世界各国城市或机构的沟通，扩大北京的城市文化影响力。

（一）承办国家级文化交流活动，打造中国文化展示窗口

2017年，北京在加强自身城市文化特色建设的同时，也在展示中国传统文化，促进国家间文化友好往来中承担了重要的职责，其主要工作有以下几个方面。

一是加强了中国传统文化的展示内容。8月21日，"一带一路"文化遗产合作交流国际高峰论坛在北京举行。该论坛旨在促进"一带一路"沿线文化遗产合作保护与传承，共同探讨国际民间艺术保护、文化遗产传承等方面的理论与实践经验，推动沿线各国人民之间的相互了解。论坛举办期间组织文艺演出3场，非遗展示1场，服务国内外嘉宾2000余人次，促进了"一带一路"

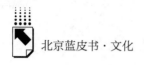
沿线各国的文化交流往来。

二是承办各种文化交流活动，将北京打造为各国文化交流的重要平台。8月，北京承办了由12个"一带一路"沿线国家优秀青少年艺术团以及来自国内24个省市自治区的青少年朋友约4000人共同参加的"欢动北京"活动，为各国青少年文化艺术交流提供了重要的展示平台。11月，中泰文化经贸合作高峰论坛暨泰中艺术家联合会、泰中经济贸易交流中心成立十八周年庆典活动在北京举行，论坛重点围绕中泰文化交流、商业文化、经济合作开展，谱写中泰友谊新篇章。

（二）面向国内外展示北京文化，扩大文化影响力

2017年，北京加强了与国内外城市的文化交流与合作，以"文化周"的形式举办各种文化活动，推广自身的文化。6月16日，主题为"美丽北京绽放世博"的北京活动周在阿斯塔纳世博会中国馆开幕。《京韵华彩》《激踏·球技》《太极》等富有北京文化特色的节目在世博会舞台上绽放，为国外观众呈现了北京的文化底蕴。10月，"2017渥太华欢迎世界"系列活动中，"北京周"文化活动成为其中一个重要组成部分，其中包括"北京之夜"综艺演出、北京文化庙会、"魅力北京"展览等内容。11月，美国洛杉矶举办了"北京－洛杉矶文化会客厅"暨北美文投联盟启动仪式，旨在以中华美食和多元餐饮文化为平台，以与两国老百姓生活密切相关的饮食为切入点，开展中美文化交流活动、展销两国文创产品、介绍中华非物质文化遗产等。

在国内，4月下旬，一年一度的"北京文化周"活动在台北举行，该活动是北京海峡两岸民间交流促进会、两地文化管理部门联合举办的文化交流项目，本届活动的主题为"讲好北京故事，促进文化认同"，包括"我的北京故事"展览、《旧京民俗》多媒体展、京台文创展等活动，北京源远流长、兼收并蓄的特色文化风貌得到了充分的展示。

（三）结合展会推进文化贸易，开拓文创产业发展渠道

2017年，北京举办了多项文化博览会，邀请国内外机构或企业参与其中，共同推进文化产品和贸易的发展。

一是以论坛的形式共商文创事业发展。4月，京港影视文化交流暨庆祝香

港回归20周年系列活动正式开启，期间举办的京港影视高峰论坛不仅梳理了过去京港两地影视艺术的交流往来历史，也力图共同推进两地的合作，推动影视文化的发展。在9月举办的第十二届中国北京国际文化创意产业博览会期间，由2017中国数字出版创新论坛暨出版人才教育大会、国际电影产业发展研讨会、北京国际版权会议暨中国音乐产业大会等组成的六个专题论坛邀请到了海内外众多专业人士，在相互的交流中探索文创产业的未来发展前景。

二是借助文博会拓展文化贸易平台。第十二届中国北京国际文化创意产业博览会拥有展览展示、文艺演出、产品推介及高峰论坛等板块。与往年相比，本届文博会的国际化、专业化和市场化的特色更为明显，期间共接待15万人次业界专业人士，举办了包括文化创意产业投融资、文化产品交易等为主要内容的65场项目活动，共有1.5万位国内外客商前来洽谈合作，最终签署了涉及文创产品交易、艺术品交易以及银企合作等协议，总金额达977.28亿元。

六　问题与建议

（一）疏解保护相结合，加大文化资源的开发利用

在北京明确自身城市定位和核心功能后，城市的空间规划和建筑保护工作就已经步入了正轨。尤其是在近几年，北京的历史文化名城保护工作进展迅速，许多古建筑和街区正在重新焕发生机，但目前仍存在一些亟待解决的问题。一是大量古建筑或院落的保护问题依然严峻，"中轴线"沿线如西城区约46%的文保单位都住有居民，全市超过60处市级文物保护单位为大杂院，还有一些古建筑或院落仍然被企事业单位占用，对保护和修复工作的顺利进行相当不利。二是古建筑的腾退工作仍存在许多困难，资金配套和相关安置政策有缺位，而各个使用单位的产权问题也十分复杂，如东城区356处文物中就有央产98处，市产55处，区产120处，军产18处，企业和个人产41处，混合产24处，协调工作难度很大。三是传统历史文化资源的开发有待进一步完善。目前许多古建筑和历史文化街区的旅游开发中商业化倾向过于严重，一些有名无实的店铺或文化特色产品充斥市场，破坏了历史古迹的整体风貌。四是非遗文化资源的开发利用工作不够深入。当前

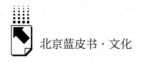
北京的非遗登记保护工作已经基本到位，但却在相关文创产品的开发宣传方面略显不足，除"同仁堂""全聚德"等老字号品牌外还没有更多富有影响力的非遗文化产品出现。

在今后的工作中，北京一是要继续加强对各种历史文化古迹、古建筑或院落的登记注册工作，明确管理者和使用者的权利和义务，确保古建筑或街区历史风貌能够得到切实有效的保护。二是要完善古建筑腾退工作的政策和资金配套措施，加快城区的腾退工作进程，通过建立市规划局、建设局、文物局等各部门的联动机制，充分协调当前文物管理和使用单位之间的利益关系，借助通州副中心、京津冀一体化以及雄安新区建设，有效疏解城区中文物单位的占用问题。三是要加大对历史文化街区的保护工作力度，以维护古都整体文化风貌为根本出发点，注重解决当前各种历史文化街区的过度商业开发问题，通过整治"开墙打洞"、老旧小区改造等工程清理当前各种违法乱搭乱建的现象，加强对文物保护的宣传教育工作，积极调动相关部门与民众保护城市文化资源和遗产的主动性。四是继续加强非遗保护与文创产业开发的结合力度，通过文创产品和市场的作用加大非遗的宣传力度，将一些有发展潜力的非遗文化资源打造成更具有知名度的文化品牌，借助市场之力扩大非遗文化的影响力。

（二）创新公共文化服务建设模式，拓宽文化资源供给渠道

北京的公共文化体系建设处于全国领先地位，经过多年的建设，北京目前已基本实现了公共文化服务的全覆盖，公共文化资源的多样性和服务设施的完备性已基本可以满足市民们的文化需求。但总体来看，当前公共文化建设仍然存在一些问题，主要体现在：一是单一主体建设的问题仍然比较突出。目前北京的公共文化设施和资源的建设和配置仍基本以政府为主导，虽然已经最大可能地避免了公共文化服务不均衡的弊病，但在一些郊区和偏远地带的新建社区或"城中村"，公共文化服务的配套设施和资源却难以跟上。二是文化资源的使用率和个性化服务不足。在一些社区图书馆、益民书屋之中，人流量和借阅率常年都处于较低的状态，而近年来受到广泛关注的"自助图书馆"，其使用情况更显尴尬，设备的维护和使用率仍存在许多问题。三是借助互联网推进文化服务方面的工作略显不足。2017 年北京已经通过网络订票、直播等形式扩

大了文化服务的范围，但数字文化资源建设，尤其是内容的丰富性和个性化服务方面创新性仍显不够。在移动互联网快速发展的今天，人们获取文化资源的方式和途径已经有了很大的变化，北京却在当前移动互联网文化资源的平台和内容建设方面仍有所欠缺。

因此，在公共文化服务建设方面，北京今后一是需要继续加大社会力量参与公共文化服务建设的范围和力度，解决政府审批流程较多、资金投入管理复杂等问题。首先，政府可以扩大与文化企业或机构的合作，以共建或购买的方式打造形式更为丰富、内容更为精彩、服务更为多元的文化活动。其次，广泛发起社区居民参与到公共文化服务建设中，通过"共建""共享"等形式丰富社区图书馆等基层文化设施的资源和内容。二是在公共文化资源配置和推送上更加注重个性化。基层公共文化资源利用的不充分，根本原因还在于没有真正满足社区居民的多样化需求，如以老年人为主要群体的社区可加强养生和保健等主题的资源配备，而以年轻人居多的社区则可以增加专业性或亲子主题的资源供给。在文化活动方面，除政府和文化机构组织的各种活动外，还应积极调动社区居民的主动性和创造性，以"机构搭台，居民唱戏"的形式打造更为多元化的活动形式，丰富居民的文化生活。三是搭建更为便捷丰富的互联网文化资源平台，尤其是在移动端 App 的开发方面，北京可以加大与各种互联网文化企业（如网易、京东、当当等）的合作力度，通过购买或共建的形式为公众提供免费便捷的互联网文化资源。

（三）创新文创产业发展模式，开发文化消费潜力

2017 年，投融资渠道的快速延伸是北京文创产业发展中的一大亮点，政府和相关金融机构的重视为当前和今后一个时期北京的文创企业成长提供了广阔的空间。目前，北京的文创产业实力已经居于全国领先地位，拥有一大批实力雄厚和较高知名度的企业和产品，但在一些方面仍有待加强，主要体现在三个方面。一是文创产业园建设同质化现象仍然存在。文创产业的立足之基是文化资源创新性研发。当前北京的文创产业园区的数量已居于全国首位，但其中许多具有较高知名度的园区，如 798 艺术区、宋庄艺术区、工体以及后海的酒吧街等在功能和产品方面都有许多重叠之处，特色化建设不足。二是知识产权的保护力度不够。近年来，北京已经出台了多项相关政策和措施保护知识产

权,也加大了对侵权者的惩罚力度,但在实际工作中仍然存在宣传不到位、盗版查禁工作推进缓慢等问题。2017年北京法院审结知识产权案件3.68万件,从一个侧面反映出当前北京知识产权侵权问题依然不容乐观。三是北京文化消费的潜力有待进一步发掘。当前北京的文化产品中低端化、同质化的现象仍然存在,中高端、个性化、创新性产品相对不足。除此之外,北京在非遗文化产品的开发方面也有待加强,在创作、市场推广、品牌经营等方面没有形成一种完整的产业链。

基于此,在文创产业建设方面,北京一是要加强当前文创产业园的特色化建设,在园区规划、政策支持和企业引导方面进一步加强,深挖产业园文化内涵,突出产业园区人文气息和特色产品的形象塑造。二是加大知识产权保护的宣传和审查力度,增强公民和企业的版权意识,完善和简化版权备案和报批的流程,继续加强版权贸易、版权代理和版权价值评估,为创意产品的市场开发和宣传提供便利。三是在文化消费理念和供给方面转变思路,不断丰富文化消费业态和产品,努力为不同年龄段、收入水平、文化背景的人群打造符合其需求的多样化、个性化的文化产品,积极拓展"文化+技术""文化+旅游""文化+体育""文化+商业"等领域,注重互联网文化产品开发、宣传、销售,开拓线上线下消费阵地,提升各类传统产业和消费业态的文化内涵。深入探索非遗及"京味文化"的文创产品开发,打造更富有国内外知名度的文创产品品牌。

(四)加强北京文化内涵挖掘,拓宽文化"走出去"渠道

目前,北京的城市功能定位与文化形象塑造已经确立了明确的目标。2017年,通过非首都城市功能疏解、历史文化名城保护等工程的开展,北京城市的整体文化面貌有了很大改善,在国内外城市对比中的竞争力和影响力有了较大提升,一个传统文化与现代文化交相辉映、富有活力的国际一流和谐宜居之都正在逐渐形成。但与此同时,北京在增强文化传播和交往能力方面还有一些问题需要注意,一是"大城市病"问题依然存在。目前,交通拥堵、垃圾处理、房价过高、环境污染、公共文明等问题仍然比较突出,脏乱差现象虽然得到了有效的缓解,但与国际大都市相比,北京的建设发展尚有些滞后。2017年英国《经济学人》杂志的全球宜居城市评比中,北京仅排在第73位,远远落后

于伦敦、纽约、东京等国际知名大都市。这对于北京营造和宣传城市文化形象十分不利。二是城市文化品牌形象的内涵挖掘不足。北京有着深厚的文化底蕴，但长期以来，北京的对外文化宣传和影响力仍然多停留在故宫、长城、798艺术区等个别孤立的文化地标上。城市整体的文化气质、特殊的地域特色、丰富的人文生活内涵都有待进一步整合和发掘。三是媒介合作和宣传力度不够。近年来，北京已经通过制作文化专题片、增强与国内外媒体公司合作等形式扩大城市文化的宣传，但总体来看，北京的城市文化形象在国内外媒体上的宣传频率和内容质量上还有进一步提升的空间，在多媒体资源制作、互联网平台宣传等方面有很多潜力可以开发。

中国特色社会主义建设进入了新时代，国际文化交流与合作也逐步加深，这是北京不断扩大文化宣传、提升文化影响力的机遇。面对当前北京文化传播中的问题，建议从以下几点加强工作。一是强化城市文化建设的顶层设计，围绕首都城市功能定位和发展目标，从整体上规划北京的空间布局和文化形象塑造工程，建立各部门之间的联动协调机制，打破条块分割，加快通州副中心、雄安新区的建设以及京津冀协同发展进程，贯彻落实北京的疏解整治工程，切实缓解首都的城市发展压力。二是通过深入研究北京的历史文化、地域特色、人文风情和文创产业实际，分析当前国际文化传播和竞争中的优势和劣势，突出文化形象的地域化、品牌化、特色化建设，塑造具有鲜明个性的现代国际大都市；将古建筑保护与旅游产业发展、非遗文化保护与创意产品研发紧密结合，打造真正富有"京味"的文化空间和产品，为首都的对外文化传播注入更多的亮点和底蕴。三是努力打造更具有国际竞争力的文化企业和传媒集团，通过市场之力加强北京文化在国内外的影响力和渗透力；积极利用当前互联网科技和多媒体技术的发展成果，结合当前社会人们享受文化生活的实际，开发更多的网络文化交流和互动平台，扩大文化传播和宣传的覆盖面，提升文化接受的便捷性，为北京文化的传播打造更多更通畅的渠道。

B.3
新城市总体规划视域中
北京城市文化建设的整体战略

王林生*

摘　要：《北京城市总体规划（2016 年－2035 年)》为北京城市文化建设明确了目标与方向，它将创意城市拟定为符合北京文化中心建设的高端定位。在创意城市建设的过程中，推动优秀传统文化的创造性转化、健全现代文化产业体系和市场体系、构建个性鲜明的城市整体景观格局，构成了主要的路径探索。创意城市建设应注重创意在社会、经济、文化、生活等领域的应用，须着力处理好政府主导与市场推动的辩证关系、城市保护与创新发展的互动关系、城市高端与低端产业的结构关系，以及城市硬环境与软环境建设的协调关系。

关键词：　城市总体规划　创意城市　城市文化

城市总体规划是根据城市的自然、历史、资源等，为城市确定的社会发展方向和发展目标。2017 年 9 月，《北京城市总体规划（2016 年－2035 年)》（以下简称《总体规划（2016 年－2035 年)》）的批复与实施，标志着北京未来城市的建设和管理有了新的顶层设计，对"建设一个什么样的文化城市，怎样建设文化城市"做出了新的思考。《总体规划（2016 年－2035 年)》指出："聚焦文化生产前端，鼓励创意、创作与创

---

* 王林生，博士，北京市社会科学院文化研究所副研究员。

造，建设创意北京，使北京成为传统文化元素和现代时尚符号汇聚融合的时尚创意之都。"① 这就意味着，创意城市是从战略规划角度对北京城市文化建设做出的总体安排和布局，是北京为参与世界城市高端竞争和适应现代城市转型发展做出的必然选择。

一 创意城市是符合北京文化中心城市
发展实际的高端定位

城市定位是城市发展和竞争战略的核心。科学选择城市的发展定位要在充分认识城市性质的基础上，根据城市的资源禀赋、发展趋势和国内竞争环境等遴选符合城市特质且能够引领城市发展的关键性要素。在不断变化的城市实践中，一个相对适宜的城市定位能够决定城市未来的发展方向，所以，在这个意义上，准确把握北京的城市定位，既有助于处理经济发展与城市可持续发展的关系，也可以深化人们对城市发展规律的认识。

1. 创意城市定位符合城市性质的发展需求

城市性质与城市在国家或区域所发挥的职能存在紧密的联系。根据城市定性理论，"城市的性质应由城市的主要职能所确定，只有它才体现了城市具有的本质特征，决定了城市的发展方向，并支配和制约着城市的发展过程"。② 这也就是说，城市性质是由当时城市政治、经济、文化发展的综合性职能需要所决定的。在过去 60 多年的城市发展中，根据城市职能的变化，北京历次城市总体规划在编制中对城市性质进行了不同的界定，并对城市文化建设产生了重大影响。③ 2017 年 9 月，《北京城市总体规划（2016 年 – 2035 年）》的公布与实施，沿袭和发展了以往规划对城市性质的认定，指出北京是"全国政治中心、文化中心、国际交往中心、科技传播中心"，再次明确了北京全国文化中心的性质和职能，认为加强文化中心建设，就是要依托"北京文脉底

---

① 《北京城市总体规划（2016 年 – 2035 年）》，首都之窗，http：//zhengwu.beijing.gov.cn/gh/dt/t1494703.htm。

② 崔新恒主编《城市经济词典》，四川科学技术出版社，1986，第 351 页。

③ 李建盛：《新中国成立后北京城市性质定位对全国文化中心建设的影响》，《北京联合大学学报》（人文社会科学版）2015 年第 3 期。

蕴深厚和文化资源集聚的优势，发挥首都凝聚荟萃、辐射带动、创新引领、传播交流和服务保障功能"①。北京文化城市的性质的认定，是对北京当前城市的现状与发展的基础属性的高度概括，彰显出在探索现代城市发展的过程中，增强了首都文化建设的战略意识，确立了文化建设在城市建设中的总体地位。

文化与城市的关系是复杂的，这便决定文化城市具有较为广泛的内涵和外延。同时，这也就意味着，在文化中心城市战略的总体指引下，"建设一个什么样的文化城市，怎样建设文化城市"，关系到城市文化发展的定位问题。创意城市理论认为，"迈向创意城市之道，源自对文化的兴趣。而这两个重要的关联在于，文化演变如何形成城市发展，还有创意与文化发展之间的固有关系"。② 这一认识突出强调了创意与文化城市、文化与创意城市的关系，创意既内在于文化，是文化的重要组成部分，又以各种文化资源的相互关联为基础。《总体规划（2016年–2035年）》指出北京建设"创意北京""创意之都"是北京未来文化发展的目标定位，不仅揭示出文化城市必须基于创意性的内容才能彰显自身的特色，获得创新发展，也指明创意在当代文化城市整体建设中所能发挥的核心性作用。建设创意城市就是要以创意为城市创新驱动的动力源与出发点，以文化及其相关资源的利用为基本领域，为实现城市的转型创新发展提供路径选择。

2. 创意城市定位符合世界城市的发展潮流

从世界城市的发展潮流来看，许多城市在全球化冲击和城市全球分工的语境中，在经历着面向创意的变革。创意城市理论认为，创意城市作为最新的最具有市场号召力的理念，将在城市间的竞争中付诸实践。兰德利甚至认为，创意已成为当代城市发展的命脉，未来城市的发展与竞争以文化创意为行动平台。许多城市在制定自身的发展战略时，均将城市的定位与创意结合在一起。伦敦提出建设"世界卓越的创意和文化中心"的发展理念（1998年），东京确立建设"充满创意的文化都市"的发展目标（2000年），华盛顿出台以"创

① 《北京城市总体规划（2016年–2035年）》，首都之窗，http：//zhengwu. beijing. gov. cn/gh/dt/t1494703. htm。
② 〔英〕查尔斯·兰德利：《创意城市：如何打造都市创意生活圈》，杨幼兰译，清华大学出版社，2009，第50页。

意城市"为核心的发展草案（2001 年），首尔制定"创意文化城市计划大纲"（2008 年），柏林提出要在 2030 年成为世界创意中心（2013 年）等，表明全球各主要城市已将创意纳入世界城市文化体系的建构之中，创意城市已经成为具有高度国际化的竞争性理念。

北京参与世界城市竞争，就是要准确地把握世界城市文化发展的前沿方向，占领或赶超世界先进水平。《总体规划（2016 年 - 2035 年）》指出，北京坚持创新发展，推进"四个中心"城市战略，应"立足北京实际，突出中国特色，按照国际一流标准……把北京建设成为在政治、科技、文化、社会、生态等方面具有广泛和重要国际影响力的城市"①。这也就意味着，北京的文化建设是在国际一流城市层面上参与城市竞争，因此，大力发展创意文化，培育创意经济，建构创意城市，是北京将城市的外部社会文化关系和城市自身定位置于全球一体化的进程中，是在积极融入全球化进程中探索文化建设高端国际化和全球组织化的有效方式，以最大限度地加强北京对国际文化资源的配置利用，实现至 2050 年把北京建设成为具有广泛和重要国际影响力的全球中心城市、引领时代潮流的世界文脉标志的远景发展目标。

3. 创意城市定位符合城市转型发展的需要

现代城市发展的一般趋势是逐步降低第一、第二产业在城市发展中的比重，凸显第三产业的重要性，将生产型城市逐步转变为消费服务型城市。在这一过程中，需要不断优化和调整城市的产业结构和发展模式。克拉特克认为："'创意城市'的发展路径源于这样一种认识，即工业社会正在向'知识社会'转变，在转变过程中，创意日渐成为一种重要的资源。"② 创意之所以能够成为一种重要的资源，就在于创意城市突破了工业城市较为注重客体如地域、自然资源、市场通路等资源所带来的局限，将人的创意、智慧、知识和想象力视为支撑城市可持续发展最为宝贵的资源。

当前，北京由于"大城市病"问题较为严重，人口、资源、交通和环境压力与城市可持续发展之间的矛盾较为突出，因此《总体规划（2016 年 -

① 《北京城市总体规划（2016 年 - 2035 年）》，首都之窗，http：//zhengwu. beijing. gov. cn/gh/
dt/t1494703. htm。

② Stefan Krätke. *The Creative Capital of Cities*：*Interactive Knowledge Creation and the Urbanization
Economies of Innovation*. Wiley-Blackwell. 2011. p23.

2035 年)》将疏解非首都功能视为北京当前工作的"牛鼻子",提出"大力实施以疏解非首都功能为重点的京津冀协同发展战略,转变城市发展方式,完善城市治理体系,有效治理'大城市病'"①。这一总体要求与创意城市的转向相契合。创意是一切城市转型创新发展的先决条件,这不仅在于城市发展理念与模式的革新,更在于城市发展的动力取决于创意动能的释放。"这里的'创意'是指新想法的提出及其在原创艺术品与文化产品制造过程中的运用以及功能创意、科学发明与技术创意。因此,创意的经济效益通过推动企业发展、加速创意、提高生产力并促进经济增长得以实现。"② 因此,创意城市作为一种新的发展理念与模式,联结和涵盖着文化、经济与科技等多种要素的共同发展。它所孕育的产业业态,作为新的经济增长点能够填补传统工业转移后留下的发展空白,重新塑造城市空间,而且以创意为中心,重新配置支撑城市发展的各种资源,构建一个以人的创意和文化资源为基础的全新产业链。

可以说,创意城市的发展定位是多种因素共同作用的必然选择。这一定位不仅反映城市发展演变的基本轨迹,明确了北京作为全国文化中心的性质和职能,而且深化了城市性质对城市发展的指导意义。创意城市作为北京在国内外社会经济文化等复杂因素中做出的文化发展定位,革新了传统城市的发展模式,拓展了城市发展的路径。

二　推进北京创意城市建设的路径探索

创意城市成为北京城市的发展定位和目标选择,这就意味着要实现北京城市的创意转换,不仅需要转变城市发展动能,调整产业发展结构,调整空间发展布局,更为重要的是要以创意为核心重新统筹和配置城市发展要素,这是因为"'创意城市'策略的基础概念在于,它视文化为价值观、洞见、生活方式,以及某种创造性表达形态,并认为文化是创意得以产生、成长的沃土,因

---

① 《北京城市总体规划(2016 年-2035 年)》,首都之窗,http://zhengwu.beijing.gov.cn/gh/dt/t1494703.htm。

② 〔美〕埃德娜·多斯桑托斯:《2008 创意经济报告》,张晓明、周建钢等译,三辰影库音像出版社,2008,第 3 页。

此提供了发展动能"。① 创意城市强化了文化在城市发展中的支撑性作用，在北京具体的城市实践中，创意与城市文化资源多元结合，推进了创意城市的发展进程。具体路径体现在以下几个方面。

1. 推动优秀传统文化的创造性转化

传统文化是从历史中演化和萃取出来一种能够反映本地区、本民族特色的文化，是各种文明、道德、观念、器物的总体表征。北京作为国家首都，是有着 860 年建都史、3000 年建城史的城市，凝聚着中国最优秀的传统文化。《总体规划（2016 年 - 2035 年）》指出："北京历史文化遗产是中华文明源远流长的伟大见证，是北京建设世界文化名城的根基，要精心保护好这张金名片，凸显北京历史文化的整体价值。"② 这就意味着北京建设创意城市，必须依托和利用好北京的传统文化和历史文化遗产。创意是在城市原有基础上进行创意，是以创意的方式改变旧有城市文化传统的内容或形式，使之重新融入当下的生活。而创意之所以能在原有传统文化的基础上进行，就在于"文化遗产是以往创造力的总和，而维持社会运作，并促使它向前迈进，正是发挥创造力的成果……今天的传统是昨日的创新。创意不仅在于持续发明新事物，也与如何适当处理旧事物有关"③。不难看出，在创意城市的视域中，传统并不仅仅是沿袭物，而是城市创意行为的出发点，是新行为的重要组成部分。易言之，传统优秀文化的创造性转化是构建创意城市的重要基础，处理旧事物的目的在于弥新，创意正是通过某种创新性的思维方式，对传统文化要素进行重新组合，进而赋予传统文化以一种时尚性的内涵。

北京历史文化遗产众多，拥有 7 处世界文化遗产，125 处全国重点文物保护单位，99 处全国重点文物保护单位等。在创意城市的整体视域下，对历史文化遗产的保护与利用遵循一种"活化"的理念，注重文化遗产与创意、科技和产业的结合，积极拓展文化遗产创意性利用的路径。近年来，探索出的

① 〔英〕查尔斯·兰德利：《创意城市：如何打造都市创意生活圈》，杨幼兰译，清华大学出版社，2009，第 246 页。

② 《北京城市总体规划（2016 年 - 2035 年）》，首都之窗，http://zhengwu.beijing.gov.cn/gh/dt/t1494703.htm。

③ 〔英〕查尔斯·兰德利：《创意城市：如何打造都市创意生活圈》，杨幼兰译，清华大学出版社，2009，第 51 页。

"砖读空间"、《国家宝藏》、"故宫淘宝"等文化形式,在空间利用、内容创新、营销推广等层面,推动了传统文化资源与现代生产生活的充分融合,展现了传统文化与现代文化在城市的碰撞交织。因此,以推动传统优秀文化的创造性转化为路径来建设创意城市,既体现了对城市文化传统的主动认同,延续了传统文化所承载的价值观念、生活习惯和审美情趣,也充分释放了城市的创意潜能,有助于城市创意的价值的实现与裂变。

2. 健全现代文化产业体系和市场体系

文化产业是构建创意城市的重要支撑,发达的文化创意产业不仅能创造丰富的物质财富和精神财富,而且能为城市的创意转型构筑强大的市场推动力。《总体规划(2016年-2035年)》指出:"健全文化市场体系,加大知识产权保护力度。推进文化创意和设计服务与高端制造业、商务服务业、信息业、旅游业、农业、体育、金融、教育服务产业等领域融合发展,打造北京设计、北京创造品牌。"① 这要求在发展文化产业的过程中,不断强化创意在产业发展中的核心作用,提升产业发展的品质,优化提升传统优势文化产业,积极培育新兴文化业态,构建完善的文化产业发展体系和市场体系。推动文化创意与其他行业的融合,用创意元素提升其他行业产品的品质和内涵,充分发挥文化创意对其他行业的促进作用和品牌带动作用。

北京拥有相对完善的文化产业结构,发展形成了文化艺术服务、新闻出版及发行服务、广播电视电影服务、软件和信息技术服务、广告和会展服务、艺术品生产与销售服务、设计服务、文化休闲娱乐服务、文化用品设备生产销售及其他辅助等九大产业门类,2017年规模以上文化企业收入共约13600亿元,同比增长9.4%,保持持续增长态势,其作为首都战略性支柱产业的地位不断增强。文化创意在与其他产业尤其是与新媒体、信息产业融合发展的过程中,涌现出完美世界、光线传媒、小马奔腾、百度网络、美团外卖、万达文化、保利文化等一批专业化、特色化的文化创意企业,而且其中部分企业已经成为业界的龙头企业。优化提升文化产业的产业结构的同时,北京还不断完善现代文化市场服务体系,北京产权交易所、国际版权中心、中国北京国际文化创意产

---

① 《北京城市总体规划(2016年-2035年)》,首都之窗,http://zhengwu.beijing.gov.cn/gh/dt/t1494703.htm。

业博览会等已成为重要的产业发展平台。文化产业和文化市场的不断完善，强化了城市的创意基础，释放了城市的创意活力。各类创意企业和创意集群是建设创意城市的重要载体和驱动力，它们既构成了城市另类的创意增长空间，也有助于城市的创意转型和创新发展。

3. 构建个性鲜明的城市整体景观格局

都市景观是创意城市建设的外在表征，它以一种富有视觉冲击的形象塑造了城市的创意形象。在创意城市的整体视域中，城市景观不仅具有自然性和历史性，而且在现代社会中具有一定的生产和组织功能。尤其是在当代城市文化同质化现象较为严重的情况下，城市的整体景观塑造了城市的文化形象。"在城市外观与感觉日趋相似的世界里，它们（城市创意景观）所展现的地方特色极为重要。"① 这一特色以城市风貌、环境、文化等要素的创意性利用为核心，通过加强城市形象和建筑风格的设计，将城市塑造为一个可以体验的城市空间。

北京作为一个日益走向国际化的都市，良好有序的城市景观，不仅是城市文化传播的重要内容，而且可以提升城市的美誉度。《总体规划（2016 年 – 2035 年）》强调了城市景观在北京城市空间塑造中的作用，提出"尊重和保护山水格局，加强城市建设与自然景观有机融合……打造十片传承历史文脉、体现时代特征的重点景观区域……建设若干主题突出的重要景观节点，增强城市可识别性"②。通过视觉创意景观识别体系来提升城市的可识别性，是北京未来城市建设的重要任务。三山五园文化景观区域（三山五园地区）、长城文化景观区域（长城北京段）、大运河文化景观区域（中国大运河北京段）、京西文化景观区域（京西古道）、燕山文化景观区域（明十三陵、银山塔林、汤泉行宫等）等，是北京地区具有鲜明个性的视觉创意景观。加强这些区域的创意景观建设，既能强化城市区域个性鲜明的文化特色，缔造城市地标，又能以创意景观建设为核心，统筹区域的基础设施、自然资源、人文资源、公共活动等，以实现优化整合区域资源配置，加快推进北京创意城市建设。

---

① 〔英〕查尔斯·兰德利：《创意城市：如何打造都市创意生活圈》，杨幼兰译，清华大学出版社，2009，第 55 页。

② 《北京城市总体规划（2016 年 –2035 年）》，首都之窗，http：//zhengwu.beijing.gov.cn/gh/dt/t1494703.htm。

虽然，优秀传统文化的创造性转化、较为发达的文化产业体系和市场体系，以及个性鲜明的城市景观格局，是在不同层面和领域推进创意城市建设，彼此之间具有一定的独立性，但是创意城市实践本身要求在文化、科技、经济、知识、组织等多个领域保持创意与创新，是在包罗文化、社会、经济、环境等多个层面进行的。这就意味着推进创意城市建设的多元路径尽管存在着一定差别，但文化创意与各种资源、各种领域的跨界融合，决定了各路径之间彼此交织，而这也构成创意城市有别于其他城市形态最为典型的特征。

三 推进创意城市建设需要着力理顺的几组关系

在《总体规划（2016 年－2035 年）》的指导下，创意城市已成为北京城市文化建设的重要实践。推进创意城市建设，注重创意在社会、经济、文化、生活等领域的应用，将建设创意城市与推动城市的转型发展和可持续性发展相结合，是当前北京城市文化建设的重要内容。为更好地实现北京城市的转型创新，需要着力理顺以下几个方面的关系。

1. 政府主导与市场推动的辩证关系

《总体规划（2016 年－2035 年）》是具有全局性、系统性、综合性的城市建设行动指南，它的出台彰显了顶层设计在规范城市发展中的重要作用。同时，这也意味着围绕创意城市的各种项目建设需要经历立项申请、行政审批、资质审查、财政投资、项目管理等多种环节，形成了以政府为主导，自上而下推动创意城市建设的模式。不可否认，长期以来形成的政府主导模式，能够突破单个创意项目的局限，在更大区域范围内谋求发展平衡，但其弊端也在逐步显现。在政府主导的模式之下，政府掌控着城市发展的各种资源，行政权力对市场的过度干预、繁多的审批机构以及事无巨细的建设项目管理方式，既消耗了过多的社会资源，又增加了管理成本。

因此，近年来北京市通过制定权力清单，以制度程序的形式为权力划定边界，进一步明确了政府与市场的关系。《总体规划（2016 年－2035 年）》也指出，继续深入推进简政放权，合并、下放和取消一批审批事项，以权力的自我设限、自我约束激发市场在创意城市建设中的驱动作用。与政府主导的城市发展模式不同，市场对发展的驱动采取的是一种自下而上的方式。对创意城市的建设而言，创意是具有差异化的实践，创意过程不墨守成规，成规反而会扼杀创意的自发性。因此，创意城市建设需要充分释放大众的创意潜能。

目前，随着"大众创业、万众创新"的深入推进，以中关村创业大街为代表的大众创客集群已经开始发力，一个自下而上的创意城市发展模式已经初显成效。"在这一创客时代，有大量的创意集聚区建立起来，大量的创意工厂、创意实验室、创客空间、创意企业孵化器建立起来，真正形成了大众创业、万众创新的新局面。"① 可以说，北京、莱比锡等中外城市已展示出"自下而上"的发展模式在推动创意城市建设中的作用。当然，市场也具有一定的滞后性和盲目性，所以，北京在创意城市建设中，政府与市场的关系并非简单对立，而是应谋求自上而下和自下而上两种推动模式的全面对接，辩证处理政府与市场在创意资源配置中的作用，实现政府与市场的良性互动。

2. 城市保护与创新发展的互动关系

创意城市作为一种新型城市理念和新型城市实践，并不是要与以往的文化传统分离。或者说，创意城市建设并非以一种线性的方式进行，"创意城市往往和勇于冒险、回顾历史，甚至重复或再利用旧事物有关"。② 易言之，创意城市需要充分发掘与利用传统城市的文化资源，是对传统城市的更新与改造。因此，在创意城市的整体视域下，加强对城市的保护不是博物馆意义上的保护，不是消极地保持城市的状态不变，而是积极地筹划建立运行效率更高、更稳定、更有利于城市发展的保护系统。这也就意味着，城市保护创新发展之间是可以进行互动的，保护的目的在于对其进行创新创意性的利用。

加强对历史文化名城的保护历来是北京文化建设的重要任务，《总体规划（2016 年 – 2035 年）》指出，"以更加开阔的视角不断挖掘历史文化内涵，扩大保护对象……做到在保护中发展，在发展中保护，让历史文化名城保护成果惠及更多民众"。③ 这里强调了保护与发展的关系，指明保护的最终目的是要

---

① 金元浦：《中外城市创意经济发展的路径选择——金元浦对话查尔斯·兰德利（一）》，《北京联合大学学报》（人文社会科学版）2016 年第 3 期。

② 〔英〕查尔斯·兰德利：《创意城市：如何打造都市创意生活圈》，杨幼兰译，清华大学出版社，2009，第 280 页。

③ 《北京城市总体规划（2016 年 – 2035 年）》，首都之窗，http://zhengwu.beijing.gov.cn/gh/dt/t1494703.htm。

城市融入生活，让文化遗产重新焕发生机。大运河文化带、长城文化带和西山永定河文化带是北京当前重点保护建设的三条历史文化带，不仅是修缮文化带内的历史古迹，挖掘其历史内涵，也要依托三大文化带丰富的历史文化资源和生态景观，进行创新发展，发展主题旅游、特色小镇、休闲度假、精品酒店、民宿客栈等业态，构建符合生态保护和可持续发展的城市文化创意经济走廊。同时，点缀分布在城市中的废弃的工业建筑虽然镌刻着工业文明时期的记忆与荣耀，却成为快速城市化中的伤疤。作为景观性遗产，对工业建筑的利用也绝非是拆掉重建，而是在保护的基础上，创新重新利用方法与手段。目前，海淀768园区、朝阳艺术规划馆、西城区天宁1号文化创意园、石景山首钢工业博物馆等案例，均是充分挖掘旧工业建筑的内涵，充分发挥其历史价值、艺术美学价值、社会文化价值、科学技术价值，在保护中创意性实现了园区更新与价值利用，成为在保护中发展、在发展中保护的典型示范。

3. 城市高端与低端产业的结构关系

城市发展需要多重产业的支撑，在面向以文化为基础的创意城市的转型中，文化创意产业在城市发展中的支柱性地位日益凸显，而且文化创意越来越多地与互联网科技相融合，某种程度上，文化创意产业已成为高端产业的代名词。对文化创意产业的推崇，强调的是文化创意产业对社会经济和城市发展的提升作用。作为新兴的文化业态，文化创意产业所展现出的高附加值、高整合性、高效益、高增速以及可持续性等发展特征，使得许多城市将其视为支柱性产业，且有了诸如"21世纪最有发展前途的产业之一""全球公认的'黄金产业'""时代的'新宠'"之类的美誉，北京、上海等城市将文化创意产业界定为支柱性行业，且北京通过制定《北京市文化创意产业发展指导目录（2016年版）》，构建"高精尖"的文化创意产业体系，打造高端引领的城市产业发展格局。[①] 文化创意产业作为一种高端产业业态，在社会发展中的确展示出其本身具有的经济功能、社会功能和文化功能。2012~2016年，北京文化创意产业增加值增长幅度均高于同期北京市GDP的增长幅度。016年文化创意产业对GDP的贡献率更是达到14.3%，显示了其强劲的发展活力与动力。

---

① 栾相科：《北京市首发文创产业指导目录 构建"高精尖"文化创意产业体系》，《中国战略新兴产业》2016年第15期。

但客观来说，文化创意产业并不能构成创意城市本身。某种程度上，对文化创意产业重要性的片面性强调，有夸大的嫌疑。克拉特克曾指出："'创意产业'这一术语具有误导性，它怂恿从事文化产业的工作者以自命不凡的态度自恃，而且更为严重的是，它消解了人们本应对其持有的戒心，反而使其成为一种宣传标语，成为主导城市发展的意识形态。"① 过于强调文化创意产业的作用，容易忽视工业、其他服务业在城市整体生活中的作用。单就文化创意产业的发展而言，虽然是产业发展的核心，然而以其为中心的相关服务行业的发展仍不可或缺，这个行业主要"包括经济体系中所谓'服务业'中的低端行业，其典型特征是低收入、缺乏自主性，如餐饮服务员、门卫与场地看守人、私人护理员、秘书与文员、保安及其他服务类职业……服务阶层的发展很大程度上是应创意经济发展之需"②。可以说，某些低端行业存在的必要性就在于它是为满足高端产业发展之需，它承担了高端业态过去承担或现在不便承担的一些杂务，因此，某些低端产业存在的意义主要是支持创意群体与创意经济，是创意城市建设中不可少的重要组成部分。所以，北京贯彻落实《总体规划（2016 年-2035 年）》，治理"大城市病"和疏解非首都功能，面临着产业转移和将人口规模到 2020 年控制在 2300 万人以内，加快创新转型的重任，而处理好高端产业与低端产业、创意群体与服务群体的结构关系，则涉及能否顺利推进创意城市建设的问题，必须慎之又慎。

4. 城市硬环境与软环境建设的协调关系

创意城市是创意与城市的高度结合，它既需要高度发达的基础设施等硬环境建设，又需要相关的软环境与之配套。以城市硬环境来说，是创意者发挥创意的重要物质载体，比如相对完善的交通网络、娱乐场所、实体产业、教育院所、办公空间等。《总体规划（2016 年-2035 年）》指出，在未来北京城市的建设中，会继续加强基础设施建设，优化城市空间，提升宜居水平。尤其是近年蓬勃发展的创客空间、创意工坊、创意孵化器等，更为创意城市和创意产业的发展培养了大量所需人才。可以说，北京发达和便利的城市基础设施和相关

---

① Stefan Krätke. *The Creative Capital of Cities：Interactive Know ledge Creation and the Urbanization Economies of Innovation*. Wiley-Blackwell. 2011. p 9.

② 〔美〕理查德·佛罗里达：《创意阶层的崛起》，司徒爱勤译，中信出版社，2010，第 82 页。

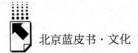

科研服务机构，为推进创意城市建设提供了坚实的硬件基础。

与快速发展的城市硬环境建设相比，城市软环境也是创意人才关注的对象，更是衡量创意城市的重要标准。霍尔、兰德利、安德森等城市研究者，均认为创意氛围这一软环境是创意城市的重要特质。相比城市硬环境，城市软环境不是靠技术、基础设施驱动的，而是依靠关系结构、社会关系、社交网络、人际互动、价值观念等共同"巩固并促进个人与机构间创意流通的系统"①。创意的自由流通意味着整个城市需要尊重与迎合文化的多样性和多元性，能够倾听或接受针对创意的不同见解乃至批判，为创意实践提供足够的空间和包容。《总体规划（2016年－2035年）》将"具有高度包容性和亲和力，充满人文关怀、人文风采"的城市文化视为文化城市建设的应有之义，体现了《总体规划（2016年－2035年）》对创意软环境建设的高度关注。但也应看到，软环境比硬环境建设具有更加明显的复杂性、反复性、长期性和不确定性。某种程度上，软环境比硬环境建设更为艰难，因为创意氛围的培育不是仅靠一项基础设施项目的完成，而是涉及政治、经济、文化和社会生活等各领域整体性价值观念的变革。

---

① 〔英〕查尔斯·兰德利：《创意城市：如何打造都市创意生活圈》，杨幼兰译，清华大学出版社，2009，第200页。

B.4
建设全国文化中心背景下
北京文化创意产业发展战略研究

梅松 廖旻*

摘　要： 在全力推进全国文化中心建设的背景下，北京发展什么样的文化创意产业以及如何发展，是亟待研究的重要问题。本文基于文化创意产业现状分析，结合新形势和新定位，提出未来北京文化创意产业发展应围绕新业态、新空间、新计划、新活力等"四新"重点发力，推出新举措，进一步加强体制机制建设。

关键词： 全国文化中心　文化创意产业　北京

在推进全国文化中心建设领导小组第一次会议上，市委书记蔡奇同志强调，建设全国文化中心，要集中做好首都文化这篇大文章，重点抓好"一核一城三带两区"，即以培育和弘扬社会主义核心价值观为引领，以历史文化名城保护为根基，以大运河文化带、长城文化带、西山永定河文化带为抓手，推动公共文化服务体系示范区和文化创意产业引领区建设，把北京建设成为弘扬中华文明与引领时代潮流的文化名城、中国特色社会主义先进文化之都。在大力推进全国文化中心建设的新形势下，北京市发展什么样的文化创意产业以及如何发展，是亟待研究的重要问题。

---

* 梅松，经济学博士，北京市文化创意产业促进中心主任；廖旻，硕士，北京市文化创意产业促进中心产业发展部副部长。

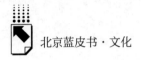
一 北京市文化创意产业现状分析

（一）产业发展基础良好

1. 产业竞争力全国领先

近两年，北京市文化创意产业、文化消费、城市文创竞争力和知识城市竞争力在全国省市中处于领先地位（见图1）。据中国人民大学最新发布的"中国省市文化产业发展指数（2017）"和"中国文化消费发展指数（2017）"，北京的文化产业指数和文化消费综合指数均在全国省市中蝉联第一名。据中国社会科学院发布的《中国城市竞争力报告（2016）》，北京市知识城市竞争力排名第一。据清华大学国家文化产业研究中心和台湾亚太文化创意产业协会发布的《两岸城市文化创意产业竞争力研究报告（2015）》，北京市文化创意产业综合竞争力高居两岸36个城市之首。

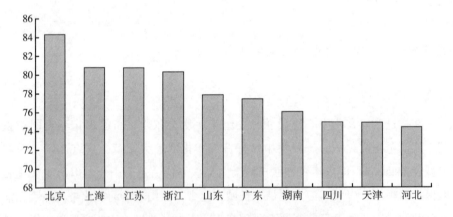

图1 2017年中国部分省市文化产业发展指数

2. 产业对经济增长贡献较大

2016年，全市文化创意产业实现增加值3570.5亿元，占地区生产总值的14.3%，对地区生产总值增长的贡献率达到20.3%，成为首都经济发展的重要引擎（见图2）。2016年，规模以上文化创意产业法人单位超过6500家，实现收入约1.4万亿元，同比增长7.3%。其中，三区一庄（海

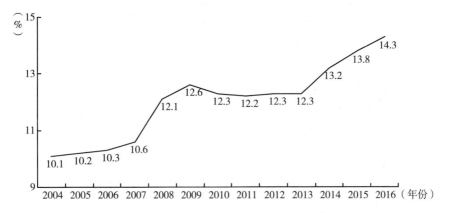

淀、朝阳、东城、亦庄)均突破千亿元,合计占全市总收入的83%,规模效应显著。全市规模以上文创企业从业人员118.3万人,同比下降3.2%,呈现收入增长、人员下降的特点。2017年1~11月,规模以上文化创意产业实现收入合计13600亿元,同比增长9.4%;从业人员122.8万人,同比下降0.3%。

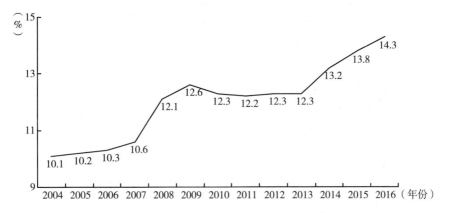

图2　北京市文化创意产业增加值占GDP比重

3. 内容生产成为产业主导

2016年,北京地区作品版权登记量为693421项,占全国的43.35%,同比增长15.38%,连续14年位列全国第一。目前,北京市年度电影备案量占全国总量的40%,电视剧占30%,网络剧占60%,作品产量均居全国第一。2016年,北京设计产业收入超过2000亿元,共有专业设计机构2.3万家,从业人员25万人,是联合国教科文组织认定的"设计之都"。

4. 文化与科技融合发展日益紧密

2016年,北京软件、网络及计算机服务业实现收入7010.73亿元,占全市文化创意产业总收入的39.2%。2017年动漫游戏企业总产值达627亿元,相比2016年增长约20%。原创研发企业网络游戏出口金额约为116.09亿元,同比增长约93%。

5. 一批老旧厂房成功转型为文创园区

朝阳区是老旧工业厂房转型升级的榜样。目前,利用旧工业厂房转型改造兴办文创园与文创基地54家,共计162.5万平方米。东城区自2007年开始将

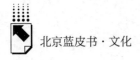

闲置空间转型为"胡同里的创意工厂",到2016年,"胡同里的创意工厂"已经增加到21家,吸引1600余家文创企业入驻。

6. 文创产业吸引资金超过3000亿元

2016年,北京文创产业资金流入1604.37亿元,同比增长68.07%,创历史新高。加上文创产业固定资产投资372.1亿元和中资银行文创产业累计发放贷款额1401.1亿元,北京文化创意产业吸引资金总计超过3300亿元。2016年,北京文创产业股权融资规模达到701.17亿元,占全国的62.77%,远超上海、广东等地区(见图3)。

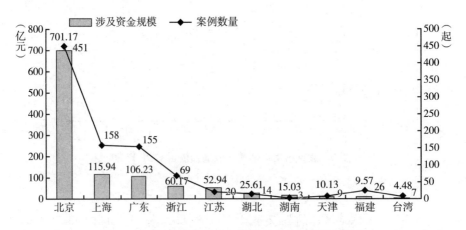

图3 2016年我国文创产业股权融资规模前十名地区

7. 文化市场活力不断增强

北京电影票房收入长期位居全国城市前列,演出票房收入也位居全国前列。前七届北京国际电影节累计促成221个项目签约,总金额达到749.53亿元。前十一届北京文博会共吸引了联合国等20多个国际组织、近90个国家和地区的210余个代表团以及31个省区市的80多个代表团参加;签署合作意向、协议1340个,总金额233.1亿美元。北京国际图书博览会已成为与法兰克福书展和伦敦书展齐名的世界三大版权贸易平台之一。

8. 文化"走出去"成效越来越好

2015~2016年度国家文化出口重点企业(项目)中,北京共有70家企业和 37 个项目入围，在全国占比分别为 19.9% 和 26.6%，均居各省区市首位。2016 年，北京市文化贸易进出口总额达 46.9 亿美元，同比增长 9.5%。其中，出口 19.4 亿美元，同比增长 22.4%。

（二）产业发展创新驱动不足

总体来看，"十二五"时期，全市文化创意产业取得了较好的发展成效，但是与北京的文化资源优势相比，与全国文化中心的定位和全球创意之都的目标相比，还有较大差距。

1. 产业政策滞后于产业发展

主要表现为：一是部分中央政策没有落地，还没有制定实施细则；二是市级层面政策统筹和制定不够，政策粗放，不够精准；三是对基层的创新政策关注重视不够。

2. 统计监测体系不适应产业需求

全市层面缺少统一的文化创意产业信息数据库，导致动态跟踪监测不及时，无法开展月度产业运行分析。此外，统计数据未共享，互相封闭。

3. 产业国际竞争力不强

如缺乏具有国际影响力的文化领军企业、品牌文化产品和服务；企业利用两种资源、开拓两个市场做得不够，产业国际化水平不高。

4. 文化创意企业多而不强

根据第三次全国经济普查主要数据公报统计，截至 2013 年底，北京共有小微文化创意企业 14.1 万家，占全市文化创意企业总量的 96.6%。在首届"首都文化企业 30 强"中，主营业务收入 100 亿元以上的仅占 13.3%（见图 4）。第二届"首都文化企业 30 强、30 佳"入围企业主营收入不足千亿元。另外，重点骨干企业带动能力不强，没有形成集群，产业链条不长。

5. "文化 +"深度和广度不够

目前，文化创意与其他产业门类融合发展的趋势越来越明显，并催生出文化金融、文化科技、文化体育、文化旅游、创意农业等新型业态，但融合的深度和广度还不够。

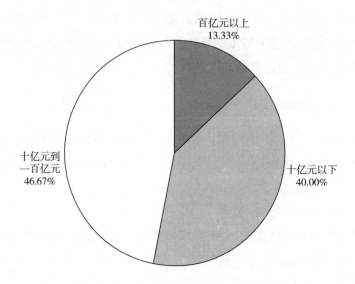

图4 首届首都文化企业"30强"主营业务收入规模

二 北京市文化创意产业发展的新形势和新定位

北京文化创意产业发展迎来新的重要机遇，必须再造新优势、再创新环境、再出新政策，才能再上新台阶。

（一）全国文化中心建设全力推进

市十二次党代会以来，全国文化中心建设加速推进，成立了高规格的推进全国文化中心建设的组织领导体系。要认真传承和发展以古都文化、红色文化、京味文化、创新文化为代表的首都文化，做好首都文化这篇大文章，提升北京文化创意产业竞争力、辐射力和影响力，为推进全国文化中心建设做出更大贡献。

（二）北京市正向减量谋发展转变

2016年出台的《北京市文化创意产业发展指导目录（2016年版）》，第一次对文化创意产业规定了限制发展和禁止发展的领域。几年来，北京市文化创意产业主要是利用存量资源求发展，主要通过改造老旧厂房、老旧商业设施、老旧写字楼，打造文创园区空间，基本上没有新增用地，符合减量谋发展。

（三）努力构建首都"高精尖"经济结构

充分发挥首都科技资源优势和全国"网都"地位，推动互联网、大数据、虚拟现实、人工智能、物联网等新技术在文化创意产业领域的深度应用，大力培育高产出、高附加、高辐射的新兴业态，推动文化创意产业跨界融合发展，提高渗透力和驱动力，成为首都"高精尖"经济结构的新引擎和增长极。

（四）"一核一城三带两区"确立了总体框架

"一核一城三带两区"的文化中心建设总体框架为优化全市文化创意产业发展布局明确了方向。社会主义核心价值观是文化创意产业发展的总引领，体现了社会效益的要求；在历史文化名城保护的同时，也可适当开发历史文化街区和"胡同里的创意工厂"；"三个文化带"，既是历史文化传承发展带，也是文创产业发展带，要深入挖掘文化内涵，凝练文化符号，加强与"三城一区"对接互动，把三个文化带建成文化中心的示范工程和建设国际一流的和谐宜居之都的标志工程。

（五）文化领域供给侧结构性改革不断深化

深化文化供给侧结构性改革，让文化产品和服务供需精准对接，加强有效供给和中高端供给，解放和发展文化生产力。要以内容创新为核心，为群众提供多层次多样化的文创产品和服务，既满足大众的喜闻乐见的文化需求，又满足小众的个性化的文化需求，增强人民群众文化小康的获得感。

（六）文化创意产业发展呈现"新小微特融"的新特征

"新"指新经济、新动能、新业态，即以创新为核心、由新技术驱动，包含文化经济在内的新经济，以移动互联网、人工智能、大数据等新技术和创新创业为代表的新动能，以及文化创意与科技等其他产业融合发展产生的新业态。"小"指小企业。文创小微企业数量多，发展快，是推动产业发展的重要力量。"微"指微方式，包括微博、微信、微电影、微动漫、微视频等微媒体和微营销等，是文化产品生产和消费的重要方式。"特"指特定群体，如"90 后""00 后"青年群体的生活方式。"融"指融思维，即跨界、融合思维。

面对新形势，新时代北京文化创意产业发展要取得新突破，必须瞄准新目标，找准新定位。

新时代北京文化创意产业的发展目标是：深入贯彻落实党的十九大和市第十二次党代会精神，加快推进全国文化中心建设和全球创意之都建设，把握首都功能优化提升的机遇，大力激发文化创新创造活力，传承优秀传统文化，弘扬古都文化、红色文化、京味文化、创新文化，突出高端化、原创化、融合化、国际化，进一步推动文化科技融合发展，构建创造引领、创新驱动、绿色低碳、走向全球的"高精尖"产业体系，实现文化创意产业规模化、集聚化、专业化、特色化发展，成为首都"高精尖"经济结构的增长极，建成文化创意产业引领区。

到 2020 年，文化创意产业增加值占全市 GDP 比重达到 15% 左右，建成文化创意产业竞争力领先的东方创意之都；到 2030 年，文化创意产业增加值占全市 GDP 比重达到 18% 左右，基本建成具有国际影响力的全球创意之都；到 2035 年，全面建成具有国际竞争力的全球创意之都。

新时代北京文化创意产业的战略定位是：围绕建设全国文化中心和全球创意之都的战略目标，北京文化创意产业要打造"九中心九都"。

进一步发挥全国文化创新引领的作用，进一步激发文化创新创造活力，不断增强文化创意力和文创竞争力，打造全国数字创意产业中心、全国网络文化产业中心、全国文化金融创新中心、全国版权创造中心、全国文化科技融合中心、全国文化要素配置中心、全国对外文化贸易中心、跨国文化企业总部聚集中心和全国文创人才荟萃中心。

进一步推动文化"走出去"，积极参与国际竞争，努力打造具有国际竞争力的全球影视之都、全球传媒之都、全球演艺之都、全球音乐之都、全球动漫游戏电竞之都、全球设计之都、全球会展之都、全球艺术品交易之都、全球时尚之都。

三　北京市文化创意产业发展的新举措

为适应发展新形势，根据产业新目标和新定位，围绕新业态、新空间、新计划、新活力"四新"重点发力，推出新举措，实现新发展。

（一）产业聚焦新业态

在保持文艺演出、广播影视、艺术品交易等优势产业良好发展势头的同时，聚焦融合发展新业态，打造产业发展新动能，形成产业新增长点。

据测算，移动游戏等八个领域将成为文创产业热点领域（见表1），全国未来三年市场规模将达13300多亿元，其中北京将达到5600多亿元，约占全国的43%，为北京提供了很大的产业发展预期。要把这种预期变成现实，就要聚焦新兴业态。

表1　文化创意产业热点领域

热点	国内市场情况	领域覆盖	预计市场规模(全国)	预计市场规模(北京)
移动游戏	2016年移动游戏收入为819.6亿元	互联网用户,移动端用户	2018年底,我国移动游戏市场规模有望达到1270亿元	2018年底,北京移动游戏市场规模有望达到780亿元
电子竞技	2016年,中国电子竞技游戏市场实际销售收入达504.6亿元	竞技游戏用户	到2020年,我国电子竞技市场规模有望达1450亿元	到2020年,北京电子竞技市场规模预计达到900亿元
VR	预计2017年国内虚拟现实行业市场规模约为133.8亿元	游戏、影视、动漫、二次元等	2020年市场规模预计将超过550亿元	2020年,北京市场规模预计将超过280亿元
网络剧	2016年中国在线视频市场规模达到609亿元,同比增长56%	IP相关产业,粉丝效应明显	网络剧可从版权、电影、游戏变现,预计2018年市场空间可达650亿元	2018年,北京网络剧市场规模预计可达150亿元
IP	IP上游储备版权交易环节,网络文学比重最大,规模达百亿元	衍生品覆盖面广	未来3年,IP原生市场有望达150亿元,衍生市场超2000亿元	未来3年,北京IP原生市场规模预计达到60亿元
二次元	产业市场规模已达到1000亿元	"90后""00后",二次元核心用户	2020年将迎来1000亿美元的市场份额	2020年北京预计达到510亿美元

热点	国内市场情况	领域覆盖	预计市场规模(全国)	预计市场规模(北京)
音乐	预计 2017 年核心音乐市场规模可达 398 亿元	实体唱片、数字音乐、演唱会(音乐现场)以及互联网演艺	预计到 2020 年可达 762 亿	到 2020 年,北京预计可达 190 多亿元
网络文学	2016 年中国网络文学市场规模已达 90 亿元	衍生产品覆盖游戏、动漫、影视等	预计到 2018 年将超过 129.6 亿元	预计到 2018 年北京将超过 32 亿元

资料来源:北京新元文智咨询服务有限公司。

1. 数字创意

贯彻落实国务院《"十三五"国家战略性新兴产业发展规划》,发挥北京科技创新优势,推动移动互联网、人工智能、大数据、云计算、虚拟现实(VR)、增强现实(AR)等技术在文化领域的运用,实现文化产业数字化转型升级,促进优秀文化资源数字化,依托文化文物单位馆藏文化资源,开发数字文化创意产品,以数字艺术手段传承中华美学精神,发展数字展示产业,提升高端文化装备制造水平,打造国家级数字创意产业集群,建设全国数字创意产业中心。

2. 创意设计

进一步发挥北京创意设计优势,把北京国际设计周办成全球顶级设计盛会,推动设计"红星奖"成为国际著名奖项,大力引进国际知名设计机构,努力培育壮大本土设计公司,形成一批具有国际影响力的"北京创意""北京设计"品牌,大力开发文博文化创意产品,将北京建设成为具有国际竞争力的全球设计之都。

3. 网络文化

深入实施《网络强国战略实施纲要》,进一步发挥北京作为"网都"的优势,加强网络文化建设,推动先进网络文化产品创作,提升网络文化传播能力和网络文化服务能力,形成以网络文学为龙头,网络视听、数字出版、网络表演、网络版权、网络音乐等多业态繁荣发展的网络文化产业发展格局,建设好国家数字出版产业基地,加快建设全国网络文化产业中心。

4. IP 与泛娱乐

重点围绕三个环节,推动 IP 与泛娱乐产业发展。一是源头,即原创 IP 内容的培育和孵化。二是运营，即挖掘 IP 价值与影响潜力，扩大市场，使 IP 价值和影响力放大。三是变现，即将 IP 开发为游戏、演出、衍生品等，实现 IP 价值变现，与消费者产生深层次互动，并促进产业链整体有机循环。发挥北京在原创内容生产和动漫、演出、影视、音乐、游戏等泛娱乐产业链重点环节的优势，推进版权保护、交易，提升文创企业开发运营 IP 的能力，将优质 IP 的内容价值转化为品牌价值，将北京打造为全国泛娱乐产业的重镇。

5. 数字音乐

进一步发挥北京当代音乐创作出品的领先优势，依托知名音乐院校、音乐院团以及重点音乐企业、音乐制作人，大力发展音乐创作、音乐出版发行、数字音乐制作传播、音乐教育，支持古典音乐、民族音乐与现代音乐一起发展，推动电子音乐、数字音乐发展，建设好国家音乐产业基地，办好北京现代音乐节等具有国际影响的音乐盛会，着力打造全球音乐之都。

6. 工业文化

贯彻落实国家《关于推进工业文化发展的指导意见》，以非首都功能疏解为契机，腾笼换鸟，高效利用工业存量资源空间，以旧换新，大力发展工业文化产业。建立首都工业遗产名录和分级保护机制，保护工业遗产。加强对传统工艺美术品种、技艺的保护与传承，推出一批工艺美术珍品。利用数字技术、网络技术、虚拟现实技术等现代技术手段，推动工业文化创新发展。

7. 创意农业

依托首都特色农业资源，通过在地文化资源，增加文化内涵，提高农业创意水平，建设美丽乡村，实现农业增效、农民增收，让北京农业焕发新的生机活力。推进农业与文化创意、科技开发、生态建设等融合，培育集农业观光、文化传承、文化体验、科教于一体的创意农业新业态。加强新农村"一村一景"规划指导，大力发展景观农业。

8. 文化体育

以筹办 2022 年冬奥会等为契机，进一步弘扬奥运精神，发展和普及冰雪运动，形成较为完善的冰雪运动服务体系。促进文化和体育深度融合，把体育赛事打造成品牌文化活动。引导文化创意企业开展体育出版、体育影视、体育动漫和体育文化演出等主题文化创意活动。

（二）布局再造新空间

1. 腾笼换鸟，利用"三旧"改造拓展文创新空间

推广朝阳区利用老旧工业厂房、老旧商业设施、老旧写字楼等存量资源改造兴办文创园和文创基地的经验，进一步开发利用存量闲置资源，打造城市复兴的新地标。对利用"三旧"资源兴办文创产业的，在用途管理、开发强度和出让转让等方面放宽限制，保护其取得房屋、土地产权、投资权益。针对现有制造企业和工业厂房在转型过程中的土地性质转变"时滞"，出台过渡期的土地使用引导政策；对重大文化创意产业项目也可采取土地划拨的办法。

2. 挖掘文化内涵，依托三个文化带建设文化创意产业发展带

深入挖掘大运河文化带、长城文化带、西山永定河文化带的历史文化内涵，提炼文化符号，整理出版研究成果，培育孵化相关题材文学、影视、动漫、游戏等产品，打造文化 IP。

根据三个文化带所在地区资源禀赋，布局一批重大文创产业项目，加强与"三城一区"对接互动，建设文创小镇，形成优质资源聚集的高地，增强文化创意产业竞争力。

以大运河文化带为突破，推动沿岸城市文化创意产业发展。举办"大运河文化创意创新创业大赛"，整合大运河流域 8 个省市文创产业资源和创新创业要素。举办"大运河文创季"，展示、推介大赛成果。举办"大运河文化创意产业高峰论坛"，探讨文创产业融合发展。举办"大运河文创之旅"学习、考察、交流活动，搭建学习、交流、展示平台。

3. 加强规划引导，实现城市副中心文创产业跨越式发展

发挥环球影城项目的辐射和溢出效应，大力发展文化旅游和数字文化体验等主题性、互动性休闲娱乐业。推进台湖演艺小镇建设，与环球影城互为呼应，形成城市副中心文化创意产业新板块。加快建设宋庄艺术区，提升中国宋庄品牌影响力和艺术品行业竞争力，办好中国艺术品产业博览会。积极整合中心城区和城市副中心文创资源，跨区联动，从朝阳 798、莱锦文创园到通州环球影城、宋庄艺术区，联通形成文化创意产业带；推动朝阳和通州两区文化创意产业协同发展，将文化产业创新实验区政策向通州延伸，促进两地项目对接合作。

4. 深化部市合作，共建朝阳文化产业创新实验区和东城文化金融合作示范区

深化同文化部等相关部门的合作，完善工作协调机制，加快朝阳区国家文化产业创新实验区和东城区国家文化金融合作示范区建设，打造文化创意产业引领区。

按照求突破、树标杆、作示范的要求，推动国家文化产业创新实验区成为文化创意产业引领区和文化中心建设核心区。创新文化投融资体系，推广政府与社会资本合作模式，吸引社会力量参与实验区建设。进一步扩大存量空间转型利用。坚持以人为本，营造留企留人的环境。加强与"三城一区"对接互动，促进文化与科技深度融合，推动文化与金融、商务、体育、旅游等融合联动发展。适时向全市部分地区复制文化产业实验区经验，形成"一区多园"。

加快东城区国家文化金融合作示范区建设步伐。重点聚焦构建文化企业信用评级、文化信贷风险补偿、文化创业投资扶持引导、文化资产定价流转"四个体系"，重点探索文化金融产品和服务、文化与金融合作模式"两个创新"。打造文化产权交易产业链，建立版权交易生态系统。升级北京市文化产权交易中心，打造国家级文化产权交易所，建立"北京文创板"。探索建立文创银行、艺术银行，打造"文创信贷工厂"。

5. 创建文创小镇，统筹城郊文创产业均衡发展

以文化创意产业特色小镇（文创小镇）为抓手，推进新型城镇化，建设美丽乡村。坚持产城融合、职住合一、人居相宜，体现特色文化、特色产业、特色景观、特色品牌、特色区域、特色运营模式。发挥政府投融资平台的引导作用，吸引带动金融机构和其他社会资本介入。建立市场化运作机制，采取PPP（政府与社会资本合作）项目融资模式，引导社会资本在更大范围参与特色小镇建设。

以通州台湖演艺小镇为标杆，有序推动有条件的郊区和城乡结合部建设文创小镇。鼓励城区重点文创企业、文创项目和文创人才根据郊区资源禀赋、特有文化资源，向郊区转移。

6. 发展"飞地经济"，探索协同发展和互利共赢新路径

贯彻落实国家发改委等《关于支持"飞地经济"发展的指导意见》，创新跨区域合作模式，打破行政区划界限，探索政府引导、企业参与、园区共建、优势互补、利益共享的"飞地经济"合作。

与津冀建立"飞地经济"合作机制，有序引导北京文化创意产业指导目录中限制发展的环节转移疏解。坚持政府引导、市场运作，通过飞地模式与雄安新区合作共建文化创意产业园，优化文化资源配置，促进文化要素自由有序流动。推动大运河文化带沿线8个省市27个节点城市发展"飞地经济"，实现文化创意产业协同发展。

支持北京城郊通过"飞地经济"模式开展合作，城区和郊区"一对一"结对子，建立飞地文创园和文创小镇，有序引导城区文创企业和文创人才向郊区转移发展。

（三）企业扶持新计划

1. 努力打造航母型文创企业，发挥"头雁"作用

在未来5年内，培育50家"航母型"文创企业，其标准是：在北京地区注册，具有独立企业法人资格；成立时间不超过10年；获得过私募投资且未上市；企业估值超过10亿美元。或者，企业成立时间超过10年，文创主营业务收入达到100亿元。第一类标准是中关村独角兽企业的标准。据《2016中关村独角兽企业发展报告》，目前符合标准的文创独角兽企业共13家（见表2）。

表2　中关村符合标准的文创企业名单

单位：亿美元

编号	企业名称	经营范围	估值	成立时间
1	今日头条	新媒体	92	2012 年
2	乐视体育	文化体育	33	2012 年
3	一下科技	移动视频	30	2011 年
4	阿里音乐	音乐	30	2015 年
5	爱奇艺	视频	25	2010 年
6	快手	视频分享	22	2011 年
7	微票儿	网络票务	20	2014 年
8	英雄互娱	游戏	15	2015 年
9	乐视影业	影视	14.7	2011 年
10	猫眼电影	网络票务	12	2012 年
11	掌阅科技	数字出版	10	2008 年
12	知乎	知识分享社区	10	2012 年
13	映客	网络直播	10	2015 年

2. 大力支持成长性文创企业，形成"群狼"效应

在未来 5 年内，培育 1000 家成长型文创企业，形成千帆竞发的局面。其标准是：在北京地区注册，具有独立法人资格；成立时间不超过 5 年；获得过私募投资且未上市；企业估值超过 5 亿美元。北京市文化创意创新创业大赛连续两届"百强企业"，这些企业将是成长型文化企业的重要来源。

（四）创新激发新活力

1. 激发中央文化单位的创新活力

北京聚集了大量中央文化单位，主要分布在影视、新闻出版、文化、文博等领域，还有一批央属艺术院校和大学艺术院系，规模大、实力强，人才荟萃。中央文化单位是在地文化资源，不求所有，但求所用。要发挥"中"字头优势，激发创新活力，推出一批代表国家水准、体现首都特色、实现两效统一的文化产品和服务，为促进首都文化市场繁荣和文化创意产业发展做出贡献。

2. 激发文创产业市场主体活力

做大做强市属国有文化企业。优化国有文化资产布局，推进市属文化企业股份制改造，力争每年至少 1 家企业实现主板上市（挂牌）。积极推进混合所有制改革，加强体制机制创新，提升市属文化企业核心竞争力，打造一批文化产业战略投资者。

积极发挥民营文创企业生力军作用。加快建立负面清单管理制度，继续落实"非禁即入"原则，在项目审批、资质认定、融资等方面，享受同等的政策环境、法治环境和金融环境。支持民营文化企业参与重大文化项目和文化设施建设。支持民间资本以合资、合作、参股、持股等多种形式参与国有文化企业改革。通过政府采购，同等条件下，优先采购民营文创企业的产品和服务。通过北京市文化创意创新创业大赛，发掘小而优的文创企业，打通融资渠道，优化成长环境。

3. 激发文化对外开放活力

贯彻落实《北京市关于加快发展对外文化贸易的实施意见》和《关于北京市服务业扩大开放综合试点总体方案的批复》，推动文创企业在更大范围、更广领域和更高层次上参与国际文化合作和竞争。重点吸引跨国文化企业在北

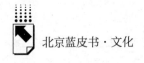

京设立总部，发展文化总部经济。

支持具有较高成长性的文化企业通过新设、合作、并购等方式，在境外开展文化投资与合作，拓展海外营销渠道和网络；整合有关力量，推动组建文化产品和服务出口联盟。积极开展对外专项出版权试点，加快推进中国影视译制基地、中国版权输出基地建设。

充分发挥国家对外文化贸易基地产业集聚、政策集成的优势，大力发展跨境文化电子商务，推动文化贸易公共服务平台建设，将其建设成为集文化贸易口岸、企业集群发展、协同创新平台于一体的国家级文化贸易示范区、国家对外文化贸易的体制机制创新实验区和"文化保税区"。

四 加强北京市文化创意产业发展的体制机制建设

（一）加强统筹协调

北京市已成立市推进全国文化中心建设领导小组，由市委书记亲任组长，市委副书记、代市长任第一副组长，市委常委、宣传部长和主管文化的副市长任副组长，体现了市委市政府的高度重视。领导小组下设办公室和 8 个专项工作组，其中包括产业发展组，确保了对文化创意产业的组织领导和最高决策。

建立央地协调联动机制。北京市与中央和国家相关部委建立推进文化中心建设工作协调机制，定期通报推进情况，争取国家部委更多支持。同时，打破不同隶属关系界限，主动加强与大型央企、央属高校、科研院所等中央在京单位的对接与联系，在"三旧"资源改造利用、资本、人才、项目、信息、技术等方面积极开展交流与合作，实现央地联动、资源整合、互利共赢。

加大财政支持力度。继续增加市区两级文化创意产业专项资金额度，市级专项资金提高至 10 亿元。完善专项资金使用方式，实现投贷奖联动。继续发挥财政资金杠杆作用，吸引社会资本共同发起文创类基金，扩大北京市文化创意产业基金规模。

完善决策咨询机制。从北京文化创意产业龙头企业、高等院校、金融投资机构、行业组织中，遴选、特邀一批知名企业家、专家学者、投资家组成北京市文化创意产业顾问委员会（文顾委），发挥高层次、多领域、跨行业的综合智力优势，参与北京市文创产业政策、规划、改革发展等重大事项的决策咨询。建立文创产业智库协同创新平台，将北京地区重点文创产业智库纳入市级高端智库建设体系，享受市级高端智库支持政策。

（二）加大政策红利

在当前形势下，需要新一轮政策加强刺激，打造新的政策红利。可考虑对重点文创园区、重点行业、重点企业，根据贡献，对文创企业高管给予个人所得税奖励补贴。经认定的文化科技融合重点企业，比照高新技术企业税收政策，按减15%的税率征收企业所得税。加快出台并实施关于文化创意产业创新发展、产业示范园区建设、实体书店发展、文化科技融合、影视业繁荣发展等改革支持政策，抓好已出台政策的落实，营造良好政策环境。

（三）加强人才保障

制定北京市文化创意人才队伍建设中长期规划，明确北京市文化创意人才引进、培养的指导方向；研究并搭建北京市人才认定、评估（聘）体系。根据《北京市积分落户管理办法（试行）》，向文化创意创新创业领军人才给予奖励落户计分。认定文创高端人才或领军人才，对他们在落户、子女就学、个人所得税奖返、住房等方面给予政策倾斜支持；对外籍高端文创人才，优先办理就业许可，直至办理中国"绿卡"。

（四）优化营商环境

深化"放管服"改革。继续降低准入门槛，减少行政审批事项，简化程序，加快速度，推动建立文化创意产业行政审批"绿色通道"制度，有条件的区和重点文创园区，可设立集中服务大厅，形成规范、完备、透明、高效的服务体系，降低企业经营成本。加强中介组织、产业联盟和行业协会建设，充分发挥其在行业自律、产业发展中的重要作用。

强化知识产权保护。积极探索运用财政、金融、科技等手段，加强对知识产权拥有者权益的维护，加大打击侵权力度，支持版权保护技术开发和应用。加强文化市场综合执法能力建设，发挥北京知识产权法院在知识产权司法保护中的重要作用。

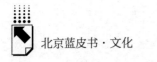

（五）健全统计监测

加强对文化创意产业新业态的统计。根据产业发展实际，及时修订完善现行文化创意产业分类标准。加强对文化与科技、旅游、体育、农业、商务等融合发展新业态的专项统计，以更加真实地反映北京文化创意产业发展现状和趋势。

建立市级文创产业资源信息数据库。推广朝阳、怀柔、海淀等区经验做法，每月采集重点企业上报的关键业务指标数据，打通发改、文化、新闻出版广电、统计、工商、金融、国税、地税、商务、经信、海关等部门的统计数据关口，建立文创产业共享统计数据平台，按月及时上报文创产业统计分析报告，建立市级文创产业资源信息数据库，为领导决策提供数据支撑。把北京市文化创意产业综合信息服务平台升级改造为文创产业决策咨询信息服务平台。

B.5
基于"四个中心"功能定位的
北京城市创新发展报告[*]

陈红玉^{**}

摘　要： "四个中心"作为新时期国家对北京的城市功能定位，它对于首都未来的发展具有很强的方向导引和功能实现作用，尤其是在北京城市创新发展方面具有极大的推动与激励意义。2017年，北京城市创新发展在新的城市功能定位下进行了尝试与探索，多年以来的创新型城市发展与建设也取得突破性进展。

关键词： 北京城市功能　"四个中心"　创新发展

一　新时期的城市功能定位与创新路径选择

城市功能定位决定了一个城市的发展方向与目标，也决定了这个城市的资源与路径选择。首先，在基本层面上，"四个中心"具体指的是哪四个中心呢，就是"全国政治中心、文化中心、国际交往中心、科技创新中心"。"四个中心"是新的历史时期国家对北京的城市功能定位，这一城市功能定位对首都未来的发展有着重要意义，可以对首都未来发展进行方向导引，同样也决定着首都城市功能的实现。在"四个中心"中，除了"科技创新中心"这一项之外，文化创新与科技创新也将进入深度融合的新的发展阶段，同时文化的创新生产、传播与辐射还将深深嵌入这四个方面，"四个中心"将对北京城市

　＊　本文是北京市社会科学院课题成果和北京市社会科学基金项目(16XCA002)的阶段成果。
＊＊　陈红玉，博士，北京市社会科学院副研究员。

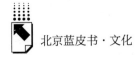

文化发展战略及城市整体发展进行重新布局。不管从字面上看，还是从内容实质上看，城市创新转型都是首都这一战略定位和未来可持续发展的重中之重。

在首都发展的新时期，"四个中心"的提出使得北京再度面临着全新的城市格局重塑。每个城市都有自己的功能定位，城市发展的不同阶段其功能定位也是不同的。"四个中心"功能定位是北京历史进程的理性选择，是对北京过去几十年发展反思的产物，也是对首都发展高瞻远瞩思考的结果。习近平在2014年2月26日曾考察北京，在这次考察中，他提出"四个中心"，即全国政治中心、文化中心、国际交往中心、科技创新中心，这是首都近期基本确立"四个中心"城市功能定位的起点，意味着首都功能面临着减负的历史重任，也是北京建设国际一流的和谐宜居之都的必然选择。

2015年，中央印发实施《京津冀协同发展规划纲要》，其中，北京"四个中心"功能定位得以重申，并与国家京津冀区域发展战略相呼应。在区域协同共谋发展的趋势下，京津冀整体定位是与首都城市发展和城市功能定位紧密联系在一起的，规划纲要中是这样对京津冀协同发展进行定位的："以首都为核心的世界级城市群、区域整体协同发展改革引领区、全国创新驱动经济增长新引擎、生态修复环境改善示范区"，可见，该规划对京津冀区域的整体定位确定了北京未来发展的方向，并明确将北京的城市发展定位为"四个中心"即全国政治中心、文化中心、国际交往中心、科技创新中心。显然，《京津冀协同发展规划纲要》进一步将北京"四个中心"功能定位明确下来。

国家京津冀区域规划是新的历史环境下北京城市功能定位的阶段性指标原则，因为北京城市功能定位必然与京津冀区域长远发展相适应。《京津冀协同发展规划纲要》不仅对北京城市功能定位进行了高度概括，而且对这一个功能定位下的首都城市创新发展进行了内容界定和路径描述。在发展目标上，该规划明确分为三个阶段即近期、中期和远期（2017年、2020年和2030年）。近期规划到2017年，力争深化改革，加快创新驱动，有序疏解北京非首都功能，可以尝试在一些重点领域取得一定突破，协同发展取得明显进展。中期规划到2020年，控制市区常住人口，缓解首都"大城市病"等突出问题，有效改善生态环境质量，努力提高公共服务水平，逐渐形成京津冀区域协同发展的全新局面，并缩小和改变这一区域之前发展的极为不平衡与区域差距的特点，这是一个从量变到质变的过程。长期规划到 2030 年，城市生态环境质量总体良好，首都以"四个中心"为定位的核心功能得到凸显，城市发展格局更加优化，基本形成京津冀区域一体化格局，并具有一定的国际竞争力和影响力。

在新的城市功能定位指导思想下，北京新版城市规划出台。2017 年，习近平主席再次考察北京，强调疏解北京非首都功能的攻坚战意义，他指出要做好首都的城市规划，并让这一城市规划引领首都城市发展，即"北京城市规划要深入思考建设一个什么样的首都，怎样建设首都这个问题"。随后，北京市政府高度重视并将城市规划再次提上日程。2017 年 5 月 17 日，北京市研究出台《北京城市总体规划（2016 年－2035 年)》。9 月 29 日，北京市政府召开新闻发布会正式发布。在新版总体规划的开头，就明确强调首都城市功能与战略发展，"北京的一切工作必须坚持全国政治中心、文化中心、国际交往中心、科技创新中心的城市战略定位，有所为、有所不为"。在新版城市规划中，重在强调和提出了北京落实"四个中心"功能定位的具体措施，"到 2035 年，北京初步建成国际一流的和谐宜居之都，大城市病治理取得显著成效，首都功能更加优化，城市综合竞争力进入世界前列，京津冀区域发展构架基本形成"。2017 年，在明确"四个中心"功能定位的基础上，北京逐步加快以疏解与创新为层面的城市发展新局面。

综上可见，北京"四个中心"功能定位的确立不仅是历史与现实的选择，这也是中央和北京共同对首都城市发展阶段和形势理性思考的结果，是北京城市整体创新型转型的深入发展结果。在国际层面，城市功能定位及其创新发展一直是值得持续探索的话题，纵观世界众多国家或地区的创新型城市，其政府都非常重视城市功能定位与城市的创新发展。2017 年，通过明确功能定位倒逼首都城市创新转型，这不仅是新时期首都城市创新发展的必然趋势，也是多年来首都城市创新转型的结果。在这一形势下，2017 年首都整体产业结构日趋合理，城市创新发展转型步伐加快，首都的引领示范作用得到进一步提升。

二 "四个中心"功能定位下的北京城市创新发展

确定功能定位是为了城市更好更快发展，"四个中心"功能定位确定以后，城市发展目标既定，剩下的任务就是朝着目标前进。2017 年，北京严格按照中央的指示精神，根据城市功能定位加快发展步伐。这一年，首都所有工作都是围绕着城市功能的提升来进行的。既然要聚焦核心功能，那么北京必然也面临着疏解非首都功能的任务，另外城市空间结构和公共服务也都在新的城市功能定位与目标下取得一定进展。

1. 高精尖与减量发展相辅相成的创新之路

在北京城市功能新定位的指引下，疏解非首都功能成为北京第一要务。疏解非首都功能就意味着要腾退一般制造业，加快构建"高精尖"产业结构。事实上，从聚集资源求增长到疏解功能谋发展，这确实也是首都多年发展膨胀之后自身面临的重大课题。城市功能繁杂，城市发展拥堵混乱，这样一来疏解减负也成为新时期首都优化发展新模式和探索城市整体创新转型的责任担当。

"四个中心"，这是新时期北京关于自身发展的城市战略定位。"四个中心"的城市功能定位意味着北京城市发展的道路与一般城市不同，需要走产业创新的高端发展之路，而重视高精尖产业就是这一创新高端发展的关键环节。什么是高精尖产业呢，这需要分开来讲。所谓"高"，就是高端产业，就是能够迅速实现高速增长和强大发展后劲的行业；所谓"精"，就是"精细化"发展，发展具有核心竞争力的顶尖技术与顶尖企业；所谓"尖"，就是尖端产业，发展国家重大战略项目和国际战略项目。在这方面，北京市政府还通过战略路径进行文件指导。2017年12月26日，北京新闻办发布了《加快科技创新发展新一代信息技术等十个高精尖产业的指导意见》，这一文件指出，北京将立足世界科技前沿重视高精尖产业，重点发展智能装备、新技术、医药健康、新能源新材料、节能环保、人工智能、信息科技服务等高精尖产业。这一文件出台之后，大批相应的高精尖项目将被培育出来。

努力扶持高精尖，让其成为首都的创新优势。发展高精尖与北京坚持"四个中心"城市功能定位是一致的，这与疏解非首都功能不但没有矛盾，而且还相辅相成，二者在本质上是一致的，也是相互促进的，其目的都是为了优化城市功能和促进首都创新高端发展。因为对于北京而言，疏解非首都功能释放了城市存量资源，为创新发展留出了空间，而发展高精尖产业可以打破传统业态发展的路径依赖，实现疏解腾退资源的升级与更新。未来北京重点扶持的高精尖产业均具备高端绿色集约智能等特点，具有强大发展后劲，这是鼓励发展的重点方向。

2. 践行"四个中心"定位，以科技创新领跑创意城市发展

"四个中心"对北京城市发展的界定意味深远。除了其中的"全国政治中心"这一既定项之外，其他"三个中心"方面是北京城市未来发展的三枚关键棋子，而作为新时期文化科技融合发展的必然趋势，北京的文化中心建设与科技创新中心这两方面的建设任重而道远。同时，"文化中心"与"科技创新中心"也将把北京带入文化科技深度融合的历史进程。

科技创新中心城市必然具有较强的创新增长极，三年来，北京在"科技创新中心"建设方面加快了步伐。众多周知，北京的科技创新资源还是非常密集的，已经具备一定的建设全国科技创新中心的基础，这肯定是优势方面。2016年9月，《北京加强全国科技创新中心建设总体方案》经国务院印发，这一总体方案明确了北京加强全国科技创新中心建设的总体思路、发展目标、重点任务和保障措施。2017年以来，首都的全国科技创新中心建设相关活动陆续密集展开，"北京推进科技创新中心建设办公室"由北京市政府和10个中央有关部门共同组成，该办公室随后制定《北京加强全国科技创新中心建设重点任务实施方案》、28个监测评价指标以及每年要实施的工作任务和重点项目。

2017年，北京的科技创新中心建设在"四个中心"中是成果最为丰硕的。对接国家重大科技计划取得重要突破，高端创新人才和团队加快聚集。截至目前，累计引进5名诺贝尔奖获得者在北京领衔创建研究机构；聘请16名顶尖科学家为"中关村海外战略科学家"；吸引"千人计划"人才1658人，占全国近1/4。中关村示范区10余项试点政策向京津冀和全国复制推广；京津冀区域全面创新改革试验18项任务已落地11项，在全国最早出台实施贯彻中央财政科研项目资金管理改革的28条举措；完善科技成果转移转化政策体系，"京科九条"、股权激励试点等一系列改革深入推进，不断向纵深发展。北京的科技创新表现还赢得国际认可，在英国《自然》杂志发布的"2017自然指数—科研城市"排行榜上，北京在全球500个城市中居于科研产出首位。

可以说，科技创新中心建设加油发力和全面提速，坚持和强化首都作为科技创新中心的核心功能，这赋予了北京科技创新发展新动力。在《中国城市科技创新发展报告（2017）》中，全国科技创新发展前十大城市中，北京位列

第一。该报告还对中国城市科技创新发展进行综合测算和评价，其中北京综合指数是 0.587，依然位居榜首。从指标来看，北京科技创新优势主要体现在创新资源丰富、创新服务良好以及创新绩效较高三个方面，这三个一级指标都位于全国前 2 位。其中，创新资源是北京传统优势，北京科学技术人员数量和地方财政科技投入领先全国。创新服务主要得益于在全国科技创新中心建设过程中，北京市政府深化推进"放管服"，激发了社会创新活力。知识产出效率高、经济结构优化以及辐射能力强是北京创新绩效表现突出的主要原因。北京科技论文发表数量、现代服务业占比以及国际技术转移示范机构数全部位居全国第一。同时，科技创新发展指数综合排名结果显示，北京在 287 个城市和 4 个直辖市中居首，创新绩效全国第一，全国科技创新中心地位不断强化。

3. 践行"四个中心"功能定位，文化创意作为首要抓手

2017 年，在"四个中心"中，"科技创新中心"建设加油发力，"文化中心"建设也不甘示弱。全国文化中心建设始终是北京的城市发展战略目标，而且其所支撑的北京文化建设一直是首都建设的亮点。从 2006 年起，北京就将文化创意产业作为重点发展的主导产业，这为全国文化中心建设打下了坚实的基础。在"四个中心"城市功能定位之前，北京确立过"六大创意产业中心"以推动首都文化创意产业发展，这六大中心是全国文艺演出中心、全国文化会展中心、全国影视节目制作和交易中心、全国出版发行和版权贸易中心、全国古玩艺术品交易中心、全国动漫和互联网游戏研发制作中心。文化创意产业的迅猛发展，改善了北京的产业结构和空间布局，为全国文化中心建设奠定基础。

建设全国文化中心，强化首都在全国文化发展的引领示范作用。进入新的历史时期，在京津冀协同发展的环境下，北京再次强化全国文化中心概念，这具有重要意义。大力推动首都文化创新发展，这是北京建设"全国文化中心"的必要环节，也是首都践行"四个中心"城市功能定位的必然结果。在"四个中心"建设中，文化中心建设不仅重要，而且文化创新发展也始终贯穿于其他三个中心发展之中。2017 年正式发布的《北京城市总体规划（2016 年–2035 年）》进一步明确了全国文化中心建设的工作重点，并将"全国文化中心"作为首都重要的城市战略定位，是首都"四个中心"功能定位之一。2017 年 8 月，推进全国文化中心建设领导小组第一

次会议举行，重点部署以"四个中心"为核心城市功能定位的城市文化建设，市委书记挂"推进全国文化中心建设领导小组组长"一职，这再次将全国文化中心建设提上重要日程。北京市强调要在文化发展上做好文章，承前启后做好文化规划。2017 年北京文化发展的重点工程是"一核一城三带两区"。所谓"一核"就是一个核心，要求培育和弘扬社会主义核心价值观；"一城"就是历史文化名城建设，强调首都的历史文化名城保护与发展；"三带"就是以三个文化带建设为抓手，这三大文化带是大运河文化带、长城文化带、西山永定河文化带；"两区"就是强调大力推动文化创意产业引领区和公共文化服务体系示范区建设。

随后，在这一精神指导下，北京所属各区不遗余力地支持和落实全国文化中心建设。以海淀区为例，海淀区推进全国文化中心建设领导小组第一次会议审议通过了《海淀区关于进一步落实街镇主体责任推进全国文化中心建设的若干措施》，为推动全国文化中心建设工作提供了抓手，明确街镇辖区应建立全国文化中心建设的领导机制，立足地区文化资源特色，制定本辖区文化发展行动计划，结合疏解整治促提升工作，通过购买、租赁、改造提升等方式拓展文化空间，履行文物保护主体责任，把文物保护列入重要议事日程，围绕中关村科学城建设，发挥属地统筹优势，为高端文化产业提供服务。开展文化资源调查，建立辖区文化资源台账，并按时更新；深入挖掘区域文化资源，推动文化与科技、旅游等的融合发展，打造文化品牌；将全国文化中心建设工作纳入四套班子领导联系对接街镇的指导检查内容，强化检查考核；足额配齐专职文化干部，强化队伍建设，加大资金投入力度，为各街镇全国文化中心软硬件设施健全作好资金保障。海淀区紧紧把握本区在"一核一城三带两区"建设中的定位，把落实全国文化中心建设任务摆在更加突出的位置，把海淀的文化建设贯穿于首都政治中心、国际交往中心和科技创新中心建设之中，使文化软实力形成海淀创新发展的硬支撑。海淀区为推进全国文化中心建设，通过了《海淀区推进全国文化中心建设第二批重点任务清单》，"第二批重点任务清单"和此前通过的《海淀区推进全国文化中心建设第一批重点任务清单》共计 33 项重点任务。

在文化发展的总体层面上，文化创意产业是全国文化中心建设的重要抓手。从中国整体来看，文化创意产业增加值逐渐增长，其增速也远远高于同期

GDP增长，正在逐步成为国民经济支柱性产业的重要部分。而首都北京的文化创意产业增加值的占比更高，早在2017年初北京文化创意产业增加值占比已近15%。文化创意产业是为北京城市发展提供动力的新引擎，成为提升城市高精尖发展的重要支撑之一，而且是提升城市文化软实力的重要抓手。在大数据、人工智能等新技术环境下，随着新文化创意产业的崛起，文化创意产业为城市文化中心建设的新内涵提供了可能性。2017年，北京在支持文化创意产业政策创新方面有进一步探索。北京市在全国率先实施文化创意产业政策创新，文资办与北京财政局共同推出文化创意产业"投贷奖"联动体系，帮助在京文化创意企业破解融资瓶颈，提供公共性、综合性文化金融服务，"投贷奖"体系依托北京市文创金融服务网络平台、文创企业股权转让平台，打造首都文化金融生态圈。"投贷奖"体系还推出一些创新举措，在申报条件、征集对象、奖励类别和额度方面等进行系统调整，奖励范围更广，支持力度更大。另外，北京市文资办设立北京文化创新基金，筹建文创银行，推出文化"瞪羚计划"，制定更加精准的扶持政策，为文化创意产业企业创造良好环境。

4. 城市创新竞争力与创新发展潜力

采取创新性发展策略，这是世界城市发展的趋势。2017年，全球创新数据机构2thinknow第十次发布"全球城市创新指数"。"城市创新指数"依据文化资产、人力基础设施和网络化市场三个领域的162个指标，对全球500个城市进行分析、评估和排名。根据最新发布的2016~2017年度城市创新指数，英国伦敦成为全球最具创新力的城市，美国纽约和日本东京紧随其后，分别排在第二、第三位。按创新力强弱来看，有53个城市归属第一层级的"支配型城市"，即最具创新力的城市，125个归属第二层级的"中心城市"，260个归属第三层级的"节点城市"，另有46个归属第四层级的"新兴城市"。在53个支配型城市中，有9个位于亚洲，其中北京排在全球第30位，上海排在第32位。

不过，不同的评价体系，北京在世界城市创新排名中的位置也不尽相同。在不同的评价体系中，我们也可以看出北京城市创新的竞争力与不足。2017年初，中国城市竞争力研究会在香港发布中国十大创新城市排行榜，中国十大创新城市出炉，这十大创新城市依次排位是：深圳、北京、苏州、上海、西安、杭州、广州、武汉、成都和济南。其中深圳、北京和苏州稳居前三位（见表1）。

表 1 中国创新城市排行

单位：分

排名	城市	得分
1	深圳	91.55
2	北京	90.21
3	苏州	89.13
4	上海	87.28
5	西安	86.83

什么是"创新城市"？创新城市是指"以科技创新为动力、以文化创新为基础、以增强自主创新能力为主导、以转变经济增长方式为中心、以提高城市竞争能力为目标的城市。其特征是具备创新意识，积聚创新资源，发挥创新作用，创造创新成果，把创新作为基本驱动力推动城市的发展，高端辐射或引领其所在城市群以及更大范围的其他区域"①。从整体而言，北京具备创新型城市的资源特征和创新潜力，但是在创新机制与创新辐射力上还有待提升。

三 "四个中心"城市功能定位下北京
未来城市发展相关建议

第一，新的城市功能定位下的城市创新发展如何布局，还需要缜密思考和研究。"四个中心"在今天已经成为人们比较熟悉的话题，不过，由于首都建设中心城市的提法已久，每个历史时期的提法多多少少有差异。所以"四个中心"提法尽管简单易懂，但与之前的提法也多少有混淆之处，目前人们从概念上和形势上对新时期的城市功能的认识还不够清晰。在信息时代，理论研究先行是必经之路，盲目发展可能会导致一定的错路和弯路，因此，要研究透彻了再发展，借天时地利人和而前行。况且，相对于网络话题，业界对"四个中心"功能定位的理解还不那么透彻，学术界对基于"四个中心"功能定位的首都文化生产及其传播战略的理论研究还比较薄弱与滞后。截至 2018 年

---

① 王愿华：《科技创新政策绩效的评价研究——基于南京科技体制改革探索和实践》，东南大学硕士学位论文，2016。

1月6日，在知网上以"题名"输入"北京'四个中心'"，其搜索结果是3条，其中只有一条有相关性。搜索引擎和自媒体上也有一些关于北京城市功能定位的讨论，不过比较分散。即使排除相关性因素，"四个中心"功能定位下的北京城市如何创新发展这一主题，对其研究也还处于起步阶段，对此专题还没有进行系统的探索和研究。

第二，在"四个中心"功能定位下，北京将再度面临全新的城市格局重塑，这对北京来说不仅是机遇更是挑战。城市功能定位决定了城市的资源选择和整体发展方向，比如，习总书记对北京的城市"四个中心"的战略定位，对北京未来的发展就具有很强的指导意义。新时期的城市功能定位将引导着北京重新找回自身的历史角色和使命。20世纪80年代，首都在进行城市整体规划修订时，已经不再提什么"工业基地"了；90年代，政治、经济、文化这三方面是首都的城市功能定位，显然这一功能定位还没有舍弃"经济中心"；2000年以后出台新的首都城市发展规划，这一次"经济中心"终于被放弃，这对于首都来说显然是一次质的飞跃。直到新近的"四个中心"提法，北京严格按照四个中心目标加快建设，聚焦核心，疏解非核心，在这一城市功能定位下，不难想象首都必然将再度面对全新的城市发展战略，这也必将使得首都城市创新发展面临全新的格局重塑。不过，功能定位只是第一步，还有很长的路要走，虽然北京"四个中心"功能定位已经确定，但是对"四个中心"的战略实施还有待研究与深入实践，对以"四个中心"为基础的首都城市文化发展及传播还需要重新阐释与践行。其中，"四个中心"需要进一步强化，需要进一步强化创新等能力，需要进一步强化首都文化中心的功能及其在其他三个方面的渗透作用，要加强文化的价值传播与辐射引领能力，对文化内容生产的强调力度将再度提升，文化传播及其媒体战略也将得到调整和重视。首都城市发展正处在一个整体创新转型时期，"四个中心"功能定位下的城市发展战略还应当与城市整体创新转型结合起来。

第三，在"四个中心"城市功能定位的指导下，北京市率先走创意创新高端融合实践之路。创新是推动城市发展的根本动力，为了实现更高水平的发展，必须始终把创新作为未来城市可持续发展的战略基点。在新的历史时期，在以"四个中心"城市功能定位为基础的城市发展资源与路径选择时期，创新创意高端融合发展是北京城市未来可持续发展的立足点。创新创意高端融合发展就是倡导在全市发展理念上率先走新路，立足全国和国际，加快建设创新驱动、科技创新、文化创新融合发展的新局面。要构建协同创新、开放共享新格局，建立协同创新机制，完善创新的生态环境，推进全面创新改革，重点放在开放式创新上，加强全新业态模式创新，让创新成为城市发展的主要动力，成为城市文化精神，并让这种文化精神激发创新创业者的活力。构建"高精尖"高端创新基础与结构，服务于北京市高精尖经济结构的建设，支持大数据、移动互联网等领域的创新，不断创造新的产品、新的模式和新的业态，加快形成经济社会发展的新动力。要全面开放创新合作，打造创新网络的枢纽。这里我们要重申文化创意产业，北京坚持"四个中心"城市定位必须要在更高起点上发展文化创意产业。我们常说文化创意产业是产业发展的高端形态，文化创意产业的基本理念是通过创新和创意创造出新的产业形态和内容产品，并具有创造就业岗位的优势，具有高附加值特点，完全符合"四个中心"城市功能定位，也具有生态可持续发展的优势特征，这是北京走高端创意之路应该重点发展的方面。

B.6
2017年京津冀文化协同发展
建设现状、特点、问题及对策

安　静　马柳婷*

摘　要： 2017年，北京非首都功能疏解工作正在有力、有序、有效开展，京津冀在文化协同发展建设方面取得了显著成效。这不仅是京津冀协同发展的题中应有之义，也为京津冀其他领域的协同发展提供了强大的精神动力和有力的文化支持。同时，三地在文化协同发展建设中仍存在各成体系、发展不平衡、人才缺失等问题，需要多方努力，共同推动区域文化合作发展实现共赢。

关键词： 京津冀　协同发展　文化协同发展

在"京津冀协同发展"的国家战略引领下，2017年京津冀三地文化协同发展建设在合作模式与开发模式上积极进行了探索，总体上取得了实质性进展，同时，文化协同发展建设也反映出了三个省市各自的文化发展现状与政策规划特点。

一　京津冀三地文化协同发展建设相关政策梳理

随着2014年春京津冀协同发展被提升至国家战略层面，北京非首都功能疏解转移、京津冀产业结构优化调整、京津冀生态环境合作共建等议题备受关

---

* 安静，博士，中央民族大学文学与新闻传播学院讲师，硕士生导师；马柳婷，中央民族大学文学与新闻传播学院2018级硕士研究生。

注。一脉相承的文化是三地的精神纽带，文化产业是附加值高、融合性强和资源消耗低的新兴产业，因此强化京津冀地区文化协同理念，创新文化协同发展建设路径方法，深入挖掘并有效整合三地文化资源是十分必要的。只有一个特色鲜明且具有高度凝聚力的文化协同发展，才能让京津冀三地在发展中有更为一致的方向、更加统一的协作，并产生更和谐融洽的互动。

2017年，无论是国家相关部门，还是京津冀地方政府，都制定出台了一系列政策来推动三地进行协同发展。十九大报告指出："以疏解北京非首都功能为'牛鼻子'推动京津冀协同发展，高起点规划、高标准建设雄安新区。"从国家宏观角度把握全局，为三地协同发展提供了目标和导向。国家战略加强顶层设计，从区域合作与文化发展两个维度出发，出台近15个相关政策。在区域合作方面，中央于2015年5月出台《京津冀协同发展规划纲要》，进一步明确京津冀三地的功能定位，确定了三地的合作框架。2016年6月，国务院关于《京津冀系统推进全面创新改革试验方案》的批复指出，三地要切实加强对各自具体方案实施的组织领导。2016年2月，《"十三五"时期京津冀国民经济和社会发展规划》印发实施，作为全国第一个跨省市的区域"十三五"规划，进一步明确了京津冀地区在未来五年的发展目标。

在文化发展方面，中共中央办公厅、国务院办公厅、文化部办公厅等国家部门在2017年出台了《关于实施中华优秀传统文化传承发展工程的意见》《关于新形势下加强戏曲教育工作的意见》《中国传统工艺振兴计划》《关于戏曲进乡村的实施方案》等政策，内容涉及发展中国优秀传统文化、加强戏曲教育、促进老字号改革创新发展、振兴中国传统工艺等多个方面。

京津冀三地政府主管部门，不断加强政府间的合作，为文化共同发展营造合作空间。2012年12月，河北省文化厅举办"京津冀文化产业协同发展研究论坛"，签署了具有历史意义的《京津冀三地文化产业协同发展战略合作备忘录》，这意味着京津冀三地已正式迈向文化产业协同合作的道路。2014年8月，京津冀文化部门在天津签署《京津冀三地文化领域协同发展战略框架协议》，从宏观上对京津冀文化产业协同发展的指导思想、基本原则、合作内容以及组织机制进行了较全面的部署。2015年4月，在北京举办的京津冀文化创意产业项目推介会上，京津冀三地60多家文化创意产业园区的代表共同签署《京津冀文创园区协同发展备忘录》，逐渐确立三地文化产业发展中政府引领、文化企业积极参与的协同合作模式。此外，京津冀三地在文化发展上也制定了一系列相关政策，但大多是以国家政策为引导来贯彻实施的。

纵观促进京津冀文化协同发展建设相关政策可以发现，国家从战略高度把握大局，三地配套措施积极跟进，且有各自的特点。北京是国家政策的出台地和积极的执行地，相关政策以国家为主，文化标准在这里形成、发出，完全能够引领文化方向。天津侧重三地在交通、技术方面的协同发展，为文化协同发展建设提供日益完备的硬件基础。河北省在促进三地协同发展方面的政策则相对少一些，但也在积极跟进，继续拓展广阔的空间。具体如表1、表2所示。

表1 2017年京津冀协同发展相关政策统计

文件名称	发布部门	发布时间
《国务院关于印发国家技术转移体系建设方案的通知》	国务院	2017年9月
《国务院办公厅关于推广支持创新相关改革举措的通知》	国务院	2017年9月
《京津冀大数据综合试验区建设方案》	京津冀三地	2017年8月
《天津市人民政府办公厅转发市口岸办关于贯彻落实国家口岸发展"十三五"规划实施方案的通知》	天津市	2017年6月

表2 2017年京津冀三地文化相关政策统计

文件名称	发布部门	发布时间
《关于实施中华优秀传统文化传承发展工程的意见》	中共中央办公厅、国务院办公厅	2017年1月
《关于新形势下加强戏曲教育工作的意见》	中宣部、文化部、教育部、财政部	2017年2月
《关于促进老字号改革创新发展的指导意见》	商务部流通业发展司	2017年2月
《中国传统工艺振兴计划》	文化部、工业和信息化部、财政部	2017年3月
《国家艺术基金"十三五"资助规划》	文化部办公厅	2017年3月
《文化部"十三五"时期文化产业发展规划》	文化部办公厅	2017年4月
《关于戏曲进乡村的实施方案》	中宣部、文化部、教育部、财政部	2017年6月
《关于进一步做好戏曲进校园工作的通知》	文化部办公厅	2017年7月
《天津市传统工艺振兴实施意见》	天津市文化广播影视局、天津市工业和信息化委员会、天津市财政局	2017年9月
《关于推动文化文物单位文化创意产品开发的实施意见》	天津市文化广播影视局	2017年11月
《河北省落实中华优秀传统文化传承发展工程的实施意见》	河北省委办公厅、省政府办公厅	2017年8月

二 京津冀三地文化协同发展建设的现状

2017年，京津冀在文化协同发展方面的合作明显加强，三地在各自文化繁荣发展的基础上，联动策划的活动数量呈上升趋势，主要表现在传统文化、现代文化两个大方面。多种文化互相交融、共同发展，京津冀文化协同发展进程不断加快。

（一）传统文化

京津冀三地同根同源，有着相似的文化基因和文化传统，从传统文化入手，更容易找到共同的民族性和文化价值认同感。因此，三地积极回归传统文化，以文化展演为依托进行合作与交流，为三地文化协同发展建设的开展提供了清晰的思路和坚实的根基，既有历史的厚重感，也不乏时代的新气象。

展演是传统文化的重要依托形式，展演的数量、规模、形式等可以反映出传统文化的生存现状和发展情况，也可以促进三地多方面、多形式进行合作。京津冀2017年展演体现出了传统文化蓬勃发展的良好态势，从种类上而言主要可分成戏剧类、民俗类、歌舞类，每种类型的传统文化展演各具特色，体现了传统文化在民间的活力。

戏剧类展演是京津冀三地传统文化展演中最为重要的组成部分，2017年京津冀三地传统戏剧展演200余场，与2016年相比明显增多，戏剧种类以京剧、评剧、河北梆子为主，还包括曲剧、鼓曲等。其中京剧演出数量最多，近100部，评剧和河北梆子数量相当，分别有40余部。与2016年相比，三种戏剧演出数量都有所增加，河北梆子最为明显。从演出场次的地域分布来看则存在显著差异，其中北京传统戏剧演出场次最多，近110场；其次是天津，共计60余场；河北省数量最少，共计20余场。三地在2017年联合举办传统戏剧演出11场，呈现增长趋势，如三地联合筹办"京津冀京剧优秀剧目传承汇演""京津冀'京评梆'戏曲汇演"等活动，不断探索三地合作演出的全新模式。有些展演已成为常规演出，如"京津冀精品剧目展演"2015年在北京举办，2016年在天津举办，2017年则在河北石家庄举办，演出内容涵盖京津冀三地优秀舞台艺术作品（见表3）。

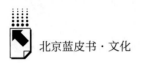

表3　2017 年京津冀三地戏剧类文化展演分类统计

剧名	类型	演出地区	演出时间	演出场所
《棋盘山》	京剧	北京	2017 年 1 月	梅兰芳大剧院
《向阳商店》《良宵》《杨三姐告状》	评剧	北京	2017 年 1 月	中国评剧大剧院
《李保国》	河北梆子	河北石家庄	2017 年 1 月	人民会堂
《夜宿花亭》《挑滑车》《窦娥冤》	河北梆子	河北石家庄	2017 年 1 月	燕赵之声小剧场
《红鬃烈马》《红娘》《西安事变》	京剧	北京	2017 年 2 月	梅兰芳大剧院
《乾坤带》《小姑不贤》《五女拜寿》	评剧	北京	2017 年 2 月	顺义影剧院
《金沙江畔》《喊一声妈妈》	评剧	河北唐山	2017 年 2 月	燕山影剧院
《打龙袍》《大登殿》	河北梆子	北京	2017 年 2 月	顺义影剧院
《五峰会》《双山情》《牛郎织女》	皮影戏	河北唐山	2017 年 2 月	燕山影剧院
《大漠苏武》《安国夫人》《柳荫记》	京剧	北京	2017 年 3 月	梅兰芳大剧院
《野猪林》《红灯记》《党的女儿》	京剧	天津	2017 年 3 月	中国大戏院
《红高粱》	评剧	北京	2017 年 3 月	梅兰芳大剧院
《红桃山》《姚期》	评剧	天津	2017 年 3 月	中国大戏院
《杨门女将》	京剧	北京	2017 年 4 月	梅兰芳大剧院
《向阳商店》	评剧	北京	2017 年 4 月	大兴影剧院
《断桥》《陈三两爬堂》	河北梆子	天津	2017 年 4 月	中国大戏院
《回杯记》	评剧	天津	2017 年 5 月	中国大戏院
《红灯记》《沙家浜》《杜鹃山》	京剧	天津	2017 年 6 月	滨湖剧院
《向阳商店》《屠夫状元》	评剧	河北廊坊	2017 年 6 月	固安大剧院
《南北合》	河北梆子	河北石家庄	2017 年 6 月	河北梆子剧院
《端阳鼓韵》	鼓曲	天津	2017 年 6 月	中国大戏院
《王佐断臂》《刘兰芝》《遇皇后》	京剧	天津	2017 年 7 月	广东会馆
《杨三姐告状》	评剧	北京	2013 年 7 月	石景山文化馆
《乾坤带》	评剧	北京	2017 年 7 月	良乡影剧院
《三娘教子》《杜十娘》	河北梆子	北京	2017 年 7 月	大观园
《大刀王怀女》	河北梆子	北京	2017 年 7 月	中山音乐堂
《甲午风云》	河北梆子	天津	2017 年 7 月	中华剧院
《狼牙山》	京剧	河北石家庄	2017 年 8 月	人民会堂
《刘巧儿》	评剧	北京	2017 年 8 月	大兴影剧院
《北国佳人》	河北梆子	北京	2017 年 8 月	延庆文化馆
《朱痕记》《秦英征西》	河北梆子	北京	2017 年 8 月	通州文化馆
《生死牌》《黄飞虎反五关》	河北梆子	河北石家庄	2017 年 8 月	青少年宫会堂
《麒麟囊》《战樊城》《定军山》	京剧	天津	2017 年 9 月	中华剧院
《霓虹灯下的哨兵》	评剧	天津	2017 年 9 月	中国大戏院
《陈三两》《辛安驿》	河北梆子	北京	2017 年 9 月	缤纷剧场

剧名	类型	演出地区	演出时间	演出场所
《金锁记》	河北梆子	天津	2017 年 9 月	天津大剧院
京津冀北方鼓曲巡演	北方鼓曲	北京	2017 年 9 月	东图影剧院
《红军比她更坚强》	评剧	北京	2017 年 10 月	长安大戏院
《春秋笔》《秦英征西》	河北梆子	北京	2017 年 10 月	门头沟影剧院
《滑油山》《游六殿》	京剧	天津	2017 年 11 月	滨湖剧院
《金玲记》	河北梆子	天津	2017 年 11 月	中国大戏院
《三盗令》《卖水》《打焦赞》《杜十娘》	河北梆子	北京	2017 年 11 月	长安大戏院
《红娘》《白蛇传》	京剧	北京	2017 年 12 月	长安大戏院
《玉堂春》	京剧	天津	2017 年 12 月	滨湖剧院

2017 年传统文化展演中，民俗类展演也占很大一部分比重。民俗类文化展演具有综合性和稳定性的鲜明特征，它与传统节日相结合，具有广泛的群众基础。2017 年京津冀大型民俗文化展演共计 30 余场，仅春节期间就有 12 场。与戏剧类展演大多在京津两地举办的特征不同，京津冀 2017 年民俗类展演在三地举办次数相当，而且大型展演大多是在河北省内举办，如 2017 年京津冀中华传统庙会、第三届京津冀非物质文化遗产联展。2017 年民俗文化展演数量与 2016 年相比明显增多，其中一个重要因素是 2017 年 6 月 10 日是我国第一个"文化和自然遗产日"，第三届京津冀非物质文化遗产联展暨第十届河北省民俗文化节活动以此为契机在河北省廊坊市展开，与此同时，河北全省都组织了丰富多彩的非遗系列宣传展示活动（见表4）。

表4　2017 年京津冀三地民俗类文化展演分类统计

展演地	展演名称	展演时间	展演内容	主办方
北京	第十六届北京民俗文化节	2 月	腊八舍粥、送春联、东岳庙祈福、展示北京民俗	北京民俗博物馆
	2017 年"非遗闹元宵"——第七届东城区新春非遗庙会	2 月	非遗项目展演、体验、讲座	北京市东城区
	"非遗中的老北京"：展现"京味儿"非遗技艺	7 月	展示彩塑京剧脸谱、戏曲盔头制作技艺、北京刻瓷、北京砖雕、京派内画鼻烟壶等非遗技艺	国家图书馆
	非遗声音故事(三)暨"京津冀"非遗原创节目交流展演	12 月	展示石景山区非遗资源、京津冀三地特色非遗项目	石景山区

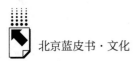

续表

展演地	展演名称	展演时间	展演内容	主办方
天津	丝路匠人——2017 中国·天津非物质文化遗产系列展演活动	5 月	展示天津河东非物质文化遗产项目，引入北京、贵州等地的精品非遗项目	天津市非物质文化遗产保护协会、天津市河东区文化和旅游局、天津爱琴海购物公园
	2017·天津"非遗与生活"新作品双年展	6 月	展示飞镲、高跷、泥塑、面塑、年画、风筝、编织等非遗项目和传统工艺作品	天津市文化广播影视局与河东区人民政府
	天津市传统体育类非物质文化遗产展演	7 月	展示传统体育项目的精湛技艺，主要包括重剑武术、开合太极拳、穆氏花毽、傅氏形意拳等	天津市文化广播电视局、宁河区人民政府
	追逐全运脚步 探寻年画芳踪——杨柳青年画图片展	8 月	展示年画中蕴含的传统体育项目	杨柳青木版年画博物馆
	京津冀泥塑、面塑邀请展	11 月	展示京津冀具有代表性的泥塑和面塑非遗保护项目传承人的百余件作品	天津市文化广播影视局、和平区人民政府
河北	第三届京津冀中华传统大庙会	1 月	大型迎春灯会、民间花会大赛、马术嘉年华、皇城年货大集、中华奇人秀、儿童戏剧节、圣地祈福文化节、杂技专场、非遗大师献艺等	香河中信国安第一城
	非物质文化遗产"松纹剑"摄影展	1 月	举办"松纹剑"主题摄影展	古冶区摄影家协会
	沃土神韵·美丽河北——河北省非物质文化遗产传承人摄影展	2 月	此次展览在 3000 余幅作品中选拔出具有代表性、文化内涵深厚、艺术水准高的 480 多幅作品进行展示	河北省文化厅、河北省非物质文化遗产保护中心、河北省民俗摄影协会
	我们的节日·春节——2017年河北非遗网络系列主题活动	2 月	依托河北省非遗网开设赛区，展示春节相关习俗、历届摄影大赛精彩图片，专家论坛等，营造传统节日文化氛围	河北省非物质文化遗产保护中心
	第三届京津冀非物质文化遗产联展	6 月	展示京津冀传统工艺、非物质文化遗产、摄影作品等	河北省文化厅、北京市文化局、天津市文化广播影视局、廊坊市人民政府

在 2017 年京津冀三地的传统文化展演中，歌舞类的展演数量较少，但精彩程度不容置疑，充分体现了中国民族特色与传统文化特色。2017 年 9 月 6 日，由天津市文化广播影视局、天津北方演艺集团主办的大型民族音乐会《春江花月夜》在天津音乐厅上演，这场音乐会名家名曲经典荟萃、演出形式异彩纷呈，既有气势磅礴的民族管弦乐、欢腾热烈的吹打乐，也有清新温婉的重奏表演，让人感受到中国民族音乐典雅的艺术气息。另外，2017 年 8 月 17 日，天津市滨湖剧院上演了一场精彩绝伦的舞剧《传丝公主》，舞剧《传丝公主》是国家艺术基金 2016 年度大型舞台剧和作品创作资助项目，它用动人的故事、动听的音乐、优美的舞蹈、美轮美奂的舞台景象，为天津观众呈现了一台精美的艺术作品。舞剧将大唐时代的开放包容与当代"一带一路"战略遥相呼应，泱泱国风历久弥新。

从以上统计可以看出，京津冀三地联合办展的基本模式基本形成，合作意识日益增强，传统文化在这种模式下以多样的方式呈现出来，正焕发着无限的生机与活力。

（二）现代文化

现代文化是以传统文化为对应和参照的，是指人们适应现代化本质要求的文化，与传统文化相比，它更注重吸纳现代文明，彰显时代精神。京津冀作为首都经济圈，是现代文化先进地区代表之一，同时也是世界了解中国文化的窗口。因此，为适应新时代的发展要求，三地在继承与弘扬传统文化的基础上，更应该在发展现代文化上进行有力合作，这不仅可以促进京津冀文化协同发展建设，还可以让京津冀文化品牌走出国门，在国际上获得更高的知名度。

与传统文化的依托形式有很大不同，现代文化的传播与发展方式具有多样性和复杂性，展演内容和形式也相应地更加多元，且展演不再以戏剧、民俗、歌舞类为主，更多依托于演唱会、音乐会、话剧、歌舞剧、展览等。京津冀三地展演无论是在数量、形式还是规模上，都反映出现代文化发展的势头正盛，三地也在各方面进行有益探索，为文化协同发展建设开辟了新路径。

演唱会、音乐会、话剧和儿童剧是京津冀现代文化展演中最重要的组成部分。2017 年京津冀三地相关演出共有近 4000 场，这一数据足以反映出人们日益增长的现代文化需求。从演出的地域分布来看，北京作为文化中心仍然占有明显优势，2017年演出近2000场，天津紧随其后，约1700场，河北省差距较大，仅有400余场。三地在演出内容上也有很大不同，北京是青年人和艺术家的集聚地，演出内容丰富多彩，流行文化是一大主流。北京2017年有近百场演唱会，其中还包括嘻哈、摇滚、民谣等专场演唱会。北京的演出除了演唱会、音乐会、话剧等常规形式外，还有黑光剧、荧光派对等多种创新形式，符合年轻人的文化需求。天津现代文化演出的一大亮点是现代相声，2017年天津市相声演出平均每月75场，在传统相声的基础上加入当今流行的形式和内容，符合大众审美，日益成为年轻人喜闻乐见的文化形式。河北省现代文化演出内容比较单一，国外艺术演出几乎没有，儿童剧数量最多，占比高达3/4（见表5）。

表5 2017年京津冀三地现代文化演艺分类统计

演出名称	类型	演出地区	演出时间	演出场所
《灰姑娘》	儿童剧	天津	2017年1月	天津红旗剧院
《谁不说俺家乡好》	音乐会	天津	2017年1月	天津音乐厅
《斗地主》	话剧	天津	2017年1月	今晚文化艺术中心
新春欢乐四重奏音乐会	音乐会	天津	2017年2月	天津音乐厅
《天下粮田》	历史话剧	天津	2017年3月	光华剧院
感受经典系列音乐会	音乐会	天津	2017年3月	天津音乐厅
《温莎的风流娘儿们》	经典喜剧	天津	2017年4月	滨湖剧院
京津喜乐相声荟	相声	天津	2017年4月	中国大戏院
《孔雀之冬》	舞剧	天津	2017年4月	天津礼堂中剧场
《海底两万里》	3D探险剧	北京	2017年5月	天桥艺术中心
《麦克白》	话剧	天津	2017年5月	天津大剧院
中国四大名著交响音乐会	音乐会	天津	2017年5月	天津大剧院
《詹天佑》	话剧	河北石家庄	2017年5月	河北会堂
《红军不怕远征难》	原创歌剧	北京	2017年6月	天桥剧场
《天津故事》	演唱会	天津	2017年6月	天津礼堂中剧场
《圆明园》	舞剧	天津	2017年6月	滨湖剧院
《钢琴不是吹的》	脱口秀	北京	2017年7月	中国儿童中心剧场
《北京人》大型原创舞剧	舞剧	北京	2017年7月	北京保利剧院
疯狂小丑合家欢	话剧	河北石家庄	2017年7月	天缘剧场
庆祝中国人民解放军建军90周年大型交响合唱音乐会	音乐会	天津	2017年8月	天津大剧院

续表

演出名称	类型	演出地区	演出时间	演出场所
《澡爷》	京味话剧	天津	2017 年 8 月	今晚文化
《吹响》	音乐会	河北石家庄	2017 年 8 月	歌舞剧院
《点头 YES，摇头 NO》	话剧	河北石家庄	2017 年 8 月	石家庄人民会堂
2017 赛季中超球赛 北京中赫国安 VS 上海上港	球赛	北京	2017 年 9 月	工人体育场
超级古风舞台剧《夒龙玉》	舞台剧 + 动漫 + 电影	北京	2017 年 9 月	北京保利剧院
《堂·璜》	话剧	天津	2017 年 9 月	光华影院大剧场
中国民歌经典合唱荟萃	音乐会	河北石家庄	2017 年 9 月	河北交响乐团演奏厅
《我·堂吉诃德》中国版	音乐剧	北京	2017 年 10 月	海淀剧场
第七届浪琴表北京国际马术大师赛	马赛	北京	2017 年 10 月	鸟巢
《菲岱里奥》	歌剧	天津	2017 年 10 月	天津音乐厅
《天鹅湖》	舞剧	天津	2017 年 10 月	天津礼堂大剧院
《武状元之霍元甲》	话剧	天津	2017 年 10 月	津湾大剧院
《因味爱，所以爱》	话剧	河北石家庄	2017 年 10 月	石家庄人民会堂
《父亲》	话剧	北京	2017 年 11 月	北京保利剧院
《爱之甘醇》	歌剧	天津	2017 年 11 月	天津大礼堂
《詹天佑》	话剧	天津	2017 年 11 月	滨湖剧院
"京津冀"相声新作品展	相声	天津	2017 年 11 月	中华曲苑
《疯人院飞了》	话剧	河北石家庄	2017 年 11 月	人民会堂小剧场
加拿大太阳马戏巡演	马戏	北京	2017 年 12 月	北演东图剧场
伊比萨电音派对	音乐会	北京	2017 年 12 月	五棵松体育馆
《恋爱的犀牛》	话剧	北京	2017 年 12 月	蜂巢剧场
《金牌制作人》百老汇	音乐剧	北京	2017 年 12 月	天桥艺术中心
北京圣诞 DJ 超模荧光派对	派对	北京	2017 年 12 月	北京糖果
大型 3D 多媒体科幻舞台剧《三体》	舞台剧	北京	2017 年 12 月	北京展览馆剧场
2017 冰上之星中国巡展（美）	滑冰	北京	2017 年 12 月	首都体育馆
《光影奇遇》	捷克黑光剧	北京	2017 年 12 月	东图剧场
《海河组曲》音乐会	音乐会	天津	2017 年 12 月	天津音乐厅
中外艺术歌曲专场音乐会（三）	音乐会	河北石家庄	2017 年 12 月	河北交响乐团演奏厅

绘画、书法、摄影、手工艺等是京津冀现代文化展览的主要内容。2017年三地展览数量差距较大，北京共有 805 场，河北省有 14 场，天津仅有 9 场。

在北京市举办的展览内容丰富，形式多样，以画展为主，个展数量较多，涉及多种绘画种类及流派。西方艺术展览占比高达1/3，如为庆祝中德建交而举办的"德国8"系列艺术展，涵盖水彩、素描、油画、雕塑、装置、摄影以及新媒体等多种形式，囊括德国自20世纪50年代至今最具影响力的55位艺术家的近320组作品。2017年京津冀三地共举办动漫展19场，其中在北京举办15场，北京已成为全国动漫游戏产业的研发中心，而动漫游戏也成为中国文化产品"走出去"的主要力量（见表6）。

表6　2017年京津冀三地现代文化展览分类统计

展览名称	类型	展览地	展览时间	展览场所
凤鸣朝阳—迎丁酉鸡年馆藏文物展	文物展	北京	2017年1月	中国国家博物馆
天行健·全运情:杨健君书法作品展	书法展	天津	2017年1月	萨马兰奇纪念馆
第二十届中国（北京）动漫游戏嘉年华——大型庆典狂欢节（I DO20）	动漫展	北京	2017年1月	北京国家会议中心
教学相长——第三届学院实验艺术文献展	文献展	北京	2017年2月	中央美术学院美术馆
尺素情怀——清华学人手札展	手札展	北京	2017年3月	清华大学艺术博物馆
"人机合"人机关系艺术展	艺术展	北京	2017年4月	NO! 空间
大匠之园——吕云所艺术与作品展	画展	天津	2017年4月	天津美术学院美术馆
第八届保定ACG动漫文化节	动漫展	河北保定	2017年4月	鲜一方生态羽毛球馆
CLCAF5.5——廊坊漫展樱花感恩祭	动漫展	河北廊坊	2017年4月	廊坊国际会展中心
马塞尔·杜尚:通往欲望尽头的旅程	艺术展	北京	2017年5月	中国美术学院美术馆
命运墨舨——梁占岩、袁武、张江舟水墨艺术展	画展	天津	2017年5月	天津美术学院美术馆
新意金砖 光耀未来——金砖国家媒体联合摄影展	摄影展	北京	2017年6月	中国国家博物馆
文人新意象——当代中国文人画展	画展	河北石家庄	2017年6月	河北美术馆
中国国家博物馆当代瓷器捐赠收藏展	瓷器展	北京	2017年7月	中国国家博物馆

续表

展览名称	类型	展览地	展览时间	展览场所
十一家油画展	画展	河北北戴河	2017年7月	北戴河艺术馆
2017纸上·至上巡展	画展	北京	2017年8月	蔓空间
对话——当代艺术新场域	艺术展	河北秦皇岛	2017年8月	嘉里·海碧台艺术中心
凝固的时间——德国新媒体艺术	艺术展	北京	2017年9月	今日美术馆
百年巨匠——四十三位文学艺术大师作品展	艺术展	北京	2017年9月	中国国家博物馆
2017第10届中国·宋庄文化艺术节	艺术展	北京	2017年9月	宋庄美术馆
大象无形:唐洪胜个展	画展	河北唐山	2017年9月	唐山美术馆
走进彝人世界——彝族文物艺术展	文物展	北京	2017年10月	中国妇女儿童博物馆
风物一城	摄影展	北京	2017年10月	希帕画廊
雄奇昳丽:十七世纪青花与五彩瓷特展	瓷器展	北京	2017年10月	嘉德艺术中心
民族脊梁——迎庆党的十九大胜利召开全国书法大展	书法展	北京	2017年10月	中国国家博物馆
高峰对话:岳敏君×曲健雄双人展	画展	天津	2017年10月	天津美术学院美术馆
逢场作"贼"——韩羽水浒乱弹长卷展	画展	河北石家庄	2017年10月	河北美术出版社美术馆
真实的回归	雕塑展	北京	2017年11月	中央美术学院
美在新时代——庆祝十九大胜利召开中国美术馆典藏精品特展	画展	北京	2017年11月	中国美术馆
中国好手艺展	手工艺展	北京	2017年11月	炎黄艺术馆
莫近乎书——刘石书法展	书法展	河北霸州	2017年11月	亿美术馆
美在京津冀——北京、天津、河北美术作品展	画展	北京	2017年12月	炎黄艺术馆
先锋·哲思·怪诞·治愈——漫游图像小说的乌托邦	漫画展	北京	2017年12月	复调
见未来:王伯驹人工智能绘画作品展	画展	北京	2017年12月	宽的空间
"视觉绑架"艺术展	画展	北京	2017年12月	艺典空间
当代中国非具象油画艺术展	画展	北京	2017年12月	今日美术馆

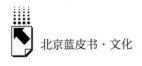

续表

展览名称	类型	展览地	展览时间	展览场所
举目见日,不见长安——霍小智个人艺术展	画展	天津	2017年12月	天津智慧山艺术中心
君子赋——梅兰竹菊四人作品展保定首展	画展	河北保定	2017年12月	上谷美术馆

从这些展览中,我们不难发现,与传统文化相比,京津冀三地现代文化发展的势头更盛。受全球化影响,它与国际艺术发展联系紧密,无论是演出还是展览,西方艺术都占据着很大比重。三地在引进西方艺术的同时也注重与中国文化相融合,如京剧版《浮士德》,将中国古典艺术形式京剧与西方古典文学名著完美结合,融合中西方文化,给人内心极大的震撼。三地在现代文化发展中仍然各成体系,合作意识显然没有在传统文化方面强,但也有积极尝试,还需要打破区域限制和体制壁垒,不断探索新的发展模式。

三 京津冀文化协同发展建设的特点

从地域角度看,京津冀文化一脉相承,又各具特色,三地政府间、政府与民间相互联动,商贸活动穿插其中,共同推动文化协同发展建设;从时间角度看,三地文化有着连续性和共通性,传统文化与现代文化互相融合,不断丰富文化协同发展建设的形式和内涵,创造合作新模式。

(一)京津冀三地文化的相容性

京津冀三地文化在共时和历时方面都具有相容性,这是三地文化协同发展建设的根本前提。从共时角度看,三地有着共同的文化土壤,在"京津冀协同发展"的国家战略下,三地文化厅局共同签署了系列文件,打造了"京津冀精品剧目展演""美在京津冀美术作品展""京津冀相声新作品展"等展演活动,展示近年来三地文化协同发展建设的优秀成果和艺术创作的最新成就。从历时角度看,传统文化与现代文化相互融合,传统文化借助现代艺术形式焕发出新的活力,现代文化以传统文化为基础不断创新,二者呈现相辅相成、齐头并进的良好发展态势。三地十分注重文化的传承性,并树立了从孩子抓起的意识，北京市启动了高校、社会力量参与小学体育、美育发展工作，兼顾传统文化与现代文化，全面提升小学生的艺术素养与审美水平。在这项活动中，地处北京的中央美术学院、中央戏剧学院、中央民族大学等高校发挥了重要作用。在京津冀三地文化协同发展建设不断推进的过程中，也体现出了雅文化与俗文化共生共存的特点，如评剧《红高粱》、河北梆子《李保国》等，深刻体现了雅与俗在当代戏剧文化中的有效结合。传统文化与现代文化、雅文化与俗文化的这种结合，既丰富了艺术内容与形式，又为文化协同发展建设提供了良好环境。

（二）政府和民间力量在文化协同发展建设中实现联动

在京津冀文化协同发展的过程中，政府一直起着推动和引导的作用。自"京津冀协同发展"作为一项重要的国家战略被提出以来，从中央到京津冀地区，依靠强有力的政策法规有效支持协同机制，京津冀文化协同发展在短时间内得到极大的促进。同时，民间力量对京津冀文化协同发展的作用也不可忽视。2017年，京津冀召开了三地美协策划论证会，举办了"美在京津冀"三地美术作品展，并将以"一年一届一主题"的形式延续下去，积极推动三地美术创作的繁荣发展。京津冀三地高校与企业也在文化协同发展过程中起着至关重要的作用，"2017京津冀艺术类人才培养校企合作论坛"6月在河北唐山举行，来自京津冀9所高校、60多家企业的代表参加了论坛，高校与企业之间对应用型人才培养的沟通与交流，拓展了文化艺术产业人才培养的平台与方向，为京津冀地区文化产业人才需求与高校培养实现"无缝对接"提供了新的探讨与改革模式。政府之间、政府与民间力量的互助联动，推动了三地文化协同发展进程的良性循环，是三地文化协同发展最为重要的环节之一。

（三）新技术和新媒体为京津冀文化协同发展建设带来新机遇

以互联网为核心的新媒体和新技术发展带来了社会生产和生活方式的变革，势必会对京津冀文化协同发展产生较为深远的影响。"互联网＋"可以打破地域空间的概念，延长文化传播的半径，减少由于地域风俗、地区经济社会发展水平等因素的限制带来的区域文化差异性。同时，随着文化居民收入水平的不断提高和互联网技术的不断发展，"互联网＋"文化消费已成为文化消费内容的重要组成部分。因此要推进京津冀三地文化协同发展，互联网与新媒体、新技术的应用是不能忽视的重要环节。京津冀也在该方面进行了积极尝试，2017 年第三届京津冀中华传统大庙会在河北香河举办，不仅集合了京津冀三地民间花会、民族杂技、迎春灯会、非遗绝活等多种民俗演艺活动，而且新增智能机器人、体感绘画、VR 骑行、手机摄影大赛、O2O 特产超市、欧洲女子乐团表演等一系列新项目，并联合"地瓜视场"APP 平台为参与的观众留下欢乐喜庆的视频场景。新媒体与新技术将多种艺术形式融合起来不断创新，同时有效地扩大了文化受众群体，促进了三地艺术资源共享。

（四）京津冀文化协同发展建设与文化产业发展互相推动

文化因素在现代经济发展中越来越具有重要、主导甚至决定性的作用，社会对文化需求已呈现出"井喷"态势。随着京津冀经济社会不断发展，三地人民的精神文化需求日益强烈，文化消费支出越来越多。京津冀三地文化协同发展，建立了"优势互补，互利共赢"的合作机制，同时也为文化产业的发展带来了新机遇。目前三地在文化产业的合作与发展上已经取得了实质性的进展，为使文化产业跨区域合作更为便利，京津冀三地正逐步形成一系列产业合作平台，如 798 文化创意产业基地、1949 国家创意设计产业园、河北省文化创意产业园区、中国（天津滨海）国际文化创意展交会等。第六届河北省特色文化产品博览交易会 2017 年在河北省石家庄市举办，展览荟萃了京津冀区域特色文化，打造京津冀三地精品文化展区，促进京津冀协同发展。文化旅游是京津冀三地文化协同发展的重要内容，也是促进文化产业发展的重中之重。京津冀旅游区域在政府引导下逐步扩大了合作范围，整合原先相对分散的文化旅游资源，以促进京津冀区域旅游与相关文化产业协同发展。此外，数字出版、网游、动漫等具有高科技含量的新兴文化产业形态的出现，也给京津冀地区文化产业带来巨大的发展空间。总之，文化产业作为成长迅速的产业形态，已呈现出巨大的发展潜力，成为京津冀地区经济发展新的增长点，更是三地推动文化协同发展的重要标志。

四 京津冀三地在文化协同发展建设中存在的问题

总体来说，2017 年京津冀三地文化协同发展建设取得了实质性的进展，但也存在着许多问题，主要集中在区域发展不平衡、文化资源整合力度不够、人才缺失等方面，尚有较大的改进空间。

（一）京津冀三地文化发展的不平衡性

京津冀三地地理相邻，文化一脉相承，拥有推动文化协同发展建设的现实机遇与良好基础。然而长期以来三地文化产业发展不平衡，存在着较大差距。北京作为国家政治和文化中心，文化产业起步较早，实力最为雄厚；天津文化产业起点高，起步快，文化产业发展也非常迅速；河北文化产业发展整体较慢，相对来说也较为落后。另外，三地文化产业存在各自为政的现象，缺乏区域凝聚力和整体竞争力，在传统文化产业行政体制下，受地方利益驱使，地方政府以公开或隐蔽的形式实行地方保护主义，这使得文化产品和各种生产要素无法自由流动，企业、行业、地区间的优势无法互补，造成文化资源的浪费和发展效率的低下，并最终导致统一、开放而充分竞争的文化市场难以形成，难以做到文化资源的优化配置和文化的协同发展建设。

（二）京津冀三地文化资源整合与利用力度不够

京津冀具有各自不同的自然和人文资源，如北京拥有大量皇家建筑、园林等历史文化遗产，具有京味特色的民俗和艺术，天津自近代以来也形成独特的曲艺、手工艺和民俗等文化遗产，河北的燕赵历史文化和民俗等也极具特色。这些文化资源可以与新媒体、新技术及旅游业进行嫁接，建立起不同的文化形式与文化产业，如动漫、演出、出版、文化创意、文化旅游等。但总体来看，三省市各自丰富的文化资源并未得到有效整合，没有很好地利用现代科技对先进的开发模式与理念进行充分的挖掘和利用，更缺少在充分发挥各自优势基础上的合作，以取得区域整体的最佳效果。

（三）京津冀文化协同发展建设中的人才缺失

在京津冀三地文化协同发展建设过程中，不管是传统文化的技艺传承，还是现代文化产业管理，人才都是一个十分关键的问题。只有人才济济，传统文化才能后继有人，现代文化才能推陈出新，文化产业才能突破种种难题，进而促进三地文化兴旺发达，为文化协同发展建设提供可能。对于传统文化来说，

111

除了加快人才培养，人才的保护、积极性调动等外在因素也非常重要，此外还要加强对后续人才的培养，多培养高质量、高水平的专业演员。从文化产业角度出发，则要做好管理人才、创意人才、经营人才等高层次、复合型人才的引进与培养工作，根据总体规划，培养与文化产业发展需要进行对接的高端人才，鼓励有实力、有热情的大学生积极投身文化建设事业，提升文化产业发展活力。

（四）京津冀三地文化协同发展建设宣传力度不够

要想打响京津冀文化品牌，让三地文化协同发展获得更多关注，塑造文化形象、做好宣传工作是十分必要的。在当下京津冀文化协同发展建设过程中，更多注重的是对区域合作模式与实践的探索，在某种程度上忽略了对三地文化品牌的宣传与推广。大众对京津冀协同发展的印象依然停留在国家相关政策层面，而不知道具体的实践情况，因而对三地联合举办的展演等也知之甚少。"互联网＋"时代背景下的世界，信息的传达呈现碎片化和移动化发展趋势，众多广告和信息都借助新媒体宣传投放。京津冀三地也应借助新媒体力量实现三地时空互联和信息互动，提高三地文化协同发展建设的社会整体氛围。

五　推动京津冀文化协同发展建设的对策建议

针对当下京津冀文化协同发展建设过程中所存在的诸多问题，相关文化部门与参与主体应从多方面入手，不断改进工作方法，创新发展思路与合作模式，激活三地文化市场，建立灵活有效的机制，为三地文化协同发展建设提供更好的发展环境。

（一）充分发挥政府引导作用，创造有利的协同发展环境

京津冀文化协同发展建设是一项关联度高、涉及面广的综合性工程，由于尚处于初级阶段，对组织方式和合作模式还须不断进行探索与完善，因此三地政府要加强沟通，相互信任，发挥其在区域文化合作中的引导、规划和推动作用。各级政府和部门要总揽全局，站在区域合作与发展一盘棋的战略高度，制定京津冀文化产业发展和文化协同建设总体规划，引导三地文化合作走可持续

发展道路。同时，政府还应站在全局高度部署工作，避免进行重复建设，做到各地文化重点突出，发展井然有序。另外，政府相关部门还要树立区域合作与"大市场"观念，鼓励有关部门和文化企业跨越行政区划的条块范围，主动积极地参与区域文化产业合作开发。

（二）整合三地优势文化资源，打造京津冀文化品牌

当前以政府为主导的社会发展格局下，充分发挥各自优势文化资源是推进京津冀文化协同发展建设的有效途径。三地文化产业发展虽不平衡，却也各具优势，可以进行互补，这为文化资源的整合创造了良好的发展条件。一方面，可以由京津冀三地文化局等政府部门牵头负责整合区域优势文化资源，通过统一规划与协调，建立有效的文化资源整合机制，并借助国际文化产业交易博览会和文化创意产业博览会等平台，统筹融合性、跨区域文化资源项目的开发与投资，将潜在文化资源优势切实转换为产业发展优势与竞争优势。另一方面，制定统一的京津冀文化旅游产业规划，有步骤、有重点地实现区域内文化旅游资源的强强联合、强弱互补，打造贯穿京津冀三地的文化旅游路线和品牌。

（三）培育和引进文化展演与文化产业管理相关人才，促进京津冀文化协同发展建设可持续发展

应树立人才资源是第一资源的观念，加快体制机制的完善，吸引和培养优秀人才，突破人才瓶颈，为推动京津冀文化产业合作与发展提供有力的智力保障。第一，鼓励广大青年投身于文化事业，兼顾现代文化与传统文化，以两者为基础不断推陈出新，彰显时代精神，体现人文风范。第二，充分发挥京津冀科研机构和高校资源优势，积极支持各高校根据市场需要开设文化产业类专业。第三，因地制宜地制定相关鼓励与支持政策，吸引并留住各专业领域的领军人物、掌握现代传播技术的专业技术人才、懂经营善管理的文化经营管理人才来参与京津冀文化协同发展建设。

（四）在"互联网＋"模式下利用新媒体形式加大对京津冀文化协同发展建设的宣传力度

要想打响京津冀文化品牌，三地文化协同发展建设的宣传工作就应该得到

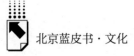

足够的重视，除了利用传统传播媒介如广播、电视、报刊以增强主流与媒体的影响力外，还要创新新型的文化传播手段，充分利用"互联网 +"时代下的新媒体"三微一端"——微博、微信、微视频和客户端，以及展览、演艺等手段加大宣传力度。三地要建立京津冀"三地联动"文化生产流水线，联合起来把京津冀特色文化产品推向外部，树立区域整体形象品牌，打造立足京津冀、辐射全国、影响全球的文化产业集聚区，真正将文化转化为生产力，更好地服务国内外文化市场。

城市文化与
公共文化服务体系

Capital City Culture and Public Services

B.7

2017年北京"三个文化带"
建设与利用分析报告

王淑娇*

摘　要：　2017年北京"三个文化带"的建设与利用成果显著，本报告主要从"三个文化带"沿线文物的保护与利用、历史文化内涵的挖掘、文化带周边环境的整治等方面概述"三个文化带"建设的现状，并分析其中存在的问题，提出深化和推动北京"三个文化带"建设的相关对策与建议。

关键词：　"三个文化带"　文化建设　文物保护　文化内涵挖掘

＊　王淑娇，博士，北京市社会科学院文化研究所助理研究员。

2015 年底,北京市正式提出建设"三个文化带",即长城文化带、大运河文化带、西山永定河文化带。2017 年制定的《北京城市总体规划(2016 年 - 2035 年)》和蔡奇所作的《更加紧密团结在以习近平同志为核心的党中央周围 为建设国际一流和谐宜居之都而努力奋斗》报告再次强调统筹推进"三个文化带"的建设。围绕这一目标,2017 年北京市不断巩固以往在遗产修复和文物保护上取得的成果,继续深化"三个文化带"区域内文物保护单位的修缮与利用、历史文化资源内涵的挖掘、周边环境的整治,并依托北京丰富的历史文化遗产,将"三个文化带"的建设作为传承北京城市文脉、构建城市景观格局、提高城市文化实力和影响力的重要推手。

一 "三个文化带"建设与利用的
相关背景与政策

(一)"三个文化带"文物资源的丰富性与文化形态的多样性

"三个文化带"文物资源相当丰富。长城文化带区域"粗略统计有敌台 1479 座,关堡 145 座,烽火台 149 座,依山就势的明长城不仅建筑工艺高超,城墙、敌楼建筑雄伟坚固,而且与山川河流、古村古堡形成具有震撼力的线性文化遗产"①。长城北京段已开放点、段约 17 处,其中国家级风景名胜区和国家 5A 级景区 1 处、国家 4A 级景区 4 处、北京市级景区 5 处。"大运河"于 2014 年被联合国教科文组织列入《世界遗产名录》,"运河文化带"沿线包括南新仓、什刹海在内的 10 处点段被列为全国重点文物保护单位,玉河故道、澄清上闸等被列为世界遗产点段。"西山永定河文化带"共涵盖包括皇家园林、私人园林等在内的 430 多处文物,其中 3 处世界文化遗产、27 处国家重点文物保护单位、47 处市级文物保护单位、150 处区级文物保护单位。就文化形态而言,西山永定河文化带的文化类型最为多样。这里有以"三山五园"为代表的皇家文化,以大觉寺、潭柘寺为代表的宗教文化,以妙峰山为代表的

---

① 李建平:《"三个文化带"与北京文化中心建设的思考》,《北京联合大学学报》2017 年第 4 期。

传统民俗文化，以金代和明代皇陵为代表的墓葬文化以及以周口店龙骨山猿人遗址为代表的考古文化等。

（二）建设"三个文化带"相关政策

建设"三个文化带"是建设全国文化中心、保护历史文化名城以及实施北京城市总体规划的重点内容。2015年11月通过的《中共北京市委关于制定北京市国民经济和社会发展第十三个五年规划建议》明确指出，制定实施长城文化带、运河文化带、西山永定河文化带保护利用规划，促进旅游文化产业发展，传承和弘扬优秀传统文化，建立京津冀三地历史文化遗产共同保护机制。2016年3月，《北京市国民经济和社会发展第十三个五年规划纲要》将推进长城文化带、运河文化带、西山永定河文化带建设，挖掘区域文化遗产整体价值作为2016年的重点议题。2016年6月，《北京市"十三五"时期加强全国文化中心建设规划》明确提出"两轴、两核、三带、多点"的历史文化名城保护格局，其中"三带"就是指北部的长城文化带、东部的运河文化带和西部的西山永定河文化带。该规则将"三个文化带"的建设与利用列为全国文化中心建设的重要环节。2017年9月，《北京城市总体规划（2016年-2035年）》再次提出构建"四个层次、两大重点区域、三条文化带、九个方面"的历史文化名城保护体系。

（三）推动京津冀协同发展，尤其是京津冀历史文化遗产共同保护的需要

《北京市"十三五"时期加强全国文化中心建设规划》中提到，"发挥京津冀地域相近、文脉相亲的地缘优势，统筹推动长城文化带、运河文化带、西山永定河文化带建设，实现历史文化遗产连片、成线整体保护"。大量历史遗迹或文物保护单位是连片、成线地分布和存在的。"三个文化带"的提出也是基于文物的这一存在特点。长城、大运河、西山永定河这"三个文化带"不仅存在于北京一个地区，还与天津、河北在地缘上相连，在文化上一脉相承。比如，通州区将致力于推动京杭大运河在天津武清区、河北三河市范围内的通航；北京平谷区红石门村的长城段立有跨京、津、冀三地的界碑。因此，"三个文化带"的向外延伸、建设与利用，尤其在推动区域文化遗产的整体保护

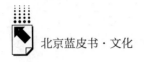

与利用，挖掘京津冀三地文化遗产的内在价值方面成为促进京津冀协同发展的
关键内容。

二 "三个文化带"建设与利用的现状

2017 年，在中央和国家相关政策的指导下，在北京市进一步规划、投入、
建设下，"三个文化带"的建设与利用取得了显著的成果。"三个文化带"区
域内的部分文保单位得到了科学的保护与修缮，"三个文化带"的文化内涵被
进一步研究与挖掘，文化带周边的环境得到有效的治理，对首都整体城市空间
格局的塑造、城市文化实力的提升、全国文化中心地位的加强起到了重要的示
范与引领作用。

（一）对文化带区域内的部分文物保护单位进行保护修缮

1. 长城文化带

北京段长城东起平谷，西至门头沟，经北京 6 区，全长约 570 米。北京市
"十三五"规划纲要中提出，应重点加强红石门、箭扣、古北口、南口等处长
城的保护和修缮，在利用沿线历史与文化资源的基础上，计划用 5～10 年的时
间，将历史上拱卫京师的军事设施打造成为符合现代北京城市发展的历史文化
体验区与生态环境保护区。2016 年，位于怀柔慕田峪村的慕田峪长城开辟出
24 平方公里的保护区域，从长城周边 300 米范围的保护带扩大为 1000 米的保
护带。慕田峪长城段的停车场从长城边的山坡上往下移到了山下的服务区；一
些违建商铺被拆除；专设方便游客上下山的摆渡车。昌平区开始对南口长城的
长峪段进行保护和修缮；怀柔区的河防口段长城已经修复，距雁栖湖国际会都
的直线距离约 2 公里。

2017 年长城文化带建设项目取得新的进展。箭扣长城的重点修复段是
"天梯"和"鹰飞倒仰"两段。7 月，这两段的修缮保护工程均已宣告完成，
并通过了文物质监站的实地验收。箭扣长城因常有游客迷路、遇难而成为著名
的"野长城"，现已在箭扣长城的所有路段设置"禁止攀爬"的警示牌，并有
由八道河乡成立的巡查队在长城上巡视。此外，箭扣长城已设置位置路牌及几
十个充电桩，方便游客及时准确地报告所在位置，与救援人员取得联系。2017

年，北京市继续编制箭扣长城 151 号至 154 号敌台的保护方案，对文物本体进行抢险与加固。直达八达岭长城的 S2 号列车轨道旁建成了观景台，游客在观赏美景的同时也保障了自身的安全。八达岭长城景区安装 300 多个高清摄像头，对游客的不文明行为进行实时监控。北京八达岭长城核心区和老京张铁路下方，京张高铁长城站隧道已经贯通，预计于 2019 年底通车。昌平区宣布重新打造"关沟七十二景"，旨在将其建成一条只能步行、骑行的道路。平谷区红石门长城段保护规划已正式完成，将大力推进该长城段的修复工作。

2. 运河文化带

大运河由"京杭大运河""隋唐大运河"与"浙东运河"构成，北京段大运河由昌平至通州，途经六个区。运河文化带是第七批全国重点文保单位，其保护和利用工作受到北京市的高度重视，针对运河文化带的保护建设规划，北京市于 2017 年 9 月正式成立大运河文化带建设组，并预计在年内推出保护和行动计划。北京市"十三五"规划纲要中涉及运河文化带的要点是传承与弘扬运河文化，保护白浮泉、古河道等水利工程遗产及积水潭、紫竹院等古代园林。截至目前，已完成大运河文化带内全国重点文保单位标识、大运河河道遗产说明牌安装等工作，在对运河文化带沿线文化遗产进行调查、统计和价值评估的基础上制定了相关的遗产保护规划，并逐步对大运河文化带沿线的文物古迹、历史遗存进行维护和修复，万宁桥、通运桥、永通桥、燃灯塔等都得到了不同程度的保护和加固，文化带沿线的文化遗产保护状况得到非常明显的改善。

大运河文化带建设的重点在通州，通州正充分利用大运河深厚的历史文化底蕴加快北京市行政副中心的建设。2014 年，北京通州、天津武清、河北香河签订合作协议，京杭大运河通州—香河—武清正式通航。2015 年，文化带遗产得到了全面清理与逐点修复，运河沿线的大辛庄关帝庙、堡头菩萨庙等均得到了合理修复。2016 年，在通州进行了大规模的考古发掘，6 月底发现了战国以来的古墓 400 余座和最早的通州城"潞城"。汉代潞城遗址入选"2016 年度全国十大考古新发现"。2017 年，运河文化带规划编制文本正式报送北京市政府，北京市将加快研究运河博物馆、运河图书馆等 20 个重点项目的建设规划。醇亲王府、庆王府等什刹海周边文物建筑作为重点项目得到保护与利用，

为北京中轴线的申遗工作创造有利条件。北京市 2017 年将制定张家湾古镇城墙遗址保护方案和白浮泉遗址及周边整体规划方案，对运河码头和运河河道进行保护性开发；保护通州古城格局，修复"三庙一塔"运河历史文化景区，打造通州"城市行政副中心"的大运河文化标识区域。

3. 西山永定河文化带

西山永定河文化带涵盖北京西南太行山余脉和以香山为中心的"小西山"部分，包括昌平、海淀、石景山、丰台、门头沟、房山等在内的多个城区的全部或部分。北京市"十三五"规划纲要强调西山永定河文化带的建设要以三山五园—八大处为核心，并在统筹西山永定河文化带周边资源的基础上，打造将自然风光、皇家园林文化遗产、近现代史迹集于一体的城市文化景观。2016年 7 月的西山文化遗产实地调研报告显示，"西山永定河文化带"范围内的文化遗产、风景名胜众多，覆盖了从史前时期到当代的漫长时间段，文保单位级别高，具有非常重要的历史地位和综合价值。近年来，北京市对西山永定河文化带沿线的部分文保单位进行了修缮和加固，香山二十八景、圆明园遗址、颐和园文物等得到进一步保护与利用。

2017 年，门头沟区按照西山永定河文化带的建设要求，以"保护为主、抢救第一、合理利用、加强管理"为指导方针开展文化带沿线的文脉传承工作，对永定河上不同时期的水利设施、京西古道沿线的古村落和寺庙进行了修缮；对中国历史文化名村爨底下村进行了全面修复，很好地保存了古村落的建筑肌理与格局；建立特色博物馆，如古幡会博物馆，展示东胡林人遗址的研究成果，西山永定河文化带区域内的文物保护工作卓有成效。海淀区通过《海淀区推进全国文化中心建设领导小组西山永定河文化带建设组工作规则》，部署和落实了西山永定河文化带的相关建设工作，具体指出，需要重点加强以三山五园为代表的历史文化景区的修复利用、公共服务配套建设、景区环境提升等。香山公园内的香山寺修复工程于 2012 年正式启动，历时 5 年修复古建单体建筑 13 处、佛像 29 尊、匾额 35 幅，于 2017 年 11 月面向公众试开放。

（二）不断推进"三个文化带"文化内涵的挖掘与研究

1. "三个文化带"的研究工作正在积极推进

多个部门、众多专家学者参与到"三个文化带"的研究中，不仅成立多

个研究院和研究所，如北京青年政治学院的"运河书院"、北京物资学院的
"北京运河物流研究所"、北京财贸职业学院的"北京运河文化研究院"、门头
沟区成立永定河研究会，并将区博物馆改名为永定河博物馆等，成功举办一系
列研讨会，如"长城、运河、西山文化带与北京城——第十九次北京学学术
年会""大运河文化研讨会"等，且取得了丰富的研究成果。2017年，北京联
合大学编制的《北京西山文化带发展规划》对西山文化带沿线的文保单位和
文化遗产进行了统计，并建议将西山文化带建设成为国家公园，进行国家公园
体制建设的试点工作。门头沟区在对永定河进行深入调研后，推出系列研究成
果《永定河史话》。

2. "三个文化带"的出版物渐成体系

2017年，围绕"三个文化带"的出版物种类丰富，既有理论研究成果，
也有纪实性作品、文学创作以及通俗读物。长城文化带方面已出版《长城志》
《夜色长城》《家住长城边》。目前正在推进的包括《方寸世界看长城》《长
城》《北京的长城》和14册的"北京北部长城文化带系列丛书"等5个项目。
关于运河文化带，已出版的有《梨花渡》《水利志》等，2017年正在推进的包
括《北上》《漕运三部曲》《镜头中的大运河》《京杭大运河的源头》等。西
山永定河文化带方面，已出版的项目有"首都文史精粹"之《门头沟卷 京
西拾贝》《三山五园》《周口店遗址志》《烽火连天的京西抗日岁月》等，正
在推进的包括《大西山》《永定河》《京西皇家园林的艺术》《拓遍永定河》
《西山塔影》等。

3. 大力推动"三个文化带"的宣传工作

通过电视传媒或举办一系列的文化活动，"三个文化带"的宣传工作被大
力推进。北京电视台《这里是北京》"志说北京"之"西山文化带"专题片
于2017年6月正式开播。专题片共分五集，主题分别为寻源西山、水润山
麓、商路漫漫、园林之趣、红色颂歌。该专题片以翔实的志书资料为观众讲
述西山厚重的历史文化内涵。12集纪录片《京西古村落》于7月16日起在
北京电视台《特别关注》栏目中开始播出。该纪录片以门头沟12个中国传统
古村落为主要内容，全方位、多维度地展示古村落的建筑格局和原始风貌，
挖掘永定河文化的深刻内涵。7月，第十一届永定河文化节在门头沟开幕，为
期三个月的文化节通过推出《平西组歌》原创音乐剧、"永定河——大西山"

人文地理影像志、《永定人家》原创舞台剧等进一步展现运河文化带的整体历史文脉。为宣扬运河文化，千龙网·中国首都网与点众科技共同推出共十期的系列访谈节目《文学大运河》，"运河天地中文网"同时上线。北京电视台《档案》栏目组制作大运河文化带纪录片《通惠古今大运河》，该专题节目共分《古塔凌云寄乡情——光影大运河中的念念不忘》《皇木厂的"老爷子"》《情越白浮七百年》《长河古刹沐新生——从皇室私家行宫到百姓精神乐园：万寿寺》《澄清锁玉映万宁——大运河北京旧城区段景观恢复》《长桥映月话沧桑》六集。

4. 加强"三个文化带"沿线的非物质文化遗产保护

"三个文化带"沿线区域涵盖多处非物质文化遗产，西山永定河文化带方面包括 33 处非物质文化遗产，大运河文化带的非物质遗产有大运河传说、北运河船工号子、京东文学、京韵大鼓、颐和园传说等。北京市在推动"三个文化带"的建设与利用的同时，同样注重其沿线非物质文化遗产的传承。门头沟区加大非物质文化遗产项目的保护力度，推出国家级非物质文化遗产《京西太平鼓》舞剧；举办"盛世舞太平"太平鼓展演；推出《京西拾遗》纪录片；组织一系列"非遗"传承创新与设计活动；以"琉璃烧造"技艺这一国家级非遗项目为核心打造特色文化创意产品产业链；建立"非遗"文化传承功能区，提升西山永定河文化带"非遗"品牌的影响力。2017 年 11 月，石景山区举办"西山永定河文化带之模式口历史文化保护区系列文化活动"，该活动由"荟萃经典非遗传承"和"京西论道名家论坛"两部分构成。活动中非遗表演、非遗文化展以互动与展示、动态与静态相结合的方式集中展示了西山永定河文化带上丰富的非遗项目。

（三）有效推进"三个文化带"周边环境整治

1. 长城文化带

北京市"十三五"规划纲要中明确提出了要建设长城、大运河、西山永定河文化带的重要目标，但北京"三个文化带"的建设不仅是单纯的文化项目，文物保护单位的修复、历史文化遗迹的保存必须与区域内的生态整治、旅游开发、经济发展等紧密结合起来。发挥历史文化资源的优势，让文物成为推动区域内社会、经济发展的促进因素，才是将"十三五"规划纲要和北京文化中心建设落到实处的前提条件。目前，已启动长城文化带规划研究工作，逐渐构建起长城文化带保护利用的基本框架，建议创建"长城＋发展模式"，即在充分展示长城及其相关军事防御设施文物和历史遗存、自然生态景观、与长城相关的重大历史事件与内容的基础上，形成慕田峪－箭扣－黄花城、红石门－将军关等多个旅游组区，以展示长城文化内涵和发展文化产业为关键，将优化长城生态环境、推进区域经济发展作为发展目标，促进长城文化带沿线各类资源的统筹与利用。

2. 运河文化带

在建设运河文化带过程中，北京市主要从水系治理和沿岸绿化带建设两个方面进一步加强了运河沿线的环境整治。通州区将水系治理作为打造运河"名片"的重中之重，确保在 2017 年使通州北运河水质指标达到地表水四类标准，重点水域达到三类标准。目前，通州区对大运河通州段的综合整治仍在继续，包括扩挖河道、清淤、治污、湿地建设等工程项目，以打造"蓝绿交织、清新明亮、水城共融"的运河环境。通州区潞县已开工建设延芳淀湿地工程，生态湿地建成后，功能单一的河滩将变为集旅游、休闲、水质净化等于一体的湿地公园。北京市在促进大运河沿线生态修复过程中，把重点放在北运河、通惠河、萧太后河的环境整治上。北京市水务部门通过建设配套管网，将污水直排入河；制定河道水环境监督、管理制度；排查污水来源，推动上下游共同治理等方式加大对通惠河污水治理和河道保护的力度，河水质量、河道环境显著改善。昌平白浮泉、海淀长河、西城什刹海、东城玉河北区等都开展了大运河环境整治工作并在运河沿岸建起了多个文化公园，如玉河故道、东便门庆丰公园、大运河森林公园。

3. 西山永定河文化带

2017 年启动的西山文化带规划编制提出建构"一体两翼两轴五片区"体系，计划在"十三五"期间，在三个文化带所涉及的 6 个城区内完成 14.7 万亩的绿化建设，改造 43.1 万亩的低效林，封山育林 44.5 万亩；并计划对西山文化带区域内的所有景点与景区进行统一标识，实现区域内一体化的文物保护与利用，将文保工作与生态保护、旅游开发、环境整治有机整合起来，在实现交通路线便利、旅游服务设施和内容齐全的基础上，将西山文化带打造成集吃住、游玩、娱乐于一体的综合文化服务区。2017 年，北京市逐渐开始了包括

京密引水渠绿道、南水北调绿道、清河绿道、小月河绿道和昆玉河绿道在内，总长度约为 190 公里的 5 条绿道的建设工程。

三 "三个文化带"建设与利用中存在的问题

2017 年，北京市"三个文化带"的建设与利用在很多方面都取得了可喜的进展和成就，但从总体的建设程度和水平来看，还存在着一些问题与不足，主要体现在管理上缺乏统一规范和标准；文物利用不足、文化内涵挖掘不够；整体上的资源统筹度不够等方面。

（一）管理上缺乏统一的部署、规范与行动

为了使文化遗产的保护与利用成为城市发展的助推器，北京市文物局基于北京市近年来对文物保护单位的梳理与修复以及北京作为历史文化名城的特点，于 2015 年正式提出"三个文化带"文化遗产整体保护思路。"三个文化带"的建设成为打造北京历史文化名城"金名片"、北京文化中心建设和京津冀协同发展的关键环节和主要内容。2017 年，北京市在稳步推进"三个文化带"建设各项工作中取得一定进展和成果的同时，也面临着在管理上缺乏高度统一的部署、规范与行动的问题。以西山文化带为例，此区域内文化遗产十分丰富，但尚存在着文物管理与利用稍显混乱的问题。各类文物的产权与管理单位不统一，其中有中央机关、市属机关，还有企事业单位，甚至个人。产权在某种程度上的分散必然会导致各级各类文物因缺少统一的规划与管理而得不到更加有效的保护与利用。长城文化带也面临同样的问题。长城各段各景区管理的分散化，使得景区内的基本服务设施、长城本体的加固、长城文化内涵的挖掘等诸多方面都具有很大的不均衡性、不协调性。

（二）部分文物利用不足，文化内涵有待进一步挖掘

对于"三个文化带"的建设，保护与利用是缺一不可的两大环节。恢复文物的物质形态与发扬文物的文化传承作用必须紧密地结合在一起，对于文物本体的保护，不仅要深入研究与保护文物的文化价值，而且要立足于其区域整

体，以不同的开发模式灵活利用周边环境资源，最终落实"保护为主、抢救第一、合理利用、加强管理"的指导方针。但是，在实际的工作中，某种程度上还存在着文物利用不足的问题。原因在于：一是急于对单个文保单位进行抢修，对其修复后的用途与管理缺少全盘考虑和规划；二是对文物文化内涵和价值的挖掘不够。2017年北京长城国家公园正在进行试点工作，但长久以来长城旅游都存在旅游模式单一化的弊病，对游客的吸引力很有限。北京段长城的文化资源本身是多元的，但如今攀爬长城几乎就是长城游玩的全部内容，长城所蕴含的文化、军事、科学知识与价值由于没有得到充分挖掘而不能在景区中被系统展示。

（三）整体上的资源统筹度还不够

就"三个文化带"的建设现状来看，明显存在着周边环境的整治没有跟上文物本体的修复、整体上资源统筹度还不够的问题，对历史文化遗产简单圈定保护和建设范围的结果是，"忽略历史遗产与周边环境、历史资源与当代发展的关系，使得历史文化遗产成为孤立在当代城市生活之外的'历史孤岛和碎片'"[①]。西山文化带是"三个文化带"中文化资源最为丰富、文化类型最为多样的，凭借其文化优势，西山文化带可以被打造成为一个具备文化、经济、政治、生态、社会、旅游等多功能的集聚区。但目前对于这种多功能文化空间的价值定位、文化遗产保护体系、资源统筹规划认识还不是十分充足，"西山文化带"的开发与利用呈点状发展，因缺少一种将单个文保单位与本地文化、经济、生态相结合的联动机制，而无法将文物转化为直接带动区域发展的鲜活资源。

四 "三个文化带"建设与利用的建议与对策

（一）创新"三个文化带"建设与管理机制，实现多区联动、多部门合作、多主体参与

缺少统一管理和规划是许多文物年久失修的重要原因之一，针对"三个文化带"建设与管理上规范、标准、行动不统一的情况，北京市政府及相关

---

① 周岚：《历史文化名城的积极保护和整体创造》，科学出版社，2011，第76页。

组织部门可以从以下几个方面着手进行解决。首先，成立统一的领导机构，负责统筹"三个文化带"建设各项工作。建议在统一机构的领导下，做好"三个文化带"保护与利用的总体规划，编制"三个文化带"建设、利用等的相关细则。其次，加强环保、旅游、文物、水利等相关部门的联动与协作，明确各部门的协同管理职能和工作目标。再次，创新管理机制，建立相关的监督考核制度，明确各部门法律责任，加强工作格局的标准化建设。最后，协调各方力量，将以政府为主导和促进社会力量的广泛参与结合起来。关于"三个文化带"的建设，除了政府与文物保护单位的参与，加强公民文化遗产和生态文化教育，扩大历史文化资源的社会影响力，提升公民的文化遗产与生态环境保护意识和对"三个文化带"的关注度，变"自上而下"的建设为"自下而上"与"自上而下"相结合的多元参与也同样重要。针对"三个文化带"建设在公众中普及度不高这一问题，北京市相关部门一方面可以推出一系列以"三个文化带"及其文化内涵为主题的宣传和展览活动；另一方面可以以大众喜闻乐见的方式，如通俗文学、文艺汇演等，对历史文化资源进行包装与宣传。

（二）重视"三个文化带"及其沿线文物遗产保护利用，明确重点、区别对待、分类实施和综合利用

对于文物本体的保护，不仅要深入研究文物的文化价值，而且要立足于区域整体，以不同的开放模式灵活利用周边环境资源及区域特色。"三个文化带"的建设与利用需要针对各个区域内历史文化资源的不同特点，从文物保护、生态修复、非物质文化遗产传承等不同方面提出划定重点、区别对待、分类保护与利用的要求。首先，各行政区应根据自身定位与资源优势合理划定文化带建设重点、规划文化资源利用细则。例如昌平区南口镇因处在"三个文化带"的交汇点而值得特别关注。昌平区因此可以重点加强南口镇生态环境的保护和治理，挖掘南口段长城的历史文化资源，在"三个文化带"整体建设中起到引领和示范作用。其次，"三个文化带"相关物质文化遗产与非物质文化遗产必须与当地文化特色相结合进行重点保护与利用，例如具有古村资源和传统文化丰富的地区即可借助打造传统文化特色小镇的方式推进文化建设与区域经济开发的结合。

（三）强化"三个文化带"整体规划，统筹考虑文化带沿线的各类文化、生态、经济资源

推进"三个文化带"的利用和建设绝不能仅仅把重点放在文物本体的保护上，而应以创新、传承、协同等理念为指导，在保护和优化"三个文化带"生态环境的基础上，以展示其历史文化内涵为重要内容，统筹与整合文化带区域内的各类资源。文化带是由文化遗产、文保单位及其周边的历史文化、自然生态环境共同构成的带状文化空间，文化带的建设同时也就是文化带周边环境和区域的建设，并且由此可以带来周边区域文化性质上的改变。为了加快推进"三个文化带"的建设，需要进行整体规划，对区域内的各种资源进行整合，把经过保护与修缮的文保单位和现代城市空间的塑造、现代城市的经济发展与居民生活空间的打造有机地衔接起来，实现从孤立的文物保护到整体上进行文化传承和创造的转变。首先，需要进一步打通资金渠道，充分发挥各区域资源优势。其次，由于缺少行之有效的区域协同机制和建设上的整体规划，"三个文化带"建设工作因被行政区域的划分所分割而不能实现整体上的利用，针对这一问题，各地各区县应建立一体化的共建共享机制，为项目的具体实施提供具有指导性和可操作性的意见，以实现"三个文化带"保护利用点、线、面的统筹与结合。

B.8
2017年北京公共文化服务发展报告

陈　镭*

摘　要： 北京2017年加快推进公共文化服务示范区建设，在基层公共
文化服务方面取得了重要进展。本报告梳理了2017年北京公
共文化服务体系建设现状，探讨北京公共文化服务体系建设
面临的新问题和新挑战，并提出相应的对策建议。

关键词： 北京　公共文化服务　互联网+

2017年北京市启动首都公共文化服务示范区创建，完善三大文化服务配
送体系，加大了对群众文化活动的扶持力度，基层文化组织员队伍进一步壮
大，公共文化空间拓展与疏解非首都功能和环境整治工作有效结合，营造了一
批服务街道社区的新型城市文化空间。从新时代我国社会主要矛盾出发，首都
的公共文化服务体系建设还要克服困难，迎接新的挑战，不断满足首都市民日
益增长的精神文化需求。

一　北京公共文化服务新政策措施

北京公共文化服务体系建设延续了2015年形成的"1+3"政策体系，同
时积极落实国家《公共文化服务保障法》和《公共图书馆法》。新出台《关于
加快推进公共文化服务体系示范区建设的意见》，发布新版《北京市优秀群众
文化项目扶持办法》，签署《通武廊三地文化领域协同发展战略框架协议》。

---

* 陈镭，博士，北京市社会科学院文化研究所助理研究员。

2018 年全面贯彻十九大精神，在加快推进公共文化服务体系建设方面还会有新的思路和举措。

（一）推进公共文化服务体系示范区建设

公共文化服务体系示范区建设是我国从 2011 年开始实施的一项重要文化战略项目，以示范区建设带动文化惠民，推动公共文化服务体系化建设，同时探索建立长效机制。北京的朝阳区、东城区、海淀区先后入选国家级示范区创建名单。示范项目方面，大兴区的公共设施空间拓展、西城区的文物腾退与文化服务相结合也进入了国家级示范名单。2017 年，北京出台《关于加快推进公共文化服务体系示范区建设的意见》，又启动了首都公共文化服务示范区创建。根据 2016 年颁布的《公共文化服务保障法》，要求各级政府把公共文化服务纳入经济社会发展规划、财政预算、固定资产投资、绩效考核等，各区各部门制定相应的实施方案，目标是到 2020 年示范区建设取得显著成效，在全国率先建成现代公共文化服务体系。目前，全市有五个区通过评审，获得了首都公共文化服务示范区创建资格，分别是石景山区、丰台区、通州区、大兴区、房山区。

（二）推动基层群众文化活动品质提升

群众文化活动的特点是自发性强、参与面广、持续时间长，以自娱自乐为主要目的，水平普遍有限。推动群众文化活动广泛开展，需要鼓励扶持一批高水平、高品位、有时代特色的节目，并以此影响带动广大市民。北京市在 2015 年曾出台扶持优秀群众文化活动的试行办法，2017 年新发布了《北京市优秀群众文化项目扶持办法》，废止原办法。新办法突出"以社会主义核心价值观引领""坚持创造性转化和创新性发展"等原则，评选时间从过去的三年一次改为两年一次，在基本条件中增加了扶持革命历史和现实题材作品，扶持对优秀传统文化进行传承与创新的作品。原办法优先扶持获得过国家级文化表彰的作品，新扶持办法删去了这一条。另外要求参评"优秀团队"的群众团队中不得有专业演员。原办法包含北京市群众文化工作先进个人、先进集体的评选，新办法没有纳入。对优秀团队的扶持额度由 2 万元增加到 5 万元。扶持的优秀品牌文化活动的数量由上限 50 个变为 60 个，评选的一、二等奖数量减

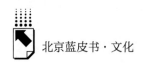

少一半，而三等奖数量从 20 个增加到 45 个。总的来说，新办法扩大了扶持面，有利于激发基层市民的文化创造活力，提升群众文化活动品质。

（三）加强京津冀三地公共文化协同

继续出台文件，推进京津冀三地在公共文化服务方面的合作。北京的通州区、天津的武清区、河北的廊坊市 2017 年共同签署《通武廊三地文化领域协同发展战略框架协议》，在文化服务、文化产业、历史文化保护等方面展开合作。"通武廊"的地理位置相邻、文化同脉、渊源深厚，是京津冀协同发展的核心地带，将在京津冀协同发展战略实施中发挥重要作用。2016 年以来，由京津冀三地十几个区市组成的"京津冀公共文化服务示范走廊"发展联盟先后在北京、天津、秦皇岛举行了三届轮值会议。2017 年的第四次轮值会议又回到北京，会上把张家口崇礼区纳入发展联盟，围绕冬奥会主题展开文体合作。担任轮值主席的北京市东城区举办了曲艺、非遗等方面的专题活动。

二 北京公共文化服务体系建设新进展

在"1 + 3"政策体系和一系列措施推动下，2017 年北京公共文化服体系建设取得了新进展，主要体现在首都公共文化服务示范区建设、基层公共文化服务、新型城市文化空间营造等方面，新建公共文化服务设施向基层倾斜，向郊区和薄弱地区倾斜，体现出标准化、均等化的发展理念，同时在数字化等方面又不乏创新之举。

（一）公共文化服务基础设施建设成果

北京市公共文化服务的四级设施体系按照行政区划几乎实现了全覆盖，下一步主要是解决服务效能和发展不均衡问题。2017 年市文化局公布的数据显示，目前全市、区、街乡、社村四级公共文化设施共有 6815 个，比"十二五"末的 2015 年增加了 124 个。服务设施平均覆盖率达 98%，与"十二五"末大致相同。全市共有 6863 个社区（村），社区（村）综合文化室达到 6585 个，建有率达 95.2%。2017 年，望京街道图书馆、香河园地区文化中心等一批基层文化服务设施开始对外服务。东城区等地区把"15 分钟文化圈"的标准提高到"10分钟文化圈",对基层文化服务设施提出了新要求。

大中型文化设施建设方面,近两年建设脚步相对放缓,工作重点向郊区和人口稠密、公共文化服务薄弱的区域倾斜。在北部郊区,继海淀区温泉镇的北部文化中心开放之后,唐家岭的中关村森林公园四期工程全部完工开放。昌平区的回龙观、天通苑地区通过回购、腾退等方式,启动了综合文化体育中心建设。南部地区,房山区文化活动中心2017年也正式对外服务,建筑面积近3万平方米,对北京市西南区域的公共文化服务提升起到很大作用。北京即将建设的公共文化设施项目还有"一带一路"博物馆(怀柔)、永定河滨水文化公园(门头沟)、卢沟桥国家文化公园(丰台)、天桥文化传承中心(西城)等。

(二)公共文化服务体系示范区建设进展

北京近年来积极推进国家公共文化服务体系示范区创建,先后获得创建资格的朝阳、东城、海淀三区在巩固既有成果基础上,进行公共文化服务的供给侧改革,在与社会力量合作建设街道社区文化中心、城市书屋等方面取得了好的效果。东城区制定了从2017年到2020年加快推进公共文化服务体系示范区建设的后续行动计划。朝阳区继续发挥垡头地区文化中心、朝阳文化馆、南磨房欢乐谷社区文化中心等单位的作用,并迎来第二个地区级的文化中心——香河园文化中心。海淀区完成第三批国家公共文化服务示范区中期检查,进行了"文化@海淀"数字化公共文化服务平台建设等服务创新。

首都公共文化服务示范区创建工作启动之后,石景山区、丰台区、通州区、大兴区、房山区获得创建资格。这五区在2017年主抓基层文化服务设施达标,积极拓宽公共文化空间。创建测评中获得全市评分第一的石景山区,在与社会力量、社会资源共建街道文化设施方面成绩卓著,五里坨街道、八宝山街道、八角街道等都有了新的文化活动中心(室)。房山区也围绕新建成的区文化活动中心开展了众多活动。首都其他各区也有相应的办法和措施,依托文体活动中心、活动室等基层文化阵地,展开自己的创建工作。

(三)非首都功能疏解与公共文化服务结合

非首都功能疏解为合理配置空间资源、兴建基层公共文化服务设施提供了契机。北京市2017年又有一批疏解拆迁后的地块用于公共文化服务和文化创意产业（见表 1）。朝阳区香河园地区的某商业娱乐中心经过几年改造，改建为地区综合文化活动中心，于 2017 年底正式开放。一些社区的面积较大的地下室通过改造，变成公共文化活动空间。崇文门外都市馨园社区的地下民防设施，原为群租房，现已腾退改建为非遗博物馆和社区文体活动室，类似的还有朝阳区八里庄街道与社会力量合作的"地瓜社区"。昌平区通过回购天通中苑的一栋建筑，改造建设为天通苑文化中心，将在 2018 年底完工。此外将升级改造回龙观体育文化公园，公园原规划用地中的 8 公顷被建材市场违规占用10 年，现已腾退拆清，大大拓展了该地区的文体活动空间。正在实施疏解的朝阳区黑庄户乡，将以农耕文化为主题建设大型公园，成为连接城市副中心的绿色廊道。丰台区南苑村正在进行大面积腾退，规划建设一座与奥林匹克森林公园相呼应的城南大型公园。另外，北京正在积极腾退被直管单位占用为公房的文物，腾退后新开辟的公共空间大多用于文化事业。2017 年东城区左安门角楼复建成功，开辟为北京历史文化主题的公共图书馆，已经正式对外服务。2018 年，东西城将有一批老会馆、名人故居重新服务公众。

表 1　北京疏解腾退后新建的部分公共文化设施（2017 年）

文化设施	功能	进展	原单位	原业态
朝阳区香河园地区文化中心	剧场、美术馆、图书馆、艺术教室、咖啡	已开放	香河园文化娱乐中心	电影、电游、网吧、台球、洗浴等
朝阳区黑庄户乡四合庄	农耕生态文化公园	2018 年建成	138 家小公司、小企业	物流、餐饮、汽修等
朝阳区八里庄街道甘露西园地瓜社区	沙龙、社区大学、运动健身、迷你电影厅、亲子活动屋	已开放	地下室	租房
海淀区东升镇八家嘉苑公园	2 万平方米休闲公园	已开放	临时建筑	堆放建材
海淀区中关村森林公园	文体活动	已开放	唐家岭村	租房
海淀区田村路足球大联盟训练基地	足球、社区文化活动	已开放	废品收购点	废品回收
昌平区天通苑文化中心	图书阅览、展览展示、文化活动	2018 年建成	某单位体育馆	未开放
昌平区回龙观体育公园	各类文体活动	已拆清	鑫地市场	建材市场、农贸市场、宾馆

续表

文化设施	功能	进展	原单位	原业态
西城区和平门地下空间	街道博物馆、文体活动	已开放	地下室	租房
东城区崇文门外都市馨园社区活动室	非物质文化遗产博物馆、文体活动室	已开放	地下民防设施	租房
东城区左安门角楼	历史文化主题图书馆、展览厅	已开放	无	无
东城区体育馆路街道文化中心	多功能活动厅、亲子活动室、书画教室等	已开放	医院	医院
石景山区京西商务中心南侧公园	0.36公顷休闲公园	已开放	违建大杂院	废品回收、小加工、小饭馆

（四）首都群众文化活动取得新成果

在各种政策措施推动下，首都群众文化活动的开展取得新成果。2017年，基层群众文化活动有了更具规模的专职组织员队伍。基层文化组织员属于政府购买岗位性质，要负责设备的管理使用、组织活动开展、文艺教练等具体工作，对群众文化活动的开展十分重要，各区都很重视这支队伍的选聘和培训。北京市每年培训1000名文化组织员，到2017年，全市文化组织员数量达到7583人，基本覆盖所有行政区（村），还有街乡综合文化中心的基层文化人才2299人，各类文化志愿者人数更是达到4万多人。北京市2017年举办各类文化活动2.2万场，涉及歌舞、曲艺、摄影、戏剧、阅读等多个领域，其中街乡、社区的活动占到了76%。按照新的《北京市优秀群众文化项目扶持办法》，从区、街乡、社区（村）不同层级评审出一批优秀原创节目、优秀团队、品牌文化活动，其中部分精品节目进行了展演。街乡和社区（村）的群众文化活动还通过微信、微博、网站等平台传播，不但提高了表演者的积极性，也起到了很好的吸引带动作用。

（五）"互联网＋公共文化服务"的创新

北京在完善图书、文化活动、公益演出三大服务配送体系方面，利用互联网和数字技术，建立了新型服务平台。全市定期对基层公共电子阅览室进行维护和巡检，开展数字服务活动。全市的图书"一卡通"通借通还成员单位增加了 17 家，总数达 206 家。通借通还服务不仅适用于首都图书馆联盟成员的各大图书馆，还应用于自助借还书机，后者的自助服务灵活便捷，不受时间限制。通州区、西城区作为北京市试点，建立了线上、线下服务相结合的配送平台，西城区称之为"西城文化云"。西城文化云是政府向社会力量购买服务的项目，通过科技公司开发和维护的软件平台，提供文化惠民票务等公共文化服务工作，市民在官方公众号上就可以操作，大大提高了票务预订率和到达率。该平台不但整合了西城区 20 多家博物馆、文化馆、图书馆的数字文化资源，还可以通过用户数据分析及时反映市民的文化需求，提升文化服务的有效性，平台上已经看得到市民讨论文化惠民活动的抢票情况。海淀区 2017 年也建立了公共文化服务数字平台——文化@海淀，PC 端和微信平台上都能操作，市民报名可在线参加活动、预约场地，也能观看直播，查询文化地图、日历、订阅相关资讯等，有效整合利用了多种类型的文化资源。

三 北京公共文化服务体系建设的现存问题

十九大报告指出，新时代社会主要矛盾已经转化为人民日益增长的美好生活需要和不平衡、不充分的发展之间的矛盾，这使城市公共文化服务体系建设面临新要求和新挑战。首先，公共文化服务在城市建设中的意义和地位更加凸显，城市管理者、治理者需要更加重视这一服务职能和加大投入力度；其次，公共文化服务的基础设施、服务效能、均衡性、多样性等指标都应有相应的提高。首都公共文化服务体系建设取得了长足进步，过去的一些短板也逐渐补足，目前存在的主要问题如下。

（一）公共文化服务获得感须继续提升

十九大报告在谈到保障和改善民生问题时指出，要"使人民的获得感、幸福感、安全感更加充实、更有保障、更可持续"。公共文化服务体系建设是我国重要的民生工程，是提高"民生三感"的重要途径，而公共文化服务获得感在不同区域、不同群体的市民中感受很不一样。目前，积极参加基层群众文化活动的主要是离退休居民，而对青少年以及正在工作岗位上的青年、中年市民而言，从文化活动的主题内容、表现形式到时间节点都缺乏足够吸引力，很多人对相关设施和信息不大了解。众多流动人口、外来人口、特殊人群、社区建设落后地区的居民也较少分享公共文化服务体系建设果实。北京市统计局2017年公布的一项社情民意专项调查结果显示，从公共文化服务场地设施、服务活动、社会价值引导到服务的整体状况，表示满意的受访市民都在六成左右（见图1），存在明显的提升空间。此外，对老年人文化活动的满意度达到61.7%，而青少年及儿童公共文化活动的满意度仅有41.9%，相差将近20%。对于公共文化服务的社会价值引导作用，只有约55.5%的受访者表示满意。

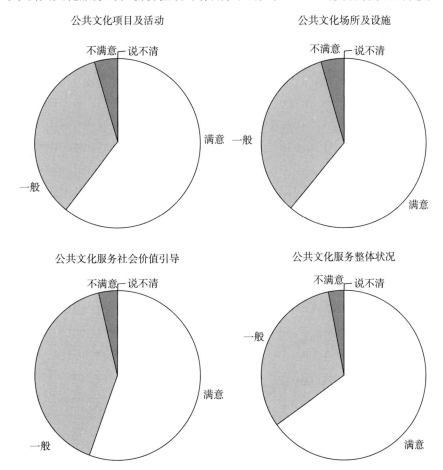

图1 北京市公共文化服务状况调查结果

资料来源：北京市统计局官方网站。

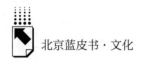

2017 年专项调查结果还显示，首都市民对公共文化服务项目及活动不满意的主要原因在于"公共文化活动种类少，不够丰富""公益活动及项目较少，不能满足需求""文化活动趣味性不强，缺乏吸引力"这三大类。基层公共文化服务体系建设迫切需要解决的问题，是如何更新活动的形式内容，让老年人、离退休职工以外的广泛人群切实感受到城市公共文化服体系建设的成果，增强他们的获得感。

（二）居民住宅区配套文化设施存在缺口

我国《公共文化服务保障法》2017 年 3 月开始正式实施，保障法重视基层文化设施建设，规定任何单位和个人不得侵占公共文化设施用地或擅自改变用途，对新建和改扩建的居民住宅区的配套文化设施建设给予了法律保障。在过去的公共文化服务体系建设中，北京按照行政体制建立了四级公共文化服务网络，但在社区这一层级，根据居民住宅区实际需求建设和完善配套设施并非易事。北京人口众多、地价昂贵，有的住宅区不是规模小区，就不按相关标准建设配套设施，新建小区文体用地、绿化用地、教育用地被挪用挤占的情况也屡见不鲜。以往只有《公共文化体育设施条例》保障配套设施建设，而现在有了《公共文化服务保障法》，实际工作中更加有法可依。从目前的情况看，北京居民住宅区要严格落实《北京市基层公共文化设施建设标准》和《公共文化服务保障法》，还有许多具体工作要做。此外，北京的城市副中心、重点新城、新建大型社区也需要配套建设公共文化服务设施。

（三）文化服务效能须进一步提高

对文化服务设施的满意度方面，2017 年公共文化服务专项调查结果与2014 年北京市统计局通过计算机辅助电话调查（CATI）结果相比，已有明显进步，当时选择"公共文化设施不足"的受访者达六成，设施使用率更是不到 25%①，但目前公共文化设施的满意度仍然存在不小的提升空间。受访者不满意的因素主要在于"公共文化设施不齐全""文化场所（馆）或设施不够便利""设备陈旧破损，长期无人维护"，而文化场馆数量不足、环境不好、服

---

① 《北京社区公共文化设施利用率不到 25%》，《北京晚报》2014 年 2 月 10 日。

务价格较高、服务态度不佳、开放时间不合理等因素则较为次要。这一调查结果与目前公共文化场馆的服务模式较为吻合，属于"五馆"体系之列的场馆和文化活动中心大多以专业设施为主，缺乏多样化的服务和文化活动，市民在其中每一种类型场馆中能够得到的文化服务或文化消费较为单一，无法满足人们不同层次的需求。

公共文化服务效能必须根据公共文化服务示范区建设要求以及新的法规加以升级。《公共文化服务保障法》不但把提升服务效能写进总则，还把行政部门管辖之外的科技馆、体育场、工人文化宫、青少年宫、妇女儿童活动中心等纳入公共文化设施范畴，意味着这些场馆都要免费或优惠开放，优化其服务。2017年11月通过《公共图书馆法》，对图书馆管理运营、日常服务等方面做了详细规定，首都公共图书馆系统内的大小场馆都要根据这些新的法规和要求落实相关工作，进一步增强服务效能。

（四）文化类社会组织的参与度须提高

文化类的社会组织是公共文化服务建设的重要力量，有利于弥补传统公共文化服务供给不足的问题。新实施的《公共文化服务保障法》第五十三条规定，"国家鼓励和支持公民、法人和其他组织依法成立公共文化服务领域的社会组织，推动公共文化服务社会化、专业化发展"。民政部也新公布了《关于大力培育发展社区社会组织的意见》。从北京市目前的情况看，社会力量中的中小文化企业、科技文化公司参与公共文化服务的程度较高，已经通过合作、购买服务等方式参与到文化设施管理运营、公共文化服务数字平台建设等工作中，朝阳区、西城区、东城区等地都有很好的尝试。而文化类社会组织参与公共文化服务的程度相对低一些，目前政府对部分文化组织的文艺表演、公益讲座、文化论坛等活动予以补贴，这种扶持模式与传统公共文化供给差别不大，这一类社会组织的独立性也较差。文化类社会组织大多有较好的专业特色，但一般缺乏造血能力，没有基金支持，在实际发展中也较难享受到优惠税收政策。

四　北京公共文化服务体系建设的对策建议

要满足首都市民日益增长的精神文化需求，提高公共文化服务的均衡性，

应当利用科技文化融合的手段进行服务创新，改进公共文化服务的内容形式，不断增加社区配套公共文化设施，广泛吸纳社会力量参与服务，提高文化设施的使用效能。

（一）推广文化云等数字服务平台

公共文化服务数字平台对提高公共文化服务效能，促进公共文化服务均等化、数字化发展有十分重要的意义。北京的文化@海淀、西城文化云数字平台在这方面做出了很好的尝试，尽管其下设的微信公众号在具体内容设计和服务工作上还有不完善之处，但显示了极大的集成性、便利性和互动性，其实用价值大大超过一般的官方微博和微信公众号，能够吸引不同年龄段市民参与其中。应当在全市范围积极推广文化云服务平台的建设经验，进一步完善服务平台的功能设置，根据市民需求进行有针对性的改进。同时，首都市民在微信平台和其他数字服务平台上反映出来的信息，也为线下公共文化服务活动的组织者、文化设施的管理运营者提供了宝贵参照，使相关单位更好地了解和适应当下首都市民的文化生活习惯，不断追踪他们的文化兴趣。

（二）积极盘活现有基础设施资源

总结推广八里庄、亚运村、望京等街道"地瓜社区"、崇外街道都市馨园社区文化活动中心等地的经验，充分利用拆迁腾退后的各类设施尤其是过去不受重视的地下室资源，开辟新的城市公共文化空间。在这些新的城市文化空间营建过程中，不但要按照《北京市基层公共文化设施建设标准》的要求做好硬件设施建设，还要注重社区的文化再造。在文化空间内开辟各类活动室，通过不同类型文化活动吸引本社区不同年龄、性别的居民，形成相互合作、共建共享的生活方式和良好文化氛围。只有建立了稳定的文化生活方式，形成新的社区文化，才能增强居民的获得感、幸福感、自豪感，使这些设施被充分利用和延续下去。

（三）文化设施向城市文化综合体发展

要解决服务模式单一的问题，提升首都基层公共文化服务设施的数量和效能，就应当推动新建设施和现有设施向城市文化综合体方向发展。城市文化综合体不仅整合了各种文化资源，集多个门类的文化活动场所于一身，也可以集多种业态于一身，把文化消费和公益性的公共文化服务结合起来，满足人们不同层级的文化需求。建设城市文化综合体，需要广泛应用公私合营的PPP模式（Public-Private-Partnership），在政府主导的情况下，积极吸引社会力量参与公共文化设施建设和管理运营。应用PPP模式的难点在于既要保证公益性文化主体地位，又要给予社会资本以合理的回报，这就需要明确政府部门、投资人、管理运营者的角色定位和职能划分，细化风险分担和管控，保障合理的利益空间。

（四）鼓励和支持社会组织参与建设

无论是《公共文化服务保障法》还是《关于加快构建现代公共文化服务体系的意见》，都提出要培育规范文化类社会组织，支持鼓励文化类社会组织参与公共文化服务。要吸纳更多的社会组织参与首都公共文化服务建设，首先是营造有利的政策环境，简化社会组织审批和办事手续、减少行政管理，更多依靠法制管理和社会管理。其次是政府向社会购买服务的时候，提高文化社会组织承接的比例，而不是局限于科技文化企业。健全后续监管，对社会组织承接公共文化服务的项目进行绩效评估，并建立完善文化类社会组织的信用评级制度。另外还要增强社会组织的自我治理能力。

B.9
2017年北京全民阅读与
阅读空间发展状况

郑以然*

摘　要： 北京作为全国文化中心，有力地开展全民阅读活动，2017年综合阅读率、纸质阅读率和数字阅读率三大指标均高于全国水平。然而基层图书馆仍然存在着到馆率低、设施闲置、服务水平低下的问题。民营书店或民营阅读空间在北京一方面勇于创新，受到民众热烈欢迎，另一方面也面临巨大的房租压力，甚至亏本经营。政府部门可制定更多政策，鼓励公共图书馆与民营书店协同发展，共同促进北京的精神文明建设。

关键词： 北京　全民阅读　图书馆　民营书店

　　北京作为全国文化中心，有力地开展全民阅读活动，2017年综合阅读率、纸质阅读率和数字阅读率三大指标均高于全国水平。民营书店或民营阅读空间在体制机制和方式方法上的创新证明：在全民阅读中，由政府倡导，与运营成熟、具有活力的私人组织合作，可以提供更优质高效、更低成本的阅读服务，民营书店能够与公共图书馆一起，构成覆盖更广、形式更多样、服务更优质的北京全民阅读公共文化服务网络。

* 郑以然，首都师范大学文化研究院副研究员，主要从事公共文化、北京城市文化等研究。

一 北京全民阅读发展现状

为了对北京市居民的阅读理念、行为、需求进行充分调查，对政府在阅读方面的投入、支撑政策和活动效果等情况进行综合评估，由北京阅读季领导小组办公室开展了抽样调查，覆盖北京 16 个区县，针对 7~70 岁居民和相关机构部门，最终形成的《2016~2017 年度北京市全民阅读综合评估报告》显示目前北京市全民阅读状况如下。①

（一）综合阅读率居于全国领先水平

北京市居民 2016~2017 年度综合阅读率达 92.73%，自 2013 年来连续 4 年提升 2.66 个百分点，目前比全国平均水平高 12.69 个百分点；而纸质阅读率达 81.02%，比全国平均水平高 58.80 个百分点；数字阅读率达 83.98%，比全国平均水平高 68.20 个百分点。这显示了北京作为全国文化中心的示范与引领作用，也充分证明了北京全民阅读的群众基础、品牌影响和阅读推广成果。

（二）纸质阅读需求增长

调查显示，北京市 2016~2017 年度人均纸质书购买消费 330.92 元，人均纸质书阅读量 10.97 本，比全国纸质书加上电子书的人均 7.86 本还要高，而且呈现增长趋势。这在一定程度上体现了读者仍然认同纸质阅读的价值与意义，喜爱手捧书本一嗅墨香的感觉。

（三）购书渠道以实体书店为主，阅读相关文化需求提升

北京居民热衷购买电子书阅读装备、参与阅读相关文化活动，门票或会员卡的人均年支出达到 653.34 元，比起 2015~2016 年度大幅增加了 250.87 元。在实体店购买过图书的人达到 64.77%，比 2015~2016 年度小幅升高了 2.91 个百分点。16 区开展阅读文化活动已成常态；北京居民在实体书店购书的强

---

① 出自北京阅读季领导小组办公室发布的《2016~2017 年度北京市全民阅读综合评估报告》。

烈意愿，初步显现了北京市实体书店扶持政策、对 24 小时书店等特色书店拓展升级、促进跨界融合的效果。

（四）居民在书籍选择上价值取向和内容偏好更为明确

超过 60% 的被调查者表示，自己选择读物时最重视的因素第一是"提高个人修养"，第二是"对工作学习有帮助"。此外，选择"获取丰富知识"的有 66.37%，选择"满足兴趣和爱好"的有 61.61%，选择"工作或学习需要"的有 27.19%。这些内容偏好，反映了北京居民日益增长的文化阅读需要，包括借鉴性阅读、欣赏性阅读、实用性阅读、研究性阅读等多样性需求。

（五）数字阅读时长高，"一小时"阅读成主流

北京居民目前纸质与数字阅读日均时长为 65.09 分钟，比全国平均时间长 46.2 分钟。其中纸质阅读占 21.07 分钟，数字阅读占 44.02 分钟，后者约是前者的两倍。每天花一个小时以上进行阅读，才有可能"让阅读成为生活方式"。而由于今日头条、微博、微信等网络新媒体阅读内容的丰富，让数字阅读日均时长增多。

（六）树立阅读推广与分享阅读新风尚

据统计，41.03% 的北京居民曾向其他人赠送或推荐过自己喜爱的图书，这一数字比 2015 ~ 2016 年度增加了 8.6%。他们不仅是主动阅读者，还是阅读推广者的角色；北京居民的 42.62% 重视推荐图书的渠道。2013 年至 2017 年连续 4 年间，北京市居民对于阅读活动的参与率从 12.57% 升至 39.71%。北京阅读季提出"阅读 + 我"，让所有北京人都投身全民阅读，践行"我行动 我阅读 我分享 我推广"。

（七）促进书店多样化发展，开展特色全民阅读活动

近年，北京市政府大力支持 24 小时书店和特色实体书店，在 2017 年选出十家"最北京"实体书店，包括甲骨文悦读空间、中国书店（琉璃厂店）、三联韬奋书店、雨枫书馆（万科馆）、北京外研书店、涵芬楼、中国新闻书

店、青少年阅读体验大世界、模范书局、中信书店（侨福芳草地店）。甲骨文悦读空间是北京最大的社区书店，开创了新的管理运营模式，融合了传统公共图书馆和现代书店的优点，一年举办了约100场活动。中国书店琉璃厂店合并了包括来薰阁、邃雅斋等老字号在内的111家私营古旧书店，成为全国古旧书业翘楚，被称为"京城传统文化守护者"。三联韬奋书店是北京首家24小时书店，而且以其巨大的人文影响力入选中国最受尊敬企业50强。雨枫书馆是国内首家会员制女性阅读馆，倡导"做书女"，是跨领域的女性发声平台。涵芬楼书店则是商务印书馆的旗舰店，历史上曾是亚洲最大的图书馆和周恩来领导上海工人第三次武装起义指挥战斗的地方，极富历史感。外研书店则具有广阔海外视野，拥有400多家国内外合作伙伴，有多达46个语种的精选图书，"来这里，读世界"是它的口号。中国新闻书店则是全国唯一一家"国"字号大型新闻专业书店，在新闻媒体人中享有很高声誉。"青少年阅读大世界"是目前中国体量最大的青少年主题体验式书店，它的建筑面积达到5000平方米，集合了6万余种少儿图书，拥有多个跨学科主题阅读场所，把阅读和艺术、自然博物、国学、创客分别结合起来。模范书局则把书籍、展览陈列、文化创意、论坛、设计等多种功能合为一体，立志承载中国图书业的历史记忆。中信书店作为有出版基因的书店，提出无边界书店概念，是集精选阅读、文化创意和全球资讯功能于一体的高度综合的业态形式。

北京各街道的书香社区读书会与阅读活动也各有特色。什刹海街道柳荫街社区的"柳荫读书会"已坚持了七年，把北京图书大厦和中国书店引进社区。呼家楼街道呼家楼社区开办了"宸冰书坊"，每周邀请文化名家来做读书讲座或文化沙龙，还有100多位读者录制"中国读书声"。清华园街道荷清苑社区的业主大部分是清华的教授，因此以各种高端学术化阅读活动代表了居民高层次的阅读水平。大红门街道建欣苑社区流动人口较多，开办了少儿图书馆阳光书园，在周末开展"共读一本书"活动，让读书活动广泛惠及片内流动人口。而作为老工业园区的杨庄大街街道筑福国际西厂区则结合社区的工业文明特色，创办了"全民畅读工厂店"。香水园街道新兴西社区则用书香温暖空巢老人和病残居民，开展了一系列有人情味儿的阅读活动。

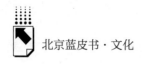

二 北京市全民阅读基础设施建设和服务状况

（一）国有公共图书馆系统服务状况

公共图书馆系统主要由政府部门主导建设，是我国全民阅读中重要的基础文化设施。作为国家文化中心，北京具有国家图书馆、首都图书馆这样的顶级图书馆，每日接待人数共 4 万。除国家图书馆等国家级文化服务设施之外，北京目前拥有 25 座市属公共图书馆，藏书 6264.7 万册；有 18 个市属档案馆，馆藏案卷达 771.9 万卷（件）。北京主要城区公立图书馆藏书丰富、设备完善，如东城区图书馆面积 11780 平方米，文献 50 余万册，日接待读者千人。朝阳区图书馆建筑面积 14600 平方米，日接待读者 900 人。

然而，从公共图书馆系统的资源分布和密度来看，也存在诸多问题，比如优质图书馆数量有限，分布不均，与北京人口规模相比显得杯水车薪，尤其是国家图书馆毗邻众多高校，大量座位其实均为附近高校师生使用，服务普通市民比例更低。公立图书馆仍存在到馆率低、服务辐射范围小等问题，而且不同城区的财政支援也存在差异。仅靠公共图书馆很难独立承担对所有市民提供阅读服务的任务。根据发达国家的数字统计与经验总结，普及性是全民阅读的主要功能，需要由分布更密集的社区图书馆来承担。据美国图书馆协会数据，美国在 2010 年公共图书馆的数量达到 17078 所，也就是说大约每 17000 人就有 1 所图书馆。皮尤研究中心（Pew Research Center）曾调查发现，九成美国人极度看重社区公共图书馆的社会作用，认为如果其关闭会对整个社区产生影响，六成以上人甚至认为这一影响将是非常重大的。如此看来，北京在提升公共图书馆均衡化方面还有很长的路要走。

（二）社区图书馆建设及服务状况

北京市规定每个街道需要设有两个街道社区图书馆[1]，在覆盖率方面领先于国内其他城市，但社区图书馆也普遍存在下述问题。

---

[1]　田硕：《北京市社区图书馆现状调查与思考》，《农业图书情报学刊》2015 年第 11 期。

第一，缺乏宣传，选址随意，没有存在感。北京一部分社区街道图书馆无独立场地，而是建在社区文化中心、街道居委会、党建活动中心、儿童活动中心等地，在群众看来，并不像一个"图书馆"。实际调查中发现，相当多的北京市民不知道自己家周围有社区图书馆。一部分群众即使看到过街道图书馆，也不知道里面可以随意进入和阅览图书。有些图书馆建在居民小区内，作为街道服务中心居委会的一部分，往往是一间极其简陋的阅览室，甚至没有挂阅览室的牌子，几乎不承担任何阅览功能。还有一些街道图书馆由于反复迁移，破坏了居民对其固定性认知和规律性使用。如清河某村的图书馆，本来在村内居民中有很高的认知度，知道该图书馆的民众超过90%，去过该图书馆的超过50%，但在拆迁后，居民对新馆何时能重开和新地址所在地完全不了解。再如某社区图书馆，由于所租用的场地不能保证，曾连续3次迁址，也导致社区居民对图书馆无法形成信任感。

第二，藏书量小，书籍旧、质量低。目前北京社区图书馆平均藏书量仅有1000~2000册，而且更新不及时，新书数量不多。社区图书馆新书上架慢，至少要几个月的时间，本年度内出版的新书占总藏书比极低。另外，上架图书的质量偏低，出于控制成本的考虑，大量采购廉价图书，极少采购昂贵的精品图书，个别小图书馆甚至出现论斤买图书的现象。而只有半数图书馆能实现通借通还。北京市民素质相对较高，对图书质量有一定要求，阅览资源的缺乏低质，直接导致街道图书馆对市民没有吸引力。调研中发现，大学以上文化水平的市民，反而不会选择街道图书馆。

第三，环境条件欠缺，馆员素质滞后。社区图书馆座位不多（但由于读者更少，并没有显现矛盾），环境一般，仅一部分有提供白开水服务。开馆时间偏短，平均一周5天，每天6~7个小时，甚至很多区级图书馆在晚上都不开馆；很多公共图书馆开馆时间为周一8：30~17：00，周二到周五8：30~19：00。这并不能满足绝大多数上班、上学的市民在晚上阅览的要求。

此外，社区图书馆员年龄偏高，学历层次偏低。根据对80多个社区图书馆120位工作人员的统计，70%的调查对象年龄在40~50岁，30岁以下的年轻馆员很少。53.75%的馆员是高中以下学历，24.3%的是大专学历，本科学历的仅占11.14%。几乎没有图书馆学专业或信息管理类背景。而对比美国加州圣迭戈社区图书馆馆员招聘条件，不仅要求有图书馆学等本科专业学历，而

且要求掌握一门以上外语，选修过教育学、儿童心理学等相关课程，相当一部分拥有硕士学历。可以说，北京社区图书馆员，很难做到给读者更精细专业的阅读指导。

（三）实体书店和民营阅读场馆充当重要力量

在公共图书馆体系之外，北京的传统书店仍有较大吸引力，民营书店、绘本馆遍地开花，它们成为公共图书馆的有效补充，极大促进了全民阅读的推行。这些阅读场馆大致可分为三类：第一类，以新华书店、百万庄图书大厦为代表的传统书店，许多读者不购买，而选择在里面待很长时间，站着甚至席地而坐阅览新书。第二类，字里行间、西西弗书店等新型书店，兼具购买和阅览、外借图书功能，可以说是书店、图书馆、咖啡厅三位一体，多采取会员制。第三类，仅供或主要供借阅的绘本馆，如第二书房。这些阅读空间有以下几个优点：一是距离就近性，大量分布于商圈、学校周边、居住区附近，与图书馆一起成为密布的网络。如字里行间在全北京共有13家分店，全部位于超大型购物中心内。百万庄图书大厦坐落于部委机关、科研机构、学校密集、知识居民众多的西城区百万庄地区。第二书房则设址小区会所内。二是服务时间长，多为七天开馆，服务时间到晚九点甚至十点，方便市民在放学以后、周末上午随时使用。三是书新、质量高，对市民吸引力大，同等面积到馆率与借阅量远远大于大多数图书馆。四是环境好、服务佳、人群适应度高，配有能提供专业建议的阅读指导师。五是各种读书沙龙活动丰富，大大延伸阅读主题，增加人们的阅读体验。

然而北京的新型阅读空间面临巨大经营压力。由于房租高企，网络购书渠道的价格优势，大量读者在实体店只看不买，相当一部分私营书店绘本馆很难做到自负盈亏，甚至有些在倒贴钱经营，如何提升实体书店和民营阅读场馆的经营效益，摆脱市场化生存的困境，需要文化管理部门和经营者共同努力，寻找合适的破题思路。

三　推进北京市全民阅读进一步发展的对策与建议

《全民阅读"十三五"规划》主要原则第一条即"坚持政府主导，社会参与"，必须进一步强化政府责任，促进机制完善与制度健全，通过宏观指导和政策推动，调动全社会的积极性和创造性，鼓励和引导社会力量的参与，加强理念、制度、方式的创新，最终推动全民阅读广泛深入开展。让图书馆与民营书店合作，可以将民营书店的资本、购买宣传渠道、经营管理方法与社区图书馆闲置的场馆、图书、人力资源相结合，既可以激活社区图书馆，又可以救活民营书店，还能满足北京市民旺盛的阅读需求，可谓一举多得，为此提出以下建议。

（一）政府与社会力量合作，依托现有街道图书馆资源，联合办馆，形成新型的馆店结合模式

北京西城区下斜街一号院东二楼原本是 640 平方米的广内街道公共图书馆，经过文艺复古范儿的重新装修，在 2015 年打造成了拥有 3 万册图书的北京最大的社区书店——"甲骨文·悦读空间"，广内街道和西城区超爱阅读文化传播中心一起建立了这个集公共图书馆、实体书店和休闲亲子教育于一体的全新社区图书馆。甲骨文·悦读空间是一种新型社区阅读生态，力求"离百姓生活最近"，同时具备传统公共图书馆和现代书店的优点。书店提供图书借阅、销售、咖啡简餐、会员服务等，还有精致的文创产品售卖。更特别的是，书店创始人是著名主持人、主持十几年读书节目的阅读推广人贺超，提出立足社区阅读，以"有声书店"的理念服务读者。目前推出了"书店＋社区培训＋公益阅读活动"的运营模式，为书店带来更多读者和会员，与更多资源合作，让实体书店从简单售卖图书的地方，到享受阅读的空间，进一步成为一种文化空间与资源交互平台。开展丰富多彩的阅读活动，形成了系列活动品牌，如读书会、电影会、诵读会、社区故事会等。还举办公开课，为小朋友开设了书法课、国学课、名著阅读等课程，为社区老人提供老年阅读和健康生活服务。

合作方式上，甲骨文·悦读空间建立了创新性的理事会监督、公共与社会共享联动的运营模式。所在地房租由街道财政支付每年 100 万元租金，2016年还有 57 万元财政预算用于公共图书馆，书店创始人个人投资 50 万元用于装修、图书购买、书店设施等。资金使用需要经过理事会同意，书店需要完成考核指标，包括图书借阅率、读者人次、公益活动情况等。通过活动运营、咖

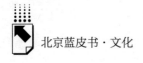

啡、会员制、政府购买公益组织项目等方式回收成本。

通过对多家北京民营书店的调研发现，其运营成本中，租金是刚性成本，也是最巨大的压力来源，能否减免租金已经成为大多民营书店决定是否开分店的重要因素。如果北京各区政府能请民营资本进驻社区街道图书馆，全部或部分减免场租，交由成熟的民营企业经营，或可大批救活、重建社区图书馆，也解决了民营书店最头疼的场地问题。这一尝试在北京已有甲骨文·悦读空间、中国书店雁翅楼店、第二书房金中都店、皮卡体育馆路街道少儿中英文图书馆等成功案例。

（二）政府采取政策倾斜、税收减免等方式，鼓励房地产开发商和大型商场与民营书店、图书馆合作

北京是国家文化中心，许多房地产开发商、大型商场，为打造其人文气息、提高格调和美誉度，愿意与书店等阅读机构合作。单向街书店、雨枫书馆、皮卡书屋等，都接到所在地物业合作的邀请，采取减免租金、联合经营、以举办活动抵扣租金等方式经营，实现双赢。华润置地在北京橡树湾高档小区建成时，为了给其楼盘增加人文气息，给第二书房提供了资金支持。之后，第二书房荣获"北京十大阅读示范区"第一名，橡树湾社区也由此荣获"北京十大社区组织"。之后华润置地在太原的高档住宅区幸福里，再度邀请第二书房进驻，直接免去了一年近40万元的房租。还有五六家具有实力的地产商也在与第二书房洽谈合作。北京市可以制定一套标准，对在居民社区内开辟阅读空间的地产项目，对开设书店或阅读咖啡馆的商场，实行税收减免。具体减免额度，以实际阅读空间的人流量和借阅量决定，以避免空设场地骗补、实际无人阅读的浪费。

（三）提供实体书店补贴与图书购置优惠政策，为实体书店的生存与发展提供有力支持

北京的实体书店扶持项目于2016年启动，71家书店在首年获得了资金扶持。其中，获得100万元资助的五家国有大型书店为王府井书店、北京图书大厦、中关村图书大厦、百万庄图书大厦以及北京外文书店。此外，专、精、特、新书店的代表如北京三联韬奋书店、字里行间书店、单向街书店、北京蒲

蒲兰书馆、北京雨枫书店等 24 家，区域类书店如知不足书店，中信书店、北京桃李书店，以及 20 家农村郊区书店都分别获得了几万元至几十万元不等的资金扶持。

2017 年，北京对 70 ~ 75 个实体书店予以资金扶持，扶持资金总额为 1800 万元；其中 60 个指标分解配置到各个类别，分别是综合书店 3 个、专精特新书店 23 个、区域书店 20 个、农村郊区书店 14 个。在专精特新书店和区域书店的分配指标中确保通州区的实体书店各有 1 个名额入围。在农村郊区书店的分配指标中确保除东城、西城以外的北京其他行政区各有 1 个名额入围。实体书店补贴无疑是对民营书店的有力政策，值得坚持和改进。

调研中还发现，许多书店与绘本馆因为主题性强、走精品化路线，购书并非走出版社渠道，而是在亚马逊、当当等网站直接购买，因此推高了购置成本。建议对民营书店提供更多的图书购置优惠政策。

（四）鼓励举办多种形式的阅读活动，扶持阅读推广体系的建立，实现阅读资源的共享

"北京阅读季"的直接领导为国家新闻出版广电总局、北京市委宣传部，七年来办得风生水起。它经历倡导、推进、创变的发展历程，不断完善全民阅读综合服务平台和综合评估长效机制，在全市推广阅读活动 3 万余场，覆盖和影响人群超过 1000 万人，形成了六大成果：一是"六位一体"公共服务平台趋于完善，全民阅读推广体系更加系统；二是阅读理念有效深化，阅读主题更加鲜明，品牌影响力日益彰显；三是"书香北京"系列评选典型示范显著，领读计划持续实施，阅读推广人才队伍呈阶梯式健康发展态势；四是积极引导社会参与，探讨 PPP 保障模式，推动市场化运行机制形成；五是阅读活动丰富多彩，根植基层文化发展，细分人群阅读初见成效；六是宣传推广模式不断创新，"书香京城"更加浓郁，可以说成绩斐然。北京对全民阅读工作进行的综合绩效评估，在提升全民阅读工作的规范性、科学性、实用性方面，也走到了全国前列，推动了"全国文化中心建设"工作，与"先进文化之都"的地位正相匹配。

2017 年北京阅读季有许多成功的活动。如与北京地铁公司打造北京"书香地铁"工程，在朝阳门、菜市口等多个地铁站内布置公益广告，推荐书单，

在 29 个地铁站台的 82 个窗口发放 10 万张带有好书推荐的"乘客服务指南"，同时有 80 辆书香公交车集中亮相，实现了"书香伴我行"。"领读者计划"培训"领读者"4000 余人，这些领读者又面向不同人群进行了亲子阅读领读者培训、女性领读者培训、书香企业领读者培训、特殊人群领读者培训，培育了更多的优秀阅读推广人才。

同时，各家民营书店组织了大量优质的阅读活动，如"文化行走，阅读中国""图书漂流""百城千群，万里书香"等，不仅支付高额成本，还需要处理种种障碍，如街道政府不积极配合宣传，商场由于不盈利不给安排场地等。为此，一方面，建议对民营书店举办的活动，政府从财政到宣传要给予一定支持。另一方面，政府组织的阅读活动也应该多走进民营书店。全北京在主题读书、荐书送书、名家报告、读者交流等活动上，实现公共图书馆与民营图书馆的资源共享。

十年树木，百年树人。全民阅读是一项长期育人工程，不能一蹴而就，而要细水长流。北京作为全国文化中心有义务制定可行的规划，成为全国的表率。中共北京市委宣传部、北京市新闻出版广电局已经联合发布了《北京市全民阅读"十三五"时期发展规划（2016～2020 年）》，坚持政府引导，坚持精品意识，坚持服务基层，坚持创新发展，坚持社会参与，以促进全民阅读公益性、基本性、均等性、便利性相统一，使"六位一体"的全民阅读公共服务平台更加完备，形成"人人关注、人人参与、人人推广"的全民阅读新格局，不断满足人民群众日益增长的文化需求。

B.10

2017年北京民营书店
发展现状与对策分析

杨 扬 张学骞*

摘　要：　随着数字技术的迅猛发展以及人们生活习惯的改变，民营书
店正面临前所未有的生存危机。为应对来自竞争者、经营者
与消费者的结构性嬗变，北京的民营书店做出了一系列调整，
体现出产品多元化、平台社群化、管理专业化、书单个性化
与空间风格化的业态趋势。本报告梳理北京地区民营书店的
生存现状，提出了民营书店创新转型的发展思路与策略，包
括构建公共性文化传播空间、营造体验式文化休闲环境、耕
耘精专性文化细分市场、柔性化知识代理、生态化产业联动、
社会化定位更新等六个方面。

关键词：　北京　民营书店　城市文化空间

一　我国民营书店概况

（一）民营书店概念

民营书店主要是指私营、个体书店，以及以民营资本为主的股份制书店，
与之相对的是新华书店、中国书店等国有书店。本报告讨论的是正规民营实体
书店，不包括完全线上经营的网络书店和以销售盗版、复印书等为业的小书

---

* 杨扬，博士，清华大学社科学院博士后；张学骞，博士，清华大学新闻学院。

店。民营书店大多具有以下特征：非国有的经营性质，空间上鲜明的在地特征，时间上持之以恒的耕耘理念。

（二）民营书店的发展脉络

我国的民营书店的起源可追溯至20世纪90年代。自1996年起，我国私人书店可以独立注册经营，这些书店由此获得了独立经营的合法性。此后经过十多年的成长与积淀，在北京、上海、广州等大城市涌现出大量知名的民营书店，如北京的万圣书园、风入松书店、国林风书店，上海的季风书园等。此外，许多二、三线城市也都出现文化地标式的民营书店，如成都弘文书局，杭州枫林晚书店、蓝狮子书店，南京先锋书店等。

（三）民营书店的功能定位

至20世纪初叶，我国民营书店已具有相当规模，初见其影响，成为文化生态中独具特色的媒介元素、产业元素与社区元素，而这也形成关于民营书店的三种定位。第一，产业定位。民营书店位于出版发行产业链的终端销售环节，是我国文化产业和文化服务的重要组成部分。第二，文化定位。民营书店往往承担着一个地区的文化信息的交流互动平台功能，具有大型国有书店不具备的灵活性和专门性。第三，社会定位。民营书店也是城市文明崛起的重要参与者与见证者，它在打造区域文化品牌、活跃社区氛围与完善商业结构等方面都具有不同程度的积极作用。

二 北京市民营书店发展现状

尽管图书销售市场几度更迭，北京由于拥有丰厚的高校资源、出版资源与浓郁的城市文化氛围，目前仍然集聚了大量的实体书店。根据中国书刊发行业协会统计数据形成的"2017中国城市实体书店数量排行榜"显示，北京现有6719座实体书店，是全国实体书店最多的城市，比排名第二的成都多了近一倍（3463家），而目前北京市国有的新华书店系统门店数量不足60家①。从这

---

① 《花市书店24小时营业了》，《北京日报》2017年9月30日，第10版。

一数据对比可以看出：民营书店在北京实体书店中占有很高的比例，数量上要多于国有书店；而北京市屈指可数的大型书城、图书大厦基本都是国有书店，在书店规模和经营品类上占据绝对优势。

（一）北京民营书店的主要类型

1. 综合类书店

综合类书店在销售书目上尽量兼顾多方面内容，在文化定位上可能不如其他类型书店具有较强的独特性，但凭借其图书类型与档次的全面铺展以及优质服务、优美环境的打造，往往成为最具影响力、共识度的民营书店。由此形成的较为雄厚的综合实力也促使这类书店连锁化拓展，其选址也往往倾向于人流密集的地区。

代表书店：西西弗书店（东城区崇文门外大街、东直门南大街、海淀区清河中街、朝阳区蓝色港湾、丰台区丰葆路）；Page one 书店（朝阳区建国门外大街、三里屯、酒仙桥）；言几又书店（海淀区复兴路、大兴区欣宁街）；七楼书店（海淀区成府路 17 号）。

2. 学术社科类书店

学术社科类书店相较于综合类书店具有更加明显的独特文化品位，此类书店与文艺类书店一样，其核心竞争力是管理者对于书籍独到而专业的选择，以及聚集与之品位相契合的读者。这些经营者往往是知识界或传媒界曾经的从业者，具有选择相关书籍的资源优势与鉴别能力。这些书店往往不像综合类民营书店一样在经营层面具有资本化、连锁化的拓展趋向，而更多地选择在高校、科研机构周边发展，在小众层面形成更甚于综合类书店的口碑与品牌。

代表书店：单向空间（朝阳区七圣中街、望京中环南路、朝阳北路）；万圣书园（海淀区成府路 53 号）；旁观书社（朝阳区 798 园区）；彼岸书店（海淀区牡丹科技大厦）；豆瓣书店（海淀区成府路 262 号）。

3. 文艺类书店

文艺类图书的经营模式与学术类大致相同，只是对图书的甄选倾向于文学、艺术而非社科学术理论类，以其浓郁的文艺风格吸引北京数量众多的文艺青年。

代表书店：库布里克（东城区东直门当代 MOMA）；模范书局（杨梅竹斜

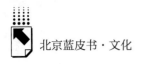

街31号）；前流书店（北京市海淀区水磨社区新区）；蜜蜂书店（宋庄镇小堡村尚堡艺术区）；今日美术馆书店（朝阳区百子湾路32号）

4. 专题类书店

专题类书店的择书风格相较于社科类与文艺类具有更强的精专性，它们有的从受众人群的细分入手，如女性、儿童主题，有的从专题细分入手，如历史文化专题或时尚专题，由此形成书店在某一专业或小众领域的品牌共识，形成有限却相对固定的市场人群。

代表书店：时尚廊（朝阳区建外大街、顺义区安泰大街）；斑马书店（朝阳区金台路15号）；鲁博书屋（西城区阜成门内北街）；书的设计店（东城区杨梅竹斜街）；蒲蒲兰绘本馆（朝阳区东三环中路）。

（二）北京民营书店的业态趋势

随着消费市场环境变迁以及出版业生态结构的调整，民营书店经营者逐渐意识到，如果走"距离近、种类全、价格廉"的道路，很难获得较大发展。北京民营书店在经营模式上基于传统理念探索出不同的发展路径，由此形成了几个明显的业态趋向。

1. 产品多元化

针对规模有限、难以形成"量贩式"利润空间的问题，北京民营书店普遍选择的方案是多元化发展，甚至成为一站式文化购物消费空间，通过多元化服务形成更强的市场竞争能力。多元化产品包括文化用品、茶水咖啡餐饮以及更具特色的植物、服饰、展览、创意百货、艺术衍生品等，从而将书店打造成为拥有复合业态的城市阅读空间，以此满足都市年轻人对于集休憩、阅读、约会、拍照、购物于一体的综合性"轻消费"场所的需求。

2. 平台社群化

将民营书店定位成社区人群的文化活动空间，以此形成一定的客户黏性，进而激活书店的长久生命力，这一策略已经成为北京诸多经营者的选择。如读易洞书店从一个家庭经营的客厅店，慢慢发展为开放的"社区客厅"，从而建立了整个社区的阅读微环境。而万圣书园则依托于精神同契的人群，道朴草堂依托于书吧会员制模式，都在重建书店与社群紧密联系的路径上做出了各自的探索。

3. 管理专业化

民营书店往往是由店主单独创业发展起来的，有的书店带有作坊式经营的特征，但是在如今的市场环境下，这种状态严重妨碍了书店的可持续性。因此，北京很多民营书店选择与大的资本集团合作，如单向空间；或是引进专业的管理团队、策划团队，如蜜蜂书店、西西弗书店等。让书店按企业而非作坊的状态发展，通过打造由现金流管理、采购管理、物流管理、信息流管理各环节组成的精细化管理模式，为书店带来可观的经济效益。

4. 书单个性化

随着北京市民文化消费水平的提高，人们开始热衷购买工艺或设计比"刚需"高一点、价格也高一点的"炫耀性消费"产品。图书售卖也面临这种需求，很多市民逛书店还要拍照晒朋友圈。北京的民营书店力图在销售环节做得与传统书店不一样，对图书的个性化选择以及对细分化市场进行精准定位成为经营趋向。也有一些书店追求复古风，如前流书店、三味书屋的书单打造，是另一种个性化的体现。

5. 空间风格化

目前，北京绝大多数民营书店已经从单纯的买卖场所发展为具有一定审美风格、文化特色的消费场景。民营书店的内部规划更加接近于文化生活空间，一方面通过对图书的陈列、摆放、展示，构建具有某种独立判断的文化语汇，另一方通过书店的装潢设计，极力在符号层面表征出"精神归宿""思想殿堂""文艺沃土"形象。而像怀柔的篱苑书屋、三里屯的老书虫书店，更是将空间风格化营造到极致，从而几乎超越了书店定位而成为颇具影响力的设计景观。

三　北京民营书店发展的困境与机遇

（一）北京民营书店的经营困境

近年来，北京的一批著名民营书店倒闭停业，既折射了出版业整体的寒冬期，更凸显民营书店生存的艰难处境。2010年，第三极书店因巨额亏损关店。2011年，光合作用书店因资金问题关店，风入松书店因经营不佳关店。出现

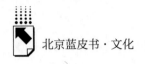
经营困境的原因是多方面的，可以从外部原因与内部原因两个层面予以分析。

1. 外部原因

进入 21 世纪以来，民营书店所面临的市场环境与结构发生了急剧变革，由此形成了其经营困境的外部原因，具体而言有以下三点。

第一，网络竞争者崛起。随着网购条件更加便利、规模不断扩大，低价销售已经成为各大网站吸引消费者的惯用手段，各类营销活动层出不穷；网站追求交易量，主要通过网络广告来扩大盈利。与网店相比，民营书店需要支付店面成本，其售价折扣较少，在价格竞争上处于劣势。从图书种类上来看，网店所售的图书种类繁多，民营书店品类相对较少。从配送方式上看，民营书店也没有网店便利。

第二，市民文化消费习惯转型。在内容层面，数字化文本具有便携性、交互性、融媒体性、易检索性等优势，这也根本性地导致消费者的阅读兴趣更倾向于一种快餐化、片段化与直观化的文本。在媒介层面，随着电子商务的兴起及其创生的低价营销方式，让年轻一代首都市民形成了网上买书的习惯。而各种便携式等数字设备的普及，更促使人们愿意在碎片化的时间里通过这些媒介获取信息，改变着整个社会的阅读习惯。

第三，北京书店经营成本攀升。北京房价节节攀升，直接推高了书店的运营成本。民营书店陷入两难的境地：若想吸引更多的客流，就必须在热闹繁华的地段进行选址，但这些地段往往租金昂贵，推高成本。2009 年和 2012 年，北京的单向街书店就两次面临搬迁。上涨的成本还有人力、物业费用等。各种税费也增加了实体书店的盈利难题；而民营书店在文化产业格局中的边缘地位往往使其无法享受政府补助或政策优惠，从而导致书店在厚本薄利的泥潭中越陷越深、难以自拔。

2. 内部原因

除了技术、社会、市场所造成的外部原因，书店经营者自身的经营理念与发展思路的局限性也是民营书店困局的内生原因，它包括如下两个层面。

第一，无视发展潮流导致竞争能力丧失。有的民营书店经营者根据个人理想进行选书和进书，以吸引具有相同理念的爱书之人，但是个人情怀的舒展却往往阻碍了书店市场观察的敏锐度与高效管理的专业度，甚至只是抱着"玩家心态"经营书店，因此难免会在实际经营中无法及时有效地应付时代发展所带来的种种嬗变。

第二，过于迎合发展潮流导致定位迷失。与上述类型相反，部分民营书店面对时代潮流，盲目扩张、无端创新，最终倒在了不断膨胀发展的路上。有的书店老板经营一家书店很成功，就通过风险投资甚至是上市融资，进行连锁化拓展，却因为经营不善导致资金链断裂。还有的书店在经营过程中逐渐背离了开设民营书店的初衷，而选择了一些与自己书店品位、品质完全不符的产品或服务，导致自己作为独立性文化载体的核心竞争力逐渐流失，当市场环境发生变化，这些书店往往面临危机。

（二）北京民营书店的发展机遇

1. 政策机遇

随着我国文化强国战略的全面实施，国家对于图书行业在塑造民族文化自信方面不可替代的精神价值越发重视，由此颁布了一系列支持措施，为北京民营书店的发展营造了良好的政策环境：2016 年 6 月，国家 11 部委联合发布《关于支持实体书店发展的指导意见》，提出"创新实体书店经营发展模式""推动实体书店与网络融合发展""提升实体书店信息化标准化水平""加大实体书店的优秀出版物供给""更好发挥实体书店的社会服务功能"等指导意见。2016 年 12 月，国家新闻出版广电总局颁布《全民阅读"十三五"时期发展规划》，在完善全民阅读基础设施和服务体系方面，提出"支持实体书店、书报亭、高校书店等各类阅读设施的发展，发挥其促进全民阅读的公益功能"。

北京市落实国家相关政策规划，重视对实体书店的扶持，已将其纳入北京市"十三五"时期公共文化服务体系建设之中。北京准备在"十三五"的五年内总投入超过亿元来扶持实体书店，其中 2016 年和 2017 年每年投入 1800 万元，分别扶持 70 家和 71 家书店。

2. 市场机遇

据测算，目前北京市民文化消费占总消费的比重约为 15%，消费缺口在 1378 亿元左右，根据发达国家文化消费占总消费的比重一般在 30% 左右进行估算，首都的文化服务消费与文化产品消费的潜在消费量在 2280 亿元左右。面对这个潜在而巨大的文化消费市场，民营书店完全有理由积极开拓、不断创新，在北京未来的文化消费格局中占据一席之地。

3. 技术机遇

虽然信息技术、新媒体技术的广泛应用对民营书店的影响主要是威胁性、冲击性的，但这并不意味着民营书店无法将这些技术成果为己所用，打造自身发展的新形态和新业态。因此在未来，民营书店要告别与新兴技术格格不入的时代。例如由于民营书店十分依赖于一个稳定、忠诚而活跃的读者社群的打造，因此新媒体中大量网络社区的建构平台，如微信、微博、豆瓣、知乎及各类直播平台，都有助于在虚拟世界维系、营造一个以阅读为主题的"精神共同体"。再如 AR、MR、VR 等新兴交互性媒介技术对于书店阅读空间体验升级，大数据、云计算对于专业化人群阅读习惯、阅读种类，都具有不替代的促进作用。

四　北京市民营书店发展的对策建议

（一）创新北京民营书店发展思路

面对网上书店、数字图书等新型售书渠道的冲击，民营书店必须从店面空间、读书氛围、沙龙活动等领域来整合资源，通过人、空间、活动等要素的互动共同营造出一种文化氛围，让其不再是单纯的交易场所，而是能够成为一个作者、读者及广大市民可以交流互动的文艺空间，用文化点亮城市的文明之光。

1. 构建首都城市公共文化空间

民营书店可视为一种公共领域的文化实践场所。"公共领域"是学者哈贝马斯提出的重要概念，它是介于市民社会、日常生活与国家权力三垒场域之间的一种能让市民讨论公共事务以形成相对一致意见的空间机制。民营书店从体制到理念层面的独立性，无疑使其具有"公共领域"特征，这一点在北京的优秀民营书店中体现得十分明显。书店"单向空间"的特色就是举办大量免费而高品质的文化沙龙，为当地市民们提供智力、思想碰撞的公共平台。单向空间在最近十年举办了 1000 余场沙龙，邀请千余名嘉宾，吸引了大量社会听众。沙龙形式多样，不仅有新书签售和电影讨论，还有公益画展、诗歌朗诵等，涵盖的主题包括艺术、社会、文学、美学、戏剧等诸多主题，读者均可免费参加，并与主讲人一起参与讨论。这些活动激发了嘉宾与读者的知识流通和思想激荡，成功地将单向空间打造成一个公共性文化传播平台，从而进一步促生其文化创造力与社会参与能力。

2. 营造体验式文化休闲环境

实体书店发展绝不能仅仅依靠销售这一种方式，更需要打造一种立体化、多维度的文化传播综合体，让读者在实体店中体会到虚拟书店所体会不到的更加丰富、更具体验价值的知识传播效果。在书店的传统空间中，读者通常只是被动地翻阅有意阅读或购买的书籍，但一个体验式空间应当为读者提供全方位的人文关照。而这不仅是民营书店单个行业应当选择的路径，更是当今社会发展从"商品经济"到"服务经济"再到"体验经济"的时代趋势所向。《体验经济》的作者约瑟夫·派恩（B. Joseph Pine）和詹姆斯·H. 吉尔摩（James H. Gilmore）认为，"体验"的价值就在于它是一种创造难忘经验的活动，消费作为一个体验过程将恒久留在受众脑海中。社会学家齐格蒙特·鲍曼（Zygmunt Bauman）在《流动的现代性》（*Liquid Modernity*）一书中则指出，现今社会经济发展模式已经逐渐从"重型资本主义"（heavy capitalism）转变为"轻型资本主义"（light capitalism）。前者存活于"硬件的世纪"，以体积、重量的大小作为衡量财富和力量的标准。而后者则强调"发展速度""内容属性""质量水平"。民营书店所营造的体验式文化休闲环境就暗合了"轻资本"的发展形态，它为读者提供的将不仅是图书商品，更是一种集中的无形的消费感受。

3. 耕耘精专性文化细分市场

如果说北京大型国有书店的核心竞争力是"大而全"，那么小型民营书店的核心竞争力就是"小而精"。"小而精"不仅指营业规模的"小"、内饰装潢的"精"，更是指对受众群体细分的"小"与对个性化书单甄选的"精"。无论一个民营书店以何种方式寻求市场化、产业化运作，都是为了给民营书店更好的精专化经营提供支持，一家失去精专化思维的民营书店，任何风格打造、业态拓展、平台凝聚都将成为无本之木、无源之水。因此，民营书店只有做好精专化运营，保持对书单高水准的鉴别与独到的甄选，才能基于这一特质真正形成富有灵韵的个性风格、含有品牌共识的多元业态，以及具有凝聚力的社群化平台。在这方面，北京的雨枫书馆、墨盒子绘本书馆就是较为成功的案例。

（二）创新北京民营书店深度经营策略

1. 横向策略：柔性化知识代理

在信息爆炸时代，对纷纭信息的出色筛选能力已经足以决定一个媒介平台的成败，这一现象不能不促使我们反思，当今社会真正考验一个信息经营者的，不是尽可能多地搜集信息，而是尽可能过滤无效信息、梳理有效信息。而从这个角度审视，书店本身就可以被理解为一个媒介平台，它传播的就是书籍信息与文化信息。如果说大型书店处理信息的模式如同网易、搜狐、新浪等综合类门户网站，那么民营书店处理信息的模式就应该更像知乎、豆瓣、天涯等，在一个有特色、有态度、有专题的语境中会聚特定人群的注意力。北京的民营书店也应当在传统书单甄选基础上，积极利用信息技术探索一种以个体为单位的书籍甄选模式，从而基于数字信息管理促使书店超越个性化知识服务阶段，进入柔性化知识代理阶段。

柔性代理模式下的书店更多地致力于在正确的时间把正确的书籍送到唯一的读者手中。为了达到这一目的，民营书店需要突破传统图书行业发行、采买、运输、销售、购买这一固定流程，通过数据收集与分析平台对消费群体的差异化、多元化需求进行分析，并通过个性化定制平台的打造引导消费者深度介入个人书单创建，从而在采买、运输、销售与购买之间形成无间隔、无错位的即时对接。民营书店要发挥自身"小而精"的传统优势，探索实体空间与虚拟空间的交融协同，为消费者打造"万物皆备于我"的"智慧化微空间"。书店的实体空间形态要通过虚拟技术随着读者需求的变化逐步调整，使读者将书籍世界的发现与对自我的发现有机结合为一种阅读快感，进而实现民营书店从"对书的关注"向"对人的关怀"转变，由此加深读者对书店整体的深层认同。

2. 纵向策略：生态化产业联动

虽然北京很多民营书店已经尝试通过多元化经营博取更多利润空间，将自身打造成更为综合的文化消费空间，但这种多元化大多停留在销售终端。如果民营书店只是寻求在同一空间内销售更多种类的产品、更加杂糅的服务，那么它既有可能陷入同质化竞争的局面，也有可能丧失书店赖以安身立命的土壤。本报告认为，需要将北京民营书店的纵向拓展从多元化产品销售层面向生态化产业联动层面推进。要以落实书店对"阅读"的核心关怀为基础，致力于通过构建一个不同空间协同、不同行业互动、不同要素聚集的"阅读+"文化生态圈层，打造具有影响力、权威性的文化品牌。进而利用品牌的无形资产，赋予多元化产品以某种市场稀缺价值、在地展示价值，形成真正能区别于其他文化产品零售的市场竞争力。

为此，在品牌塑造环节，北京的民营书店应当充分利用自身文化资源优势与各类新媒体平台，向文化内容产业衍生，既打造以阅读为主题的网络传播社区，又打造以书籍为主题的文化窗口。此外，宣传与营销也是民营书店品牌塑造中不可忽视的要素，它将扩大读者接触书店的可能性。书店要抓住新媒体带来的机遇，通过微博、博客、微信以及未来更多方式助力品牌塑造。目前北京的优秀实体书店已开始通过网络传播扩大自身影响力，构建适合自身特性的数字营销网络，一些著名的民营书店甚至聘请专业人员进行全方位宣传。

在多元化经营层面，民营书店要力图向产业上游拓展，与出版社合作，充分发挥自身在图书推介方面的公信力，打造"前店后厂"式的出版、发行、销售综合体。北京著名的图书公司新经典就收购了 Page One 书店在中国大陆的全部门店。其次要向融合创新拓展，大力推广"创意生活"理念。强调以顾客体验为核心，以既有的产业为基础，以"有态度"的生活方式、"有创意"的美学运用为整体架构，力图通过创意生活设计提供面向城市中产阶级的优质生活选择，由此发展出融合型创意服务的商业模式。

此外，民营书店应当对内深度打造"虚实交互"的文化休闲环境，以此作为突破电商挤压、出版低迷整体困局的关键抓手。民营书店要破除线上与线下二元对立的思维模式，充分开掘实体店在完整优质的购物体验的营造方面的优势，同时与线上销售形成有机协同的 ROPO（Research Online, PurchaseOffline）一体化结构，从而打造网络价格、真实体验、品牌信誉的优势共同体。为此，民营书店可以充分利用新兴技术，打造融媒体阅听闭环以及一站式、开放式购物平台，引导线上与线下相互延伸，为网络传播与销售环节有效补充都市人渴望的沉浸式休闲体验与立体化消费体验。

3. 转型策略：社会化定位更新

北京的民营书店已经在社会化道路上跨出了第一步，应当继续深化这一进程。首先，民营书店应当认识到，书籍作为商品虽然是交易对象，但是作为知识传承、流通的载体，它具有不可磨灭的社会化倾向。与其他商品不同，书籍在市场层面被经济价值操纵的同时，必然同时被社会效益所引导。借助市场化浪潮，民营书店获得最初的发展，但时至今日它应当有所"归复"，主动将自身定位为一种社会化与市场化共生的"第三空间"。作为一个文化气息浓郁、知识密集的"第三空间"，它应当至少具备以下三重定位：作为思想交流平台的学习型空间、作为在城市中落脚憩息的休闲型空间以及作为提供联合办公环境的创业型空间。这样的空间不应仅仅是一个空地、几套桌椅，更应是弹性、舒适、健康、智慧甚至智能的，以此增强居民的幸福感与城市的宜居性，进而激发读者在此空间中的创新冲动与创造势能，为增强城市的内生活力做出贡献。

其次，民营书店应该充分认识到自身作为一个社会性文化传播空间，具有不可避免的思想互动倾向与社群缔结倾向，应当在商业思维的基础上，有效援引社群思维、平台思维，引导读者在书店中除了消费书籍、各类商品或咖啡等餐饮外，更重要的是消费"进入书店"这一行为本身的象征意涵、公共意涵。读者应当从不同角度被暗示走入的不仅是一个图书贩卖场所，更是一座城市难得的"微文化中心"，一个从"自我启蒙"走向"互为启蒙"的精神广场，一个体验式与交互式并存的传播场域。

再次，民营书店与城市的人文气质息息相关，它具备成为城市文化地标的可能性，北京一些优秀民营书店也都积极抓住这一可能性，将自身打造成所在区域独一无二的风景。北京具有深厚的历史和文化积淀，其文化创意产业的繁荣发展更受全国瞩目。而民营书店如果在为城市提供文化交流的平台功能的同时，推进风格化进程，促进软件硬件"虚实呼应"，则能为北京文化旅游催生新的亮点，也为北京市打造国际一流的宜居之都、全国的首善之区提供具有带动作用、示范作用的公共文化场所。

最后，民营书店要向社会拓展服务，与政府、大型商场合作，通过多种公益活动、全民活动，在社会推广阅读文化，优化图书产业的社会生态。民营书店要凭借自身多年积淀的产业知识与品牌能量，以及多年培养的文化活动策划执行能力与阅读创意信息提供能力，致力于为全社会提供阅读顾问服务，同时在条件具备的情况下走进社会多样态空间，分化形态灵活的"阅读角落"，如百货店中店型、小区型、大学型、医院型、地铁型等。为了有力推动这一进程，民营书店还应该打破各自为战的局面，组织行业协会，壮大行业话语权，进而谋求政策红利，以公共性理念为媒介，深化图书行业与社会资源的全方位对接。民营书店可以以 NGO 形式在北京乃至全国共建联合体，采取统一的形象和策略，形成合力，推动国家和地方政府出台更具针对性的扶持政策。

B.11
北京地区博物馆文创产业
发展现状与提升策略

王文超*

摘　要： 2017 年，北京地区博物馆文化创意产业发展取得新突破，不同类型博物馆入选全国博物馆文创产品开发试点单位，其成果在本年度文博会上初见成效，故宫、国博继续引领北京地区博物馆文创进入新时代，全面化、多元化的发展局面值得期待。与此同时，博物馆文创整体发展不平衡、部分单位重视程度不够、发展模式同质化、产业链动力不足等成为亟待解决的难题。面向新时代，博物馆文创产业应当继续加强"文博＋科教＋企业"的深度融合，探索多元开发模式和适当市场机制，提高文创在各类主题活动中的显示度，建设北京地区博物馆文创产业联盟，进一步拓展京津冀博物馆文创产业一体化发展。

关键词： 北京　博物馆　文化创意产业

　　2017 年，博物馆文化创意产业进入新时代。继上一年度国务院和国家文物局出台政策文件，鼓励并倡导大力发展博物馆文创产业之后，首批全国博物馆文创产品开发试点单位公布。深度挖掘馆藏文物资源和文化元素、打造全新博物馆 IP 运营时代、让厚重的历史文物活起来等观念深入人心，赢得了社会各界的广泛关注和持续讨论。

＊ 王文超，博士，中国科学院自然科学史研究所博士后、助理研究员。

北京地区拥有全国最为丰富、多元的博物馆文化资源，以故宫博物院和国家博物馆为引领的文化创意产业也走在全国前列。在继续建设北京作为全国文化中心的发展战略中，北京博物馆事业有必要、有使命为全国博物馆系统文化创意产业发展贡献成功模式和优秀经验，同时就博物馆文创在产品开发、市场化推广、产业链形成和制度探索等方面所面临的难题和解决策略与全国同行共享。2017年，北京地区在全国博物馆文创产业蓬勃发展的势头下，形成自己特有的发展新动向，也初步认清了自身存在的问题和不足，有待通过一些战略举措不断提升文创产品层次，完善产业链条。

一　北京地区博物馆文创产业发展的新动向

在过去十余年中，北京文化创意产业培育出欣欣向荣的行业发展态势，这一方面与政府大力支持和重点扶持息息相关，另一方面得益于北京作为全国文化中心的重要位置和资源优势。聚焦博物馆文创产业，它经历了从无到有，从一般纪念品开发到产业格局初步形成，直到2016年博物馆IP概念与运营方式越来越受到重视和肯定，这种跨越式发展彰显了文博系统渐趋开放的行业心态，体现了博物馆文化有必要走出围墙、走进百姓生活的现实需求。

（一）博物馆文创向全面化、多元化方向发展

国家文物局发布《关于公布全国博物馆文化创意产品开发试点单位名单的通知》之后，经过全国各省区市公开申报，最终遴选出92家单位作为全国博物馆文化创意产品开发试点单位，旨在按照试点先行、逐步推进的原则，在不同级别的博物馆中进一步开发符合发展要求、满足民众文化消费需求的文化创意产品，同时探索开发模式、收入分配和激励机制等，逐步建立博物馆文化创意产品开发的良性机制。

北京地区有首都博物馆、中国人民革命军事博物馆、中国人民抗日战争纪念馆、中国妇女儿童博物馆、民族文化宫博物馆、北京自然博物馆、中国科学技术馆、郭沫若纪念馆、中国电影博物馆等22家单位入选，占全国试点单位总量的22.4%，总数在全国各省级单位中遥遥领先。依据北京市文物局官网统计数据，目前北京地区共有166家博物馆和纪念馆，免费开放数量达

到82家①，入选的22家试点单位占博物馆总数的13.2%，且绝大部分面向公众免费开放。

从博物馆类型来看，入选的22家博物馆包含了历史文化类、民族宗教类、自然科学类、科学技术类、人物纪念类和文化艺术类等不同类别（见图1），这说明北京地区博物馆文化创意产业正向着全面化、多元化的方面发展。不同类型的博物馆更容易循博物馆自身定位，找准方向，充分发挥特有资源优势，形成独具一格的、异质化的文创产品，将在一定程度上避免同质化产品充斥与不良竞争，这是特别值得期待的。

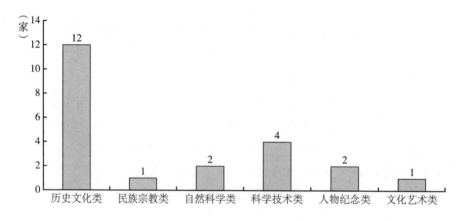

图1　北京地区入选全国博物馆文创产品开发试点单位类型分布

（二）故宫、国博引领博物馆文创进入 IP 时代

博物馆文创业已经进入"IP元年"。在国务院发布《关于进一步加强文物工作的指导意见》，明确提出要大力发展文博创意产业后，一系列相关政策先后出台，旨在深度挖掘博物馆文物资源的当代价值，让文物活起来，拓展文创产业发展空间。故宫博物院和国家博物馆是北京地区博物馆文创发展的领跑者，在文创产品开发、宣传、销售、影视化制作和互联网推广方面勇于创新，与腾讯、阿里巴巴等互联网公司建立合作伙伴关系，从厚重的历史感转变成"萌萌哒"生活感，让文物深入民心。

---

① 北京市文物局官网，www.bjww.gov.cn。

2017 年,除了继续在线上线下发布文创新产品以外,故宫和国博还积极拓展新平台。例如,故宫与皇家加勒比国际游轮合作设立首个海上故宫文创馆,2017 年 9 月在"海洋赞礼号"游轮揭幕,展示和推广 8 个系列共 93 种故宫文创产品,在国际化、科技化的游轮平台上传播和弘扬文博文化①;国博继续巩固与上海自由贸易区的"文创中国"合作战略,由自贸区集中承接线下经营中心业务、艺术品交易和跨境交易三大业务板块。② 跳出博物馆本体范围,搭建和拓宽新平台,成为文创产业面向新时代发展的趋势。

作为一种新概念,博物馆 IP 不局限于将文化资源简单转化为物质实体,还通过互联网、多媒体等途径开发虚拟产品。2017 年 5 月 18 日,故宫博物院在国际博物馆日正式发布"故宫社区"APP,与此前故宫发布的"清代皇帝服饰""故宫陶瓷馆""胤禛美人图"等 APP 相比,这是博物馆新型数字生态社区建设的探索,其目的是把文化资源与现代科技相结合,给观众带来更开放和充满趣味的互动体验,从而营造"故宫式"的线上生活空间。③ 这类"互联网 + 文创产品"不仅有效整合了既有数字化资源,而且能使普通大众,尤其是"故宫粉"更加积极主动地参与到创造和构建新故宫文化的过程中来,形成充满生机活力和历史文物感的特有生活方式。另外,故宫还借助 VR、AR等新科技手段④,将现实场景和虚拟场景有效结合,让人们能身临其境地去感受故宫的文物魅力。

(三)博物馆文创体系日趋专业化并初见成效

有故宫和国博等成功案例的示范效应,北京地区的其他博物馆,尤其是22 家入选文创试点单位的博物馆正逐步形成组织体系,向着专业化方向迈进,相关文化创意产品开发在本年度各类博览会中先后登场亮相,社会反响良好。

2017 年 3 月 29 日,首届"北京地区博物馆文化创意产品开发培训会"在中国华侨历史博物馆顺利举办。本次活动由北京市文物局组织,旨在通过专门

---

① 《故宫博物院首个海上故宫文创馆正式揭幕》,故宫博物院官网,2017 年 9 月 28 日。
② 李六三:《国博文创的实践与思考》(在 2017 年杭州文化创意产业博览会上的讲话),2017年 9 月 21 日。
③ 《当故宫成为一种生活方式》,故宫博物院官网,2017 年 5 月 19 日。
④ 《科技让历史"活"起来》,《人民日报》2017 年 11 月 24 日,第 18 版。

学习和培训让北京地区文博系统更加深刻理解全国博物馆文创试点单位的政策要求，同时就文创实践和研发设计等内容给学员更为明确的工作思路、更可知可感的未来期待。这是北京地区第一次举办该类型的文创产品开发培训会，北京市文物局表态今后将会继续在其他单位举办相关培训会，继续推进中国人民革命军事博物馆、首都博物馆、中国人民抗日战争纪念馆、中国科技馆等其他试点单位的文创开发工作，加强示范引领和品牌建设，以点带面，共同推动北京地区博物馆与首都文化创意产业的融合发展。①

2017 年 9 月，第十二届中国北京国际文化创意产业博览会在北京国际展览中心举行，文物及博物馆相关文化创意产品作为其中一个重要展区，以"文物、科技与生活"为主题，分不同板块展示了博物馆文创产业最新成果。来自大钟寺古钟博物馆、大葆台西汉墓博物馆、孔庙国子监博物馆、北京艺术博物馆、中国紫檀博物馆、古陶文明博物馆、北京国韵百年邮票钱币博物馆等不同类型博物馆的文创产品，较为全面地展现了北京地区博物馆文创开发的活力。同时，在"京津冀博物馆"板块，北京市正阳门管理处联合天津博物馆、河北博物院、廊坊博物馆等更是展现了未来京津冀博物馆文创产业一体化发展的可能性与潜力。

二　北京地区博物馆文创产业存在的问题

博物馆文化创意产业发展的新动向，增强了博物馆文化的创造力和生命力，繁荣并满足了普通大众的精神生活和消费需求。与此同时，我们也看到当前北京地区博物馆文创产业存在着一些问题，将在一定程度上制约文创行业生态的整体发展。

（一）博物馆文创产业整体发展不充分、不均衡

尽管目前北京地区有故宫和国博在文创产业发展上的成功案例，还有 22 家博物馆入选文创产品开发试点单位，但相较于庞大的博物馆基数而言，当前

---

① 《首次北京地区 22 家全国博物馆文创试点单位培训会成功举办》，国家文物局官网，2017 年 3 月 31 日。

的文创产业发展仍旧不能充分满足人民群众的消费需求，尤其是对特定类型文创产品的需求，文创产业发展呈现整体不充分、不平衡的局面。

北京地区博物馆文创产业发展的不充分表现在多个方面，具体包含产品系列开发、产业链形成、互联网推广与应用等。仅以互联网推广为例，自 2016 年以来，故宫和国博已经形成了线上线下的运营模式，大众可以通过官方网站文创栏目或手机 APP 等途径轻松了解购买或享用周边产品，感受博物馆文化。与之相比，北京地区绝大多数博物馆很难做到这一点。从博物馆官方网站的文创宣传与推广的状况来看，即便是已经入选试点的 22 家博物馆中的大多数单位也很难看到文创栏目，仅有首都博物馆、中国科学技术馆、中国印刷博物馆、北京石刻艺术博物馆和北京自然博物馆等少数几家博物馆官网有专门的文创展区。其中，首都博物馆、中国科学技术馆、北京石刻艺术博物馆和北京自然博物馆等专门打造针对少年儿童的特殊页面和互动专区；北京石刻艺术博物馆以"博物馆商店"的形式展示文房墨宝、拓片图书和生活用品等文创样品，但所标注的"立即购买"却不能让网民通过官网购买，今后仍须进一步完善。仅有中国印刷博物馆在互联网推广上做得相对较好，开发了印品、雕刻、活字、机械和纸品等不同系列的文创产品，力图全方位展示中国印刷文化的创造与演进，还开发出印刷博物馆智能导览系统，让观众可以通过移动手机享受更加个体化、智能化和互动性强的数字化游览。

另外，北京地区博物馆文创在地区分布上呈现不均衡，目前主要资源优势和发展趋势都集中于城六区。需要注意的是，北京周边区县同样拥有不少博物馆资源，部分还位于世界文化遗产景区和国内外知名的旅游景区，如中国长城博物馆、明十三陵博物馆等。在统筹协调各区域博物馆文创发展中，尤其要关注这些具有世界影响力和特殊文化价值的远郊区博物馆，加强博物馆之间的对接与合作。目前，这一问题已经得到个别博物馆和地方政府的重视。2017 年 12 月，昌平区政府和故宫博物院签署战略合作协议，未来将共同在明十三陵门户区打造故宫文创产业园，合作设计有品牌、有影响力的文创产品和节目。[1] 这种合作既有益于拓宽故宫文创产业发展平台，也将进一步带动提升十

---

[1] 《区政府与故宫博物院签署战略合作协议》，北京市昌平区人民政府办公室网站，2017 年 12 月 20 日。

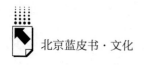

三陵的文创产业发展。今后，北京地区博物馆文创产业区域上的不均衡问题，期望能通过更多类似的合作方式得以解决。

（二）博物馆现有管理方式与文创产业发展的未来期待不对称

博物馆对文创产业发展充满期待，但其本身的性质、定位及现有管理方式，却在很大程度上制约着文创产业的未来发展。2016年，单霁翔在《什么阻碍了博物馆文创的发展》一文中集中对博物馆的管理问题与文创发展矛盾做了剖析，他总结了三个方面：一是博物馆从事经营活动的依据模糊不清，存在政策缺位；二是文化创意产品研发管理与激励机制滞后；三是缺少足够资金投入和相关扶持政策。[①]

北京地区大多数博物馆，尤其是国有博物馆属于事业单位性质，是以为社会提供公益文化服务为主要职能，这种定位在一定程度上限制了博物馆自身进行市场推广与经营的发展步伐，如果将二者对立起来看待，就不可能有博物馆文创产业的进一步发展。而当前国家推行的各项旨在促进文化产业发展的政策文件又不适用于以事业单位为主体的博物馆，大多数博物馆在文创产业发展上很难充分调动员工积极性，对员工在文创方面所做出的努力较难给予合理的奖励；在文创发展资金上，大多数博物馆也难以保证充足到位，缺少国家和地方政府的专项资金政策支持，博物馆自身也比较难以吸收社会资本，因此在人力、财力和物力的投入和调用上显得有心无力。

（三）博物馆文创在各类大型主题活动中的显示度不够

文化创意产业作为博物馆未来发展的多元探索方向之一，应该为博物馆文化的繁荣和活力增色、增亮。就目前情况而言，限于博物馆对文创的认同和重视程度不足，博物馆文创在一些重大主题活动中仍有缺位，显示度不够。

以2017年"5·18国际博物馆日"为例，北京地区共有67家单位组织了102项主题活动，其中包括47项展览、13项讲座和42项其他活动，同时97家博物馆全部对外免费开放。不同层次的博物馆充分挖掘自身优势资源，让历史文物走进百姓生活。但是，纵观所有主题活动，以博物馆文创项目为核心内

---

① 单霁翔：《什么阻碍了博物馆文创的发展》，《光明日报》2016年5月6日，第5版。

容的在总数中所占比例较小，更多是作为一种周边产品来辅助展览活动进程。

事实上，当前博物馆文创的概念已经发生改变，它本身作为一种历史文物资源的当代开发利用过程，完全可以衍生出诸多文创展览或参与制作活动，让市民在博物馆中学习静态历史文物知识的同时，更直观地感受传统文物资源和文化元素的现代应用价值。

博物馆文创作为未来博物馆多元发展的重要组成部分，应当逐步提高自身在各项重大主题活动中的显示度，突出文创给博物馆带来的社会生机与市场活力。这种工作的开展和提升离不开博物馆制度设计和工作人员的整体参与。

（四）文创产品同质化现象始终存在，产业链发展动力不足

当前，大多数博物馆的文创产品仍旧存在同质化问题，产品缺少现代创意和时尚元素，不能满足当前人们的审美需求和生活效用。造成这种状况的原因主要有：一是对博物馆文创理念认识不够，依旧停留于将文创等同于生产、销售旅游纪念商品等行为，没有看到博物馆文化知识产权在未来整体文化发展中的重要性和市场潜力；二是博物馆对自身定位不清晰，没有系统梳理馆藏特色资源，无法为设计者提供充分的文化元素进行对接，造成设计方只能粗略提取表层文化元素进行简单拼接，形成同类型文创产品"换汤不换药"的局面；三是资金投入有限，大多数博物馆仍旧处于严重依赖政府财政扶持的阶段，只能维系正常的展陈运营，没有更多资金去精心投入文创平台的搭建、研发和推广，只能外包给市场上较初级的设计公司和企业进行粗放的产品生产，仍处于纪念品阶段；四是多数博物馆内部缺少文化创意产业方面的专业人才，在工作组织、预调研和沟通衔接上有心无力，从而丧失了文创产业开发过程中的主动性。

此外，博物馆文创还面临着产业链发展动力不足的问题，有的甚至可以说还没有形成文创产业链。主要原因有以下两点。一是由博物馆自身的认知和定位造成的，作为服务于社会大众的公益性单位，博物馆自始至终坚持将社会效益放在首位，这是毋庸置疑的。但是，在发展文创产业的过程中，如果不重视或忽略经济效益，一定程度上将会抑制文创产业的发展动力。二是追求精品、特色与产业标准化、规模化之间的间歇性矛盾，博物馆文创因其专有的、特色的文化诉求，需要定期随展陈不断调整、研发文创项目，受不

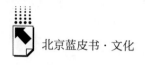

同文物及主题展陈的市场接受不一的影响，产品销售可能与标准化、规模化的生产存在矛盾。

三　面向新时代的博物馆文创产业提升策略

鉴于北京地区博物馆文创产业存在的上述问题，在经历了 2017 年跨越式创新尝试的改革和探索后，面向新时代的北京城市文化建设，本报告尝试性地提出若干提升策略，希望能有助于博物馆文创产业的创新发展。

（一）继续坚持以展陈和教育为优先的文创开发原则

我们今天谈大力发展博物馆文化创意产业，其前提是要维系博物馆的展陈和教育的根本职能不放松。作为收集、馆藏、陈列和研究代表自然和人类文化遗产实物的重要场所，博物馆的首要任务是为公众提供某种专业或综合的历史知识，展示历史发展的见证物，让公众从中获取愉悦的精神享受，同时服务于学术科研。

博物馆文创的合理发展一定是为既有的实物展陈和公众教育服务的，绝不能因追求文物资源的当代利用价值而阻碍或破坏博物馆根本职能的发挥。台北故宫博物院的文创产业正是始终将教育放在首位，用学术研究带动博物馆文创发展，以多媒介、多样式的文创产品去提升主题展陈的传播力度，吸引大众参与，最终实现博物馆普及教育的职能。这种以文创带动展陈和教育的良性发展理念，是当前大力发展博物馆文创产业所必须确立并达成共识的。

（二）探索合理高效的博物馆文创产业体制机制

长期以来，博物馆系统属于体制内单位，高度依赖国家和地方政府的财政扶持和补贴，在根本上保证了博物馆的正常运营，但也正因为这种缺乏市场化的管理方式，使得博物馆在迎来文创产业发展春天之时，不能够及时跟上，出现了产品开发与销售滞后的诸多问题。

现在，国家在首批博物馆文创试点单位运营中特别强调，要扩大在行政部门指导下的市场化探索，建立多元化的文创产品开发模式，鼓励合作、授权、独立开发等不同开发方式，允许博物馆将知识产权作价入股来投资并设立企业，进行文化创意产品开发经营。同时，在管理上坚持事企分开的原则，要求将文化创意产品开发与公益服务分开，原则上以企业为主体参与市场竞争；针对博物馆文创开发所取得的收入分配问题，要求将所取得的事业收入、经营收入和其他收入等按规定纳入博物馆预算，进行统一管理，用于加强公益文化服务、藏品征集、继续投入文化创意产品开发、对符合规定的人员予以绩效奖励等；在人事制度上也允许具有相关专业技能、知识的人员到博物馆附属企业或合作设立的企业兼职从事文化创意产品开发经营活动；单位绩效与文化创意产品开发业绩挂钩，使文化创意收益成为衡量博物馆及个体成绩的重要参考指标。

博物馆新发展机制的探索有其根本前提，就是要在国家和地方政府有关行政部门指导下，根据博物馆自身馆藏资源特色和发展程度，在保证博物馆文化文物没有受到任何侵害的前提下进行。博物馆文创产品开发要在文物保护与正常展陈的前提下进行次级开发，文创产业发展要在保证博物馆单位系统安定和团结的情况下进行改革创新。

（三）突出"文博+"深度融合，提升文创产业层次

博物馆作为有深厚历史底蕴和丰富文物资源的特殊平台，在文化创意产业发展定位上一定要追求高层次、精品化，自觉抵制粗制滥造、乏善可陈的产品。这就要求博物馆相关部门联合科教和企业，在创意设计和制造推广上严格把关。

一是文博要与科研院所沟通合作，提升文创产品创意水准。与一般文创有所不同，博物馆文创更加要求创意与文物、历史的契合，赋予创意设计以文物本身的历史知识和文化内涵，打造集历史、审美、实用等多元一体的文创新品。在群策群力方面，应以博物馆自身力量为基础，发挥科研和展陈团队的实践经验，同时在专业知识及设计、技术实现上，与相关的历史人文、自然科学、设计艺术和计算机科学等不同学科进行跨学科交叉研究，力争形成多学科、多声道、多角度的文创设计智库。

二是文博要与企业深度融合，保证产品质量和产业化发展。企业往往对市场更为关注和灵敏，博物馆文创理念的产业投入离不开企业预先调研、市场评估、成本核算和产业链对接。另外，从文创理念转化成为文创产业的过程并非是直接过渡的，而是需要极高的人力、财力和物力成本，通过与企业深度合

作，借助企业长期积累的市场经验，规避博物馆本身在面向产品生产与市场推广上的短板。只有这样，文创理念才是可操作的，文创产品才可能是有市场的，并进入产业化规模生产。

随着当前新兴行业不断涌现更迭，博物馆还可以同更多领域建立合作共赢伙伴关系，以"文博＋"为核心去吸纳科研、企业、金融、媒体等不同领域的优秀人才或团队，搭建更为广泛的创意智库。

（四）有鉴别地吸收国外博物馆文创同行的成功经验

自20世纪80年代以来，国外掀起了将社区整体作为博物馆的新博物馆运动，更加注重参观者的感受和人文关怀，很大程度上带动了博物馆文创日趋成熟。

在运营模式上，法国大型博物馆除了进行文化创意商品开发以外，还拓展将部分运营项目转为商业外包，经常性开展收费性的主题报告、培训和各类主题短期展览，积极与其他文化行业和公司合作，开发各种线上或线下的衍生品①；纽约现代艺术博物馆则注重与艺术家合作来开发文创产品，通过合作的方式，减少博物馆长期雇用设计人员的人力成本，在给艺术家提供展示平台的同时，也利用艺术家的个人魅力进一步带动了博物馆与社会、社区的互动。②

在产品设计上，国外诸多博物馆注重区分产品层次，满足不同社会阶层的消费者，虽然不乏高端奢华的文物仿造定制品，但即便是最低档的文创产品也会注意保证品质精巧。

在博物馆授权与供应链上，走在世界最前沿的维多利亚及阿尔伯特博物馆拥有最为成熟和完善的管理模式，它们最早探索出授权模式，建立完备的数字化体系，打造多元的设计管理体系，并愿意将供应链与国际同行分享，有效减少供应链搭建与磨合中的成本。③ 这些都会给国内博物馆文创很多启示。

近年来，国内博物馆界也不断组织人员进行国际访问、培训和交流活动，

---

① 《法国博物馆产业开发的概况》，王晨等主编《文化遗产导论》，清华大学出版社，2016，第140页。
② 《国外的博物馆是怎样赚钱的?》，《艺术品鉴》2017年第3期。
③ 周志：《博物馆文创大家谈》，《装饰》2016年第4期。

学习国外优秀的创意设计和管理运营经验。北京作为首善之区，是国际交流的重要窗口，应当在这方面加以重视，有鉴别地吸收国外博物馆文创的优秀经验，为国内同行打造可参考的北京经验。

（五）打造北京地区博物馆文创产业联盟，带动京津冀一体化

当前博物馆文创面临发展不平衡，部分单位投入大、难以开展，以及同质化发展带来的资源浪费等问题，打造北京地区博物馆文创产业联盟就显得十分必要。2013年，中国博物馆协会文创产品专业委员会成立，旨在为全国博物馆文创行业搭建公开交流平台。北京地区可以在原有北京博物馆学会基础上，成立专属于北京地区的博物馆文创产业联盟，其意义在于：一是为同行提供交流、协商的平台，更集中地讨论北京地区博物馆文创发展的特色和方向；二是便于定期举办博物馆文化创意产业相关培训，提高文创工作者的专业水平和业务素质；三是进一步促进北京地区博物馆文创发展的资源整合，尤其是在产业化拓展中减少成本。与此同时，为适应当前京津冀一体化协调发展的趋势，北京地区可以联合天津、河北等周边地区博物馆单位，促进交流和合作，共同推动博物馆文化创意产业的蓬勃发展。

文化创意产业与文化经济

Culture Creative Industries and Culture Economy

B.12
北京市文化科技融合企业认定标准研究

廖旻　周峥　叶亮清*

摘　要： 本报告介绍英国创意强度概念，分析北京市文化与科技融合
发展典型地区——海淀区的文化科技融合发展情况，比较国
家和有关省市文化和科技融合企业认定标准。

关键词： 文化科技融合企业　认定标准　创意强度

一　创意强度概念的内涵

文化与科技融合成为当代文化产业发展的时代潮流，文化科技融合推动文
化产业发展，已经成为全球性共识，世界各国尤其是发达国家纷纷将其作为发

---

* 廖旻，硕士，北京市文化创意产业促进中心产业发展部副部长；周峥，硕士，北京市文化创
意产业促进中心产业发展部部长；叶亮清，北京市海淀区文化发展促进中心主任。

展的重点方向。近代历史的三次技术革命充分体现出科技创新已成为文化形态演进的催化剂、新型文化业态产生的关键动力和文化产业转型升级的重要引擎（见图1）。印刷技术革命激发了大众极大的求知欲，有力地促进了文化的普及、教育的发展和科学的启蒙；电信技术革命为人们提供了一个超越识字障碍、直接进入大众传播的方法，打破了传统的时间与空间限制，形成了世界公民的文化认同和"地球村"的理念；信息技术革命，特别是互联网技术、数字技术的飞速发展，促进了门户网站、手机客户端、微信、微博等新媒体发展，催生出网络视听、数字出版、动漫游戏、网络直播等新型文化业态，使文化信息服务实现了生产与消费双向互动、同步进行，并使绿色、低碳、可持续发展的文化理念成为主流共识。

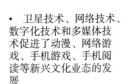

印刷技术革命

新型产业	· 印刷技术让书、报、刊等印刷品大量出现，促进了传统出版业的产生和发展
文化传播	· 报纸和杂志以其轻便、易保存的优势替代了竹简、帛书等书写媒体
文化观念	· 激发了人们的求知欲望，推动了教育的发展、文化的普及和科学启蒙

电信技术革命

· 留声机、摄影、光纤通信、无线电通信、激光照排等技术和CD、VCD等产品使音响、电影、广播电视、新闻出版等文化行业得以形成

· 广播电视突破了时间和空间的限制，挣脱了印刷传播中物质运输束缚，提供了一个超越识字障碍、直接进入大众传播的方法

· 使人们可以目睹世界各地新闻，形成了所谓"地球村"的理念和世界公民的文化认同

信息技术革命

· 卫星技术、网络技术、数字化技术和多媒体技术促进了动漫、网络游戏、手机游戏、手机阅读等新兴文化业态的发展

· 以电脑为主体、以多媒体为辅助，促进各种媒介有机地组合，传播机构有序地聚合

· 把博客和微博等新兴媒体带给了大众，使文化信息服务实现了生产与消费双向互动、同步进行，使绿色、低碳、可持续发展的文化理念成为主流

图1　近代历史三次技术革命对文化产业的促进作用

基于对技术人才在创意产业中发挥的重要作用，2013年出版的《英国创意产业动态描绘研究报告》指出，英国文化、媒体和体育部延用十多年的创

意产业分类标准并不完整，没有包含与软件开发相关的众多创意行业，报告认为对一大批新的数字创意产业应重新进行分类，纳入英国创意产业分类体系。该研究报告给出完善和提高原有分类的方法，提出"创意强度"的概念。①

创意强度是指在某一产业中创意岗位占该产业所有岗位的比例。研究报告发现英国的创意岗位在整个国民经济体系中增长极快，在2004年增速达到8.4%，2010年达到8.7%，远高于英国其他产业岗位的增幅（见表1）。英国文体部于2014年1月颁布最新一期《创意经济发展报告》，采用修改后的"创意强度"指标，扩大了原有统计标准的外延。

表1 英国创意产业分类及创意强度

单位：%

产业分类名录代码	类别	创意强度
90.03	艺术创作	91.5
74.30	翻译及口译	82.2
90.01	表演艺术	78.8
74.20	摄影活动	77.8
60.10	广播	62.7
74.10	特别设计活动	62.1
71.11	建筑活动	61.5
70.21	公共关系和交流活动	59.3
58.14	报刊发行	58.3
90.02	表演艺术支持活动	56.8
59.1	动画、广播及电视节目活动	56.4
32.12	珠宝制作及相关	56.2
62.01	计算机编程活动	55.8
59.20	音像制品发行活动	54.1
60.20	电视及广播节目制作活动	53.5

① Hasan Bakhshi, Alan Freeman and Peter Higgs. *A Dynamic Mapping of the Creative Industries*. Nesta Operating Company. UK：Wales. 2013. http：//www.nesta.org.uk/.

产业分类名录代码	类别	创意强度
73.11	广告代理	50.5
58.11	图书出版	49.9
58.13	报纸出版	48.8
73.12	媒体代表	48.3
58.21	电脑游戏出版	43.1
58.29	其他软件发行	40.8
90.04	艺术设备操作	38.4
58.19	其他出版活动	37.8
85.52	文化教育	34.6
62.02	计算机顾问活动	32.8
58.12	黄页出版	31.0
91.01	图书档案	23.8
91.02	博物馆	22.5

二 北京市文化与科技融合发展状况分析
——以海淀区为例

（一）海淀区文化创意产业总体情况

1. 产业规模持续扩大

海淀区规模以上文化创意产业企业收入合计 2011 年首次突破 3000 亿元，达到 3338.9 亿元；2013 年突破 4000 亿元大关，为 4222.1 亿元；2015 年迈过 5000 亿元门槛，2016 年更是达到 6389.2 亿元，再上一个台阶。2010～2016 年，资产总额、利润总额、从业人员、税金等指标均保持增长，其中利润总额、税金合计等指标占北京市比重均超过 50%。从劳动生产率角度来看，人均实现收入也从 2010 年的 76 万元上升至 2016 年的 104.9 万元，增长 38%（见表 2）。

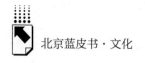

表2　2010～2016年海淀区文化创意产业主要指标情况

类别＼年份	2010	2011	2012	2013	2014	2015	2016
企业数量(家)	2832	2787	2828	2687	2680	2528	2531
从业人员(万人)	37.4	43.5	48.8	51.7	53.4	59.7	60.9
资产总计(亿元)	4103.9	4869.5	5705.2	6713.3	8023.5	9868.7	11767.5
收入合计(亿元)	2842.8	3338.9	3914.4	4222.1	4795.0	5699.0	6389.2
利润总额(亿元)	271.2	342.9	420.4	486.1	558.4	558.3	601.5
税金合计(亿元)	164.0	203.2	241.9	238.6	274.3	304.6	302.0

资料来源：北京市海淀区文化发展促进中心。

2.产业格局清晰，软件和信息技术服务业仍居主导地位

从产业结构上看，2010～2016年，海淀区文化创意产业呈现"162"发展格局。2016年，海淀区文化产品和服务的生产、传播、消费的数字化、网络化进程加快，基于互联网和移动互联网的新型文化业态成为海淀区文化创意产业发展的新动能和新增长点，互联网文化产业优势明显。2016年主导行业软件和信息技术服务行业收入合计4361.3亿元，占全区文化创意产业收入的一半以上，达到68.3%，充分体现出海淀区文化创意产业"互联网＋"的特点和优势。6个优势行业（广播电视电影服务、广告和会展服务、新闻出版及发行服务、设计服务、文化休闲娱乐服务、文化用品设备生产销售及其他辅助服务）中，新闻出版及发行服务行业单位数量继续减少。2个潜力行业（工艺美术品生产与销售服务、文化艺术服务）在整个文化创意产业中占比保持基本稳定。值得注意的是，2016年，工艺美术品生产与销售服务业收入合计33.1亿元，较2015年增加17.9亿元，同比增幅高达117.8%，为近五年以来最大增幅，主要得益于首饰、工艺品及收藏品批发子行业的发展，这与近年来"互联网＋文化"迅猛发展，线下销售转为线上线下相结合有很大关系。海淀区的软件和信息技术服务行业和广播电视电影服务业占比始终保持在80%左右，是典型的文化与科技融合发展。具体如表3所示。

3.产业规模居全市首位

2016年，北京市规模以上文化创意产业企业收入合计15224.8亿元，同比增幅13.2%。其中东城、西城、朝阳、海淀四区的收入合计占全市比重为82.5%，是北京市文化创意产业发展的重要支撑。在收入合计方面，海淀区以

表3　2010～2016年海淀区文创产业分行业收入情况

单位：亿元

年份 类别	2010	2011	2012	2013	2014	2015	2016
文化艺术服务	19.2	32.0	35.9	37.7	41.1	43.4	80.0
新闻出版发行服务	136.6	140.3	156.9	166.2	175.2	176.8	180.4
广播电视电影服务	356.0	394.4	469.5	489.8	526.3	536.3	558.6
软件和信息技术服务	1867.6	2252.6	2628.7	2846.5	3294.3	3971.9	4361.3
广告和会展服务	119.9	136.5	191.0	188.7	227.8	410.9	551.7
工艺美术品生产与销售服务	21.7	34.6	30.4	14.1	11.6	15.2	33.1
设计服务	104.8	100.2	125.7	140.2	136.9	132.5	226.9
文化休闲娱乐服务	59.0	70.2	87.2	100.7	123.3	133.7	128.5
文化用品设备生产销售及其他辅助服务	158.1	178.1	189.3	238.3	258.6	278.3	268.6
合计	2842.8	3338.9	3914.4	4222.1	4795.0	5699.0	6389.2

资料来源：北京市海淀区文化发展促进中心。

42%的占比居全市第一；在从业人员数量方面，海淀区也以48.5%的占比高居全市榜首。

（二）文化与科技融合企业基本特征

　　海淀区充分发挥科技创新优势，大力推进先进技术研发与应用，打造了一批以"互联网＋"和"文化＋"为特色的文化创意产业园区，聚集了百度、新浪、小米等全球知名的文化科技企业，培育了一大批具有重大影响力的创新型企业，成为全球最具吸引力的创新创业中心之一。近年来陆续涌现出移动互联网社交媒体、网络电视、数字旅游、游戏动漫、创意设计、数字出版、文化装备等文化与科技融合发展的新型业态；培育出在文化创意产业细分领域中具有领先地位的龙头企业；自发形成北京市多媒体产业协会、北京数字创意产业协会、中关村手机动漫产业联盟、中关村数字电视产业增值业务联盟和中关村虚拟现实产业联盟等众多文化科技产业联盟。

　　选取海淀区在2014年1～5月规模以上的2496家文化创意企业作为样本，分析它们在国民经济行业分类（GB/4754－2011）中的分布情况，可以了解海淀区文化与科技融合企业的基本特征。[①] 根据海淀区2496家文化创意企业的注册情况，发现海淀的文创企业涵盖国民经济行业分类中73种类别。其中排名

① 资料来源：北京市海淀区统计局。

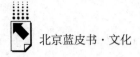

前十的行业包括：软件开发（982家）、信息系统集成服务（190家）、信息技术咨询服务（144家）、广告业（124家）、互联网信息服务（110家）、工程勘察设计（100家）、其他电信服务（67家）、其他未列明信息技术服务业（67家）、图书出版（59家）、其他未列明专业技术服务业（57家）。

进一步分析发现用（GB/4754－2011）的分类并不准确，特别是在软件开发、信息系统集成服务、互联网信息服务等与计算机和网络技术相关的领域中，分类过于笼统，没有体现出这些企业的文化新业态特征。占比较高的前十类行业中基本涵盖了数字出版、移动互联、网络教育、网络视听、网络游戏、数字影视、新媒体等文化新型业态。

除此之外，前十类与计算机和网络技术相关的行业中还包含一些传统科技型企业，涵盖软件开发、新能源、生物制药、教育、制造等行业。这些企业的文化类产品和服务较少，应不属于文化与科技融合型企业。

分析海淀区2496家文化创意企业在国标《文化及相关产业分类2012》中的分布，80%以上（2024家）的企业能被文化及相关产业十大类别所涵盖（见图2）。

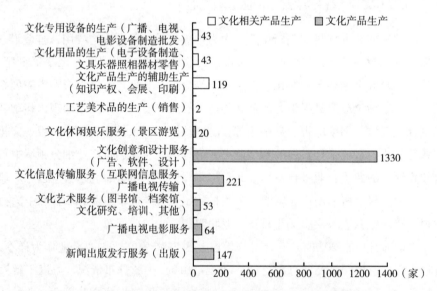

图2 海淀区文创企业在文化及相关产业中的分布

从文化及相关产业分类的角度观察，海淀区的文创企业大多集中在动漫游戏、创意设计、软件开发、互联网信息服务、广告服务、多媒体等行业，以文化新业态的形式出现，是典型的文化与科技融合产业。

此外，海淀区传统的文化生产和服务企业也较多，主要分布在广播影视服务、新闻出版发行、会展服务和知识产权服务等领域。这些传统行业的部分企业在与互联网、数字技术等高新技术深度融合方面还有待加强，文化新业态特征不明显。除此之外，还有 26% 注册于海淀的企业没有包含在《文化及相关产业分类 2012》中。

在文化与科技融合分类中，数字化和网络信息技术在各个产业领域中应用最多，规模最大，辐射效果也最广，海淀的企业在这些技术领域中优势十分明显，促使这些技术手段不断与传统文化行业融合发展，催生出新的产品形态和服务业态，进而形成新的文化科技融合产业。从产业链的角度来看，大多数文化与科技融合产业的上游主要包括内容原创与开发、创意策划等；中游包括版权开发、内容运营、网络运营以及网络设备制造等；下游主要包括应用服务、终端设备制造等。

综上所述，海淀区的文化与科技融合企事业单位大致可以分为传统文化产业升级、文化新业态出现和科技产业业务拓展三类。传统文化产业升级多指称文化事业单位或大型国有文化企业，它们往往涉足数字影视、数字图书馆、数字博物馆、智慧旅游等产业，是对各类文化事业传统职能的数字化改造和升级，典型代表有各类公园、景区、图书馆、博物馆的数字化服务以及广播电视服务的互联网化。文化新业态类产业包含新媒体、数字出版、网络文化、动漫游戏、创意设计、文化装备等类别，这类产业中文化新业态业务最为丰富和成熟，文化与科技融合的经济贡献率最高。而科技产业业务拓展则集中在原科技企业中，目前正初步介入文化创意领域，在文化与科技融合方面还有较大的开拓空间。

三 国内文化科技融合企业认定标准

（一）国家层面文化科技融合企业认定标准

在国家层面，有关文化科技融合企业相关认定标准可以作为参照的主要包括国家高新技术企业、国家软件企业、国家技术先进型服务企业、国家动漫企业等的认定标准，具体条件及支持措施见表4。通过分析可以发现以下共性特点。

表4 国家层面文化科技融合企业认定条件列表

国家层面	认定条件										优惠政策
	注册时间	注册地	业务范围	自主知识产权	自主知识产权占比	主营业务收入占比	大专以上职工占比	研发人员占比	研发投入占比	中国境内研发投入占比	
国家高新技术企业	>1年	—	√	√	—	≥60%	—	≥10%	收入≤5000万元，≥5%；收入>5000万元≤2亿元，≥4%；收入>2亿元，≥3%	≥60%	企业所得税率从25%降至15%，依据《国家税务总局关于实施高新技术企业所得税优惠有关问题的通知》(国税函〔2009〕203号)
国家软件企业	—	—	—	—	>50%	≥50%	—	≥50%	≥6%	≥60%	享受企业所得税"两免三减半"政策，重点软件企业所得税减按10%征收政策
国家技术先进型服务企业	—	√	—	—	—	>50%	>50%	—	—	—	按15%的税率征收企业所得税。发生的职工教育经费按不超过企业工资总额8%的比例在企业所得税税前扣除，超过部分，准予在以后纳税年度结转扣除。离岸服务外包业务收入免征营业税
国家动漫企业	—	—	—	—	>50%	>60%	>30%	≥10%	>8%	—	按17%的税率征收增值税后，对其增值税实际税负超过3%的部分，实行即征即退政策。确需进口的商品可享受免征进口关税及进口环节增值税的政策

第一，国家层面的文化科技融合企业相关认定都起始较早，经历了不断适应经济发展形势和政策演进的过程，在实施推进中不断完善，并在全国范围内全面展开。特别是国家高新技术企业认定工作在20世纪90年代初就已开展，充分体现了国家对发展高新技术的重视和支持。近年来随着国家对新兴产业政策扶持力度的加大，高新技术企业认定出现了硬性条件放宽、认定流程简化、认定时间缩短、支持领域扩大等趋势，更多向中小企业倾斜，使更多创新型企业得到政策支持。这对于北京市文化与科技融合企业认定条件的制定原则和方向也提供了有益的借鉴。

第二，在文化科技融合相关的各类国家级企业的认定中，对企业的注册资本、营业收入等方面较少硬性标准，而对企业自主知识产权、文化科技融合相关业务收入占比都有较为明确的量化指标，在弱化企业规模体量等指标、向中小型企业倾斜的同时，还体现了对企业相关业务创新创意的强化，着力引导企业加强对新业态的重视和投入，并强调企业须拥有相关领域原创知识产权。

第三，国家层面文化科技融合相关认定条件对企业中具有大专以上学历人员占比的要求有所弱化，而普遍对研发人员所占的比例有所要求，且都对研发费用占总收入的比例即"研发投入占比"有非常细致和严格的认定条件。例如国家高新技术企业认定中，针对年销售收入5000万元以下、5000万~2亿元、2亿元以上的企业，分别设定了占比不低于5%、不低于4%和不低于3%的要求；国家软件企业要求研发投入占比不低于6%；国家动漫企业认定要求研发投入占比要大于8%。这体现了国家层面文化科技融合相关产业在企业认定中对以研发人员为代表的创意岗位以及对研发投入强度等因素的强调。

第四，无论是国家高新技术企业认定、国家软件企业认定还是国家技术先进型服务企业、国家动漫企业认定标准的确立都与管理办法配套实施，相关管理办法既是对企业认定标准的有力支撑，也为获得认定的企业提供了相应的政策支持，其中最为普遍的支持措施是企业所得税减免，而各省市也通过投融资、土地、工商等各类优惠政策予以支持。

另外，国家层面几类不同企业的个性化认定条件也为北京市文化科技融合企业认定提供了参考思路。

国家高新技术企业认定对"企业成长性"的强调，将对企业原总资产增长率的考核改为对净资产增长率的要求，条件更为严苛，也更加看重企业发展

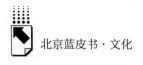
的创新动力和活力。

国家技术先进型服务企业认定要求企业应获得有关国际资质认证并与境外客户签订服务外包合同，且其向境外客户提供的国际（离岸）外包服务业务收入不低于企业当年总收入的50%。这是在全球化视野下引导企业加快国际化步伐，推动先进技术"走出去"。

国家动漫企业认定中区分出了"重点动漫企业"，提出了更高的认定条件，在获认定企业的内部进行了分级，有利于进一步精细化相关企业认定和管理。同时动漫产业作为典型的文化科技融合业态，在高新技术企业、软件企业对研发投入和人员等要求之外，还对产品内容进行了限定和要求，体现了文化产品的特性。

（二）地方各省市文化科技融合企业认定标准

地方各省市在文化科技融合企业认定标准方面比较完善的大多是首批国家级文化与科技融合示范基地，相关认定主要包括上海"文化科技创意企业"、西安"文化与科技融合示范企业"、武汉"文化与科技融合试点企业"、深圳"文化+科技型示范企业"和长沙"文化与科技融合示范企业"等。

各省区市基本遵照和延续了国家层面对相关企业认定标准的原则和思路，同时结合各地实际，针对各地文化与科技融合企业提出了更为细致明确的要求（见表5）。

首先，地方各省市企业认定更聚焦于文化与科技融合企业，因此首先对文化科技融合企业的产业范围和主营业务进行了研究和界定。相比国家级文化科技融合企业的认定，地方各省市都对相关企业注册地有明确要求，同时普遍在企业注册资本、营业收入、纳税额等各个方面都提出了门槛和要求。如深圳市、西安市、长沙市都提出了企业注册资本、年营业收入、纳税额都必须达到一定数额以上，深圳市还提出了企业年人均总产值要大于15万元，上海市提出重点文化创意企业当年纳税应达到1000万元的要求。

其次，与国家级文化科技融合企业的认定一样，地方各省市普遍对企业文化科技融合相关业务收入占比、研发人员占比和研发投入占比有明确的量化要求，引导企业发展文化科技融合新业态，强化创新创意的重要性。但是对知识产权方面，除西安文化与科技融合示范企业认定中提出企业应"拥有自主知识

表 5　地方各省市文化科技融合企业认定条件

地方各省市层面	认定条件													
	注册时间	注册地	注册资本	年营业收入	年人均总产值	经营场所和相关设施	业务范围	自主知识产权	自主知识产权营业收入占比	大专以上职工占比	研发人员占比	研发投入占比	中国境内研发投入占比	纳税额
上海市文化科技创意企业（机构）认定	—	√	—	—	—	√	—	—	≥50%	>30%；负责人具有中级以上专业技术职称	—	≥3%	—	—
张江高科技园区文化创意企业	—	√	—	—	—	—	√	—	—	—	—	—	—	≥1000万元
深圳市"文化+科技"示范企业	>1年	√	>300万元	>1000万元	>15万元	√	√	√	>70%	>50%	>10%	—	—	>100万元
武汉市东湖新技术开发区《关于推进文化科技产业融合发展的实施意见》	—	√	—	—	—	—	√	—	>50%	—	—	—	—	—
西安市《国家级文化与科技融合示范基地建设实施方案》	>2年	√	≥300万元	≥500万元	—	√	√	√	>50%	>40%	≥30人	>5%	—	—
《长沙市文化与科技示范企业融合认定管理暂行办法》	—	√	>500万元	>3000万元	—	√	√	√	—	>30%	>10%	>4%	—	>100万元
《北京市重点文化科技融合型企业（文化创意）认定管理办法（草案）》	>3年	√	≥300万元	—	—	√	√	√	>60%	>30%	≥10%	≥6%	≥60%	—

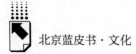

产权且该项收入占主营收入的50%以上"这一量化指标外，其他各省市均未明确知识产权占比。

整体而言，地方各省市文化与科技融合企业认定标准相比国家层面相关条件，更加聚焦于适应文化与科技融合，对企业自身发展运营状况的要求更加细化。同时，由于各省市相关认定工作相对开展较晚，还须结合实践逐步丰富和完善。

B.13
北京文化创意产业的结构性问题研究*

——基于波士顿矩阵方法的分析

孔少华**

摘　要： 文化创意产业发展不仅受到总量的影响，也受到结构性的影响，合理的、科学的行业结构和区域结构有利于北京市文化创意产业资源的合理分配，实现资源利用的最大效果，推动产业进一步发展。本研究通过波士顿矩阵研究了北京市文化创意产业的行业结构以及区域结构，对北京市文化创意产业的结构性问题进行分析，并给出了进一步发展的建议。

关键词： 文化创意产业　波士顿矩阵　北京

一　北京文化创意产业相关发展与问题概况

根据北京市统计局提供的相关数据，2017 年 1～11 月，北京市文化创意产业收入合计 13600 亿元，同比增长了 9.4%，保持了较高的增长速度。从 2015 年开始稳步提升，文化艺术业和新闻出版业两大传统行业发展态势良好，在经历了两年低速增长后分别实现了 14.5% 和 8.6% 的增长速度（见图 1）。总体来看，北京市文化创意产业在经济新常态背景下，结构性调整成果显著，再次进入一个新的增长期。

但是从行业结构和增速来看，北京文化创意产业各行业严重失衡，且增长

---

* 本文为北京市社会科学院课题成果。

** 孔少华，中央财经大学文化经济研究院，副教授。

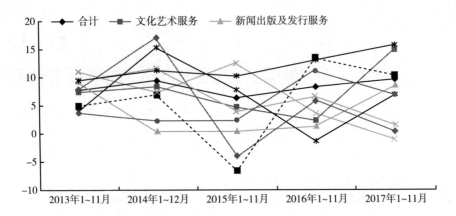

图1　北京文化创意产业九大行业发展增速比较

资料来源：北京市统计局。

也不均衡，如表1所示，九大行业中软件与信息技术服务业占比为42.2%，且保持了15.5%的高增长率。这一方面凸显了北京市新兴业态的特殊优势，但是也隐含着产业发展的结构性问题。本研究旨在分析北京市文化创意产业发展的内部结构，为北京市文化创意产业的资源配置提供决策支撑。

表1　2017年1～11月北京文化创意产业发展数据

项　目	收入合计		从业人员平均人数	
	2017年1～11月（亿元）	同比增长（%）	2017年1～11月（万人）	同比增长（%）
合　计	13600	9.4	122.8	-0.3
文化艺术服务	285.8	14.5	5.7	1.0
新闻出版及发行服务	699.2	8.6	7.6	-1.3
广播电视电影服务	704.9	1.5	5.5	-0.3
软件和信息技术服务	5735.5	15.5	67.6	-0.1
广告和会展服务	1732.0	7.0	6.5	-5.7
艺术品生产与销售服务	1059.4	0.5	1.8	0.6
设计服务	287.7	10.1	8.4	11.0
文化休闲娱乐服务	932.7	-1.0	8.4	-2.7
文化用品设备生产销售及其他辅助	2162.9	6.7	11.3	-4.2

资料来源：北京市统计局。

二 北京文化创意产业发展面临的问题

（一）分析方法的选择和说明

本研究旨在通过对北京市文化创意产业发展各行业以及区域产业发展的结构进行分析，通过分析可以发现北京文化创意产业发展中的结构性问题，例如，哪些行业发展速度较快，但是占有率不足，需要进一步加大投入，哪些行业占有或者增速都不足，根据这些数据，在分析北京市文化创意产业发展目标的情况下进行有效的资源配置。本研究旨在通过波士顿矩阵分析，在北京文化创意产业发展中筛选重点发展产业，重点产业的选择对于北京市文化创意产业的发展具有重要的战略意义。

波士顿矩阵，英文简称 BCG 矩阵，即四象限分析法，在 20 世纪 60 年代由美国大型咨询公司创立并推广，是在有限资源下用于指导投资组合的一种有效方法，对于政府有效配置产业发展要素同样具有指导意义。目前波士顿矩阵被广泛用于对产业竞争力的分析以及主导产业筛选。①

波士顿矩阵一般包含两个指标，即销售增长率和市场占有率，两个指标不同组合，可以构成四种产品类型：问题型，即较高的销售增长率、较低的市场占有率产品；明星型，即较高的销售增长率、较高的市场占有率产品；现金型，即较低的销售增长率、较高的市场占有率产品；瘦狗型，即较低的销售增长率、较低的市场占有率产品。②

（二）行业竞争情况分析

1. 数据与指标

研究选取北京市统计局提供的 2017 年 1～10 月文化创意产业数据③，市场

---

① 许哲、徐天祥：《基于波士顿矩阵理论的山东省工业主导产业的路径选择》，《对外经贸》2015 年第 3 期；刘凌瑜、戴红美：《长沙重点发展产业选择研究——基于比较优势度和波士顿矩阵》，《现代商贸工业》2014 年第 19 期。

② 徐丛春、宋维玲、李双建：《基于波士顿矩阵的广东省海洋产业竞争力评价研究》，《特区经济》2011 年第 2 期。

③ http://www.bjstats.gov.cn/tjsj/yjdsj/whcy/2017/index.html，2017 年 12 月 17 日。

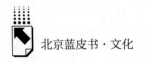

占有率计算方式为子行业/文化创意产业总收入，市场增长率选取同比增长率，数据如表2所示。

表2　北京文创分行业增长速度与占有率（2017年1～10月）

单位：%

合计	标签	占有率	增长率
文化艺术服务	A	2.1	14.8
新闻出版及发行服务	B	5.0	10.7
广播电视电影服务	C	5.5	-4.3
软件和信息技术服务	D	42.2	15.7
广告和会展服务	E	12.8	6.2
艺术品生产与销售服务	F	7.5	2.3
设计服务	G	2.1	10.1
文化休闲娱乐服务	H	7.0	-2.0
文化用品设备生产销售及其他辅助	I	15.7	7.0

资料来源：北京市统计局。

2. 分析结果

根据波士顿矩阵分析，北京文化创意产业中明星类的行业为D，即软件与信息技术服务业；问题类行业有ABG，即文化艺术服务业、新闻出版发行业、设计服务业；瘦狗类行业有CEFHI，即广播电视电影服务、广告和会展服务、艺术品生产与销售服务、文化休闲娱乐服务、文化用品设备生产销售及其他辅助等行业。FHC行业问题较为严重，即艺术品生产与销售服务、文化休闲娱乐服务以及广播电视电影服务（见图2）。

（三）区域竞争情况分析

1. 数据与指标

研究数据选取《北京市区域统计年鉴2016》[①] 提供的2015年区域文化创意产业统计数据[②]，市场占有率计算方式为区域收入/总收入，市场增长率选取同比增长率，数据如表3所示。

①　http：//www.bjstats.gov.cn/nj/qxnj/2016/zk/indexch.htm，2017年12月18日。

②　http：//www.bjstats.gov.cn/tjsj/yjdsj/whcy/2017/index.html，2017年12月17日。

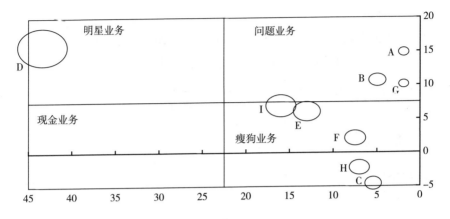

图2 九大行业的波士顿矩阵分析

表3 北京市各区县文化创意产业收入（2015年）

单位：元，%

各区	2015年收入	2014年收入	2015年增长率	2015年占有率
东城区	18389989	17294359	6.3	13.7
西城区	8377540	8028567	4.3	6.2
朝阳区	27773035	25411308	9.3	20.6
丰台区	3891314	3567055	9.1	2.9
石景山区	3425985	3334750	2.7	2.5
海淀区	56989548	47950314	18.9	42.4
房山区	310464.1	294545	5.4	0.2
通州区	1358866	1146572	18.5	1.0
顺义区	1176958	1156764	1.7	0.9
昌平区	1570420	1372974	14.4	1.2
大兴区（北京经济技术开发区）	9251196	6869887	34.7	6.9
门头沟区	168303.8	153792	9.4	0.1
怀柔区	915373.4	700668	30.6	0.7
平谷区	478061	402946	18.6	0.4
密云区	335182.7	237201	41.3	0.2
延庆区	101175.6	98682	2.5	0.1

资料来源：《北京市区域统计年鉴2016》。

2. 分析结果

根据波士顿矩阵分析，现金类的区域有 F，即海淀区；问题类的区域有 KMO，即大兴区、怀柔区、密云区；其他为瘦狗类区域（见图3）。

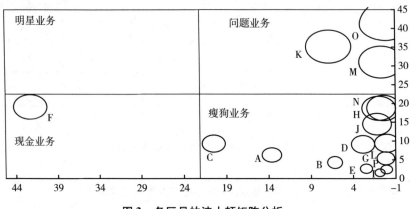

图3 各区县的波士顿矩阵分析

剔除 FKMO 后进一步做波士顿矩阵分析，现金类的区域有 AC，即东城区、朝阳区；问题类的区域有 HNJ，即通州区、平谷区；其他为瘦狗类业务（见图4）。

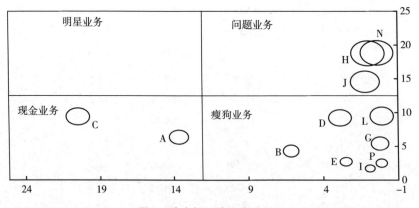

图4 波士顿矩阵二次分析

经过二次波士顿矩阵分析，最终结果是，现金类区域有 ACF，东城区、朝阳区和海淀区，问题类区域有 HJKMNO，通州区、房山区、大兴区、怀柔区、平谷区、密云区，其他为瘦狗类。

（四）北京文化创意产业发展面临的问题

通过波士顿矩阵分析可以得知，北京文化创意产业发展具有较大的结构性不均衡问题。

1. 行业结构性不均衡

从行业竞争态势来看，北京市文化创意产业中软件与信息技术服务业具有高增长高占有的特点，需要加大投资以支持其迅速发展；文化艺术行业、新闻出版发行行业、设计服务业目前处在利润低、资金不足的状态，市场机会大，前景好，然而从投资策略来看问题类行业应该进行选择性投资，由于总体经济面临新常态以及互联网信息服务业的竞争，文化艺术业、新闻出版发行行业短期内难以有较大的起色，有选择性地加大对设计服务业的资金投入，将推动设计服务业向明星类转变。

2. 区域结构性不均衡

从区域来看，东城区、朝阳区和海淀区的文化创意产业发展良好，可以进一步加大资源的倾斜力度，加大财政投入，引导社会资本投资；通州区、房山区、大兴区、怀柔区、平谷区、密云区等区域存在一些问题，从全市布局来看，如果资源足够，可以进一步加大对这些区域的政策支持，从而推动这些区域的文化创意产业向高增长、高占有转变。

三　推动北京文化创意产业进一步发展的建议

1. 立足主导产业，推动数字创意产业发展

进一步加大对数字创意类等新兴业态的支持力度，从总体来看北京市软件与信息服务业保持了较高的增速以及较高的市场占有率，即北京文化创意产业发展的主导产业和支柱产业，同时也是带动相关产业发展的重要动能。2016年国务院印发的《"十三五"国家战略性新兴产业发展规划》提出在数字创意产业发展方面，要形成技术先进、文化引领、链条完整的格局，进一步推动软件与信息技术服务业的发展，推动新业态发展，将带动北京文化创意产业的总体提升。

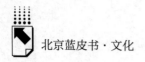

2. 加快推动传统行业的转型升级发展

从总体数据来看，北京的文化艺术行业、新闻出版发行行业、设计服务业等传统行业在转型升级方面取得了不错的效果，增长率不断提升，但是从体量还有增速上看，还有一定的发展空间。进一步推动文化与科技融合，通过互联网新技术推动传统产业的发展，实现新闻出版等行业的转型升级，将为北京文化创意产业发展提供新动能。

3. 注重不同区域文化创意产业的均衡发展

总体来看，北京市文化创意产业发展存在严重的不平衡，海淀、朝阳、东城、西城的文化创意产业发展稳定，而其他区县的发展无论是在增速还是在占有率方面均不高，这些区域均具有大量的文化资源，如通州的大运河文化资源，但是这些资源受制于区域的财政实力以及资源的开发情况，潜力还没有得到全面发挥。从区域来看，北京市文化创意产业需要进一步加大对产业相对落后区域的倾斜，推动这些区域文化资源的开发及产业化。

4. 拓展资金渠道，加大文化创意产业的投入

北京文化创意产业发展已经逐渐回暖，正迎来新的发展契机，但是从总体来看，北京文化创意产业发展还存在一定的结构性问题。为了进一步解决这些问题，需加大资金投入并优化配置资金，实现不同行业、不同区域的全面发展。但是目前文化财政投入面临巨大压力，根据《北京统计年鉴2017》的相关数据，2016年北京市一般公共预算收入增幅为8%，十年来首次跌进1位数；税收收入增幅仅为4%，为十年来最低；文化与传媒支出增幅为5%，为十年来最低。新的发展要求与财政投入压力对未来北京市的文化建设提出巨大挑战，如何拓宽文化发展的资金渠道，进一步调动民间资本的积极性，关系未来发展，而文化PPP模式的研究与推广成为新突破点。

本报告对北京市文化创意产业的发展情况进行了分析，从总体发展态势来看，北京市文化创意产业在经历几年相对低速增长的情况下，增速正不断回升，将迎来新的发展契机。但是通过行业竞争分析以及区域竞争分析，北京市文化创意产业发展在结构性方面还有很多值得改进的方面，如何进一步调动多方资金，在国家大力发展数字创意产业的大的战略背景下，推动文化与科技进一步深度融合,是北京文化创意产业发展所需要思考的问题。通过PPP 模式拓宽资金渠道,大力发展软件与信息技术服务业,通过软件与信息技术服务业的发展带动传统行业的升级发展,将为北京文化创意产业发展提供新的动能。

B.14
2017年北京文化财政金融
创新进展、问题与对策

何群　颜培璇　周庆宇*

摘　要： 2017年，北京在文化财政金融领域实现了多方面创新：在文化财政领域，继续完善各区文化创意产业发展专项资金管理，创新文化消费支持方式，细化文化财政扶持政策，联合金融机构助力中小微文化企业发展；在文化金融领域，银行不断深化文化产业金融服务，众筹助力传统文化产业发展，PPP模式升级服务文化产业，资本持续聚焦文娱产业。与此同时，北京的文化财政金融领域也面临着一些挑战，如扶持项目的综合评估考核体系不够完善，中小微文化企业的投融资路径单一，文娱资本市场波动大等。对此，需要采取不断完善扶持项目的综合评估考核体系，积极拓宽中小微文化企业融资路径，谨慎面对文娱资本市场等措施。

关键词： 北京　文化创意产业　文化财政　文化金融

近年来，北京市文化创意产业以逾14%的GDP占比，成为仅次于金融产业的第二大支柱产业，而文化与金融也有了越来越多的交集。2017年北京市在文化财政金融领域实现了多方面创新，呈现积极创新、稳健发展的特点。

---

* 何群，博士，中央财经大学文化与传媒学院教授，副院长，硕士生导师；颜培璇、周庆宇，中央财经大学文化与传媒学院文化创意产业方向研究生。

一 北京市文化财政金融的创新

（一）政府文化财政投入方式创新

1.完善各区文化创意产业发展专项资金管理

近年来，北京不断加大对文化创意产业资金的支持力度。《关于北京市2016年预算执行情况和2017年预算的报告》显示，北京市投入文化体育事业的资金共计77.1亿元。从各区的财政资金投入来看，目前，朝阳、东城、西城、海淀等9个区均已设立市级专项资金的配套资金，着力缓解文化创意企业资金匮乏的状况，促进企业持续健康稳步发展。在资助方式上，由原来的单一补助，变为基金引导、项目补助、政府购买服务三种方式。新设立的东城区文化创意产业发展引导基金，是全市第一只区级政府引导基金，按照市场化方式运作。政府第一年从文创专项资金中列支4000万元作为引导基金，之后根据财力状况和引导基金投资运作情况再行确定引导基金规模，资金放大效应不低于1:4，存续期限为8年，且引导基金不分享投资收益。主要针对中小企业的《东城区关于促进产业发展的暂行办法》中，除了常见的贴租（金）、贴息外，还有版权费补贴、参展补贴和对公共平台、中介机构的补贴等，奖励还设置了引进风投奖励、股权投资奖励、股权激励奖励、成果转化奖励、标准化项目奖励、对商务楼宇奖励以及社团奖励等新内容。此举有助于发挥专项资金的引导作用，能够撬动更大规模的社会资本流入文化领域，发挥市场在资源配置中的决定作用，提高财政资金的使用效率。

2.创新文化消费支持方式

2017年，第五届北京惠民文化消费季在第四届"十大文化消费园区"的基础上，创新地推出了商场、社区、文创园区、文化小镇四大类兼具艺术外观、文化内涵、创意生态的特色文化空间，邀请万科、侨福芳草地、爱琴海购物中心、金融街购物中心等商业空间，通州区宋庄镇、房山区青龙湖镇、延庆区大庄科镇等多个特色文化小镇，共同打造高品质文化消费集群，塑造一批文化消费的新地标，打造文化消费的"一站式综合体"。推动怀柔、延庆、平谷、昌平、门头沟全域旅游示范区创建，开展海外旅游推介及相关宣传活动。

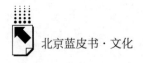

另外，全市十六区继续结合自身区位优势、文化特色，开展丰富多彩的惠民文化消费活动，力求形成市区联动、相互呼应的文化消费促进格局。①

3. 细化文化财政扶持政策

2017年，北京市在文化细分领域推出了更具针对性的三类文化财政扶持政策。首先，北京市新闻出版广电局于2017年5月制定了《北京市实体书店扶持资金管理办法（试行）》《北京市实体书店扶持项目管理规定（试行）》《北京市实体书店扶持项目评审细则（试行）》。此举有利于促进实体书店健康发展，推动全民阅读，构建书香社会，巩固先进文化传播阵地，助力全国文化中心建设。其次，北京市旅游消费促进处于同年结合部门预算管理的有关规定制定了《北京旅游商品扶持资金管理办法》。该办法能促进北京旅游商品又好又快发展，引导、扶持社会资本进入北京旅游商品的研发、生产和销售，促进旅游商品的产业化、专业化、国际化，提升"北京礼物"的品牌效应。最后，北京市文化局于2017年6月制定了《北京市优秀群众文化项目扶持办法》，此举以社会主义核心价值观为引领，以丰富群众精神文化生活为出发点，在激发基层文化活力、提高全民文化素质、提升城区品位、增强城乡居民的归属感和向心力以及塑造良好人文环境等方面具有重要作用。

4. 联合金融机构助力中小微文化企业发展

北京市在多项政策中明确指出，要大力扶持中小微文化企业发展，金融机构应确保对此类文化企业提供便利的金融服务。然而，文化企业本身的轻资产特征使其融资困难，且中小微企业发展处于上升期，在寻求资本支持时常因为缺乏明确的资产估值而备受阻力。因此，政府机构联合金融机构发布的各类榜单有助于金融机构对中小微文化企业产生初步认知，有利于为其后续提供更为便利的金融服务。榜单的发布有效促进了文化企业融资规模的增长，提升了外界投资者对上榜企业的关注度，为中小文化创意企业提供了一个展示、交流、融资的平台。

2017年，国家文化产业创新实验区推出"蜂鸟计划"，发布了首批认定的北京270家"蜂鸟企业"名单。"蜂鸟计划"中的"蜂鸟"是指发展迅速、潜

---

① 刘晓萌：《第五届北京惠民文化消费季开幕 发放5000万元电子消费券》，https://item.btime.com/45ka5dejva484680uiu2jik08ck。

力巨大的优质文化企业,其中特别包含"专、精、特、新"的成长前景看好的中小文化企业。入选榜单的文化企业可享受担保、贷款方面的优惠,同时,对使用新型直接债务融资工具进行融资的,如发行企业债券、中期票据等,给予30%的利息补贴,为上榜企业提供多元化的融资解决方案。

在第六届中国文化金融创新峰会上,北京市文化创意产业促进中心和清科集团联合发布了北京市最具投资价值文化创意企业榜单,推出了50家最具投资价值文化创意企业。上榜企业涵盖了动漫游戏、广播影视、创意设计等领域,具有较强的市场前景和创新能力。峰会上北京市文化创意产业促进中心、北京文化创意产业投资商会、北京市文化科技融资担保有限公司签署战略合作协议,北京市文化科技融资担保有限公司将作为文投商会的主要合作金融机构之一,为优质上榜企业推出专项融资产品"创赢保",提供金融服务。

(二)金融支持文化产业创新

1. 银行不断深化文化产业金融服务

目前银行依然是北京文化产业融资的主力。近两年,北京银监局持续引领辖区内银行业金融机构紧跟北京市"双轮驱动"发展战略,从政策引领、准入支持平台搭建、调研支撑、部门协同等多方面,推动北京文化金融向纵深发展,助力首都文化大发展大繁荣。

根据《支持北京新闻出版与广播影视产业发展全面战略合作协议》,未来五年内北京银行将为北京市新闻出版广电局统筹管理和服务的文化企业提供500亿元的授信额度;对北京市新闻出版广电局推荐的优质文化企业的融资业务开通"绿色审批通道"给予优先支持。同时,北京银行还将为北京市出版发行与广播影视企业提供创业贷、文创信保贷、版权贷、文化产业基金等适应文化产业特点的全面金融服务。[①]

2017年,多家银行在体制机制上积极探索,多种文化金融创新模式不断推出。具体表现在北京银行成立了文创金融事业总部,并结合朝阳国家文化产业创新实验区建设、东城国家文化与金融合作示范区创建,分别揭牌大望路、

---

① 尹力:《北京金融行业多形式助力文化产业发展》,中国新闻网,http://www.chinanews.com/cj/2017/10-11/8349884.shtml。

雍和两家文创专营支行，创新发布业内首个 IP 产业链文化金融服务方案"文化 IP 通"。北京银行将文创业务的审查审批转授文化产业管理部，以便于针对轻资产类业务不断优化审批标准，建立适应文化企业的、风险可控的审批标准和信贷管理模式。

华夏银行成立文化产业中心，定位于打造文化产业金融服务特色品牌，加大对首都文化产业发展的金融支持力度。在这一专营化机构的设置下，华夏银行北京分行在信贷管理创新、金融产品创新等方面制定了全新的发展方案。华夏银行北京分行准确把握文化企业融资需求特点，向综合金融服务转变，通过多元化服务提升客户服务能力。通过聚焦文化企业客户，创新企业融资工具和融资方式，在充分市场调研、收集产品需求的基础上，加强产品设计的创新和推出效率。

2. 互联网金融助力传统文化产业发展

2017 年初，中共中央办公厅、国务院办公厅发布《关于实施中华优秀传统文化传承发展工程的意见》以及《中国传统工艺振兴规划》，其中都明确指出将利用媒体融通加大对传统文化、传统工艺的宣传，并予以一定程度的财政补贴和金融支持。我国传统文化产业相比新兴的数字化文化产业，与互联网存在着沟通上的瓶颈，其发展势头明显落后于依托高新技术实现业态创新的新兴文化产业，在获取金融支持上处于劣势。而互联网金融服务平台的搭建，则给文化产业的发展提供了全新的融资渠道。2017 年，互联网金融在文化产业的发展中除了众筹模式的持续发力，11 月北京市文创金融服务网络平台正式上线，采用"政府授权 + 专业化运营"，搭建起集股权融资、债权融资、第三方服务、奖励资金申请等功能于一体的在线服务平台，为文化企业提供一站式高效融资服务。① 该平台基于北京市扶持文创的"投贷奖"联动体系而设立。投，是指股权投资机构为文化企业提供股权融资服务；贷，是指金融机构为文化企业提供低利率、高效率贷款；奖，是指对获得股权融资、债权融资的文化企业也进行股权融资、发债融资、贴息、贴租等不同形式的奖励支持。②

① 范晓：《"投贷奖"联动服务解文化产业融资难题 本市文创金融服务平台正式上线》，《北京日报》2017 年 11 月 26 日。
② 冯昭：《北京启动投贷奖联动体系 200 亿创新基金呼之欲出》，《华夏时报》2017 年 12 月 16 日。

北京在众筹平台数量、成功项目数和实际融资额等多个指标上都独领风骚，是名副其实的"众筹之都"。因此在传统文化产业领域，尤其是非遗文化传承方面，北京充分利用其在众筹方面的优势，既为众筹文化项目提供资金支持，又在很大程度上对众筹项目进行基于线上平台的广泛宣传，突破传统文化产业领域与互联网不相融通的瓶颈，形成北京文化金融领域的一大创新。

2017年1~7月，北京文化众筹融资实现15852.01万元，涉及58个项目，相比上年同期增长16.82%。同时，传统文创行业因转型困难，当前以创新、创业在市场中通过VC、PE等股权融资渠道进行融资的案例较少，但在众筹市场，却保持着较为活跃的发展态势。[①] 根据中国文化产业投融资数据平台，2017年1~7月，文体、娱乐器材制造业共发起了85个众筹项目，筹资总规模高达1081618万元，其次是乐器、玩具及视听设备制造业，发起156个众筹项目，筹资总额为9509.14万元。相比之下股权众筹融资规模较为靠前的互联网信息服务业仅发起4个众筹项目，筹资规模为3030.4万元。

具体如2017北京文交会市集众筹活动。市集摊位采取了"众包 + 众筹"的方式，现场摊位通过"众筹抢单"的方式招募文创家与匠人，积极有效地实现了手工艺品制作的推广。京东众筹于11月开启非遗板块"玩物不丧志"，其中就包括非遗大师手工制作的北京非遗项目——金马派风筝。该板块主要是针对各种非遗、手工类的众筹项目，通过京东众筹平台的流量与场景优势，帮助传统文化产品建立线上的展示和销售渠道。

3. PPP模式升级服务文化产业

《北京市"十三五"时期文化创意产业发展规划》提出六大重点任务，其中第二条指出，贯彻落实鼓励和引导民间资本进入文化领域的政策，简化文化市场行政审批流程，鼓励社会资本投资、兴办小微文化企业，引导民间资本参与重大文化项目和文化设施建设。4月28日，文化部网站发布《文化部办公厅关于做好2017年度中央财政文化产业发展专项资金重大项目申报工作的通知》，其中涉及的三大项目包括"文化金融扶持计划""特色文化产业发展""促进文化创意和设计服务与相关产业融合发展"。按照财政部通知要求，对

---

① 北京市文化创意产业促进中心：《2017北京市文化金融手册（三）》，http：//www.sohu.com/a/197680770_473338。

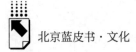

符合三个重大项目支持重点的政府和社会资本合作（PPP）项目、文化与科技融合发展项目，将优先予以支持。①

北京市积极贯彻落实这个政策，朝阳区正式设立总规模100亿元的文化创意产业发展引导基金，引导社会资本进入文化产业投资领域，发挥财政资金的杠杆效应，促进国家文化产业创新实验区规模化、集聚化、专业化、高端化发展。引导基金初期设立文化创意产业投资基金、文化科技融合基金、京津冀文化产业协同发展基金以及文化产业重大项目建设投资基金等五大基金。重点投资符合首都功能定位和未来发展方向、文化创意与科技创新融合发展的文化产业项目和企业，重点放在功能型、平台型项目，以及具有社会效益和经济效益的精品文化产业项目，带动区域文化产业升级发展。②

4. 资本持续聚焦文娱行业

文化娱乐行业是文化产业的重要组成部分，虽然近几年我国文化娱乐行业呈现爆发式增长，但是2017年文化娱乐行业融资无论是在案例数量还是资金投入上都有所下滑，透露出市场在文娱行业投资上的渐趋谨慎。尽管如此，北京在全国范围内依旧在此领域表现出了高投入。截至目前，北京在文娱行业的融资案例为97起，超过第二名上海50余起。北京获投前三位的领域分别为媒体和阅读、视频和影视，其中影视共16起融资，占全国的八成。③

如表1所示，2017年北京文娱行业领域的融资，主要集中在以移动互联网为支撑的新文娱行业领域，如知识平台、视频网站、直播平台、演出票务平台以及网生内容制作公司上。

在企业并购方面，9月21日，"互联网+电影"平台猫眼和微影时代宣布实现战略合作，共同组建新"猫眼微影"公司。根据双方战略协议，新公司以猫眼为主体，通过整合双方相关业务，猫眼将注入包括电影和演出票务业务、行业专业服务、电影投资宣发等在内的全部业务。微影时代将电影票务、演出

① 《文化部办公厅关于做好2017年度中央财政文化产业发展专项资金重大项目申报工作的通知》，http://zwgk.mcprc.gov.cn/auto255/201704/t20170428_493547.html。
② 朱松梅：《朝阳设立百亿元文创引导基金助推国家文创实验区升级发展》，《北京日报》2017年9月17日。
③ 许梦翘：《2017上半年文化娱乐领域投融资情况总结》，猎云网，http://www.lieyunwang.com/。

表1 2017年北京市文化企业部分融资事件

公司名称	融资/投资规模	投资方/合作方	融资/投资时间	资金投入方向
知乎	D轮1亿美元	今日资本领投	2017年1月	知乎平台搭建
爱奇艺	15.3亿美元(可转债认购)	百度等十余家投资公司	2017年3月	爱奇艺平台建设
快手	D轮3.5亿美元	腾讯领投	2017年3月	直播短视频平台建设
猫眼电影	8亿元	辰海资本	2017年4月	成立妙基金
粉丝网	B轮1.5亿元	前海梧桐并购基金	2017年4月	粉丝网站平台建设
猎豹live me	B轮6000万美元	经纬中国领投	2017年5月	移动直播平台建设
百度文学	8亿元	红杉资本领投	2017年5月	中文原创及内容分发
海豚映画	天使轮400万元	华耀资本	2017年7月	新媒体影视孵化与营销
淘梦	9000万元	华映资本等三家公司领投	2017年11月	网生内容制作以及产业链拓展
猎豹live me	5000万美元	今日头条	2017年11月	移动直播平台建设
一点资讯	1.121亿美元	龙德成长领投	2017年11月	内容资讯平台建设
梨视频	1.67亿元	人民网旗下基金	2017年11月	资讯短视频平台建设

业务及相关资产合并注入新公司。11月，今日头条以8660万美元对价收购了猎豹旗下的新闻聚合平台News Republic，同月，今日头条以10亿美元完成了对海外音乐短视频平台Musical. ly的收购。交易完成后，今日头条旗下的音乐短视频社区抖音和Musical. ly合并，双方在保持品牌相互独立的前提下，在技术、产品等方面进行深入探索和合作。

二 北京市文化财政金融创新面临的挑战

（一）扶持项目的综合评估考核体系不够完善

目前，北京市虽然已在逐步推进文化财政投入方式的创新，体现出与以往直接拨款不同的一种管理思路，然而，这种扶持还处于起步阶段。扶持资金应充分发挥其具有的引导和放大作用，引领社会资本的流动和效率提升。

综合评估考核体系是由若干项目和指标及权重比例构成，彼此相互联系，在文化项目考核和管理工作中运用。在现行的财政政策之下，采用什么样的考

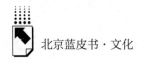

核指标体系和考核办法，对于资金的引导和放大功能有极强的影响。

目前，虽然北京制定了各种针对文化创意产业的扶持政策，但是其对于所扶持企业或项目的评估考核指标和过程还不是非常明晰。网上只能查找到少量的相关资料，更多的往往是直接公布资助项目的名称，而监督被资助项目的资金使用、资助效果等方面的跟进工作尚不够完善。这些问题在一定程度上不利于政策执行的效率。因此，如何适应当前的社会发展需求，尽快完善文化财政投入的现有综合评估考核体系是北京市亟须研究和解决的一个问题。

（二）中小微文化企业的专属金融服务有待提升

2017 年文化金融越发呈现"马太效应"，在资本市场中长袖善舞的大型文化企业更容易利用文化金融利好的政策实现其文化梦想，而市场上大量的中小微型文化企业则面临着融资难的困境。

往年基于中小微企业融资难的问题，在政策的引领下，银行推出了一系列举措加大对中小微企业的扶持力度。以中国银行为例，自 2014 年至 2016 年，相继推出了"中银全球中小企业跨境撮合服务""中银信贷工厂"即中小企业专属授信新模式，以及创新研发投贷联动业务，引入外部股权投资者与银行共同提供融资。2017 年，交通银行根据国务院对商业银行普惠金融改革的要求，率先开展小微金融准事业部的试点，将交通银行北京分行作为首家改革分行，目前已推出和优化了"创业快贷""税融通""优贷通""快捷抵押贷"等多项小微企业特色业务。但目前银行方面主要关注小微企业的金融扶持项目，针对中小微文化企业进行的金融扶持还有待加强。

2017 年针对中小微文化企业开展的金融活动主要集中在政府联合金融机构公布的"发展潜力榜"，即对上榜的文化企业推出一系列金融服务。此外，像国家文化产业创新实验区 2017 年推出的"蜂鸟计划"将重点放在扶持首都文化企业中的"独角兽"企业，尽管在"蜂鸟计划"中也涉及针对中小微企业的扶持，但规模远不及"独角兽"文化企业。

2016 年针对文化产业的 PPP 模式首次亮相，2017 年文化产业 PPP 模式的政策部署更为具体深化。从文化部推出的政策和目前国家文化产业创新实验区建立的"文化创意产业发展引导基金"来看，PPP 模式针对的是大型的文化产业发展项目，目前还缺乏面向中小微文化企业发展的方案。

（三）文娱资本市场盲目性特征初显

尽管 2017 年文娱资本市场相比 2016 年的热度有所降温，但依旧表现出了明显的昂扬向上状态。这显示出文化娱乐行业将持续是我国文化产业发展的重要方向。然而，在大量融资案例和并购案例的背后还是可以看到资本投入的盲目性。2017 年初快手获得了 3.5 亿美元的融资，但时过近一年，快手后续的融资之路并不顺畅。在饱受内容低俗的争议背后，是其自身盈利模式的模糊和发展潜力的束缚。

在文娱行业领域的并购上，文投控股在 10 月初宣布要对海润影视、悦凯影视、宏宇天润三家影视传媒公司实现资产并购重组。这意味着文投控股在影视产业链上游的布局加深，其股东花名册上多出孙俪、杨洋等明星。然而，这场"明星收购案"至今由于涉及资产众多、复杂尚无定案。

文化企业依靠无形资产的运营和储备做大做强，因此对优质 IP 的争夺也是 2017 年文娱行业领域资本聚集的焦点。就文学 IP 来说，百度文学和磨铁分别获得了 8 亿元和 3 亿元 B 轮融资。而 IP 经过两年的发展，已经显现出转化难、同质化严重的问题，只针对短期商业利益而忽视后续的转化问题，重估 IP 价值对整个文娱市场的健康发展至关重要。

三 解决北京市文化财政金融创新问题的对策

对上述文化财政金融创新领域里的各种挑战，北京市政府应当勇于面对，采取措施积极应对。

（一）不断完善扶持项目的综合评估考核体系

北京市政府要真正做到专业性的文化财政投入项目扶持，需要建立相应的科学、规范、完整的运作机制。一方面，财政投入对项目选择、资金运用与各方利益密切相关，健全的综合评估考核体系有利于资金的规范管理和运作；另一方面，只有完善的综合评估考核体系才能高效发现真正具有文化优势、成长前景的项目或企业，并提供更专业、更对口、更完善的资金投入策略。

首先，北京市政府应统一决策各类文化发展、引导方案，不断完善现行的申报、审批流程和制度，逐渐形成综合评估考核体系。其次，北京市政府部门在选择文化项目时应该进行全面、审慎的评估，增加社会评价、第三方专家评价等客观指标，对项目的扶持进行制度化的动态分级管理，尽量去除人为因素，使扶持资金用到真正需要扶持的项目中去。让政府的扶持，成为"雪中送炭"，而不是"锦上添花"；成为扶强、扶优、扶特，而不是扶弱、扶差、扶庸。

（二）加强中小微文化企业专属金融服务

目前，中小微文化企业的融资路径可分为银行贷款、银行外的市场融资两大部分。针对中小微文化企业融资难的问题，政府和市场两方面应该分别引起重视，并投入行动。

首先，政府应出台相应的政策引导中小微文化企业的融资。2017年，北京市出台的政策有《北京市小型微型企业创业创新示范基地管理办法》《北京市中小企业公共服务示范平台管理办法》，其中都明确提到应提供一系列的金融服务助力中小微企业发展。而基于文化企业的资产特殊性，北京相应的政策还未见出台。因此，既考虑到文化企业轻资产特质，又结合目前中小微文化企业的发展现状来制定政策引导，这对中小微文化企业的文化金融服务至关重要。同时，PPP模式应拓展其在中小微文化企业领域的引导作用，建立专门针对中小微文化企业的投资基金。

其次，在银行推出的专门针对文化企业的金融服务项目中，应考虑到中小微文化企业"短、小、频、急"的融资需求，以及抵押物少、信用评级低的特点，在针对市场进行大数据调研的基础上，推出最适合中小微文化企业的金融服务模式。如交通银行江苏省分行推出"文化征信贷"，是和南京文化金融服务中心合作，在南京地区推出的基于大数据信用分析，支持小微文化企业信用贷款的金融服务。产品服务的对象是经南京文化金融服务中心最终认证，属于"初创期、成长期"的文创型小微企业。2017年，北京银行业推出了"IP产业链文化金融服务方案"，旨在为IP产业链条上的全部文化企业，包括中小微文化企业提供一系列金融服务。然而相比前者专门针对中小微文化企业的金融服务项目，北京银行业更着眼于全局，就难免会造成大体量的文化企业在融资服务上对中小微文化企业的挤压。

最后，中小微文化企业的融资路径应在银行之外的市场上大大拓宽。中小微文化企业最基本的是要加强自身的发展，提升投资方的回报预期，积累资本市场的信任值。发展势头强劲的中小微企业，要结合其企业特色或特色项目积极试水众筹等互联网金融。而互联网金融应注重利用平台优势，开发出专门针对中小微文化企业的金融服务项目，使得中小微文化企业既能把握住平台的宣传功能，又能凭借互联网金融服务项目获得资金支持。

（三）谨慎面对文娱资本市场

北京作为全国的文化政治中心，在文娱企业发展上享有政策、经济、咨询等多方面优势，无怪乎其在文娱行业领域呈现出的"投资热"现状。然而，由于文化产品的回报周期长、收益不稳定以及数字化发展对文娱行业整体商业模式的冲击和重塑等问题，文娱行业领域资本市场波动大，意味着投资需谨慎。

第一，在文娱企业投融资方面，要掌握目前新文娱领域发展的全新商业模式，即目前值得投资的新文娱企业应有基于智能分发、数据分析的强需求垂直渠道；基于品牌孵化、内容增值能力的 IP 运营能力[1]以及拥有持续变现能力的有价值的用户。切忌盲目投资已经处于市场红海的文化产业项目。

第二，在文娱企业的并购项目中，希望通过整合多项业务以完善自身企业生态的大型企业要具有消化被并购企业业务的能力，不能一味地"买买买"，在进行资产重组并购时要做到"稳中求进"，不能"投机取巧"，切忌妄图通过并购完成"空壳上市"，或者只是单纯为了股价上涨进行毫无意义的资产重组。

在 2017 年中国泛娱乐创新峰会上，艺恩总裁发言表示：泛娱乐产业经过数年爆发增长，资本热度日趋平缓，整体产业在享尽了政策、用户、资本红利后，进入内生驱动阶段，将更加关注创意内核与技术创新。[2] 因此，未来文娱行业领域的资本市场发展应更加趋向平稳，企业间的融资并购将更加注重自身内容的创新和技术的提升。

---

① 《整个泛娱乐行业就是内容为王，打造爆款动漫 IP 要先拿到哪六大武器?》，NewSeed http：//news. newseed. cn/p/1331832。

② 《中国泛娱乐创新峰会北京开幕 聚焦产业升级》，新浪娱乐，http：//ent. sina. com. cn/m/c/2017 – 11 – 29/doc – ifyphxwa7028484. shtml。

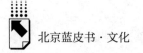

　　2017年北京市文化创意产业积极响应"十三五"开局之年在文化财政金融领域的锐意创新，在不同方面都有了更为深入的拓展和表现。无论是政策方面对文化财政的引导，还是市场方面对文化金融的持续关注，都将助力北京文化产业更加平衡的布局和更加稳健的发展。

2017年"旅游＋"融合创新中的
北京旅游发展报告*

荆艳峰　陆跃祥　刘 敏　张 瑜**

摘　要：　本文分析2017年北京旅游政策红利，回顾旅游发展主线和重点，调研冬奥会申办成功对市民冰雪旅游消费的影响，探讨新时期北京旅游主要矛盾中的功能定位，并预测未来发展趋势，提出对策建议。

关键词：　旅游＋　供给侧结构性改革　北京旅游

2017年是开启新时代和落实"十三五"规划发展的重要年份。推进旅游业供给侧结构性改革、京津冀旅游协同发展和旅游市场秩序整治等是主线和重点，保护、创新、共享、协调、开放发展是主题。北京旅游业在新时代、新使命和新征程中，将为服务首都"四个中心"功能建设做出新的贡献。

一　2017年北京旅游政策红利

（一）十九大"新时代、新征程、新理念"思想指引

中国共产党第十九次全国代表大会（以下简称"十九大"）指出"中国特

---

* 本文是北京联合大学百杰项目（BPHR2017CS10）"旅游扶贫背景下社区自我发展能力提升研究"成果。

** 荆艳峰，博士，北京联合大学旅游学院副教授；陆跃祥，博士，北京师范大学经济与工商管理学院博士生导师；刘敏，博士，北京联合大学旅游学院教授；张瑜，北京联合大学旅游学院。

色社会主义进入新时代，我国社会主要矛盾已经转化为人民日益增长的美好生活需要和不平衡不充分的发展之间的矛盾"。具体到北京市旅游领域，现存的主要矛盾就是旅游供需不平衡的矛盾，即旅游产品供给结构与旅游消费升级之间的矛盾。旅游发展要从需求角度重新审视旅游供给侧改革，建设现代化的旅游经济体系。

（二）《北京城市总体规划（2016年-2035年）》的方向性指导

《北京城市总体规划（2016年-2035年)》（以下简称"新总规"）提出了"四个中心"的城市战略定位。旅游是文化和国际交往功能的重要实现途径，并承担一定的政治功能，是彰显国家形象的重要窗口产业。因此，发展旅游业是首都城市建设的有力抓手和有效实现途径。这是对新时期北京旅游业发展与首都城市建设基本关系的认识，是对旅游业功能的基本判断。

（三）《北京市旅游条例》的指引

2017年8月，《北京市旅游条例》（以下简称"条例"）开始实施。"条例"对旅游市场主体的权利保障和义务承担进行制度设计，重点解决了四个问题的落实和细化：强化了旅游业在体现首都核心功能中的作用；设立专章建立旅游公共服务体系，分别从旅游服务信息、旅游安全预警、旅游交通服务、旅游惠民便民服务方面进行了制度规定，强调了政府提供公共服务的职责；针对旅游秩序和旅游经营管理进行了制度建设；规范和引导民宿经营和发展。条例的实施为加强旅游执法、净化旅游市场提供了比较完善的法律保障。

二 2017年北京旅游业发展的主线及重点

（一）发展主线：深化旅游供给侧结构性改革

1. 传统市场的结构性调整

（1）旅游三大市场发展状况

北京市统计局、国家统计局北京调查总队发布数据显示，2017年上半年，全市接待游客总人数1.4亿人次,实现旅游总收入2458.5亿元,同比分别增长4.9%和9.2%,增幅比2016年分别提高0.3个和0.2个百分点,实现了逆势条件下的双增长。

入境市场仍然处在下降通道。据北京旅游发展委员会官方网站数据,截至2017年10月,"北京市累计接待入境游客329.3万人次,同比增长-6.2%。其中,接待港澳台游客49.8万人次,同比增长-2.8%,接待外国游客279.6万人次,同比增长-6.8%"。1~10月,北京入境主要客源地是:美国(571476人,增速-5.3%)、香港(280345人,增速-4.3%)、欧洲其他(218823人,增速-0.1%)、台湾(206350人,增速-0.4%)、日本(199876人,增速-3.6%)。其中增速最快的前五个国家为:越南(增速101.4%,11382人)、朝鲜(增速25.6%,7927人)、泰国(增速16.5%,51440人)、马来西亚(增速16.3%,69278人)、菲律宾(增速13.8%,18371人)。降速最快的5个国家为:韩国(-41%,192466人)、西班牙(-16.8%,40152人)、新西兰(-14.1%,18652人)、英国(-10%,141977人)、法国(-9%,103253人)。国际经济增长乏力和世界旅游业普遍低迷是主因。与此同时,针对提振入境市场的努力一直在继续,如举办国际青年旅游季活动、离境退税、与主要客源国著名旅游企业接洽、参加海外旅游推介会等。

出境市场仍然向好。据北京旅游发展委员会官方网站数据,上半年,北京市拥有出境经营许可权的旅行社组织公民出境游242万人次。由于签证利好、航班增加、特色旅游资源丰富等因素,2017年国内赴非洲旅游比较火爆。上半年赴非洲游客8.1万人次,同比增长52.5%。此外,赴日本、泰国、韩国、法国和美国的游客数量均超过10万人次。2017年1~3季度,按首站前往地出境旅游总人次排列,出境市场规模前五名为:日本(808830人次,增长10.8%)、泰国(517937人次,增长-35.7%)、法国(201946人次,增长-27.8%)、韩国(189743人次,增长-73.7%)、意大利(169986人次,增长-24.5%);按增长速度排名,前五名为:柬埔寨(96752人次,增长193.3%)、加拿大(67081人次,增长115.6%)、英国(99227人次,增长55.4%)、埃及(54731人次,增长51.7%)、澳门(129497人次,增长32.4%)。降幅最快的出境目的地为:韩国(189743人次,增长-73.7%)、台

213

湾（40424 人次，增长 - 68%）、葡萄牙（13393 人次，增长 - 39.4%）、瑞士（144726 人次，增长 - 37.5%）、泰国（517937 人次，增长 - 35.7%）。这均与目的地国家的经济增速、政治安全性与友好程度、出境便利性和习惯性有关。

国内市场继续发展。"上半年，本市接待国内游客 1.3 亿人次，同比增长 5.2%；实现国内旅游收入 2302.7 亿元，同比增长 10%"。从游客构成来看，外省来京游客 8307 万人次，本市在京游客 5149 万人次，前者同比增长更快。从收入构成看，外省来京游客花费共 2103.2 亿元，本市在京游客花费 199.5 亿元。景区旅游持续向好。上半年，全市 A 级及以上旅游景区共接待游客 1.5 亿人次，实现收入 36.9 亿元。博物馆、历史文化景点、自然风景区是市民主要的游玩兴趣点。分类看，上半年，博物馆型景区共接待游客 1016.3 万人次，实现收入 1.5 亿元；历史文化观光型景区共接待游客 5388.3 万人次，实现收入 11.5 亿元；自然山水型景区共接待游客 1257.6 万人次，实现收入 7.4 亿元。此外，随着发展模式创新，规范化水平提升，本市观光民俗旅游收益不断提高。上半年，观光民俗旅游收入 17.7 亿元，同比增长 4.9%。其中，观光园园均收入 99.5 万元，同比增长 12.3%；民俗户户均收入 3.7 万元，同比增长 3.4%。与旅游资源相伴，住宿业稳步发展。据统计，上半年，全市限额以上住宿业单位累计接待住宿者 2008.1 万人次，其中，接待国内住宿者 1852.4 万人次，实现营业收入 213.9 亿元。限额以上住宿业平均房价为每间 497.7 元，同比上涨 3%；平均出租率 64%，同比提高 2.8 个百分点。

（2）节假日市场新特点

京郊旅游仍然是节假日旅游的热点地区；节假日旅游秩序明显好转，旅游投诉减少；通州副中心等地成为新的热点地区；节庆"旅游 + 文化""旅游 + 民俗""旅游 + 美食"等主题活动丰富多彩；旅游收入增长较快，旅游人次较为平稳。同时，节日拥堵和瞬时高峰等承载问题依然是值得关注并努力解决的问题。

（3）重大活动

2017 年北京市旅游重大活动多以"一带一路"和京津冀协同发展为主题，着力于服务首都城市功能定位，先后举办了千人自驾赴俄游、北京国际旅游节、北京国际青年旅游季、北京国际旅游博览会、紫禁城巅峰旅游论坛暨 2017 首届旅游投资峰会等活动。不仅助力国家战略，而且有效促进了入境旅游市场发展，大力拓展和提升旅游消费。

（4）北京购物

"北京礼物"与老字号加强合作，先后采用签约合作－开发旅游商品－搭建新的销售平台，实现了老字号产品上京津冀动车、亮相庙会，进水立方示范点，搭载北京旅游购物季进社区、企业和景点，开启京东"北京礼物"食品旗舰店等运作。此外，"北京礼物"还参加了2017中国首届特色旅游商品博览会，第二十五届中国（深圳）国际礼品展。第十四届"北京礼物"旅游商品大赛增加了大众投票环节，配合专家评审，实现了供需有效契合。这些努力和尝试进一步发挥了"北京礼物"品牌引领作用，搭建了促进旅游商品产业发展的平台，着力提升了来京旅游购物消费水平。

2. "旅游+"平台的结构性创新

（1）旅游+农业主题

乡村旅游建设对"三农"发展、乡村振兴、精准扶贫、疏解城区游客聚集等都有非常积极的意义，是推动城镇全域旅游的重要举措。目前随着农家乐、民宿等餐饮住宿业态的不断完善，北京乡村旅游已经具备一定的接待能力。2017年，33个旅游特色村镇建设获批。一批将科技、人文、创意等元素融入农业的"旅游+"业态开始浮现。未来，特色化、主题化、文化浸润式的休闲内涵建设将成为乡村旅游努力的方向。

（2）旅游+教育主题

2016年12月，教育部、国家发展改革委、公安部、财政部、交通运输部、文化部、食品药品监管总局、国家旅游局、保监会、共青团中央、中国铁路总公司11部委联合推出《关于推进中小学生研学旅行的意见》，迎来发展的关键期。近两年，青少年研学旅游作为一个新的旅游热潮在国内异军突起，迅速成为教育旅游市场的焦点。研学旅游已经成为中小学基础教育课程体系中综合实践活动课程的重要组成部分，也是旅游业发展一个增长点。

（3）旅游+体育主题

2016年12月，国家旅游局、国家体育总局发布《关于大力发展体育旅游的指导意见》，标志着国家层面的体育旅游从理论到实践的正式启动和布局。文件把体育旅游定义为"新兴产业形态"，涵盖健身休闲、竞赛表演、装备制造、设施建设等众多业态。2017年，北京在冰雪旅游、房车露营地产品开发等方面均有所建树。

（4）旅游＋文化

2017 年在旅游演艺文化、旅游餐饮文化方面做了新的探索。举办了北京旅游演出项目推介会，本土的《远去的恐龙》《中国大马戏——山海经之通天树》和来自加拿大的《Cavalia·舞马》等文化特色的项目实现了展演。市旅游委还发布《北京演艺之旅——2017 北京旅游演艺推介手册》，充分利用新媒体及海外推介的形式，不断开拓旅游演艺市场广度和深度。除此之外、北京围绕全域旅游发展、大运河文化带、长城文化带、西山文化带的线性旅游项目开发，社会机构旅游开放日、旅游休闲步道体系、民宿发展、红色旅游、夜间旅游项目的开发也极大丰富了旅游产品供给。

（二）发展重点：全域旅游与区域协作

1. 全域旅游视角下公共服务品质的优化

首先，针对全域旅游要求，北京市已建立和正在完善旅游环境与公共服务八大体系，即旅游安全保障体系、旅游公共信息服务体系、旅游交通便捷服务体系、旅游知识普及与旅游责任教育体系、旅游环境与公共服务的监管与评价指数体系、旅游惠民便民志愿者服务体系、旅游环境保护和旅游好客环境体系、旅游环境与公共服务建设规范及标准体系。

其次，对旅游秩序治理、旅游安全生产和旅游应急处理等事项下了"狠力气"。2017 年由于遇到全国"两会"、超长节假日、"一带一路"高峰合作论坛和"十九大"召开等特殊事件影响，首都旅游安全生产、旅游秩序治理任务异常艰巨。为落实《北京市旅游条例》，北京市旅游执法从建制、机制、宣传和运作上都进行了创新，对规范旅游市场经营秩序、震慑非法"一日游"等违法行为起到了积极作用，全面提升了旅游市场游客的体验度和满意度。

再次，《故宫服务》发布，树立了北京市旅游公共服务体系建设的名片。旅游咨询站按"规范存量、亮点增量、分级管理、分类指导、行业监管"的工作方针以及"旅游为民、咨询便民"的以人为本的旅游公共服务理念，举办了多场"五进"（进机关、进校园、进社区、进展会、进节庆）活动，提升了服务水平和服务能力。

最后，北京市鼓励各类旅游企业积极参与全国服务质量标杆单位评选活动，促进了旅游服务质量提升工作，推动优质服务转变。以旅游厕所为突破口，加强了旅游公共服务设施建设；聘任"文明旅游公益大使"，提倡文明旅游；途牛网"北京一日游旗舰服务平台"、旅游金融服务智慧旅游推进工作、旅游大数据研究及应用、银旅协作创新投融资机制等探索也为提升优质服务增加了新的内容。

2. 区域合作需求下协同共享的促进

2017年首届京津冀旅游大会召开。在整合旅游资源和投融资渠道等方面取得阶段性成果。同时，"9＋10"区域旅游合作涵盖了"一带一路"、京津冀协同发展和长江经济带等重要节点的省区市，主动融入国家重大发展战略。对口支援工作也取得了良好成效，深化了区域旅游务实合作。

三 冬奥会申办成功对市民冰雪旅游消费的影响

（一）研究方法

本部分采用问卷调查法进行研究。问卷发放时间为2017年3月20日至3月31日，发放途径为网络投放和现场发放，共发放问卷150份。其中网络回收问卷103份，有效问卷100份；实地回收问卷47份，有效问卷45份。总有效率96.7%。

（二）冰雪旅游消费群体特征

总体上，冰雪旅游消费主体为40岁以下、中等收入水平、以学生及公司员工为主的单身或三口之家中青年群体（见表1）。

（三）冬奥会申办成功对冰雪旅游消费的影响

1. 申办前后消费意识对比

通过调研发现，冬奥会申办成功后，游客对冰雪旅游的关注度（非常关注与比较关注群体之和）由21.74%提升至56.53%（见图1）；需求度（非常需要与比较需要群体之和）由52.18%上升为69.56%（见图2）。同时，对冰雪旅游的风险认知也发生相应变化，在专业人员指导并监护下，愿意尝试活动的游客比例提升了7.12%。

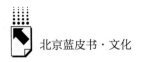

表1 北京市民冰雪旅游消费群体特征

单位：%

内容		比例
性别	男	53.10
	女	46.90
年龄	18~29岁	75.56
	30~39岁	15.56
	40岁及以上	4.44
	其他	4.44
地区	京内	93.00
	京外	7.00
年收入	5万元以下	26.67
	5万~10万元	37.78
	10万~20万元	22.22
	20万~50万元	11.11
	50万元以上	2.22
职业	教师	13.04
	公司员工	36.96
	退休	2.17
	学生	39.13
	自由职业	6.52
	其他	2.17
家庭结构	单身	42.22
	未成年与父母同住	13.33
	夫妻二人	6.67
	一家三口	37.78

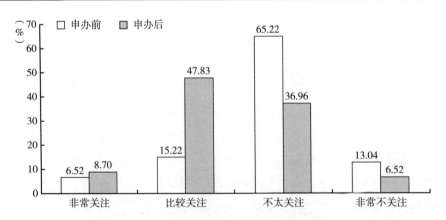

图1 冬奥会申办前后冰雪旅游关注度比较

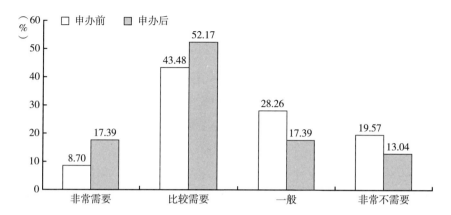

图2 冬奥会申办前后冰雪旅游活动需求对比

2. 冬奥会申办前后冰雪旅游消费行为对比

旅游意愿方面，冬奥会申办成功后，随着冰雪旅游消费信息的增多，以及政府的大力扶持，更多游客渴望尝试冰雪旅游，愿意接受更为专业的冰雪活动指导的人群比例由26.09%增长到了67.00%（见图3）。

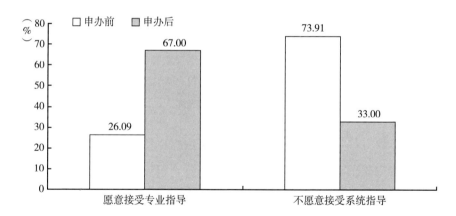

图3 冬奥会申办前后冰雪旅游意愿变化

参与频率方面，冬奥会申办成功以后，冰雪旅游的复游率有所上升。虽然选择0~1次的人仍占43.48%，居第一位，但是相比申办前下降了30.43%。参与4~5次的旅游消费者上升最快，占比17.39%（见图4）。

年度开销方面，冰雪旅游年花销2000元以下的人群由之前的82.61%降为

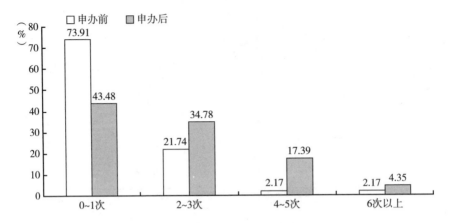

图4　冬奥会申办前后冰雪旅游频率对比

42.06%。年花销在2000元以上的人群比例由17.39%提升至57.94%（见图5），表明冰雪旅游市场份额逐步扩大。

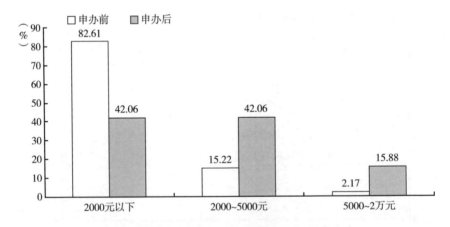

图5　冬奥会申办前后冰雪旅游年度开销对比

参与方式比较，冬奥会申办成功后，随着预定方式的便捷化和自驾游的普遍，更多市民通过自助游方式参与冰雪旅游（由56.52%上升到69.57%，见图6），这说明了游客选择的自主性和出游能力的提高。

体验的产品类型方面，冰雪观赏类型（如冰灯、冰雕雪雕、冰雪演出、冬奥赛事等）、冰雪体育运动参与类型（如滑雪、滑冰等）、冰雪旅游休憩类

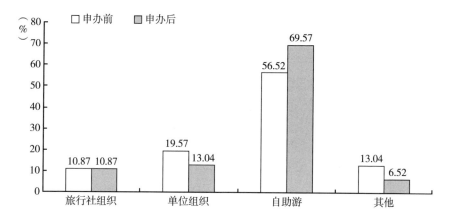

图6　冬奥会申办前后冰雪旅游出游方式

型（如雪乡探险、雪乡温泉体验等）、冰雪旅游经贸消费类型（如冰雪激情冬奥、冬奥博览会）等均有明显提升，其中，参加各类经贸消费类型的增长趋势较为突出（见图7）。

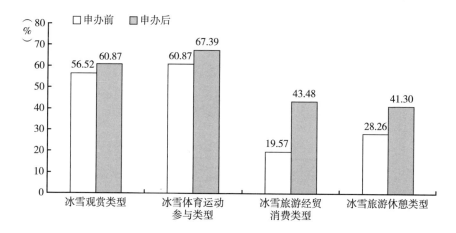

图7　冬奥会申办前后冰雪旅游产品体验类型对比

从参与目的看，休闲度假、享受冰雪美景、体验冰雪运动、欣赏特色民俗文化等动机在冬奥会申办成功后都有所提升。其中，深度体验和参与动机占比提升迅速（见图8）。

信息途径方面，旅游消费者了解、获取冰雪旅游信息的途径大概分为五

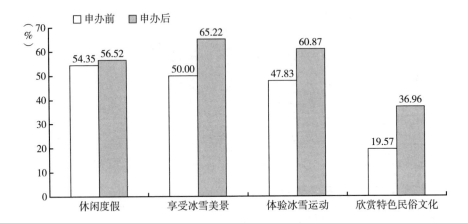

图8　冬奥会申办前后冰雪旅游参与目的对比

种，按照信息获取有效率排名分别是网络信息、电视新闻、亲友介绍、电台广播和旅行社推荐。在冬奥会申办成功后，各种途径的信息获取量均有明显提高（见图9）。

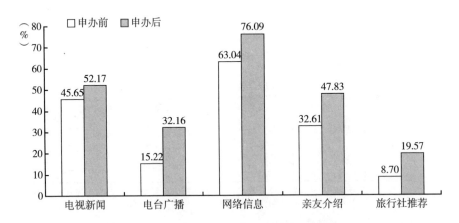

图9　冬奥会申办前后冰雪旅游信息途径对比

（四）冰雪旅游发展建议

调查发现，旅游消费者对冰雪旅游呈现高需求、高期待的特点，冰雪旅游前景乐观。未来发展建议如下：进一步增强政府对冰雪旅游的推进作用，从交

通和环境等方面提升冰雪旅游公共服务；从教育体系和市场培育等方面加大政
策扶持力度；从京津冀合作交流入手共享冰雪旅游市场发展红利；鼓励各种类
型的冰雪旅游投资和产品创新；加强市场监管，保障冰雪旅游市场健康、有序
发展。

四　北京旅游发展趋势及展望

（一）新时期北京旅游发展的供求不平衡矛盾分析

1. 多样需求与创新供给之间的矛盾

大众旅游时代，人们的美好生活需要多样化的有效供给作为支持。旅游需
求的引导不一定超前于旅游供给，但是旅游供给却要最终接受旅游需求的市场
检验，因此旅游供给创新是主动、超前并承担风险的。在新经济时代，创新多
数情况下并不缺乏技术支持，而是受限于立意和策划能力。创造鼓励创业创新
的机制、政策和环境是解决多样需求和创新供给矛盾的基本前提。融创意、要
素、技术和营销于一体的产权交易平台是旅游供给创新的土壤。要素聚合能力
决定了旅游供给侧结构性改革的成败。

2. 接待规模与体验品质之间的矛盾

首都北京是全国旅游接待量最大的城市之一。首都旅游形象是国家形象最
直接的具化体现。规模与品质是难以调和的一对矛盾。可以尝试的途径是建立
阶梯式体验深度的旅游产品体系，充分利用乡村旅游接待容量，充分共享京津
冀协同发展契机，形成城乡互补、深度递进、主题丰富、品类齐全、层次分明
的旅游休闲供给能力，分散城区接待规模，分散由于定位宽泛而造成的旅游需
求的无效集中，将游客流引导到各自适应的消费层级和品类上，形成适应各品
类、各层级的旅游精细化服务格局。

3. 美好生活与环境治理之间的矛盾

从"全域旅游"概念的逐渐践行，到对"厕所革命"的高度关注，到
"秩序整治"的不遗余力，再到"文明旅游"的全民倡行，都体现了社会对旅
游环境治理的迫切需求。旅游涉及"美好生活"的各个具体节点，是一个国
家社会生活的缩影。旅游乱象体现的是深层次的矛盾，化解矛盾的方法是提供

高品质的基础环境,提供先进示例的引导,提供各得其所并投其所好的消费分位。环境即制度,这是看似小事的"厕所革命"的大立意所在。

4. 错峰旅游与集中休假之间的矛盾

避开旅游高峰是现今游客的常识和共识,但是节假日旅游扎堆现象并没有因此而发生逆转。于是,人们在集中休假与错峰旅游的两难选择中采取了"集中旅游"的有限理性行为。这是"囚徒困境"在旅游中的生动体现,明知结果会更糟,但不得不奔向更糟。带薪休假制度业已入法,但并没有全面彻底执行。而且,某一家庭成员独享带薪休假也无法改变全民休假期间才能会聚的家庭出游热潮。带薪休假的实现方式仍须进一步探讨。

(二)新时期北京旅游业功能定位探讨

随着十九大的召开和"新总规"的实施,我国社会发展进入"新时代"。新时代各个层面的主要矛盾都发生了变化。审视新时代的北京旅游发展战略问题应该先从审视旅游发展与"四个中心"建设任务的关系入手,认真履行好"四个服务"职能,做到服务保障能力同城市战略定位相适应,发挥旅游业在提升首都功能中的作用,不断朝着建设国际一流的和谐宜居之都的目标迈进。

1. 旅游发展对"政治中心"的建设意义

自新中国成立初期,我国旅游业就承担了一定的政治功能。虽然近些年来旅游产业发展更多重视经济功能,但是旅游的政治担当一直存在并延续。旅游发展作为政治外交的补充和中国和平发展的展示通道,可以成为理念力量的载体。通过不同文化和生活方式的人们之间产生直接、自发和平等的接触,以平和的文明交流与对话方式增进理解,成为世界和平理念传递的重要推动力量;通过旅游视角,加强中国文化和价值观的体验和输出,为国际理解和相互依赖提供道义和理智的基础;通过旅游合作培育战略关系;通过改善民生增进人民之间的亲近感和相互理解。

2. 旅游发展对"文化中心"建设的意义

文化是旅游的灵魂。旅游业是中国文化建设、文化展示、文化输出、文化渗透的重要渠道。通过旅游利用的切入再现古都风貌、展现大国首都形象和中华优秀传统文化魅力,更是提升了中国首都的文化软实力和国际影响力,直接向国际社会展现了中华民族的文化自信;通过充分利用文化遗产、民族特色、传统节庆等旅游主题产品普及中国语言和文字，扩大中国文化和价值观的输出；通过鼓励和支持中国的旅游企业走出国门，消费和使用中国制造、中国创造和中国服务，与世界人民共同分享文明成果，可以把中国的文明传向世界。

3. 旅游发展对"国际交往中心"的建设意义

新中国成立初期，旅游发展就是外交事业的重要组成部分。旅游业是国际交往的重要舞台，可以在重大外交外事活动中发挥接待和保障功能，丰富外交内容，使外交层面立体化、生动化，从而扩大外交效用。旅游还是民间外交最直接有效的人际传播方式。到北京旅游者是群体庞大的"民间外交家"，通过构建优良的旅游环境，使来来往往的游客不断将国家的政治、经济、文化、社会生活理念运输与传扬，在国际文化的交流、交锋和交融中发挥重要的话语通道作用。旅游承载的民间国际交流的直接渠道更鲜活、更可信、更平和、更有说服力和感染力。旅游外交更是国家形象的建构方式和传播途径之一。未来北京旅游要通过跨文化重大活动的传播，通过旅游过程中政治、经济、文化多重属性的社会交往，丰富和强化游客对首都北京的社会文化感知，使首都国际旅游交流活动成为塑造国家形象重要的载体和途径。

4. 旅游发展对"国家形象"的建设意义

国家形象是国际社会公众对一个国家相对稳定的总体评价。旅游形象是国家形象的直接体现。而且随着国际交流和文化建设的深入发展，旅游日益成为文化交往中国家形象的典型面孔之一，改善和树立良好的国家形象已经成为旅游行业需要研究的重要学术课题和使命。

（三）北京旅游业未来发展趋势

1. 走集约创新的路径

"新总规"突出强调集约发展、减量发展，这是优化提升首都功能的内在要求。在此指导下，北京旅游业将逐渐由点状发展延伸为全域发展，由速度通道切换为品质通道。围绕首都功能的调整和聚焦，保障首都接待能力和接待水平的要求提高，旅游经济也会释放出集约化和创新化发展的优势。盘整存量，努力提升旅游品质，做优增量，引导旅游增量向高起点、高标准、高质量发展，充分利用"互联网+"和"旅游+"的新兴力量，加速创新，逐步引导实现旅游产业结构转型升级。

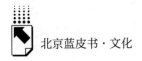

2. 承担一定的国家形象建设使命

旅游形象是中国国家形象构建的重要因素，从形象宣传的文化力和价值观挖掘、旅游产品服务提升、旅游标识友好性、旅游设施人本化、旅游公共管理便利性、旅游文化内涵的可体验化等方面入手，鼓励将中国文化基因和大国风范的国家形象在旅游层面体现、外化并传达。以国际一流标准建设国际知名旅游目的地。通过鼓励建设高品质文化设施，推动北京向世界文化名城、世界文脉标志的目标迈进。整合推广国家旅游形象路径。在旅游目的地的整合营销传播中，把社会主义核心价值观和北京精神充分体现在历史文化、自然风光和民俗风情中，与宣传受众达成思想共鸣，建立感情联结，传递大国首都风范。通过旅游这样一个承载着亿万游客的渠道，把美丽中国的国家形象加以推广。

3. 鼓励旅游产能参与文化创新和文化推广战略

促成旅游视角的文化创新。旅游发展需要做好的工作是如何引导市场力量在历史文化街区深入挖掘文化内涵和精神价值，努力把传承、借鉴与创新有机结合起来，积极发掘、整理、恢复和保护各类非物质文化遗产，将戏曲、音乐、书画、技艺、医药、饮食、民俗、庙会等旅游资源主题化，成为创新旅游产品的文化实质和精神领导。加强老字号产品的旅游活化，促进其向高品质文化旅游方向延伸，成为讲好文化故事的旅游文化使者。引导具有文化渗透力和深度体验感的文化旅游产品开发。发展传统文化旅游精品，如皇城旅游、中轴线物质文化遗产旅游、国学宗教旅游、中医药旅游、戏曲旅游、非遗旅游、美食旅游、中国传统民俗旅游、体育旅游等，开发新的主题精品民宿接待、主题修学旅游接待、主题康养旅游接待、深度传统文化体验旅游接待。

在十九大精神指导下，未来北京市旅游工作将坚持新发展理念，着力解决现有旅游供给、需求、品质和治理环境等方面与首都城市战略定位要求存在的矛盾和问题，推动旅游服务业向集约化、便利化、精细化、品质化方向发展，优化旅游供给结构，提高旅游供给水平，树立良好的国际形象，增加优质旅游供给，契合人民美好生活需求。

B.16

2017年首都电影产业发展报告

张 锐 许 妍*

摘 要: 2017年是中国电影的攻坚年,也是首都电影产业的发展年。本文通过数据与现象梳理,综合剖析2017年首都电影产业发展现状。本报告首先分析了政策环境和资本市场的变化,然后按照产业链的逻辑,从电影企业、内容生产、发行和放映环节等方面对首都电影产业进行总结分析,并提出相应的对策建议。

关键词: 首都电影产业 电影生产 电影市场

在经历爆发式增长后,中国电影市场开始减速换挡,步入发展新常态,规范市场、提质升级成为电影产业新的发展目标。2017年1~11月,北京市规模以上广播电视电影服务收入达704.9亿元,位居全国前列。北京作为全国最重要的影视产业中心,电影产业发展稳步增长,优势明显。一方面,北京作为千万级人口规模城市,电影市场空间巨大;另一方面,北京作为全国文化中心,影视文化资源甚为集中且丰富,不仅吸纳了众多具有强劲竞争力的电影企业,也集聚着诸多顶尖影视院校,优质人才储备充足。在中国电影"走出去"与"一带一路"倡议的推动下,迫切需要北京发挥优势、承担重任,逐步发展成为国际影视之都。

---

* 张锐,北京电影学院管理学院副教授,中国电影产业研究院大数据研究所所长;许妍,北京电影学院管理学院硕士研究生。

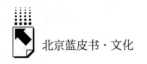

一 政策利好：助推首都电影产业发展

文化创意产业是北京的重要支柱性产业，电影产业作为文化创意产业的重要组成部分，长久以来得到政府政策的大力支持。2017 年 3 月 1 日，《中华人民共和国电影产业促进法》开始正式实施。"电影产业促进法"作为中国文化领域第一部行业法，在简化审批流程、规范市场秩序、提升电影质量等方面予以明确的法律规定，为激发电影市场活力、保障公平健康的市场环境、夯实产业发展基础、扩大中国电影影响力提供法律基础和制度保障，为正处于发展关键期的中国电影产业保驾护航。

北京同样重视电影产业发展的政策规划。《北京市"十三五"时期文化创意产业发展规划》优化文化创意产业发展布局，将建设影视产业功能区中国（怀柔）影视基地作为重点推进对象，22 万平方米的制片人总部基地 2018 年开工建设。同时将充分发挥北京影视译制基地平台作用、提升北京国际电影节的文化交易平台功能、加快建设北京市剧本推介交易平台等列入重点任务。此外，北京市设立"影视出版创作基金"扶持首都影视精品创作生产项目，已投入资金 1.4 亿元；发布《关于公开征集北京市文化创意产业"投贷奖"支持资金储备项目的公告》，为债权融资成功与股权融资成功的文创企业给予资金支持；北京市国家电影事业发展专项资金管理委员会发布《关于 2017 年北京市新建影院奖励补贴的通知》，鼓励北京市影院终端建设。北京市还设立广播影视版权交易与传播平台建设项目、广播影视人才建设工程项目、青年广播影视人才培育工程项目和公益电影放映工程项目，推动电影产业版权交易、人才培养与农村放映市场发展。

二 资本市场：趋于理性，优化整合

近几年中国电影市场的迅速崛起，吸引大量资本涌入电影产业。随着电影市场泡沫逐渐被挤出，走向市场调整期，追逐利益的资本亦逐渐回归理性。根据中国文化产业投融资统计数据，2017 年上半年文化娱乐产业股权投融资资金规模为 616.58 亿元，同比下滑 21.16%，投融资数量共计 410 起。从地域分布来看，北京仍然处于文化娱乐产业股权投融资规模与数量的首位，投融资案例共计184起，涉及资金规模达310.33亿元；单就电影行业而言，上半年电影制作发行业投融资案例为12起，涉及资金规模8.63亿元。

2017年传媒板块整体表现不佳，Wind数据显示，截至2017年11月底，传媒板整体下跌21.1%。从企业涨幅来看，除北京光线传媒市值上涨13.11%外，其余电影企业均有不同程度下跌。受票房表现影响，电影上市企业整体业绩增速趋缓（见表1）。在监管趋严、市场降温的环境下，2017年仅有横店影视、金逸影视与中国天择三家影视企业成功完成IPO（首次公开募股），老牌企业博纳影业与造就话剧改编爆款《羞羞的铁拳》的开心麻花仍在IPO进程中。

表1　北京上市电影企业

单位：亿元

公司名称	上市代码	企业估值	上市时间	上市交易所
北京文化	000802	102.45	1998年1月8日	深圳证券
华谊兄弟	300027	260.80	2009年10月30日	创业板
光线传媒	300251	330.62	2011年8月3日	创业板
万达电影	002739	611.10	2015年1月22日	中小企业板
中国电影	600977	293.12	2016年8月9日	上海证券

注：根据公开数据整理，数据统计时间截至2018年1月5日。

本年度最引人关注的现象是资本扩张，具体表现为企业并购与战略联盟。伴随着市场洗牌与竞争的加剧，资本扩张成为迅速整合市场资源的重要途径。票务网站方面，北京的微影时代与猫眼合并组成"新猫眼"，与淘票票构成在线购票领域两强格局，从单一售票平台向综合营销平台发展。影院终端方面，随着渠道红利减退，并购整合成为终端市场所需。华人文化收购UME以完善泛娱乐产业链布局，弥补影视短板；大地影院以33.87亿元完成收购橙天嘉禾中国大陆地区影城，意在提高市场份额；保利影业收购星星文化旗下21家影城，加速影院布局规模化。

在企业战略联盟合作上，凭借影视投资与保底发行迅速发展的北京文化，与共同合作《战狼2》的阿里影业结成战略伙伴，未来将与其在电影产业诸多

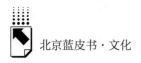

领域展开深度合作，整合资源优势；在制作和发行领域经验丰富的博纳影业与院线巨头万达院线签署战略合作协议，借助优势资源互补，共同抵御市场风险。此外，部分龙头企业采取增资的方式扩大经营规模与业务布局，腾讯向微影猫眼增资 10 亿元，试图构建泛娱乐生态闭环；文投控股增资耀莱影视，提升电影业务规模与市场竞争力。

三 电影企业：市场风云变幻，竞争加剧

北京影视企业数量众多、竞争激烈。到"十二五"末，北京民营影视企业数量达到 3658 家，占全市广电企业的 95.1%，民营影视企业注册资金规模占总额的 77.75%；有 70 家广播影视企业被列为国家文化出口重点企业。在变幻莫测的电影市场环境下，依赖票房表现的电影产业，其集中化仍处于变动与推进的进程之中。目前，国有龙头企业中影股份、华夏电影主要凭借进口电影发行分账保持行业领先优势；拥有丰富经验的老牌民营企业光线影业、华谊兄弟、博纳电影、乐视影业（新乐视文娱）与万达电影，整体表现喜忧参半，头部领先优势不再明显；以北京文化、开心麻花等为代表的新兴企业，凭借现象级爆款电影发展迅速，实力不可小觑；而以爱奇艺影业、阿里影业、微影猫眼等为代表的互联网企业，着力于电影项目投资与平台整合，从电影宣发环节切入，提升企业影响力。

（一）国有龙头企业业务重心偏移

受电影市场整体环境影响，国有龙头企业业务重心亦开始偏移和变动。实现全产业链覆盖的中影股份着力于产业链中下游及影视服务板块，辅之以电影投资业务。中影股份在 2016 年 8 月 9 日于 A 股上市，成为第一家上市的国有电影公司。上市之后，中影将募集资金主要用于影院终端建设，中影旗下共控股 3 家院线公司（中影星美、中影南方新干线和中影数字院线）、参股 4 家院线公司，仅上半年银幕市场占有率就达 30.59%。为进一步扩大影院规模，中影 2017 年设立互联网院线基金与并购基金，加快整合终端市场的步伐。此外，中影在影视服务板块发展良好，一方面依靠在行业极具领先优势的中影数字制作基地；另一方面中国巨幕与新型激光放映机市场推进顺利。尽管中影在上游

制作领域竞争实力减弱，但打通全产业链的独特优势也帮助中影能实现持续盈利。

（二）老牌民营企业表现喜忧参半

在电影投资制作风险加剧的环境下，光线影业、华谊兄弟两家老牌企业纷纷加强内容布局，提升企业盈利能力。华谊兄弟以影视娱乐、品牌授权及实景娱乐与互联网娱乐三大业务构建内容布局。华谊兄弟2017年第三季度财报显示，其品牌授权及实景娱乐板块增势迅猛，较上年同期增长204.6%。在电影票房表现欠佳、市场风险居高不下的背景下，华谊兄弟采取"去电影单一化"战略，一方面拓增影视品牌授权及实景娱乐板块布局，挖掘影视产品品牌衍生价值，延长产品生命线，另一方面通过"I计划"与"H计划"双轨驱动，在电影、电视剧、综艺和网生内容上综合布局，发挥内容生产资源优势。此外，华谊还加大影院投资和布局力度，第三季度末已在全国建立22家影院，进一步实现电影全产业链布局。

光线传媒更侧重于以影视内容为核心，进行横向内容覆盖与纵向的产业链延伸，业务已涵盖电影、电视剧（网剧）、动漫、实景娱乐等领域。丰富的内容产品与电影相关业务的拓展是光线影业保证持续盈利的关键。相比于华谊切入产业链下游来降低风险的方式，光线则着力于从产业链中游切入，采取制发一体化战略，通过控股猫眼，掌握互联网数据优势与平台优势，弥补传统宣发的不足，既规避影院终端市场的准入风险，又能借力于票务网站的行业影响力，综合提升企业的市场竞争力。此外，光线同样加码实景娱乐等衍生产品领域，延展影视产品品牌价值，提高企业抵御风险的能力，完善产业链布局。

万达影业在海外疯狂收购后，逐渐回到主业务的深耕之中。目前，万达电影主要布局影院观影、广告、商品销售与其他四大板块，其中观影收入为其最主要收入来源。万达电影作为院线终端领域的霸主，连续9年在票房收入、观影人次与市场份额上居于首位。为深耕影院建设，万达电影继续推进"会员＋"战略，提升影院竞争实力，增强会员黏性。同样地，在整体终端市场尚未饱和的现状下，万达电影也在积极推进影城项目扩建，进一步扩大院线覆盖城市范围，保持市场占有率的领先地位。

博纳影业从美国退市后，错失国内上市良机。在先后进行三轮融资后，目前的企业估值达到160亿元，但仍与其他四家企业存在一定差距。以中游发行起家、逐步发展至全产业链布局的博纳影业，仍以深耕电影领域为发展核心。在电影产品方面，近几年来博纳影业凭借成功的制作模式推出《湄公河行动》《智取威虎山》等主旋律电影而大放异彩，也因此受到政府资金的支持。同时在产业下游领域，博纳影业也积极扩大影院建设规模，并与院线龙头万达影业结成战略联盟，借助万达院线终端优势抵御市场风险。而乐视影业受母公司资金危机影响，陷入了"冰火两重天"的境地。原本票房成绩处于领先地位的乐视影业，增长势头遭遇搁浅。尽管随着融创中国的介入，乐视影业发展逐渐趋稳，但本年度出品电影整体表现仍然不佳。乐视影业作为拥有互联网基因的电影企业，自然不会仅以电影票房作为唯一收入来源。在更名为"新乐视文娱"后，乐视未来也将借助"多屏互动"将线上平台与线下场景完全打通，继续发力IP垂直生态体系的建设。

（三）新兴及互联网电影企业异军突起

在新兴企业方面，投资现象级电影《战狼2》的北京文化与主导话剧改编电影《羞羞的铁拳》的开心麻花成为行业黑马。根据北京文化上半年财报数据显示，营业收入比上年同期增长6.81%，净利润增长279.44%，《战狼2》的成功也使得北京文化的市值大增。以旅游业务起家的北京文化，通过影视投资迅速转型为全产业链文化集团。在电影领域，北京文化开创保底发行1.0时代，依托实力雄厚的资本，通过高风险高收益的保底发行迅速提升行业地位。而以话剧演出业务起家的开心麻花，在票房黑马《夏洛特烦恼》大获成功的助推下在电影行业迅速崛起，此前开心麻花因业绩欠佳导致IPO受阻，但《羞羞的铁拳》的大获全胜给予开心麻花重启IPO的信心。

而依靠雄厚资本支持的互联网电影企业，结合自身资源与互联网整合能力，逐渐发展出独特的竞争优势。视频网站方面，爱奇艺发展速度与电影领域涉足程度首当其冲。目前爱奇艺估值约达80亿美元。以建构以IP价值开发为核心的娱乐生态体系为战略目标的爱奇艺，在电影领域的介入与影响也是首屈一指。一方面，爱奇艺凭借庞大的视频付费用户基础，推出新的互联网内容形式——网络大电影。网络大电影作为院线电影的补充，以更为丰富的类型与更为开放的创作，契合网络观众的观影偏好，开拓电影的二级市场。另一方面，爱奇艺也推动着电影形成新的发行窗口——互联网发行，帮助院线电影拓展非票房收入来源，延长电影产品生命线。票务网站方面，猫眼与微影合并组成"微影猫眼"后，两强争霸局面自此展开。一方面，淘票票与新猫眼通过公开票补数据与出票数量的方式相继推动数据透明度；另一方面，随着其互联网宣发能力不断增强，新猫眼与淘票票在宣发环节的作用与影响力日益显著。在强化平台属性的基础上，新猫眼着眼于打通从票务终端、宣传发行到投资出品的产业链环节，淘票票则致力于成为电影行业全产业链的互联网营销平台。

四 电影生产：类型多元，分众化凸显

2017 年全国电影总票房达 559.11 亿元，同比增长 13.45%，其中北京电影票房收入 33.95 亿元。[①] 全年共生产故事片 798 部，动画电影 32 部，科教电影 68 部，纪录电影 44 部，特种电影 28 部，共计 970 部。根据中国电影发行放映协会公开数据显示，2017 年共上映电影 477 部，其中产电影 368 部，电影市场竞争仍然激烈。

（一）总体特征：两极分化，竞争加剧

2017 年共引进 109 部国外影片，不仅在数量上再创新高，而且在票房所得上亦与国产片近乎分庭抗礼。全年过亿元影片达 92 部，其中国产电影 51 部，过 10 亿元影片有 15 部，国产影片占据 6 席。2017 年电影票房前二十的影片中，国产影片仅有 7 部，美国影片达到 12 部。国产电影集中在票房头部排名，而美国影片在数量上占比最高，竞争实力不容小觑。与此同时，电影市场"二八分化"更为显著，2017 年前十位电影票房共达 190.88 亿元，占总票房的 34.13%，市场竞争更为激烈。

根据北京市新闻出版广电局统计，北京创作生产的《战狼 2》和《羞羞的铁拳》分别以 56.83 亿元、22.12 亿元成为 2017 年度全国票房冠亚军。这两部影片占6 部 10 亿级国产影片总票房的 58.7%，占全国国产影片总票房的 26.23%。[②] 此外，《功夫瑜伽》《大闹天竺》《芳华》等影片也有很好的表现（见表 2）。

---

① 注：因统计口径的差异，数据与下文有不一致之处。
② 《2017 年北京电影领跑全国》，《北京日报》2018 年 1 月 6 日。

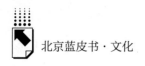

表2　2017年电影票房排名统计

单位：万元

排名	电影名称	生产地	累计票房	上映日期
1	《战狼2》	中国	531105	2017年7月27日
2	《速度与激情8》	美国	251836	2017年4月14日
3	《羞羞的铁拳》	中国	206814	2017年9月30日
4	《功夫瑜伽》	中国	164824	2017年1月28日
5	《西游伏妖篇》	中国	156648	2017年1月28日
6	《变形金刚5：最后的骑士》	美国	146219	2017年6月23日
7	《摔跤吧！爸爸》	印度	119922	2017年5月5日
8	《芳华》	中国	111334	2017年12月15日
9	《加勒比海盗5：死无对证》	美国	110519	2017年5月26日
10	《金刚：骷髅岛》	美国	109625	2017年3月24日
11	《寻梦环游记》	美国	107886	2017年11月23日
12	《极限特工：终极回归》	美国	105245	2017年2月10日
13	《生化危机：终章》	美国	103539	2017年2月24日
14	《乘风破浪》	中国	98041	2017年1月28日
15	《神偷奶爸3》	美国	97237	2017年7月7日
16	《蜘蛛侠：英雄归来》	美国	72748	2017年9月8日
17	《大闹天竺》	中国	72008	2017年1月28日
18	《雷神3：诸神黄昏》	美国	69480	2017年11月3日
19	《猩球崛起3：终极之战》	美国	69473	2017年9月15日
20	《金刚狼3：殊死一战》	美国	68111	2017年3月3日

资料来源：国家电影事业发展专项资金管理委员会办公室，时间截至2017年12月31日。

（二）内容供给：类型多元，分众化明显

本年度国产影片呈现着爆款主流作品领航、中小成本影片群发力的特点。从年度票房前二十的国产影片来看，一方面，《战狼2》《西游伏妖篇》《功夫瑜伽》这样不同类型的大制作电影，引领票房市场爆发；另一方面，《羞羞的铁拳》《乘风破浪》《芳华》这样的中等成本电影凭借超高口碑实现市场突围，足以反映出当前市场环境下，多元类型的精品主流电影成为观众的青睐。

除了爆款电影外，不同题材、不同类型的中小成本电影散发着各自的艺术魅力，动画电影《大护法》将目标观众锁定为成人，讽刺现实且耐人寻味；青春校园题材影片《闪光少女》聚焦于民族音乐与西洋音乐的冲突，以民乐少女的视角讲述民族文化的魅力；武侠题材影片《绣春刀2》延续上部影片的

精良制作，以小人物视角抨击权谋乱斗的黑暗；爱情题材影片《喜欢·你》回归爱情本真，剧作规整，甜蜜温馨；文艺电影《冈仁波齐》以朴实无华的方式讲述普拉村村民朝圣的故事。这一批风格独特的中小成本电影亦获得较为可观的票房成绩，凸显电影市场的分众化态势。

（三）新主流电影：工业化制作和类型化叙事成标配

本年度最受瞩目的便是北京京西文化旅游股份有限公司（北京文化）的新主流电影《战狼2》，影片实现连续17天票房过亿，其累计票房已经达到531105万元，再次刷新中国电影票房纪录。通过海量大数据平台挖取数据统计，《战狼2》自上映后一直保持极高的全网关注度，而超高的观影口碑助推着《战狼2》的持续发力，激发"全民观影"的热潮。《战狼2》的成功反映出中国电影市场的巨大潜力，也同样反映着新主流电影的票房号召力。工业化制作与类型化故事成为优质主旋律电影的标配。

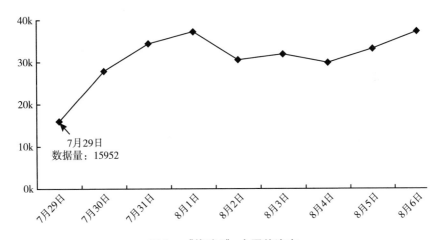

图1 《战狼2》全网关注度

资料来源：海量大数据平台。

（四）小众电影：实现市场突围

随着中国电影市场分众化趋势逐渐发展，丰富的电影产品供给逐渐培养和聚集了不同偏好的观众，亦为不同类型、不同定位的电影提供了市场机遇。北京创作生产的一些质量上乘、口碑颇佳的小众电影票房表现亮眼,以纪实风格讲述藏族村民朝圣故事的《冈仁波齐》、记录慰安妇幸存者生存现状的《二十二》等艺术成就突出、唤起观众情感共鸣的小众佳作,凭借良好的口碑实现了票房佳绩。在激烈的市场竞争中,小众电影的成功突围反映出分众时代观影需求的多样化,同时也反映出电影口碑在现阶段市场竞争中的重要作用。

五 发行与放映:尝试分线发行,影院差异化发展

本年度,国有龙头企业中影公司与华夏电影凭借进口电影发行权仍保持着行业领先地位。值得一提的是,民营发行公司聚合影联与北京文化凭借《战狼2》的成功运作,跃居票房总量第三和第四位。而北京传统的五大民营电影公司整体表现欠佳,仅有光线影业、华谊兄弟两家影业进入发行票房前十。其中,华谊兄弟主要凭借年末两部佳作《芳华》与《前任3:再见前任》的强势逆袭,成功进入主发行影片票房的企业年度前五(见表3)。此外,随着票务网站对于宣发环节的介入加深,淘票票与猫眼亦成为电影发行领域的新兴强者,在爆款电影《战狼2》与《羞羞的铁拳》中均有宣发参与,庞大的用户基础、渠道布局与大数据技术优势为猫眼与淘票票迅速提升宣发能力与行业地位提供了支撑。

表3 2017年电影主发行票房排名前十

单位:部,亿元

排名	公司名称	发行影片数量	票房总额
1	中国电影	62	168.00
2	华夏电影	58	153.12
3	聚合影联	12	63.81
4	北京文化	2	59.37
5	华谊兄弟	9	36.30
6	光线影业	10	34.74
7	猫眼	6	25.57
8	华影天下	3	24.65
9	淘票票	7	24.05
10	联瑞影业	4	19.54

注:根据猫眼数据统计,统计时间截至2018年1月6日。

在发行领域，成熟的电影市场依托成熟的院线体系与细分的受众市场，能够形成分线发行的格局。所谓分线发行，是指某部影片只在部分院线上发行，采取排他性、差异化的发行策略，将电影作为一种"稀缺资源"吸引观众。分线发行对于艺术电影至关重要，它能够帮助艺术电影准确定位观众、节省宣发成本，在一定程度上保障票房的顺利回收。本年度，艺术电影放映联盟（简称"艺联"）对艺术电影《海边的曼彻斯特》首次尝试分线发行的方式，仅选择在加盟艺联的少数影院上映，最终获得818.1万元的票房佳绩。值得一提的是，该影片早已在各大视频网站上播映，观众可以随意在线上进行观看。在此情况下，《海边的曼彻斯特》不仅获得不错的票房成绩，还成功带动线上播映点击率，足以显现出艺术影片是存在一定的市场空间的。在建立艺术院线尚艰难的情况下，艺联采取此措施也是结合市场现状做出的勇敢尝试。尽管《海边的曼彻斯特》的成功仅是个例，恐难以复制，不过此次成功也让我们看到分线发行的可能性，可谓我国艺术电影发行的一次重要突破。

在影院方面，随着影院新技术应用更加普及，越来越多的观众感受到更加震撼的视听效果。截至2016年底，中国3D银幕总数39398块，获得RealD 6FL认证的影厅达361个。北京居民较高的消费能力和较为充足的市场空间为高端影院建设提供了发展契机。根据IMAX中国官方数据，北京共有17家巨幕（IMAX）影城，一家可放映120帧/3D/4K影像电影院，两家拥有杜比全景声影院。与此同时，随着在线购票技术日趋成熟，用户线上购票更为便利，消费体验上佳。根据艾瑞咨询统计数据，在北上广深四大城市中，观众网络购票率高达75%～85%，大数据技术的提升更为电影产业链诸多环节提供了技术支持，亦提升了影片用户推荐的精准度。作为集聚年轻主流观众群体的北京，在线网络购票颇为普及，亦推动着电影产业发展走向网络化。

2017年，全国新增影院1519家，累计数量达9370家；新增银幕9597块，银幕总数高达50776块，较上年增长23.3%，稳居世界第一位。北京营业电影院209家，比上年新增26家；银幕数1420块，新增211块；座位数203951个，新增21414个。

从省区票房产出来看，北京以32.19亿元位列全国第五，观影人次为7636.31万人次，仅次于上海。全国院线票房产出排名前十中，北京中影数字院线、中影星美电影院线与北京华夏联合院线位列第五、六、九位；就全国影院票房产出排名前十而言，北京影院占比四成，竞争实力强劲。从北京市影院增速来看，与2016年底相比，数量平稳增长，影院投资颇为理性。具体如表4、表5所示。

表4　全国院线票房排名统计

排名	院线公司	累计票房(亿元)	人次(万人次)	场次(万场次)
1	万达电影	68.41	18106.05	724.65
2	大地院线	44.95	14978.58	919.65
3	上海联和	42.13	12253.64	553.14
4	中影南方新干线	38.20	11762.29	706.87
5	中影数字	37.98	12230.74	789.87
6	中影星美	37.35	11298.59	577.61
7	金逸院线	28.18	8540.41	420.14
8	横店影视	22.72	7577.25	430.49
9	华夏联合	17.67	5733.13	351.95
10	幸福蓝海	16.87	5460.88	275.33

资料来源：国家电影事业发展专项资金管理委员会办公室，统计时间截至2017年12月31日。

表5　全国影院票房排名统计

排名	影院名称	票房(万元)	人次(万人次)
1	北京耀莱成龙国际影城(五棵松店)	8833.08	204.74
2	广州飞扬正佳影城	7354.12	138.58
3	北京首都电影院(西单店)	6851.59	122.78
4	北京UME国际影城(双井店)	6604.43	108.82
5	北京金逸影城(朝阳大悦城IMAX店)	6223.27	97.37
6	深圳橙天嘉禾影城	6122.59	127.24
7	广州飞扬影城(天河城店)	5879.98	117.91
8	上海百丽宫影城(环贸iapm店)	5793.13	82.52
9	杭州萧山德纳国际影城	5385.96	125.92
10	广州万达国际影城(白云万达广场店)	5271.92	94.89

资料来源：国家电影事业发展专项资金管理委员会办公室，统计时间截至2017年12月31日。

北京作为单影院票房产出第一的城市，影院终端布局趋于稳定。受各地区人口集中度和消费水平影响，头部影院票房地位稳固。截至2016年底，北京耀莱成龙国际影城（五棵松店）已连续第 6 次蝉联冠军，影城拥有 17 个放映厅，凭借成龙品牌形象与诸如杜比影院、CHRISTIE2K 的数字机等高端设备，给予观众极好的视听效果体验。在此基础上，北京市多家终端影院采取差异化的经营方式，结合影院所处地理位置，定位于不同消费水平、不同兴趣爱好的观众，建立自身相对稳定的观众群。如北京百老汇影城（当代 MOMA 电影中心店），以文艺青年为主要目标群体，不仅定期举办丰富的艺术电影放映活动，而且建立电影中心图书馆网罗影迷会员，提供线下社交与学习的场所；天幕新彩云影城位于大学与影视公司相对集中之地，票价相对低廉，通过加盟艺术电影放映联盟，更好地提升对于大学生群体与文艺青年的吸引力。

六　首都电影产业发展的问题与对策

2017 年是中国电影产业的攻坚年，亦是首都电影产业的发展年。北京作为电影产业资源的集聚地，始终是中国电影产业发展的动力引擎。而面对瞬息万变的市场环境，首都电影产业仍然面临着挑战，为此本报告就企业发展、电影生产与影院放映三个方面的问题，提出相应的对策建议。

（一）企业发展：做好内容把控和风险管控

北京电影企业整体优势明显，一直领跑全国电影产业，但也面临国际国内的激烈竞争。资本市场方面，除光线影业市值上涨外，上市电影企业大多有不同程度下跌，受票房表现影响，电影上市企业整体业绩增速缓慢。票房方面，传统"五强"光线影业、华谊兄弟、博纳电影、乐视影业（新乐视文娱）、万达电影的整体成绩一般，头部领先优势已经不明显。传统"五强"中，华谊兄弟依靠年底《芳华》《前任 3》等影片的表现逆袭，博纳电影票房提升了一倍，但万达电影主控的项目票房一般，光线影业、乐视影业表现不佳。发行领域，大民营电影公司的表现也不佳，进入发行票房前十名的只有光线影业、华谊兄弟两家。

电影产品始终是推动电影企业发展的重要动力。电影高风险的属性赋予企业不稳定且不可预估的产品收入，在现有竞争激烈的市场环境下，电影企业希冀通过完善产业链、扩大内容布局来保证持续盈利、分担风险。而电影作品作为电影企业的核心业务之一，势必需要其下足功夫探索成功的秘诀。电影是兼具艺术与商业价值的产品，北京地区的电影企业不仅需要严格把控内容、提升品质，也需要建立风险管控机制，精准把控观众需求，生产出观众喜爱与认可的电影产品。电影生产不应是投机行为，只有以工匠精神精心打磨电影产品，才能生产出赢得市场认可的佳作，才能产生品牌效益，持续推动电影企业良性发展。

（二）电影生产：提升产品质量，满足多元化观影需求

在电影生产上，随着进口电影配额的放宽，越来越多的外国优质电影涌入中国市场，为中国观众提供更为丰富的消费选择，亦挤压着国产电影的生存空间；近两年，进口电影数量不断攀升，2017年的进口片票房约为256亿元，占据了全国电影总票房的48%。与此同时，在影片上映数量增加、银幕数量增速放缓的情况下，同一档期上映的电影数量呈现供过于求的状态，力求保证票房利润的影院必然会增加头部影片的排片场次，大部分电影几乎得不到排片保证，影院一日游或排空闲期成为常态，最终必然陷入票房惨淡、成本难收的境地。这反映出了电影市场产能过剩的现状。观众的注意力被头部影片所吸引，同档期影片票房差距加大，大多数影片难以满足观众需求而被淘汰，市场竞争更为激烈。

在此背景下，北京的电影创作生产如何提升竞争优势是发展的关键。2017年被确定为"电影质量促进年"。国家新闻出版广电总局电影局局长张宏森指出，把抓创作作为第一位的任务，把提升质量作为生命线，推动电影创作繁荣兴盛。因而，在如今电影产品供给异常丰富的环境下，提升产品质量、满足观众多元化的观影需求是北京电影生产的关键。必须加快北京地区电影生产的改革创新，提高电影供给结构的适应性和灵活性，进一步扩大有效供给，使电影供给体系更好适应观众需求的变化。

（三）影院放映：提供个性化、人性化与特色化体验

影院终端方面，在电影市场泡沫被挤出、增速趋缓的背景下，票房增量市场逐渐向三四线城市转移，以北京为代表的一线城市成为电影票房的存量市场，这也意味着首都影院终端市场会逐渐饱和，更加考验影院的经营能力。

　　在电影市场增速放缓、渠道红利减退的背景下，北京地区的影院终端要想维持消费群体、保证盈利收入，势必要提升观众的观影体验。影院观影作为场景化的娱乐方式，要求观影消费者既要耗费一定的时间成本，又要在影院这一固定地点观影。因而，对于观众来说，能否得到愉悦的观影体验是其选择一家影院的关键。这要求北京的影院提升精准服务的能力，不仅应保证电影放映的声效展现，也应重点考虑观众在影院逗留的整个时间段的感受，为其提供个性化、人性化与特色化的体验。此外还要针对本市的不同人群，提供特色影院、社区电影等更加精准、有特色的影视服务。

　　《北京市"十三五"时期文化创意产业发展规划》指出，到2020年文化创意产业增加值占全市GDP比重力争达到15%左右，文化创意产业的支柱型地位也将更加巩固。未来，在北京逐渐转型为具有国际影响力的文化创意名城的发展要求下，首都电影产业应致力于电影精品化、市场资源最优化、影院发展差异化的发展道路，努力打造首都电影产业新高地，将北京打造成为国际影视名都。

B.17
2017年北京艺术电商行业发展的现状与问题

郭金良*

摘　要： 2017年北京艺术电商行业保持着良好的发展态势。就整个艺术电商行业体系而言，北京市不仅在行业体系生产端具有强大的首都资源优势，而且在流通端、服务端具有其他地区无可比拟的交易环境优势。北京艺术电商行业在蓬勃发展的同时，也遇到了运营模式同质化严重、品牌意识与自身定位模糊、信用缺失和专业服务不强等诸多问题。伴随"消费升级""互联网＋""大数据"以及云计算时代的到来，北京市各大艺术电商平台在提升完善自身品牌、清晰行业定位、规范透明交易行为、增强用户体验、深耕专业艺术领域、为用户提供更为优质的服务等方面不遗余力，探索自身商业模式不断转型与升级的路径。

关键词： 北京　艺术电商　艺术品交易

伴随"消费升级""互联网＋""大数据"以及云计算的发展，艺术电商行业迎来了重大发展机遇，各大艺术电商平台、机构更是使出浑身解数，不断升级完善自身系统，进一步明晰自身定位、增强用户体验、规范透明交易行为、提供更为优质的服务。2017年11月，中国艺术品电商行业峰会暨北京品

---

* 郭金良，博士，中国社会科学院民族学与人类学研究所博士后，主要从事艺术人类学、民族艺术、文化创意产业研究。

皮书系列

2018年

智库成果出版与传播平台

社会科学文献出版社
SOCIAL SCIENCES ACADEMIC PRESS (CHINA)

社长致辞

蓦然回首，皮书的专业化历程已经走过了二十年。20年来从一个出版社的学术产品名称到媒体热词再到智库成果研创及传播平台，皮书以专业化为主线，进行了系列化、市场化、品牌化、数字化、国际化、平台化的运作，实现了跨越式的发展。特别是在党的十八大以后，以习近平总书记为核心的党中央高度重视新型智库建设，皮书也迎来了长足的发展，总品种达到600余种，经过专业评审机制、淘汰机制遴选，目前，每年稳定出版近400个品种。"皮书"已经成为中国新型智库建设的抓手，成为国际国内社会各界快速、便捷地了解真实中国的最佳窗口。

20年孜孜以求，"皮书"始终将自己的研究视野与经济社会发展中的前沿热点问题紧密相连。600个研究领域，3万多位分布于800余个研究机构的专家学者参与了研创写作。皮书数据库中共收录了15万篇专业报告，50余万张数据图表，合计30亿字，每年报告下载量近80万次。皮书为中国学术与社会发展实践的结合提供了一个激荡智力、传播思想的入口，皮书作者们用学术的话语、客观翔实的数据谱写出了中国故事壮丽的篇章。

20年跬步千里，"皮书"始终将自己的发展与时代赋予的使命与责任紧紧相连。每年百余场新闻发布会，10万余次中外媒体报道，中、英、俄、日、韩等12个语种共同出版。皮书所具有的凝聚力正在形成一种无形的力量，吸引着社会各界关注中国的发展，参与中国的发展，它是我们向世界传递中国声音、总结中国经验、争取中国国际话语权最主要的平台。

皮书这一系列成就的取得，得益于中国改革开放的伟大时代，离不开来自中国社会科学院、新闻出版广电总局、全国哲学社会科学规划办公室等主管部门的大力支持和帮助，也离不开皮书研创者和出版者的共同努力。他们与皮书的故事创造了皮书的历史，他们对皮书的拳拳之心将继续谱写皮书的未来！

现在，"皮书"品牌已经进入了快速成长的青壮年时期。全方位进行规范化管理，树立中国的学术出版标准；不断提升皮书的内容质量和影响力，搭建起中国智库产品和智库建设的交流服务平台和国际传播平台；发布各类皮书指数，并使之成为中国指数，让中国智库的声音响彻世界舞台，为人类的发展做出中国的贡献——这是皮书未来发展的图景。作为"皮书"这个概念的提出者，"皮书"从一般图书到系列图书和品牌图书，最终成为智库研究和社会科学应用对策研究的知识服务和成果推广平台这整个过程的操盘者，我相信，这也是每一位皮书人执着追求的目标。

"当代中国正经历着我国历史上最为广泛而深刻的社会变革，也正在进行着人类历史上最为宏大而独特的实践创新。这种前无古人的伟大实践，必将给理论创造、学术繁荣提供强大动力和广阔空间。"

在这个需要思想而且一定能够产生思想的时代，皮书的研创出版一定能创造出新的更大的辉煌！

社会科学文献出版社社长

中国社会学会秘书长

2017年11月

社会科学文献出版社简介

社会科学文献出版社（以下简称"社科文献出版社"）成立于1985年，是直属于中国社会科学院的人文社会科学学术出版机构。成立至今，社科文献出版社始终依托中国社会科学院和国内外人文社会科学界丰厚的学术出版和专家学者资源，坚持"创社科经典，出传世文献"的出版理念、"权威、前沿、原创"的产品定位以及学术成果和智库成果出版的专业化、数字化、国际化、市场化的经营道路。

社科文献出版社是中国新闻出版业转型与文化体制改革的先行者。积极探索文化体制改革的先进方向和现代企业经营决策机制，社科文献出版社先后荣获"全国文化体制改革工作先进单位"、中国出版政府奖·先进出版单位奖，中国社会科学院先进集体、全国科普工作先进集体等荣誉称号。多人次荣获"第十届韬奋出版奖""全国新闻出版行业领军人才""数字出版先进人物""北京市新闻出版广电行业领军人才"等称号。

社科文献出版社是中国人文社会科学学术出版的大社名社，也是以皮书为代表的智库成果出版的专业强社。年出版图书2000余种，其中皮书400余种，出版新书字数5.5亿字，承印与发行中国社科院院属期刊72种，先后创立了皮书系列、列国志、中国史话、社科文献学术译库、社科文献学术文库、甲骨文书系等一大批既有学术影响又有市场价值的品牌，确立了在社会学、近代史、苏东问题研究等专业学科及领域出版的领先地位。图书多次荣获中国出版政府奖、"三个一百"原创图书出版工程、"五个'一'工程奖"、"大众喜爱的50种图书"等奖项，在中央国家机关"强素质·做表率"读书活动中，入选图书品种数位居各大出版社之首。

社科文献出版社是中国学术出版规范与标准的倡议者与制定者，代表全国50多家出版社发起实施学术著作出版规范的倡议，承担学术著作规范国家标准的起草工作，率先编撰完成《皮书手册》对皮书品牌进行规范化管理，并在此基础上推出中国版芝加哥手册——《社科文献出版社学术出版手册》。

社科文献出版社是中国数字出版的引领者，拥有皮书数据库、列国志数据库、"一带一路"数据库、减贫数据库、集刊数据库等4大产品线11个数据库产品，机构用户达1300余家，海外用户百余家，荣获"数字出版转型示范单位""新闻出版标准化先进单位""专业数字内容资源知识服务模式试点企业标准化示范单位"等称号。

社科文献出版社是中国学术出版走出去的践行者。社科文献出版社海外图书出版与学术合作业务遍及全球40余个国家和地区，并于2016年成立俄罗斯分社，累计输出图书500余种，涉及近20个语种，累计获得国家社科基金中华学术外译项目资助76种、"丝路书香工程"项目资助60种、中国图书对外推广计划项目资助71种以及经典中国国际出版工程资助28种，被五部委联合认定为"2015-2016年度国家文化出口重点企业"。

如今，社科文献出版社完全靠自身积累拥有固定资产3.6亿元，年收入3亿元，设置了七大出版分社、六大专业部门，成立了皮书研究院和博士后科研工作站，培养了一支近400人的高素质与高效率的编辑、出版、营销和国际推广队伍，为未来成为学术出版的大社、名社、强社，成为文化体制改革与文化企业转型发展的排头兵奠定了坚实的基础。

宏 观 经 济 类

经济蓝皮书

2018年中国经济形势分析与预测

李平/主编　2017年12月出版　定价：89.00元

◆　本书为总理基金项目，由著名经济学家李扬领衔，联合中国社会科学院等数十家科研机构、国家部委和高等院校的专家共同撰写，系统分析了2017年的中国经济形势并预测2018年中国经济运行情况。

城市蓝皮书

中国城市发展报告 No.11

潘家华　单菁菁/主编　2018年9月出版　估价：99.00元

◆　本书是由中国社会科学院城市发展与环境研究中心编著的，多角度、全方位地立体展示了中国城市的发展状况，并对中国城市的未来发展提出了许多建议。该书有强烈的时代感，对中国城市发展实践有重要的参考价值。

人口与劳动绿皮书

中国人口与劳动问题报告 No.19

张车伟/主编　2018年10月出版　估价：99.00元

◆　本书为中国社会科学院人口与劳动经济研究所主编的年度报告，对当前中国人口与劳动形势做了比较全面和系统的深入讨论，为研究中国人口与劳动问题提供了一个专业性的视角。

中国省域竞争力蓝皮书

中国省域经济综合竞争力发展报告（2017～2018）

李建平　李闽榕　高燕京/主编　2018年5月出版　估价：198.00元

◆　本书融多学科的理论为一体，深入追踪研究了省域经济发展与中国国家竞争力的内在关系，为提升中国省域经济综合竞争力提供有价值的决策依据。

金融蓝皮书

中国金融发展报告（2018）

王国刚/主编　2018年2月出版　估价：99.00元

◆　本书由中国社会科学院金融研究所组织编写，概括和分析了2017年中国金融发展和运行中的各方面情况，研讨和评论了2017年发生的主要金融事件，有利于读者了解掌握2017年中国的金融状况，把握2018年中国金融的走势。

区 域 经 济 类

京津冀蓝皮书

京津冀发展报告（2018）

祝合良　叶堂林　张贵祥/等著　2018年6月出版　估价：99.00元

◆　本书遵循问题导向与目标导向相结合、统计数据分析与大数据分析相结合、纵向分析和长期监测与结构分析和综合监测相结合等原则，对京津冀协同发展新形势与新进展进行测度与评价。

社 会 政 法 类

社会蓝皮书

2018 年中国社会形势分析与预测

李培林　陈光金　张翼 / 主编　2017 年 12 月出版　定价：89.00 元

◆　本书由中国社会科学院社会学研究所组织研究机构专家、高校学者和政府研究人员撰写，聚焦当下社会热点，对 2017 年中国社会发展的各个方面内容进行了权威解读，同时对 2018 年社会形势发展趋势进行了预测。

法治蓝皮书

中国法治发展报告 No.16（2018）

李林　田禾 / 主编　2018 年 3 月出版　估价：118.00 元

◆　本年度法治蓝皮书回顾总结了 2017 年度中国法治发展取得的成就和存在的不足，对中国政府、司法、检务透明度进行了跟踪调研，并对 2018 年中国法治发展形势进行了预测和展望。

教育蓝皮书

中国教育发展报告（2018）

杨东平 / 主编　2018 年 4 月出版　估价：99.00 元

◆　本书重点关注了 2017 年教育领域的热点，资料翔实，分析有据，既有专题研究，又有实践案例，从多角度对 2017 年教育改革和实践进行了分析和研究。

社会体制蓝皮书

中国社会体制改革报告 No.6（2018）

龚维斌 / 主编　2018 年 3 月出版　估价：99.00 元

◆　本书由国家行政学院社会治理研究中心和北京师范大学中国社会管理研究院共同组织编写，主要对 2017 年社会体制改革情况进行回顾和总结，对 2018 年的改革走向进行分析，提出相关政策建议。

社会心态蓝皮书

中国社会心态研究报告（2018）

王俊秀　杨宜音 / 主编　2018 年 12 月出版　估价：99.00 元

◆　本书是中国社会科学院社会学研究所社会心理研究中心"社会心态蓝皮书课题组"的年度研究成果，运用社会心理学、社会学、经济学、传播学等多种学科的方法进行了调查和研究，对于目前中国社会心态状况有较广泛和深入的揭示。

华侨华人蓝皮书

华侨华人研究报告（2018）

贾益民 / 主编　2018 年 1 月出版　估价：139.00 元

◆　本书关注华侨华人生产与生活的方方面面。华侨华人是中国建设 21 世纪海上丝绸之路的重要中介者、推动者和参与者。本书旨在全面调研华侨华人，提供最新涉侨动态、理论研究成果和政策建议。

民族发展蓝皮书

中国民族发展报告（2018）

王延中 / 主编　2018 年 10 月出版　估价：188.00 元

◆　本书从民族学人类学视角，研究近年来少数民族和民族地区的发展情况，展示民族地区经济、政治、文化、社会和生态文明"五位一体"建设取得的辉煌成就和面临的困难挑战，为深刻理解中央民族工作会议精神、加快民族地区全面建成小康社会进程提供了实证材料。

产业经济类

房地产蓝皮书

中国房地产发展报告 No.15（2018）

李春华　王业强／主编　2018 年 5 月出版　估价：99.00 元

◆　2018 年《房地产蓝皮书》持续追踪中国房地产市场最新动态，深度剖析市场热点，展望 2018 年发展趋势，积极谋划应对策略。对 2017 年房地产市场的发展态势进行全面、综合的分析。

新能源汽车蓝皮书

中国新能源汽车产业发展报告（2018）

中国汽车技术研究中心　　日产（中国）投资有限公司

东风汽车有限公司／编著　　2018 年 8 月出版　　估价：99.00 元

◆　本书对中国 2017 年新能源汽车产业发展进行了全面系统的分析，并介绍了国外的发展经验。有助于相关机构、行业和社会公众等了解中国新能源汽车产业发展的最新动态，为政府部门出台新能源汽车产业相关政策法规、企业制定相关战略规划，提供必要的借鉴和参考。

行业及其他类

旅游绿皮书

2017 ~ 2018 年中国旅游发展分析与预测

中国社会科学院旅游研究中心／编　2018 年 2 月出版　估价：99.00 元

◆　本书从政策、产业、市场、社会等多个角度勾画出 2017 年中国旅游发展全貌，剖析了其中的热点和核心问题，并就未来发展作出预测。

民营医院蓝皮书

中国民营医院发展报告（2018）

薛晓林／主编　2018年1月出版　估价：99.00元

◆　本书在梳理国家对社会办医的各种利好政策的前提下，对我国民营医疗发展现状、我国民营医院竞争力进行了分析，并结合我国医疗体制改革对民营医院的发展趋势、发展策略、战略规划等方面进行了预估。

会展蓝皮书

中外会展业动态评估研究报告（2018）

张敏／主编　　2018年12月出版　估价：99.00元

◆　本书回顾了2017年的会展业发展动态，结合"供给侧改革"、"互联网＋"、"绿色经济"的新形势分析了我国展会的行业现状，并介绍了国外的发展经验，有助于行业和社会了解最新的展会业动态。

中国上市公司蓝皮书

中国上市公司发展报告（2018）

张平　王宏淼／主编　　2018年9月出版　　估价：99.00元

◆　本书由中国社会科学院上市公司研究中心组织编写的，着力于全面、真实、客观反映当前中国上市公司财务状况和价值评估的综合性年度报告。本书详尽分析了2017年中国上市公司情况，特别是现实中暴露出的制度性、基础性问题，并对资本市场改革进行了探讨。

工业和信息化蓝皮书

人工智能发展报告（2017～2018）

尹丽波／主编　　2018年6月出版　　估价：99.00元

◆　本书国家工业信息安全发展研究中心在对2017年全球人工智能技术和产业进行全面跟踪研究基础上形成的研究报告。该报告内容翔实、视角独特，具有较强的产业发展前瞻性和预测性，可为相关主管部门、行业协会、企业等全面了解人工智能发展形势以及进行科学决策提供参考。

国际问题与全球治理类

世界经济黄皮书

2018年世界经济形势分析与预测

张宇燕 / 主编　2018年1月出版　估价：99.00元

◆　本书由中国社会科学院世界经济与政治研究所的研究团队撰写，分总论、国别与地区、专题、热点、世界经济统计与预测等五个部分，对2018年世界经济形势进行了分析。

国际城市蓝皮书

国际城市发展报告（2018）

屠启宇 / 主编　2018年2月出版　估价：99.00元

◆　本书作者以上海社会科学院从事国际城市研究的学者团队为核心，汇集同济大学、华东师范大学、复旦大学、上海交通大学、南京大学、浙江大学相关城市研究专业学者。立足动态跟踪介绍国际城市发展时间中，最新出现的重大战略、重大理念、重大项目、重大报告和最佳案例。

非洲黄皮书

非洲发展报告 No.20（2017 ~ 2018）

张宏明 / 主编　2018年7月出版　估价：99.00元

◆　本书是由中国社会科学院西亚非洲研究所组织编撰的非洲形势年度报告，比较全面、系统地分析了2017年非洲政治形势和热点问题，探讨了非洲经济形势和市场走向，剖析了大国对非洲关系的新动向；此外，还介绍了国内非洲研究的新成果。

国别类

美国蓝皮书

美国研究报告（2018）

郑秉文　黄平 / 主编　2018 年 5 月出版　估价：99.00 元

◆　本书是由中国社会科学院美国研究所主持完成的研究成果，它回顾了美国 2017 年的经济、政治形势与外交战略，对美国内政外交发生的重大事件及重要政策进行了较为全面的回顾和梳理。

德国蓝皮书

德国发展报告（2018）

郑春荣 / 主编　2018 年 6 月出版　估价：99.00 元

◆　本报告由同济大学德国研究所组织编撰，由该领域的专家学者对德国的政治、经济、社会文化、外交等方面的形势发展情况，进行全面的阐述与分析。

俄罗斯黄皮书

俄罗斯发展报告（2018）

李永全 / 编著　2018 年 6 月出版　估价：99.00 元

◆　本书系统介绍了 2017 年俄罗斯经济政治情况，并对 2016 年该地区发生的焦点、热点问题进行了分析与回顾；在此基础上，对该地区 2018 年的发展前景进行了预测。

文 化 传 媒 类

新媒体蓝皮书

中国新媒体发展报告 No.9（2018）

唐绪军／主编　2018 年 6 月出版　估价：99.00 元

◆　本书是由中国社会科学院新闻与传播研究所组织编写的关于新媒体发展的最新年度报告，旨在全面分析中国新媒体的发展现状，解读新媒体的发展趋势，探析新媒体的深刻影响。

移动互联网蓝皮书

中国移动互联网发展报告（2018）

余清楚／主编　　2018 年 6 月出版　估价：99.00 元

◆　本书着眼于对 2017 年度中国移动互联网的发展情况做深入解析，对未来发展趋势进行预测，力求从不同视角、不同层面全面剖析中国移动互联网发展的现状、年度突破及热点趋势等。

文化蓝皮书

中国文化消费需求景气评价报告（2018）

王亚南／主编　2018 年 2 月出版　估价：99.00 元

◆　本书首创全国文化发展量化检测评价体系，也是至今全国唯一的文化民生量化检测评价体系，对于检验全国及各地 " 以人民为中心 " 的文化发展具有首创意义。

地方发展类

北京蓝皮书

北京经济发展报告（2017～2018）

杨松／主编　2018年6月出版　估价：99.00元

◆　本书对2017年北京市经济发展的整体形势进行了系统性的分析与回顾，并对2018年经济形势走势进行了预测与研判，聚焦北京市经济社会发展中的全局性、战略性和关键领域的重点问题，运用定量和定性分析相结合的方法，对北京市经济社会发展的现状、问题、成因进行了深入分析，提出了可操作性的对策建议。

温州蓝皮书

2018年温州经济社会形势分析与预测

蒋儒标　王春光　金浩／主编　2018年4月出版　估价：99.00元

◆　本书是中共温州市委党校和中国社会科学院社会学研究所合作推出的第十一本温州蓝皮书，由来自党校、政府部门、科研机构、高校的专家、学者共同撰写的2017年温州区域发展形势的最新研究成果。

黑龙江蓝皮书

黑龙江社会发展报告（2018）

王爱丽／主编　2018年6月出版　估价：99.00元

◆　本书以千份随机抽样问卷调查和专题研究为依据，运用社会学理论框架和分析方法，从专家和学者的独特视角，对2017年黑龙江省关系民生的问题进行广泛的调研与分析，并对2017年黑龙江省诸多社会热点和焦点问题进行了有益的探索。这些研究不仅可以为政府部门更加全面深入了解省情、科学制定决策提供智力支持，同时也可以为广大读者认识、了解、关注黑龙江社会发展提供理性思考。

宏观经济类

城市蓝皮书
中国城市发展报告（No.11）
著(编)者：潘家华 单菁菁
2018年9月出版 / 估价：99.00元
PSN B-2007-091-1/1

城乡一体化蓝皮书
中国城乡一体化发展报告（2018）
著(编)者：付崇兰
2018年9月出版 / 估价：99.00元
PSN B-2011-226-1/2

城镇化蓝皮书
中国新型城镇化健康发展报告（2018）
著(编)者：张占斌
2018年8月出版 / 估价：99.00元
PSN B-2014-396-1/1

创新蓝皮书
创新型国家建设报告（2018~2019）
著(编)者：詹正茂
2018年12月出版 / 估价：99.00元
PSN B-2009-140-1/1

低碳发展蓝皮书
中国低碳发展报告（2018）
著(编)者：张希良 齐晔
2018年6月出版 / 估价：99.00元
PSN B-2011-223-1/1

低碳经济蓝皮书
中国低碳经济发展报告（2018）
著(编)者：薛进军 赵忠秀
2018年11月出版 / 估价：99.00元
PSN B-2011-194-1/1

发展和改革蓝皮书
中国经济发展和体制改革报告No.9
著(编)者：邹东涛 王再文
2018年1月出版 / 估价：99.00元
PSN B-2008-122-1/1

国家创新蓝皮书
中国创新发展报告（2017）
著(编)者：陈劲　2018年3月出版 / 估价：99.00元
PSN B-2014-370-1/1

金融蓝皮书
中国金融发展报告（2018）
著(编)者：王国刚
2018年2月出版 / 估价：99.00元
PSN B-2004-031-1/7

经济蓝皮书
2018年中国经济形势分析与预测
著(编)者：李平　2017年12月出版 / 定价：89.00元
PSN B-1996-001-1/1

经济蓝皮书春季号
2018年中国经济前景分析
著(编)者：李扬　2018年5月出版 / 估价：99.00元
PSN B-1999-008-1/1

经济蓝皮书夏季号
中国经济增长报告（2017~2018）
著(编)者：李扬　2018年9月出版 / 估价：99.00元
PSN B-2010-176-1/1

经济信息绿皮书
中国与世界经济发展报告（2018）
著(编)者：杜平
2017年12月出版 / 估价：99.00元
PSN G-2003-023-1/1

农村绿皮书
中国农村经济形势分析与预测（2017~2018）
著(编)者：魏后凯 黄秉信
2018年4月出版 / 估价：99.00元
PSN G-1998-003-1/1

人口与劳动绿皮书
中国人口与劳动问题报告No.19
著(编)者：张车伟　2018年11月出版 / 估价：99.00元
PSN G-2000-012-1/1

新型城镇化蓝皮书
新型城镇化发展报告（2017）
著(编)者：李伟 宋敏 沈体雁
2018年3月出版 / 估价：99.00元
PSN B-2005-038-1/1

中国省域竞争力蓝皮书
中国省域经济综合竞争力发展报告（2016~2017）
著(编)者：李建平 李闽榕 高燕京
2018年2月出版 / 估价：198.00元
PSN B-2007-088-1/1

中小城市绿皮书
中国中小城市发展报告（2018）
著(编)者：中国城市经济学会中小城市经济发展委员会
　　　　　中国城镇化促进会中小城市发展委员会
　　　　　《中国中小城市发展报告》编纂委员会
　　　　　中小城市发展战略研究院
2018年11月出版 / 估价：128.00元
PSN G-2010-161-1/1

区域经济类

东北蓝皮书
中国东北地区发展报告（2018）
著(编)者：姜晓秋　　2018年11月出版 / 估价：99.00元
PSN B-2006-067-1/1

金融蓝皮书
中国金融中心发展报告（2017～2018）
著(编)者：王力 黄育华　　2018年11月出版 / 估价：99.00元
PSN B-2011-186-6/7

京津冀蓝皮书
京津冀发展报告（2018）
著(编)者：祝合良 叶堂林 张贵祥
2018年6月出版 / 估价：99.00元
PSN B-2012-262-1/1

西北蓝皮书
中国西北发展报告（2018）
著(编)者：任宗哲 白宽犁 王建康
2018年4月出版 / 估价：99.00元
PSN B-2012-261-1/1

西部蓝皮书
中国西部发展报告（2018）
著(编)者：璋勇 任保平　　2018年8月出版 / 估价：99.00元
PSN B-2005-039-1/1

长江经济带产业蓝皮书
长江经济带产业发展报告（2018）
著(编)者：吴传清　　2018年11月出版 / 估价：128.00元
PSN B-2017-666-1/1

长江经济带蓝皮书
长江经济带发展报告（2017～2018）
著(编)者：王振　　2018年11月出版 / 估价：99.00元
PSN B-2016-575-1/1

长江中游城市群蓝皮书
长江中游城市群新型城镇化与产业协同发展报告（2018）
著(编)者：杨刚强　　2018年11月出版 / 估价：99.00元
PSN B-2016-578-1/1

长三角蓝皮书
2017年创新融合发展的长三角
著(编)者：刘飞跃　　2018年3月出版 / 估价：99.00元
PSN B-2005-038-1/1

长株潭城市群蓝皮书
长株潭城市群发展报告（2017）
著(编)者：张萍 朱有志　　2018年1月出版 / 估价：99.00元
PSN B-2008-109-1/1

中部竞争力蓝皮书
中国中部经济社会竞争力报告（2018）
著(编)者：教育部人文社会科学重点研究基地南昌大学中国
　　　　　中部经济社会发展研究中心
2018年12月出版 / 估价：99.00元
PSN B-2012-276-1/1

中部蓝皮书
中国中部地区发展报告（2018）
著(编)者：宋亚平　　2018年12月出版 / 估价：99.00元
PSN B-2007-089-1/1

区域蓝皮书
中国区域经济发展报告（2017～2018）
著(编)者：赵弘　　2018年5月出版 / 估价：99.00元
PSN B-2004-034-1/1

中三角蓝皮书
长江中游城市群发展报告（2018）
著(编)者：秦尊文　　2018年9月出版 / 估价：99.00元
PSN B-2014-417-1/1

中原蓝皮书
中原经济区发展报告（2018）
著(编)者：李英杰　　2018年6月出版 / 估价：99.00元
PSN B-2011-192-1/1

珠三角流通蓝皮书
珠三角商圈发展研究报告（2018）
著(编)者：王先庆 林至颖　　2018年7月出版 / 估价：99.00元
PSN B-2012-292-1/1

社会政法类

北京蓝皮书
中国社区发展报告（2017～2018）
著(编)者：于燕燕　　2018年9月出版 / 估价：99.00元
PSN B-2007-083-5/8

殡葬绿皮书
中国殡葬事业发展报告（2017～2018）
著(编)者：李伯森　　2018年4月出版 / 估价：158.00元
PSN G-2010-180-1/1

城市管理蓝皮书
中国城市管理报告（2017-2018）
著(编)者：刘林 刘承水　　2018年5月出版 / 估价：158.00元
PSN B-2013-336-1/1

城市生活质量蓝皮书
中国城市生活质量报告（2017）
著(编)者：张连城 张平 杨春学 郎丽华
2018年2月出版 / 估价：99.00元
PSN B-2013-326-1/1

城市政府能力蓝皮书
中国城市政府公共服务能力评估报告（2018）
著(编)者：何艳玲　2018年4月出版 / 估价：99.00元
PSN B-2013-338-1/1

创业蓝皮书
中国创业发展研究报告（2017～2018）
著(编)者：黄群慧 赵卫星 钟宏武
2018年11月出版 / 估价：99.00元
PSN B-2016-577-1/1

慈善蓝皮书
中国慈善发展报告（2018）
著(编)者：杨团　2018年6月出版 / 估价：99.00元
PSN B-2009-142-1/1

党建蓝皮书
党的建设研究报告No.2（2018）
著(编)者：崔建民 陈东平　2018年1月出版 / 估价：99.00元
PSN B-2016-523-1/1

地方法治蓝皮书
中国地方法治发展报告No.3（2018）
著(编)者：李林 田禾　2018年3月出版 / 估价：118.00元
PSN B-2015-442-1/1

电子政务蓝皮书
中国电子政务发展报告（2018）
著(编)者：李季　2018年8月出版 / 估价：99.00元
PSN B-2003-022-1/1

法治蓝皮书
中国法治发展报告No.16（2018）
著(编)者：吕艳滨　2018年3月出版 / 估价：118.00元
PSN B-2004-027-1/3

法治蓝皮书
中国法院信息化发展报告 No.2（2018）
著(编)者：李林 田禾　2018年2月出版 / 估价：108.00元
PSN B-2017-604-3/3

法治政府蓝皮书
中国法治政府发展报告（2018）
著(编)者：中国政法大学法治政府研究院
2018年4月出版 / 估价：99.00元
PSN B-2015-502-1/2

法治政府蓝皮书
中国法治政府评估报告（2018）
著(编)者：中国政法大学法治政府研究院
2018年9月出版 / 估价：168.00元
PSN B-2016-576-2/2

反腐倡廉蓝皮书
中国反腐倡廉建设报告 No.8
著(编)者：张英伟　2018年12月出版 / 估价：99.00元
PSN B-2012-259-1/1

扶贫蓝皮书
中国扶贫开发报告（2018）
著(编)者：李培林 魏后凯　2018年12月出版 / 估价：128.00元
PSN B-2016-599-1/1

妇女发展蓝皮书
中国妇女发展报告 No.6
著(编)者：王金玲　2018年9月出版 / 估价：158.00元
PSN B-2006-069-1/1

妇女教育蓝皮书
中国妇女教育发展报告 No.3
著(编)者：李季玺　2018年10月出版 / 估价：99.00元
PSN B-2008-121-1/1

妇女绿皮书
2018年：中国性别平等与妇女发展报告
著(编)者：谭琳　2018年12月出版 / 估价：99.00元
PSN G-2006-073-1/1

公共安全蓝皮书
中国城市公共安全发展报告（2017～2018）
著(编)者：黄育华 杨文明 赵建辉
2018年6月出版 / 估价：99.00元
PSN B-2017-628-1/1

公共服务蓝皮书
中国城市基本公共服务力评价（2018）
著(编)者：钟君 刘志昌 吴正杲
2018年12月出版 / 估价：99.00元
PSN B-2011-214-1/1

公民科学素质蓝皮书
中国公民科学素质报告（2017～2018）
著(编)者：李群 陈雄 马宗文
2018年1月出版 / 估价：99.00元
PSN B-2014-379-1/1

公益蓝皮书
中国公益慈善发展报告（2016）
著(编)者：朱健刚 胡小军　2018年2月出版 / 估价：99.00元
PSN B-2012-283-1/1

国际人才蓝皮书
中国国际移民报告（2018）
著(编)者：王辉耀　2018年2月出版 / 估价：99.00元
PSN B-2012-304-3/4

国际人才蓝皮书
中国留学发展报告（2018）No.7
著(编)者：王辉耀 苗绿　2018年12月出版 / 估价：99.00元
PSN B-2012-244-2/4

海洋社会蓝皮书
中国海洋社会发展报告（2017）
著(编)者：崔凤 宋宁而　2018年3月出版 / 估价：99.00元
PSN B-2015-478-1/1

行政改革蓝皮书
中国行政体制改革报告No.7（2018）
著(编)者：魏礼群　2018年6月出版 / 估价：99.00元
PSN B-2011-231-1/1

华侨华人蓝皮书
华侨华人研究报告（2017）
著(编)者：贾益民　2018年1月出版 / 估价：139.00元
PSN B-2011-204-1/1

环境竞争力绿皮书
中国省域环境竞争力发展报告（2018）
著(编)者：李建平 李闽榕 王金南
2018年11月出版 / 估价：198.00元
PSN G-2010-165-1/1

环境绿皮书
中国环境发展报告（2017~2018）
著(编)者：李波　2018年4月出版 / 估价：99.00元
PSN G-2006-048-1/1

家庭蓝皮书
中国"创建幸福家庭活动"评估报告（2018）
著(编)者：国务院发展研究中心"创建幸福家庭活动评估"课题组
2018年12月出版 / 估价：99.00元
PSN B-2015-508-1/1

健康城市蓝皮书
中国健康城市建设研究报告（2018）
著(编)者：王鸿春 盛继洪　2018年12月出版 / 估价：99.00元
PSN B-2016-564-2/2

健康中国蓝皮书
社区首诊与健康中国分析报告（2018）
著(编)者：高和荣 杨叔禹 姜杰
2018年4月出版 / 估价：99.00元
PSN B-2017-611-1/1

教师蓝皮书
中国中小学教师发展报告（2017）
著(编)者：曾晓东 鱼霞　2018年6月出版 / 估价：99.00元
PSN B-2012-289-1/1

教育扶贫蓝皮书
中国教育扶贫报告（2018）
著(编)者：司树杰 王文静 李兴洲
2018年12月出版 / 估价：99.00元
PSN B-2016-590-1/1

教育蓝皮书
中国教育发展报告（2018）
著(编)者：杨东平　2018年4月出版 / 估价：99.00元
PSN B-2006-047-1/1

金融法治建设蓝皮书
中国金融法治建设年度报告（2015~2016）
著(编)者：朱小黄　2018年6月出版 / 估价：99.00元
PSN B-2017-633-1/1

京津冀教育蓝皮书
京津冀教育发展研究报告（2017~2018）
著(编)者：方中雄　2018年4月出版 / 估价：99.00元
PSN B-2017-608-1/1

就业蓝皮书
2018年中国本科生就业报告
著(编)者：麦可思研究院　2018年6月出版 / 估价：99.00元
PSN B-2009-146-1/2

就业蓝皮书
2018年中国高职高专生就业报告
著(编)者：麦可思研究院　2018年6月出版 / 估价：99.00元
PSN B-2015-472-2/2

科学教育蓝皮书
中国科学教育发展报告（2018）
著(编)者：王康友　2018年10月出版 / 估价：99.00元
PSN B-2015-487-1/1

劳动保障蓝皮书
中国劳动保障发展报告（2018）
著(编)者：刘燕斌　2018年9月出版 / 估价：158.00元
PSN B-2014-415-1/1

老龄蓝皮书
中国老年宜居环境发展报告（2017）
著(编)者：党俊武 周燕珉　2018年1月出版 / 估价：99.00元
PSN B-2013-320-1/1

连片特困区蓝皮书
中国连片特困区发展报告（2017~2018）
著(编)者：游俊 冷志明 丁建军
2018年4月出版 / 估价：99.00元
PSN B-2013-321-1/1

流动儿童蓝皮书
中国流动儿童教育发展报告（2017）
著(编)者：杨东平　2018年1月出版 / 估价：99.00元
PSN B-2017-600-1/1

民调蓝皮书
中国民生调查报告（2018）
著(编)者：谢耘耕　2018年12月出版 / 估价：99.00元
PSN B-2014-398-1/1

民族发展蓝皮书
中国民族发展报告（2018）
著(编)者：王延中　2018年10月出版 / 估价：188.00元
PSN B-2006-070-1/1

女性生活蓝皮书
中国女性生活状况报告No.12（2018）
著(编)者：韩湘景　2018年7月出版 / 估价：99.00元
PSN B-2006-071-1/1

汽车社会蓝皮书
中国汽车社会发展报告（2017~2018）
著(编)者：王俊秀　2018年1月出版 / 估价：99.00元
PSN B-2011-224-1/1

青年蓝皮书
中国青年发展报告（2018）No.3
著(编)者：廉思　2018年4月出版 / 估价：99.00元
PSN B-2013-333-1/1

青少年蓝皮书
中国未成年人互联网运用报告（2017~2018）
著(编)者：李为民 李文革 沈杰
2018年11月出版 / 估价：99.00元
PSN B-2010-156-1/1

人权蓝皮书
中国人权事业发展报告No.8（2018）
著（编）者：李君如　2018年9月出版／估价：99.00元
PSN B-2011-215-1/1

社会保障绿皮书
中国社会保障发展报告No.9（2018）
著（编）者：王延中　2018年1月出版／估价：99.00元
PSN G-2001-014-1/1

社会风险评估蓝皮书
风险评估与危机预警报告（2017～2018）
著（编）者：唐钧　2018年8月出版／估价：99.00元
PSN B-2012-293-1/1

社会工作蓝皮书
中国社会工作发展报告（2016~2017）
著（编）者：民政部社会工作研究中心
2018年8月出版／估价：99.00元
PSN B-2009-141-1/1

社会管理蓝皮书
中国社会管理创新报告No.6
著（编）者：连玉明　2018年11月出版／估价：99.00元
PSN B-2012-300-1/1

社会蓝皮书
2018年中国社会形势分析与预测
著（编）者：李培林 陈光金 张翼
2017年12月出版／定价：89.00元
PSN B-1998-002-1/1

社会体制蓝皮书
中国社会体制改革报告No.6（2018）
著（编）者：龚维斌　2018年3月出版／估价：99.00元
PSN B-2013-330-1/1

社会心态蓝皮书
中国社会心态研究报告（2018）
著（编）者：王俊秀　2018年12月出版／估价：99.00元
PSN B-2011-199-1/1

社会组织蓝皮书
中国社会组织报告（2017-2018）
著（编）者：黄晓勇　2018年1月出版／估价：99.00元
PSN B-2008-118-1/2

社会组织蓝皮书
中国社会组织评估发展报告（2018）
著（编）者：徐家良　2018年12月出版／估价：99.00元
PSN B-2013-366-2/2

生态城市绿皮书
中国生态城市建设发展报告（2018）
著（编）者：刘举科 孙伟平 胡文臻
2018年9月出版／估价：158.00元
PSN G-2012-269-1/1

生态文明绿皮书
中国省域生态文明建设评价报告（ECI 2018）
著（编）者：严耕　2018年12月出版／估价：99.00元
PSN G-2010-170-1/1

退休生活蓝皮书
中国城市居民退休生活质量指数报告（2017）
著（编）者：杨一帆　2018年5月出版／估价：99.00元
PSN B-2017-618-1/1

危机管理蓝皮书
中国危机管理报告（2018）
著（编）者：文学国 范正青
2018年8月出版／估价：99.00元
PSN B-2010-171-1/1

学会蓝皮书
2018年中国学会发展报告
著（编）者：麦可思研究院
2018年12月出版／估价：99.00元
PSN B-2016-597-1/1

医改蓝皮书
中国医药卫生体制改革报告（2017～2018）
著（编）者：文学国 房志武
2018年11月出版／估价：99.00元
PSN B-2014-432-1/1

应急管理蓝皮书
中国应急管理报告（2018）
著（编）者：宋英华　2018年9月出版／估价：99.00元
PSN B-2016-562-1/1

政府绩效评估蓝皮书
中国地方政府绩效评估报告 No.2
著（编）者：贠杰　2018年12月出版／估价：99.00元
PSN B-2017-672-1/1

政治参与蓝皮书
中国政治参与报告（2018）
著（编）者：房宁　2018年8月出版／估价：120.00元
PSN B-2011-200-1/1

政治文化蓝皮书
中国政治文化报告（2018）
著（编）者：邢元敏 魏大鹏 龚克
2018年8月出版／估价：128.00元
PSN B-2017-615-1/1

中国传统村落蓝皮书
中国传统村落保护现状报告（2018）
著（编）者：胡彬彬 李向军 王晓波
2018年12月出版／估价：99.00元
PSN B-2017-663-1/1

中国农村妇女发展蓝皮书
农村流动女性城市生活发展报告（2018）
著（编）者：谢丽华　2018年12月出版／估价：99.00元
PSN B-2014-434-1/1

宗教蓝皮书
中国宗教报告（2017）
著（编）者：邱永辉　2018年8月出版／估价：99.00元
PSN B-2008-117-1/1

产业经济类

保健蓝皮书
中国保健服务产业发展报告 No.2
著(编)者：中国保健协会　中共中央党校
2018年7月出版 / 估价：198.00元
PSN B-2012-272-3/3

保健蓝皮书
中国保健食品产业发展报告 No.2
著(编)者：中国保健协会
　　　　中国社会科学院食品药品产业发展与监管研究中心
2018年8月出版 / 估价：198.00元
PSN B-2012-271-2/3

保健蓝皮书
中国保健用品产业发展报告 No.2
著(编)者：中国保健协会
　　　　国务院国有资产监督管理委员会研究中心
2018年3月出版 / 估价：198.00元
PSN B-2012-270-1/3

保险蓝皮书
中国保险业竞争力报告（2018）
著(编)者：保监会　2018年12月出版 / 估价：99.00元
PSN B-2013-311-1/1

冰雪蓝皮书
中国冰上运动产业发展报告（2018）
著(编)者：孙承华 杨占武 刘戈 张鸿俊
2018年9月出版 / 估价：99.00元
PSN B-2017-648-3/3

冰雪蓝皮书
中国滑雪产业发展报告（2018）
著(编)者：孙承华 伍斌 魏庆华 张鸿俊
2018年9月出版 / 估价：99.00元
PSN B-2016-559-1/3

餐饮产业蓝皮书
中国餐饮产业发展报告（2018）
著(编)者：邢颖
2018年6月出版 / 估价：99.00元
PSN B-2009-151-1/1

茶业蓝皮书
中国茶产业发展报告（2018）
著(编)者：杨江帆 李闽榕
2018年10月出版 / 估价：99.00元
PSN B-2010-164-1/1

产业安全蓝皮书
中国文化产业安全报告（2018）
著(编)者：北京印刷学院文化产业安全研究院
2018年12月出版 / 估价：99.00元
PSN B-2014-378-12/14

产业安全蓝皮书
中国新媒体产业安全报告（2016～2017）
著(编)者：肖丽　2018年6月出版 / 估价：99.00元
PSN B-2015-500-14/14

产业安全蓝皮书
中国出版传媒产业安全报告（2017～2018）
著(编)者：北京印刷学院文化产业安全研究院
2018年3月出版 / 估价：99.00元
PSN B-2014-384-13/14

产业蓝皮书
中国产业竞争力报告（2018）No.8
著(编)者：张其仔　2018年12月出版 / 估价：168.00元
PSN B-2010-175-1/1

动力电池蓝皮书
中国新能源汽车动力电池产业发展报告（2018）
著(编)者：中国汽车技术研究中心
2018年8月出版 / 估价：99.00元
PSN B-2017-639-1/1

杜仲产业绿皮书
中国杜仲橡胶资源与产业发展报告（2017～2018）
著(编)者：杜红岩 胡文臻 俞锐
2018年1月出版 / 估价：99.00元
PSN G-2013-350-1/1

房地产蓝皮书
中国房地产发展报告No.15（2018）
著(编)者：李春华 王业强
2018年5月出版 / 估价：99.00元
PSN B-2004-028-1/1

服务外包蓝皮书
中国服务外包产业发展报告（2017～2018）
著(编)者：王晓红 刘德军
2018年6月出版 / 估价：99.00元
PSN B-2013-331-2/2

服务外包蓝皮书
中国服务外包竞争力报告（2017～2018）
著(编)者：刘春生 王力 黄育华
2018年12月出版 / 估价：99.00元
PSN B-2011-216-1/2

工业和信息化蓝皮书
世界信息技术产业发展报告（2017～2018）
著(编)者：尹丽波　2018年6月出版 / 估价：99.00元
PSN B-2015-449-2/6

工业和信息化蓝皮书
战略性新兴产业发展报告（2017～2018）
著(编)者：尹丽波　2018年6月出版 / 估价：99.00元
PSN B-2015-450-3/6

客车蓝皮书
中国客车产业发展报告（2017～2018）
著(编)者：姚蔚　2018年10月出版 / 估价：99.00元
PSN B-2013-361-1/1

流通蓝皮书
中国商业发展报告（2018～2019）
著(编)者：王雪峰 林诗慧
2018年7月出版 / 估价：99.00元
PSN B-2009-152-1/2

能源蓝皮书
中国能源发展报告（2018）
著(编)者：崔民选 王军生 陈义和
2018年12月出版 / 估价：99.00元
PSN B-2006-049-1/1

农产品流通蓝皮书
中国农产品流通产业发展报告（2017）
著(编)者：贾敬敦 张东科 张玉玺 张鹏毅 周伟
2018年1月出版 / 估价：99.00元
PSN B-2012-288-1/1

汽车工业蓝皮书
中国汽车工业发展年度报告（2018）
著(编)者：中国汽车工业协会
　　　　　中国汽车技术研究中心
　　　　　丰田汽车公司
2018年5月出版 / 估价：168.00元
PSN B-2015-463-1/2

汽车工业蓝皮书
中国汽车零部件产业发展报告（2017～2018）
著(编)者：中国汽车工业协会
　　　　　中国汽车工程研究院深圳市沃特玛电池有限公司
2018年9月出版 / 估价：99.00元
PSN B-2016-515-2/2

汽车蓝皮书
中国汽车产业发展报告（2018）
著(编)者：中国汽车工程学会
　　　　　大众汽车集团（中国）
2018年11月出版 / 估价：99.00元
PSN B-2008-124-1/1

世界茶业蓝皮书
世界茶业发展报告（2018）
著(编)者：李闽榕 冯廷佺
2018年5月出版 / 估价：168.00元
PSN B-2017-619-1/1

世界能源蓝皮书
世界能源发展报告（2018）
著(编)者：黄晓勇　2018年6月出版 / 估价：168.00元
PSN B-2013-349-1/1

体育蓝皮书
国家体育产业基地发展报告（2016～2017）
著(编)者：李颖川　2018年4月出版 / 估价：168.00元
PSN B-2017-609-5/5

体育蓝皮书
中国体育产业发展报告（2018）
著(编)者：阮伟 钟秉枢
2018年12月出版 / 估价：99.00元
PSN B-2010-179-1/5

文化金融蓝皮书
中国文化金融发展报告（2018）
著(编)者：杨涛 金巍
2018年5月出版 / 估价：99.00元
PSN B-2017-610-1/1

新能源汽车蓝皮书
中国新能源汽车产业发展报告（2018）
著(编)者：中国汽车技术研究中心
　　　　　日产（中国）投资有限公司
　　　　　东风汽车有限公司
2018年8月出版 / 估价：99.00元
PSN B-2013-347-1/1

薏仁米产业蓝皮书
中国薏仁米产业发展报告No.2（2018）
著(编)者：李发耀 石明 秦礼康
2018年8月出版 / 估价：99.00元
PSN B-2017-645-1/1

邮轮绿皮书
中国邮轮产业发展报告（2018）
著(编)者：汪泓　2018年10月出版 / 估价：99.00元
PSN G-2014-419-1/1

智能养老蓝皮书
中国智能养老产业发展报告（2018）
著(编)者：朱勇　2018年10月出版 / 估价：99.00元
PSN B-2015-488-1/1

中国节能汽车蓝皮书
中国节能汽车发展报告（2017～2018）
著(编)者：中国汽车工程研究院股份有限公司
2018年9月出版 / 估价：99.00元
PSN B-2016-565-1/1

中国陶瓷产业蓝皮书
中国陶瓷产业发展报告（2018）
著(编)者：左和平 黄速建
2018年10月出版 / 估价：99.00元
PSN B-2016-573-1/1

装备制造业蓝皮书
中国装备制造业发展报告（2018）
著(编)者：徐东华　2018年12月出版 / 估价：118.00元
PSN B-2015-505-1/1

行业及其他类

"三农"互联网金融蓝皮书
中国"三农"互联网金融发展报告（2018）
著(编)者：李勇坚 王弢
2018年8月出版 / 估价：99.00元
PSN B-2016-560-1/1

SUV蓝皮书
中国SUV市场发展报告（2017～2018）
著(编)者：靳军 2018年9月出版 / 估价：99.00元
PSN B-2016-571-1/1

冰雪蓝皮书
中国冬季奥运会发展报告（2018）
著(编)者：孙承华 伍斌 魏庆华 张鸿俊
2018年9月出版 / 估价：99.00元
PSN B-2017-647-2/3

彩票蓝皮书
中国彩票发展报告（2018）
著(编)者：益彩基金 2018年4月出版 / 估价：99.00元
PSN B-2015-462-1/1

测绘地理信息蓝皮书
测绘地理信息供给侧结构性改革研究报告（2018）
著(编)者：库热西·买合苏提
2018年12月出版 / 估价：168.00元
PSN B-2009-145-1/1

产权市场蓝皮书
中国产权市场发展报告（2017）
著(编)者：曹和平 2018年5月出版 / 估价：99.00元
PSN B-2009-147-1/1

城投蓝皮书
中国城投行业发展报告（2018）
著(编)者：华景斌
2018年11月出版 / 估价：300.00元
PSN B-2016-514-1/1

大数据蓝皮书
中国大数据发展报告（No.2）
著(编)者：连玉明 2018年5月出版 / 估价：99.00元
PSN B-2017-620-1/1

大数据应用蓝皮书
中国大数据应用发展报告No.2（2018）
著(编)者：陈军君 2018年8月出版 / 估价：99.00元
PSN B-2017-644-1/1

对外投资与风险蓝皮书
中国对外直接投资与国家风险报告（2018）
著(编)者：中债资信评估有限责任公司
　　　　　中国社会科学院世界经济与政治研究所
2018年4月出版 / 估价：189.00元
PSN B-2017-606-1/1

工业和信息化蓝皮书
人工智能发展报告（2017～2018）
著(编)者：尹丽波 2018年6月出版 / 估价：99.00元
PSN B-2015-448-1/6

工业和信息化蓝皮书
世界智慧城市发展报告（2017～2018）
著(编)者：尹丽波 2018年6月出版 / 估价：99.00元
PSN B-2017-624-6/6

工业和信息化蓝皮书
世界网络安全发展报告（2017～2018）
著(编)者：尹丽波 2018年6月出版 / 估价：99.00元
PSN B-2015-452-5/6

工业和信息化蓝皮书
世界信息化发展报告（2017～2018）
著(编)者：尹丽波 2018年6月出版 / 估价：99.00元
PSN B-2015-451-4/6

工业设计蓝皮书
中国工业设计发展报告（2018）
著(编)者：王晓红 于炜 张立群 2018年9月出版 / 估价：168.00元
PSN B-2014-420-1/1

公共关系蓝皮书
中国公共关系发展报告（2018）
著(编)者：柳斌杰 2018年11月出版 / 估价：99.00元
PSN B-2016-579-1/1

管理蓝皮书
中国管理发展报告（2018）
著(编)者：张晓东 2018年10月出版 / 估价：99.00元
PSN B-2014-416-1/1

海关发展蓝皮书
中国海关发展前沿报告（2018）
著(编)者：干春晖 2018年6月出版 / 估价：99.00元
PSN B-2017-616-1/1

互联网医疗蓝皮书
中国互联网健康医疗发展报告（2018）
著(编)者：芮晓武 2018年6月出版 / 估价：99.00元
PSN B-2016-567-1/1

黄金市场蓝皮书
中国商业银行黄金业务发展报告（2017～2018）
著(编)者：平安银行 2018年3月出版 / 估价：99.00元
PSN B-2016-524-1/1

会展蓝皮书
中外会展业动态评估研究报告（2018）
著(编)者：张敏 任中峰 聂鑫焱 牛盼强
2018年12月出版 / 估价：99.00元
PSN B-2013-327-1/1

基金会蓝皮书
中国基金会发展报告（2017~2018）
著(编)者：中国基金会发展报告课题组
2018年4月出版 / 估价：99.00元
PSN B-2013-368-1/1

基金会绿皮书
中国基金会发展独立研究报告（2018）
著(编)者：基金会中心网 中央民族大学基金会研究中心
2018年6月出版 / 估价：99.00元
PSN G-2011-213-1/1

基金会透明度蓝皮书
中国基金会透明度发展研究报告（2018）
著(编)者：基金会中心网
　　　　清华大学廉政与治理研究中心
2018年9月出版 / 估价：99.00元
PSN B-2013-339-1/1

建筑装饰蓝皮书
中国建筑装饰行业发展报告（2018）
著(编)者：葛道顺 刘晓一
2018年10月出版 / 估价：198.00元
PSN B-2016-553-1/1

金融监管蓝皮书
中国金融监管报告（2018）
著(编)者：胡滨 2018年5月出版 / 估价：99.00元
PSN B-2012-281-1/1

金融蓝皮书
中国互联网金融行业分析与评估（2018~2019）
著(编)者：黄国平 伍旭川 2018年12月出版 / 估价：99.00元
PSN B-2016-585-7/7

金融科技蓝皮书
中国金融科技发展报告（2018）
著(编)者：李扬 孙国峰 2018年10月出版 / 估价：99.00元
PSN B-2014-374-1/1

金融信息服务蓝皮书
中国金融信息服务发展报告（2018）
著(编)者：李平 2018年5月出版 / 估价：99.00元
PSN B-2017-621-1/1

京津冀金融蓝皮书
京津冀金融发展报告（2018）
著(编)者：王爱俭 王璟怡 2018年10月出版 / 估价：99.00元
PSN B-2016-527-1/1

科普蓝皮书
国家科普能力发展报告（2018）
著(编)者：王康友 2018年5月出版 / 估价：138.00元
PSN B-2017-632-4/4

科普蓝皮书
中国基层科普发展报告（2017~2018）
著(编)者：赵立新 陈玲 2018年9月出版 / 估价：99.00元
PSN B-2016-568-3/4

科普蓝皮书
中国科普基础设施发展报告（2017~2018）
著(编)者：任福君 2018年6月出版 / 估价：99.00元
PSN B-2010-174-1/3

科普蓝皮书
中国科普人才发展报告（2017~2018）
著(编)者：郑念 任嵘嵘 2018年7月出版 / 估价：99.00元
PSN B-2016-512-2/4

科普能力蓝皮书
中国科普能力评价报告（2018~2019）
著(编)者：李富强 李群 2018年8月出版 / 估价：99.00元
PSN B-2016-555-1/1

临空经济蓝皮书
中国临空经济发展报告（2018）
著(编)者：连玉明 2018年9月出版 / 估价：99.00元
PSN B-2014-421-1/1

旅游安全蓝皮书
中国旅游安全报告（2018）
著(编)者：郑向敏 谢朝武 2018年5月出版 / 估价：158.00元
PSN B-2012-280-1/1

旅游绿皮书
2017~2018年中国旅游发展分析与预测
著(编)者：宋瑞 2018年2月出版 / 估价：99.00元
PSN G-2002-018-1/1

煤炭蓝皮书
中国煤炭工业发展报告（2018）
著(编)者：岳福斌 2018年12月出版 / 估价：99.00元
PSN B-2008-123-1/1

民营企业社会责任蓝皮书
中国民营企业社会责任报告（2018）
著(编)者：中华全国工商业联合会
2018年12月出版 / 估价：99.00元
PSN B-2015-510-1/1

民营医院蓝皮书
中国民营医院发展报告（2017）
著(编)者：薛晓林 2018年1月出版 / 估价：99.00元
PSN B-2012-299-1/1

闽商蓝皮书
闽商发展报告（2018）
著(编)者：李闽榕 王日根 林琛
2018年12月出版 / 估价：99.00元
PSN B-2012-298-1/1

农业应对气候变化蓝皮书
中国农业气象灾害及其灾损评估报告（No.3）
著(编)者：矫梅燕 2018年1月出版 / 估价：118.00元
PSN B-2014-413-1/1

品牌蓝皮书
中国品牌战略发展报告（2018）
著(编)者：汪同三 2018年10月出版 / 估价：99.00元
PSN B-2016-580-1/1

企业扶贫蓝皮书
中国企业扶贫研究报告（2018）
著(编)者：钟宏武 2018年12月出版 / 估价：99.00元
PSN B-2016-593-1/1

企业公益蓝皮书
中国企业公益研究报告（2018）
著(编)者：钟宏武 汪杰 黄晓娟
2018年12月出版 / 估价：99.00元
PSN B-2015-501-1/1

企业国际化蓝皮书
中国企业全球化报告（2018）
著(编)者：王辉耀 苗绿 2018年11月出版 / 估价：99.00元
PSN B-2014-427-1/1

企业蓝皮书
中国企业绿色发展报告No.2（2018）
著(编)者：李红玉 朱光辉
2018年8月出版 / 估价：99.00元
PSN B-2015-481-2/2

企业社会责任蓝皮书
中资企业海外社会责任研究报告（2017～2018）
著(编)者：钟宏武 叶柳红 张蒽
2018年1月出版 / 估价：99.00元
PSN B-2017-603-2/2

企业社会责任蓝皮书
中国企业社会责任研究报告（2018）
著(编)者：黄群慧 钟宏武 张蒽 汪杰
2018年11月出版 / 估价：99.00元
PSN B-2009-149-1/2

汽车安全蓝皮书
中国汽车安全发展报告（2018）
著(编)者：中国汽车技术研究中心
2018年8月出版 / 估价：99.00元
PSN B-2014-385-1/1

汽车电子商务蓝皮书
中国汽车电子商务发展报告（2018）
著(编)者：中华全国工商业联合会汽车经销商商会
　　　　　北方工业大学
　　　　　北京易观智库网络科技有限公司
2018年10月出版 / 估价：158.00元
PSN B-2015-485-1/1

汽车知识产权蓝皮书
中国汽车产业知识产权发展报告（2018）
著(编)者：中国汽车工程研究院股份有限公司
　　　　　中国汽车工程学会
　　　　　重庆长安汽车股份有限公司
2018年12月出版 / 估价：99.00元
PSN B-2016-594-1/1

青少年体育蓝皮书
中国青少年体育发展报告（2017）
著(编)者：刘扶民 杨桦　2018年1月出版 / 估价：99.00元
PSN B-2015-482-1/1

区块链蓝皮书
中国区块链发展报告（2018）
著(编)者：李伟　2018年9月出版 / 估价：99.00元
PSN B-2017-649-1/1

群众体育蓝皮书
中国群众体育发展报告（2017）
著(编)者：刘国永 戴健　2018年5月出版 / 估价：99.00元
PSN B-2014-411-1/3

群众体育蓝皮书
中国社会体育指导员发展报告（2018）
著(编)者：刘国永 王欢　2018年4月出版 / 估价：99.00元
PSN B-2016-520-3/3

人力资源蓝皮书
中国人力资源发展报告（2018）
著(编)者：余兴安　2018年11月出版 / 估价：99.00元
PSN B-2012-287-1/1

融资租赁蓝皮书
中国融资租赁业发展报告（2017～2018）
著(编)者：李光荣 王力　2018年8月出版 / 估价：99.00元
PSN B-2015-443-1/1

商会蓝皮书
中国商会发展报告No.5（2017）
著(编)者：王钦敏　2018年7月出版 / 估价：99.00元
PSN B-2008-125-1/1

商务中心区蓝皮书
中国商务中心区发展报告No.4（2017～2018）
著(编)者：李国red 单菁菁　2018年9月出版 / 估价：99.00元
PSN B-2015-444-1/1

设计产业蓝皮书
中国创新设计发展报告（2018）
著(编)者：王晓红 张立群 于炜
2018年11月出版 / 估价：99.00元
PSN B-2016-581-2/2

社会责任管理蓝皮书
中国上市公司社会责任能力成熟度报告No.4（2018）
著(编)者：肖红军 王晓光 李伟阳
2018年12月出版 / 估价：99.00元
PSN B-2015-507-2/2

社会责任管理蓝皮书
中国企业公众透明度报告No.4（2017～2018）
著(编)者：黄速建 熊梦 王晓光 肖红军
2018年4月出版 / 估价：99.00元
PSN B-2015-440-1/2

食品药品蓝皮书
食品药品安全与监管政策研究报告（2016～2017）
著(编)者：唐民皓　2018年6月出版 / 估价：99.00元
PSN B-2009-129-1/1

输血服务蓝皮书
中国输血行业发展报告（2018）
著(编)者：孙俊　2018年12月出版 / 估价：99.00元
PSN B-2016-582-1/1

水利风景区蓝皮书
中国水利风景区发展报告（2018）
著(编)者：董建文 兰思仁
2018年10月出版 / 估价：99.00元
PSN B-2015-480-1/1

私募市场蓝皮书
中国私募股权市场发展报告（2017～2018）
著(编)者：曹和平　2018年12月出版 / 估价：99.00元
PSN B-2010-162-1/1

碳排放权交易蓝皮书
中国碳排放权交易报告（2018）
著(编)者：孙永平　2018年11月出版 / 估价：99.00元
PSN B-2017-652-1/1

碳市场蓝皮书
中国碳市场报告（2018）
著(编)者：定金彪　2018年11月出版 / 估价：99.00元
PSN B-2014-430-1/1

体育蓝皮书
中国公共体育服务发展报告（2018）
著(编)者：戴健　2018年12月出版 / 估价：99.00元
PSN B-2013-367-2/5

土地市场蓝皮书
中国农村土地市场发展报告（2017～2018）
著(编)者：李光荣　2018年3月出版 / 估价：99.00元
PSN B-2016-526-1/1

土地整治蓝皮书
中国土地整治发展研究报告（No.5）
著(编)者：国土资源部土地整治中心
2018年7月出版 / 估价：99.00元
PSN B-2014-401-1/1

土地政策蓝皮书
中国土地政策研究报告（2018）
著(编)者：高延利 李宪文　2017年12月出版 / 估价：99.00元
PSN B-2015-506-1/1

网络空间安全蓝皮书
中国网络空间安全发展报告（2018）
著(编)者：惠志斌 覃庆玲
2018年11月出版 / 估价：99.00元
PSN B-2015-466-1/1

文化志愿服务蓝皮书
中国文化志愿服务发展报告（2018）
著(编)者：张永新 良警宇　2018年11月出版 / 估价：128.00元
PSN B-2016-596-1/1

西部金融蓝皮书
中国西部金融发展报告（2017～2018）
著(编)者：李忠民　2018年8月出版 / 估价：99.00元
PSN B-2010-160-1/1

协会商会蓝皮书
中国行业协会商会发展报告（2017）
著(编)者：景朝阳 李勇　2018年4月出版 / 估价：99.00元
PSN B-2015-461-1/1

新三板蓝皮书
中国新三板市场发展报告（2018）
著(编)者：王力　2018年8月出版 / 估价：99.00元
PSN B-2016-533-1/1

信托市场蓝皮书
中国信托业市场报告（2017～2018）
著(编)者：用益金融信托研究院
2018年1月出版 / 估价：198.00元
PSN B-2014-371-1/1

信息化蓝皮书
中国信息化形势分析与预测（2017～2018）
著(编)者：周宏仁　2018年8月出版 / 估价：99.00元
PSN B-2010-168-1/1

信用蓝皮书
中国信用发展报告（2017～2018）
著(编)者：章政 田侃　2018年4月出版 / 估价：99.00元
PSN B-2013-328-1/1

休闲绿皮书
2017～2018年中国休闲发展报告
著(编)者：宋瑞　2018年7月出版 / 估价：99.00元
PSN G-2010-158-1/1

休闲体育蓝皮书
中国休闲体育发展报告（2017～2018）
著(编)者：李相如 钟秉枢
2018年10月出版 / 估价：99.00元
PSN B-2016-516-1/1

养老金融蓝皮书
中国养老金融发展报告（2018）
著(编)者：董克用 姚余栋
2018年9月出版 / 估价：99.00元
PSN B-2016-583-1/1

遥感监测绿皮书
中国可持续发展遥感监测报告（2017）
著(编)者：顾行发 汪克强 潘教峰 李闽榕 徐东华 王琦安
2018年6月出版 / 估价：298.00元
PSN B-2017-629-1/1

药品流通蓝皮书
中国药品流通行业发展报告（2018）
著(编)者：佘鲁林 温再兴
2018年7月出版 / 估价：198.00元
PSN B-2014-429-1/1

医疗器械蓝皮书
中国医疗器械行业发展报告（2018）
著(编)者：王宝亭 耿鸿武
2018年10月出版 / 估价：99.00元
PSN B-2017-661-1/1

医院蓝皮书
中国医院竞争力报告（2018）
著(编)者：庄一强 曾益新　2018年3月出版 / 估价：118.00元
PSN B-2016-528-1/1

瑜伽蓝皮书
中国瑜伽业发展报告（2017~2018）
著(编)者：张永建 徐华锋 朱泰余
2018年6月出版 / 估价：198.00元
PSN B-2017-625-1/1

债券市场蓝皮书
中国债券市场发展报告（2017～2018）
著(编)者：杨农　2018年10月出版 / 估价：99.00元
PSN B-2016-572-1/1

志愿服务蓝皮书
中国志愿服务发展报告（2018）
著(编)者：中国志愿服务联合会
2018年11月出版 / 估价：99.00元
PSN B-2017-664-1/1

中国上市公司蓝皮书
中国上市公司发展报告（2018）
著(编)者：张鹏 张平 黄胤英
2018年9月出版 / 估价：99.00元
PSN B-2014-414-1/1

中国新三板蓝皮书
中国新三板创新与发展报告（2018）
著(编)者：刘平安 闻召林
2018年8月出版 / 估价：158.00元
PSN B-2017-638-1/1

中医文化蓝皮书
北京中医药文化传播发展报告（2018）
著(编)者：毛嘉陵 2018年5月出版 / 估价：99.00元
PSN B-2015-468-1/2

中医文化蓝皮书
中国中医药文化传播发展报告（2018）
著(编)者：毛嘉陵 2018年7月出版 / 估价：99.00元
PSN B-2016-584-2/2

中医药蓝皮书
北京中医药知识产权发展报告No.2
著(编)者：汪洪 屠志涛 2018年4月出版 / 估价：168.00元
PSN B-2017-602-1/1

资本市场蓝皮书
中国场外交易市场发展报告（2016～2017）
著(编)者：高峦 2018年3月出版 / 估价：99.00元
PSN B-2009-153-1/1

资产管理蓝皮书
中国资产管理行业发展报告（2018）
著(编)者：郑智 2018年7月出版 / 估价：99.00元
PSN B-2014-407-2/2

资产证券化蓝皮书
中国资产证券化发展报告（2018）
著(编)者：纪志宏 2018年11月出版 / 估价：99.00元
PSN B-2017-660-1/1

自贸区蓝皮书
中国自贸区发展报告（2018）
著(编)者：王力 黄育华 2018年6月出版 / 估价：99.00元
PSN B-2016-558-1/1

国际问题与全球治理类

"一带一路"跨境通道蓝皮书
"一带一路"跨境通道建设研究报告（2018）
著(编)者：郭业洲 2018年8月出版 / 估价：99.00元
PSN B-2016-557-1/1

"一带一路"蓝皮书
"一带一路"建设发展报告（2018）
著(编)者：王晓泉 2018年6月出版 / 估价：99.00元
PSN B-2016-552-1/1

"一带一路"投资安全蓝皮书
中国"一带一路"投资与安全研究报告（2017～2018）
著(编)者：邹统钎 梁昊光 2018年4月出版 / 估价：99.00元
PSN B-2017-612-1/1

"一带一路"文化交流蓝皮书
中阿文化交流发展报告（2017）
著(编)者：王辉 2018年9月出版 / 估价：99.00元
PSN B-2017-655-1/1

G20国家创新竞争力黄皮书
二十国集团（G20）国家创新竞争力发展报告（2017～2018）
著(编)者：李建平 李闽榕 赵新力 周天勇
2018年7月出版 / 估价：168.00元
PSN Y-2011-229-1/1

阿拉伯黄皮书
阿拉伯发展报告（2016～2017）
著(编)者：罗林 2018年3月出版 / 估价：99.00元
PSN Y-2014-381-1/1

北部湾蓝皮书
泛北部湾合作发展报告（2017～2018）
著(编)者：吕余生 2018年12月出版 / 估价：99.00元
PSN B-2008-114-1/1

北极蓝皮书
北极地区发展报告（2017）
著(编)者：刘惠荣 2018年7月出版 / 估价：99.00元
PSN B-2017-634-1/1

大洋洲蓝皮书
大洋洲发展报告（2017～2018）
著(编)者：喻常森 2018年10月出版 / 估价：99.00元
PSN B-2013-341-1/1

东北亚区域合作蓝皮书
2017年"一带一路"倡议与东北亚区域合作
著(编)者：刘亚政 金美花
2018年5月出版 / 估价：99.00元
PSN B-2017-631-1/1

东盟黄皮书
东盟发展报告（2017）
著(编)者：杨晓强 庄国土
2018年3月出版 / 估价：99.00元
PSN Y-2012-303-1/1

东南亚蓝皮书
东南亚地区发展报告（2017～2018）
著(编)者：王勤 2018年12月出版 / 估价：99.00元
PSN B-2012-240-1/1

非洲黄皮书
非洲发展报告No.20（2017～2018）
著(编)者：张宏明 2018年7月出版 / 估价：99.00元
PSN Y-2012-239-1/1

非传统安全蓝皮书
中国非传统安全研究报告（2017～2018）
著(编)者：潇枫 罗中枢 2018年8月出版 / 估价：99.00元
PSN B-2012-273-1/1

国际安全蓝皮书
中国国际安全研究报告（2018）
著(编)者: 刘慧　2018年7月出版 / 估价: 99.00元
PSN B-2016-521-1/1

国际城市蓝皮书
国际城市发展报告（2018）
著(编)者: 屠启宇　2018年2月出版 / 估价: 99.00元
PSN B-2012-260-1/1

国际形势黄皮书
全球政治与安全报告（2018）
著(编)者: 张宇燕　2018年1月出版 / 估价: 99.00元
PSN Y-2001-016-1/1

公共外交蓝皮书
中国公共外交发展报告（2018）
著(编)者: 赵启正 雷蔚真　2018年4月出版 / 估价: 99.00元
PSN B-2015-457-1/1

金砖国家黄皮书
金砖国家综合创新竞争力发展报告（2018）
著(编)者: 赵新力 李闽榕 黄茂兴
2018年8月出版 / 估价: 128.00元
PSN Y-2017-643-1/1

拉美黄皮书
拉丁美洲和加勒比发展报告（2017~2018）
著(编)者: 袁东振　2018年6月出版 / 估价: 99.00元
PSN Y-1999-007-1/1

澜湄合作蓝皮书
澜沧江-湄公河合作发展报告（2018）
著(编)者: 刘稚　2018年9月出版 / 估价: 99.00元
PSN B-2011-196-1/1

欧洲蓝皮书
欧洲发展报告（2017~2018）
著(编)者: 黄平 周弘 程卫东
2018年6月出版 / 估价: 99.00元
PSN B-1999-009-1/1

葡语国家蓝皮书
葡语国家发展报告（2016~2017）
著(编)者: 王成安 张敏 刘金兰
2018年4月出版 / 估价: 99.00元
PSN B-2015-503-1/2

葡语国家蓝皮书
中国与葡语国家关系发展报告·巴西（2016）
著(编)者: 张曙光　2018年8月出版 / 估价: 99.00元
PSN B-2016-563-2/2

气候变化绿皮书
应对气候变化报告（2018）
著(编)者: 王伟光 郑国光　2018年11月出版 / 估价: 99.00元
PSN G-2009-144-1/1

全球环境竞争力绿皮书
全球环境竞争力报告（2018）
著(编)者: 李建平 李闽榕 王金南
2018年12月出版 / 估价: 198.00元
PSN G-2013-363-1/1

全球信息社会蓝皮书
全球信息社会发展报告（2018）
著(编)者: 丁波涛 唐涛　2018年10月出版 / 估价: 99.00元
PSN B-2017-665-1/1

日本经济蓝皮书
日本经济与中日经贸关系研究报告（2018）
著(编)者: 张季风　2018年6月出版 / 估价: 99.00元
PSN B-2008-102-1/1

上海合作组织黄皮书
上海合作组织发展报告（2018）
著(编)者: 李进峰　2018年6月出版 / 估价: 99.00元
PSN Y-2009-130-1/1

世界创新竞争力黄皮书
世界创新竞争力发展报告（2017）
著(编)者: 李建平 李闽榕 赵新力
2018年1月出版 / 估价: 168.00元
PSN Y-2013-318-1/1

世界经济黄皮书
2018年世界经济形势分析与预测
著(编)者: 张宇燕　2018年1月出版 / 估价: 99.00元
PSN Y-1999-006-1/1

丝绸之路蓝皮书
丝绸之路经济带发展报告（2018）
著(编)者: 任宗哲 白宽犁 谷孟宾
2018年1月出版 / 估价: 99.00元
PSN B-2014-410-1/1

新兴经济体蓝皮书
金砖国家发展报告（2018）
著(编)者: 林跃勤 周文　2018年8月出版 / 估价: 99.00元
PSN B-2011-195-1/1

亚太蓝皮书
亚太地区发展报告（2018）
著(编)者: 李向阳　2018年5月出版 / 估价: 99.00元
PSN B-2001-015-1/1

印度洋地区蓝皮书
印度洋地区发展报告（2018）
著(编)者: 汪戎　2018年6月出版 / 估价: 99.00元
PSN B-2013-334-1/1

渝新欧蓝皮书
渝新欧沿线国家发展报告（2018）
著(编)者: 杨柏 黄森　2018年6月出版 / 估价: 99.00元
PSN B-2017-626-1/1

中阿蓝皮书
中国-阿拉伯国家经贸发展报告（2018）
著(编)者: 张廉 段庆林 王林聪 杨巧红
2018年12月出版 / 估价: 99.00元
PSN B-2016-598-1/1

中东黄皮书
中东发展报告No.20（2017~2018）
著(编)者: 杨光　2018年10月出版 / 估价: 99.00元
PSN Y-1998-004-1/1

中亚黄皮书
中亚国家发展报告（2018）
著(编)者: 孙力　2018年6月出版 / 估价: 99.00元
PSN Y-2012-238-1/1

国别类

澳大利亚蓝皮书
澳大利亚发展报告（2017-2018）
著(编)者：孙有中 韩锋　2018年12月出版 / 估价：99.00元
PSN B-2016-587-1/1

巴西黄皮书
巴西发展报告（2017）
著(编)者：刘国枝　2018年5月出版 / 估价：99.00元
PSN Y-2017-614-1/1

德国蓝皮书
德国发展报告（2018）
著(编)者：郑春荣　2018年6月出版 / 估价：99.00元
PSN B-2012-278-1/1

俄罗斯黄皮书
俄罗斯发展报告（2018）
著(编)者：李永全　2018年6月出版 / 估价：99.00元
PSN Y-2006-061-1/1

韩国蓝皮书
韩国发展报告（2017）
著(编)者：牛林杰 刘宝全　2018年5月出版 / 估价：99.00元
PSN B-2010-155-1/1

加拿大蓝皮书
加拿大发展报告（2018）
著(编)者：唐小松　2018年9月出版 / 估价：99.00元
PSN B-2014-389-1/1

美国蓝皮书
美国研究报告（2018）
著(编)者：郑秉文 黄平　2018年5月出版 / 估价：99.00元
PSN B-2011-210-1/1

缅甸蓝皮书
缅甸国情报告（2017）
著(编)者：孔鹏 杨祥章　2018年1月出版 / 估价：99.00元
PSN B-2013-343-1/1

日本蓝皮书
日本研究报告（2018）
著(编)者：杨伯江　2018年6月出版 / 估价：99.00元
PSN B-2002-020-1/1

土耳其蓝皮书
土耳其发展报告（2018）
著(编)者：郭长刚 刘义　2018年9月出版 / 估价：99.00元
PSN B-2014-412-1/1

伊朗蓝皮书
伊朗发展报告（2017~2018）
著(编)者：冀开运　2018年10月 / 估价：99.00元
PSN B-2016-574-1/1

以色列蓝皮书
以色列发展报告（2018）
著(编)者：张倩红　2018年8月出版 / 估价：99.00元
PSN B-2015-483-1/1

印度蓝皮书
印度国情报告（2017）
著(编)者：吕昭义　2018年4月出版 / 估价：99.00元
PSN B-2012-241-1/1

英国蓝皮书
英国发展报告（2017~2018）
著(编)者：王展鹏　2018年12月出版 / 估价：99.00元
PSN B-2015-486-1/1

越南蓝皮书
越南国情报告（2018）
著(编)者：谢林城　2018年1月出版 / 估价：99.00元
PSN B-2006-056-1/1

泰国蓝皮书
泰国研究报告（2018）
著(编)者：庄国土 张禹东 刘文正
2018年10月出版 / 估价：99.00元
PSN B-2016-556-1/1

文化传媒类

"三农"舆情蓝皮书
中国"三农"网络舆情报告（2017~2018）
著(编)者：农业部信息中心
2018年6月出版 / 估价：99.00元
PSN B-2017-640-1/1

传媒竞争力蓝皮书
中国传媒国际竞争力研究报告（2018）
著(编)者：李本乾 刘强 王大可
2018年8月出版 / 估价：99.00元
PSN B-2013-356-1/1

传媒蓝皮书
中国传媒产业发展报告（2018）
著(编)者：崔保国　2018年5月出版 / 估价：99.00元
PSN B-2005-035-1/1

传媒投资蓝皮书
中国传媒投资发展报告（2018）
著(编)者：张向东 谭云明
2018年6月出版 / 估价：148.00元
PSN B-2015-474-1/1

非物质文化遗产蓝皮书
中国非物质文化遗产发展报告（2018）
著（编）者：陈平　2018年5月出版／估价：128.00元
PSN B-2015-469-1/2

非物质文化遗产蓝皮书
中国非物质文化遗产保护发展报告（2018）
著（编）者：宋俊华　2018年10月出版／估价：128.00元
PSN B-2016-586-2/2

广电蓝皮书
中国广播电影电视发展报告（2018）
著（编）者：国家新闻出版广电总局发展研究中心
2018年7月出版／估价：99.00元
PSN B-2006-072-1/1

广告主蓝皮书
中国广告主营销传播趋势报告No.9
著（编）者：黄升民　杜国清　邵华冬　等
2018年10月出版／估价：158.00元
PSN B-2005-041-1/1

国际传播蓝皮书
中国国际传播发展报告（2018）
著（编）者：胡正荣　李继东　姬德强
2018年12月出版／估价：99.00元
PSN B-2014-408-1/1

国家形象蓝皮书
中国国家形象传播报告（2017）
著（编）者：张昆　2018年3月出版／估价：128.00元
PSN B-2017-605-1/1

互联网治理蓝皮书
中国网络社会治理研究报告（2018）
著（编）者：罗昕　支庭荣
2018年9月出版／估价：118.00元
PSN B-2017-653-1/1

纪录片蓝皮书
中国纪录片发展报告（2018）
著（编）者：何苏六　2018年10月出版／估价：99.00元
PSN B-2011-222-1/1

科学传播蓝皮书
中国科学传播报告（2016~2017）
著（编）者：詹正茂　2018年6月出版／估价：99.00元
PSN B-2008-120-1/1

两岸创意经济蓝皮书
两岸创意经济研究报告（2018）
著（编）者：罗昌智　董泽平
2018年10月出版／估价：99.00元
PSN B-2014-437-1/1

媒介与女性蓝皮书
中国媒介与女性发展报告（2017~2018）
著（编）者：刘利群　2018年5月出版／估价：99.00元
PSN B-2013-345-1/1

媒体融合蓝皮书
中国媒体融合发展报告（2017）
著（编）者：梅宁华　支庭荣　2018年1月出版／估价：99.00元
PSN B-2015-479-1/1

全球传媒蓝皮书
全球传媒发展报告（2017~2018）
著（编）者：胡正荣　李继东　2018年6月出版／估价：99.00元
PSN B-2012-237-1/1

少数民族非遗蓝皮书
中国少数民族非物质文化遗产发展报告（2018）
著（编）者：肖远平（彝）柴立（满）
2018年10月出版／估价：118.00元
PSN B-2015-467-1/1

视听新媒体蓝皮书
中国视听新媒体发展报告（2018）
著（编）者：国家新闻出版广电总局发展研究中心
2018年7月出版／估价：118.00元
PSN B-2011-184-1/1

数字娱乐产业蓝皮书
中国动画产业发展报告（2018）
著（编）者：孙立军　孙平　牛兴侦
2018年10月出版／估价：99.00元
PSN B-2011-198-1/2

数字娱乐产业蓝皮书
中国游戏产业发展报告（2018）
著（编）者：孙立军　刘跃军
2018年10月出版／估价：99.00元
PSN B-2017-662-2/2

文化创新蓝皮书
中国文化创新报告（2017·No.8）
著（编）者：傅才武　2018年4月出版／估价：99.00元
PSN B-2009-143-1/1

文化建设蓝皮书
中国文化发展报告（2018）
著（编）者：江畅　孙伟平　戴茂堂
2018年5月出版／估价：99.00元
PSN B-2014-392-1/1

文化科技蓝皮书
文化科技创新发展报告（2018）
著（编）者：于平　李凤亮　2018年10月出版／估价：99.00元
PSN B-2013-342-1/1

文化蓝皮书
中国公共文化服务发展报告（2017~2018）
著（编）者：刘新成　张永新　张旭
2018年12月出版／估价：99.00元
PSN B-2007-093-2/10

文化蓝皮书
中国少数民族文化发展报告（2017~2018）
著（编）者：武翠英　张晓明　任乌晶
2018年9月出版／估价：99.00元
PSN B-2013-369-9/10

文化蓝皮书
中国文化产业供需协调检测报告（2018）
著（编）者：王亚南　2018年2月出版／估价：99.00元
PSN B-2013-323-8/10

文化蓝皮书
中国文化消费需求景气评价报告（2018）
著(编)者：王亚南　2018年2月出版 / 估价：99.00元
PSN B-2011-236-4/10

文化蓝皮书
中国公共文化投入增长测评报告（2018）
著(编)者：王亚南　2018年2月出版 / 估价：99.00元
PSN B-2014-435-10/10

文化品牌蓝皮书
中国文化品牌发展报告（2018）
著(编)者：欧阳友权　2018年5月出版 / 估价：99.00元
PSN B-2012-277-1/1

文化遗产蓝皮书
中国文化遗产事业发展报告（2017～2018）
著(编)者：苏杨 张颖岚 卓杰 白海峰 陈晨 陈叙图
2018年8月出版 / 估价：99.00元
PSN B-2008-119-1/1

文学蓝皮书
中国文情报告（2017～2018）
著(编)者：白烨　2018年5月出版 / 估价：99.00元
PSN B-2011-221-1/1

新媒体蓝皮书
中国新媒体发展报告No.9（2018）
著(编)者：唐绪军　2018年7月出版 / 估价：99.00元
PSN B-2010-169-1/1

新媒体社会责任蓝皮书
中国新媒体社会责任研究报告（2018）
著(编)者：钟瑛　2018年12月出版 / 估价：99.00元
PSN B-2014-423-1/1

移动互联网蓝皮书
中国移动互联网发展报告（2018）
著(编)者：余清楚　2018年6月出版 / 估价：99.00元
PSN B-2012-282-1/1

影视蓝皮书
中国影视产业发展报告（2018）
著(编)者：司若 陈鹏 陈锐　2018年4月出版 / 估价：99.00元
PSN B-2016-529-1/1

舆情蓝皮书
中国社会舆情与危机管理报告（2018）
著(编)者：谢耘耕　2018年9月出版 / 估价：138.00元
PSN B-2011-235-1/1

地方发展类-经济

澳门蓝皮书
澳门经济社会发展报告（2017～2018）
著(编)者：吴志良 郝雨凡　2018年7月出版 / 估价：99.00元
PSN B-2009-138-1/1

澳门绿皮书
澳门旅游休闲发展报告（2017～2018）
著(编)者：郝雨凡 林广志　2018年5月出版 / 估价：99.00元
PSN G-2017-617-1/1

北京蓝皮书
北京经济发展报告（2017～2018）
著(编)者：杨松　2018年6月出版 / 估价：99.00元
PSN B-2006-054-2/8

北京旅游绿皮书
北京旅游发展报告（2018）
著(编)者：北京旅游学会
2018年7月出版 / 估价：99.00元
PSN G-2012-301-1/1

北京体育蓝皮书
北京体育产业发展报告（2017～2018）
著(编)者：钟秉枢 陈杰 杨铁黎
2018年9月出版 / 估价：99.00元
PSN B-2015-475-1/1

滨海金融蓝皮书
滨海新区金融发展报告（2017）
著(编)者：王爱俭 李向前　2018年4月出版 / 估价：99.00元
PSN B-2014-424-1/1

城乡一体化蓝皮书
北京城乡一体化发展报告（2017～2018）
著(编)者：吴宝新 张宝秀 黄序
2018年5月出版 / 估价：99.00元
PSN B-2012-258-2/2

非公有制企业社会责任蓝皮书
北京非公有制企业社会责任报告（2018）
著(编)者：宋贵伦 冯培　2018年6月出版 / 估价：99.00元
PSN B-2017-613-1/1

福建旅游蓝皮书
福建省旅游产业发展现状研究（2017~2018）
著(编)者：陈敏华 黄远水
2018年12月出版 / 估价：128.00元
PSN B-2016-591-1/1

福建自贸区蓝皮书
中国(福建)自由贸易试验区发展报告（2017~2018）
著(编)者：黄茂兴　2018年4月出版 / 估价：118.00元
PSN B-2016-531-1/1

甘肃蓝皮书
甘肃经济发展分析与预测（2018）
著(编)者：安文华 罗哲　2018年1月出版 / 估价：99.00元
PSN B-2013-312-1/6

甘肃蓝皮书
甘肃商贸流通发展报告（2018）
著(编)者：张应华 王福生 王晓芳
2018年1月出版 / 估价：99.00元
PSN B-2016-522-6/6

甘肃蓝皮书
甘肃县域和农村发展报告（2018）
著(编)者：朱智文 包红红 王建兵
2018年1月出版 / 估价：99.00元
PSN B-2013-316-5/6

甘肃农业科技绿皮书
甘肃农业科技发展研究报告（2018）
著(编)者：魏胜文 乔德华 张东伟
2018年12月出版 / 估价：198.00元
PSN B-2016-592-1/1

巩义蓝皮书
巩义经济社会发展报告（2018）
著(编)者：丁同民 朱军　2018年4月出版 / 估价：99.00元
PSN B-2016-532-1/1

广东外经贸蓝皮书
广东对外经济贸易发展研究报告（2017~2018）
著(编)者：陈万灵　2018年6月出版 / 估价：99.00元
PSN B-2012-286-1/1

广西北部湾经济区蓝皮书
广西北部湾经济区开放开发报告（2017~2018）
著(编)者：广西壮族自治区北部湾经济区和东盟开放合作办公室
　　　　　广西社会科学院
　　　　　广西北部湾发展研究院
2018年2月出版 / 估价：99.00元
PSN B-2010-181-1/1

广州蓝皮书
广州城市国际化发展报告（2018）
著(编)者：张跃国　2018年8月出版 / 估价：99.00元
PSN B-2012-246-11/14

广州蓝皮书
中国广州城市建设与管理发展报告（2018）
著(编)者：张其学 陈小钢 王宏伟　2018年8月出版 / 估价：99.00元
PSN B-2007-087-4/14

广州蓝皮书
广州创新型城市发展报告（2018）
著(编)者：尹涛　2018年6月出版 / 估价：99.00元
PSN B-2012-247-12/14

广州蓝皮书
广州经济发展报告（2018）
著(编)者：张跃国 尹涛　2018年7月出版 / 估价：99.00元
PSN B-2005-040-1/14

广州蓝皮书
2018年中国广州经济形势分析与预测
著(编)者：魏明海 谢博能 李华
2018年6月出版 / 估价：99.00元
PSN B-2011-185-9/14

广州蓝皮书
中国广州科技创新发展报告（2018）
著(编)者：于欣伟 陈爽 邓佑满　2018年8月出版 / 估价：99.00元
PSN B-2006-065-2/14

广州蓝皮书
广州农村发展报告（2018）
著(编)者：朱名宏　2018年7月出版 / 估价：99.00元
PSN B-2010-167-8/14

广州蓝皮书
广州汽车产业发展报告（2018）
著(编)者：杨再高 冯兴亚　2018年7月出版 / 估价：99.00元
PSN B-2006-066-3/14

广州蓝皮书
广州商贸业发展报告（2018）
著(编)者：张跃国 陈杰 荀振英
2018年7月出版 / 估价：99.00元
PSN B-2012-245-10/14

贵阳蓝皮书
贵阳城市创新发展报告No.3（白云篇）
著(编)者：连玉明　2018年5月出版 / 估价：99.00元
PSN B-2015-491-3/10

贵阳蓝皮书
贵阳城市创新发展报告No.3（观山湖篇）
著(编)者：连玉明　2018年5月出版 / 估价：99.00元
PSN B-2015-497-9/10

贵阳蓝皮书
贵阳城市创新发展报告No.3（花溪篇）
著(编)者：连玉明　2018年5月出版 / 估价：99.00元
PSN B-2015-490-2/10

贵阳蓝皮书
贵阳城市创新发展报告No.3（开阳篇）
著(编)者：连玉明　2018年5月出版 / 估价：99.00元
PSN B-2015-492-4/10

贵阳蓝皮书
贵阳城市创新发展报告No.3（南明篇）
著(编)者：连玉明　2018年5月出版 / 估价：99.00元
PSN B-2015-496-8/10

贵阳蓝皮书
贵阳城市创新发展报告No.3（清镇篇）
著(编)者：连玉明　2018年5月出版 / 估价：99.00元
PSN B-2015-489-1/10

贵阳蓝皮书
贵阳城市创新发展报告No.3（乌当篇）
著(编)者：连玉明　2018年5月出版 / 估价：99.00元
PSN B-2015-495-7/10

贵阳蓝皮书
贵阳城市创新发展报告No.3（息烽篇）
著(编)者：连玉明　2018年5月出版 / 估价：99.00元
PSN B-2015-493-5/10

贵阳蓝皮书
贵阳城市创新发展报告No.3（修文篇）
著(编)者：连玉明　2018年5月出版 / 估价：99.00元
PSN B-2015-494-6/10

贵阳蓝皮书
贵阳城市创新发展报告No.3（云岩篇）
著(编)者：连玉明　2018年5月出版 / 估价：99.00元
PSN B-2015-498-10/10

贵州房地产蓝皮书
贵州房地产发展报告No.5（2018）
著(编)者：武廷方　2018年7月出版 / 估价：99.00元
PSN B-2014-426-1/1

贵州蓝皮书
贵州册亨经济社会发展报告（2018）
著(编)者：黄德林　2018年3月出版 / 估价：99.00元
PSN B-2016-525-8/9

贵州蓝皮书
贵州地理标志产业发展报告（2018）
著(编)者：李发耀 黄其松　2018年8月出版 / 估价：99.00元
PSN B-2017-646-10/10

贵州蓝皮书
贵安新区发展报告（2017～2018）
著(编)者：马长青 吴大华　2018年6月出版 / 估价：99.00元
PSN B-2015-459-4/10

贵州蓝皮书
贵州国家级开放创新平台发展报告（2017～2018）
著(编)者：申晓庆 吴大华 季泓
2018年11月出版 / 估价：99.00元
PSN B-2016-518-7/10

贵州蓝皮书
贵州国有企业社会责任发展报告（2017～2018）
著(编)者：郭丽　2018年12月出版 / 估价：99.00元
PSN B-2015-511-6/10

贵州蓝皮书
贵州民航业发展报告（2017）
著(编)者：申振东 吴大华　2018年1月出版 / 估价：99.00元
PSN B-2015-471-5/10

贵州蓝皮书
贵州民营经济发展报告（2017）
著(编)者：杨静 吴大华　2018年3月出版 / 估价：99.00元
PSN B-2016-530-9/9

杭州都市圈蓝皮书
杭州都市圈发展报告（2018）
著(编)者：沈翔 戚建国　2018年5月出版 / 估价：128.00元
PSN B-2012-302-1/1

河北经济蓝皮书
河北省经济发展报告（2018）
著(编)者：马树强 金浩 张贵　2018年4月出版 / 估价：99.00元
PSN B-2014-380-1/1

河北蓝皮书
河北经济社会发展报告（2018）
著(编)者：康振海　2018年1月出版 / 估价：99.00元
PSN B-2014-372-1/3

河北蓝皮书
京津冀协同发展报告（2018）
著(编)者：陈璐　2018年1月出版 / 估价：99.00元
PSN B-2017-601-2/3

河南经济蓝皮书
2018年河南经济形势分析与预测
著(编)者：王世炎　2018年3月出版 / 估价：99.00元
PSN B-2007-086-1/1

河南蓝皮书
河南城市发展报告（2018）
著(编)者：张占仓 王建国　2018年5月出版 / 估价：99.00元
PSN B-2009-131-3/9

河南蓝皮书
河南工业发展报告（2018）
著(编)者：张占仓　2018年5月出版 / 估价：99.00元
PSN B-2013-317-5/9

河南蓝皮书
河南金融发展报告（2018）
著(编)者：喻新安 谷建全
2018年6月出版 / 估价：99.00元
PSN B-2014-390-7/9

河南蓝皮书
河南经济发展报告（2018）
著(编)者：张占仓 完世伟
2018年4月出版 / 估价：99.00元
PSN B-2010-157-4/9

河南蓝皮书
河南能源发展报告（2018）
著(编)者：国网河南省电力公司经济技术研究院
　　　　　河南省社会科学院
2018年3月出版 / 估价：99.00元
PSN B-2017-607-9/9

河南商务蓝皮书
河南商务发展报告（2018）
著(编)者：焦锦淼 穆荣国　2018年5月出版 / 估价：99.00元
PSN B-2014-399-1/1

河南双创蓝皮书
河南创新创业发展报告（2018）
著(编)者：喻新安 杨雪梅　2018年8月出版 / 估价：99.00元
PSN B-2017-641-1/1

黑龙江蓝皮书
黑龙江经济发展报告（2018）
著(编)者：朱宇　2018年1月出版 / 估价：99.00元
PSN B-2011-190-2/2

湖南城市蓝皮书
区域城市群整合
著(编)者：童中贤 韩未名　2018年12月出版 / 估价：99.00元
PSN B-2006-064-1/1

湖南蓝皮书
湖南城乡一体化发展报告（2018）
著(编)者：陈文胜 王文强 陆福兴
2018年8月出版 / 估价：99.00元
PSN B-2015-477-8/8

湖南蓝皮书
2018年湖南电子政务发展报告
著(编)者：梁志峰　2018年5月出版 / 估价：128.00元
PSN B-2014-394-6/8

湖南蓝皮书
2018年湖南经济发展报告
著(编)者：卞鹰　2018年5月出版 / 估价：128.00元
PSN B-2011-207-2/8

湖南蓝皮书
2016年湖南经济展望
著(编)者：梁志峰　2018年5月出版 / 估价：128.00元
PSN B-2011-206-1/8

湖南蓝皮书
2018年湖南县域经济社会发展报告
著(编)者: 梁志峰　2018年5月出版 / 估价: 128.00元
PSN B-2014-395-7/8

湖南县域绿皮书
湖南县域发展报告 (No.5)
著(编)者: 袁准　周小毛　黎仁寅
2018年3月出版 / 估价: 99.00元
PSN G-2012-274-1/1

沪港蓝皮书
沪港发展报告 (2018)
著(编)者: 尤安山　2018年9月出版 / 估价: 99.00元
PSN B-2013-362-1/1

吉林蓝皮书
2018年吉林经济社会形势分析与预测
著(编)者: 邵汉明　2017年12月出版 / 估价: 99.00元
PSN B-2013-319-1/1

吉林省城市竞争力蓝皮书
吉林省城市竞争力报告 (2018~2019)
著(编)者: 崔岳春　张磊　2018年12月出版 / 估价: 99.00元
PSN B-2016-513-1/1

济源蓝皮书
济源经济社会发展报告 (2018)
著(编)者: 喻新安　2018年4月出版 / 估价: 99.00元
PSN B-2014-387-1/1

江苏蓝皮书
2018年江苏经济发展分析与展望
著(编)者: 王庆五　吴先满　2018年7月出版 / 估价: 128.00元
PSN B-2017-635-1/3

江西蓝皮书
江西经济社会发展报告 (2018)
著(编)者: 陈石俊　龚建文　2018年10月出版 / 估价: 128.00元
PSN B-2015-484-1/2

江西蓝皮书
江西设区市发展报告 (2018)
著(编)者: 姜玮　梁勇　2018年10月出版 / 估价: 99.00元
PSN B-2016-517-2/2

经济特区蓝皮书
中国经济特区发展报告 (2017)
著(编)者: 陶一桃　2018年1月出版 / 估价: 99.00元
PSN B-2009-139-1/1

辽宁蓝皮书
2018年辽宁经济社会形势分析与预测
著(编)者: 梁启东　魏红江　2018年6月出版 / 估价: 99.00元
PSN B-2006-053-1/1

民族经济蓝皮书
中国民族地区经济发展报告 (2018)
著(编)者: 李曦辉　2018年7月出版 / 估价: 99.00元
PSN B-2017-630-1/1

南宁蓝皮书
南宁经济发展报告 (2018)
著(编)者: 胡建华　2018年9月出版 / 估价: 99.00元
PSN B-2016-569-2/3

浦东新区蓝皮书
上海浦东经济发展报告 (2018)
著(编)者: 沈开艳　周奇　2018年2月出版 / 估价: 99.00元
PSN B-2011-225-1/1

青海蓝皮书
2018年青海经济社会形势分析与预测
著(编)者: 陈玮　2017年12月出版 / 估价: 99.00元
PSN B-2012-275-1/2

山东蓝皮书
山东经济形势分析与预测 (2018)
著(编)者: 李广杰　2018年7月出版 / 估价: 99.00元
PSN B-2014-404-1/5

山东蓝皮书
山东省普惠金融发展报告 (2018)
著(编)者: 齐鲁财富网
2018年9月出版 / 估价: 99.00元
PSN B2017-676-5/5

山西蓝皮书
山西资源型经济转型发展报告 (2018)
著(编)者: 李志强　2018年7月出版 / 估价: 99.00元
PSN B-2011-197-1/1

陕西蓝皮书
陕西经济发展报告 (2018)
著(编)者: 任宗哲　白宽犁　裴成荣
2018年1月出版 / 估价: 99.00元
PSN B-2009-135-1/6

陕西蓝皮书
陕西精准脱贫研究报告 (2018)
著(编)者: 任宗哲　白宽犁　王建康
2018年6月出版 / 估价: 99.00元
PSN B-2017-623-6/6

上海蓝皮书
上海经济发展报告 (2018)
著(编)者: 沈开艳
2018年2月出版 / 估价: 99.00元
PSN B-2006-057-1/7

上海蓝皮书
上海资源环境发展报告 (2018)
著(编)者: 周冯琦　汤庆合
2018年2月出版 / 估价: 99.00元
PSN B-2006-060-4/7

上饶蓝皮书
上饶发展报告 (2016~2017)
著(编)者: 廖其志　2018年3月出版 / 估价: 128.00元
PSN B-2014-377-1/1

深圳蓝皮书
深圳经济发展报告 (2018)
著(编)者: 张骁儒　2018年6月出版 / 估价: 99.00元
PSN B-2008-112-3/7

四川蓝皮书
四川城镇化发展报告 (2018)
著(编)者: 侯水平　陈炜
2018年4月出版 / 估价: 99.00元
PSN B-2015-456-7/7

四川蓝皮书
2018年四川经济形势分析与预测
著(编)者：杨钢　2018年1月出版 / 估价：99.00元
PSN B-2007-098-2/7

四川蓝皮书
四川企业社会责任研究报告（2017～2018）
著(编)者：侯水平 盛毅　2018年5月出版 / 估价：99.00元
PSN B-2014-386-4/7

四川蓝皮书
四川生态建设报告（2018）
著(编)者：李晟之　2018年5月出版 / 估价：99.00元
PSN B-2015-455-6/7

体育蓝皮书
上海体育产业发展报告（2017~2018）
著(编)者：张林 黄海燕　2018年10月出版 / 估价：99.00元
PSN B-2015-454-4/5

体育蓝皮书
长三角地区体育产业发展报告（2017～2018）
著(编)者：张林　2018年4月出版 / 估价：99.00元
PSN B-2015-453-3/5

天津金融蓝皮书
天津金融发展报告（2018）
著(编)者：王爱俭 孔德昌　2018年3月出版 / 估价：99.00元
PSN B-2014-418-1/1

图们江区域合作蓝皮书
图们江区域合作发展报告（2018）
著(编)者：李铁　2018年6月出版 / 估价：99.00元
PSN B-2015-464-1/1

温州蓝皮书
2018年温州经济社会形势分析与预测
著(编)者：蒋儒标 王春光 金浩
2018年4月出版 / 估价：99.00元
PSN B-2008-105-1/1

西咸新区蓝皮书
西咸新区发展报告（2018）
著(编)者：李扬 王军
2018年6月出版 / 估价：99.00元
PSN B-2016-534-1/1

修武蓝皮书
修武经济社会发展报告（2018）
著(编)者：张占仓 袁凯声
2018年10月出版 / 估价：99.00元
PSN B-2017-651-1/1

偃师蓝皮书
偃师经济社会发展报告（2018）
著(编)者：张占仓 袁凯声 何武周
2018年7月出版 / 估价：99.00元
PSN B-2017-627-1/1

扬州蓝皮书
扬州经济社会发展报告（2018）
著(编)者：陈扬
2018年12月出版 / 估价：108.00元
PSN B-2011-191-1/1

长垣蓝皮书
长垣经济社会发展报告（2018）
著(编)者：张占仓 袁凯声 秦保建
2018年10月出版 / 估价：99.00元
PSN B-2017-654-1/1

遵义蓝皮书
遵义发展报告（2018）
著(编)者：邓彦 曾征 龚永育
2018年9月出版 / 估价：99.00元
PSN B-2014-433-1/1

地方发展类-社会

安徽蓝皮书
安徽社会发展报告（2018）
著(编)者：程桦　2018年4月出版 / 估价：99.00元
PSN B-2013-325-1/1

安徽社会建设蓝皮书
安徽社会建设分析报告（2017～2018）
著(编)者：黄家海 蔡宪
2018年11月出版 / 估价：99.00元
PSN B-2013-322-1/1

北京蓝皮书
北京公共服务发展报告（2017～2018）
著(编)者：施昌奎　2018年3月出版 / 估价：99.00元
PSN B-2008-103-7/8

北京蓝皮书
北京社会发展报告（2017～2018）
著(编)者：李伟东
2018年7月出版 / 估价：99.00元
PSN B-2006-055-3/8

北京蓝皮书
北京社会治理发展报告（2017～2018）
著(编)者：殷星辰　2018年7月出版 / 估价：99.00元
PSN B-2014-391-8/8

北京律师蓝皮书
北京律师发展报告 No.3（2018）
著(编)者：王隽　2018年12月出版 / 估价：99.00元
PSN B-2011-217-1/1

北京人才蓝皮书
北京人才发展报告（2018）
著(编)者：敏华　2018年12月出版 / 估价：128.00元
PSN B-2011-201-1/1

北京社会心态蓝皮书
北京社会心态分析报告（2017~2018）
北京市社会心理服务促进中心
2018年10月出版 / 估价：99.00元
PSN B-2014-422-1/1

北京社会组织管理蓝皮书
北京社会组织发展与管理（2018）
著(编)者：黄江松
2018年4月出版 / 估价：99.00元
PSN B-2015-446-1/1

北京养老产业蓝皮书
北京居家养老发展报告（2018）
著(编)者：陆杰华 周明明
2018年8月出版 / 估价：99.00元
PSN B-2015-465-1/1

法治蓝皮书
四川依法治省年度报告No.4（2018）
著(编)者：李林 杨天宗 田禾
2018年3月出版 / 估价：118.00元
PSN B-2015-447-2/3

福建妇女发展蓝皮书
福建省妇女发展报告（2018）
著(编)者：刘群英　2018年11月出版 / 估价：99.00元
PSN B-2011-220-1/1

甘肃蓝皮书
甘肃社会发展分析与预测（2018）
著(编)者：安文华 包晓霞 谢增虎
2018年1月出版 / 估价：99.00元
PSN B-2013-313-2/6

广东蓝皮书
广东全面深化改革研究报告（2018）
著(编)者：周林生 涂成林
2018年12月出版 / 估价：99.00元
PSN B-2015-504-3/3

广东蓝皮书
广东社会工作发展报告（2018）
著(编)者：罗观翠　2018年6月出版 / 估价：99.00元
PSN B-2014-402-2/3

广州蓝皮书
广州青年发展报告（2018）
著(编)者：徐柳 张强
2018年8月出版 / 估价：99.00元
PSN B-2013-352-13/14

广州蓝皮书
广州社会保障发展报告（2018）
著(编)者：张跃国　2018年8月出版 / 估价：99.00元
PSN B-2014-425-14/14

广州蓝皮书
2018年中国广州社会形势分析与预测
著(编)者：张强 郭志勇 何镜清
2018年6月出版 / 估价：99.00元
PSN B-2008-110-5/14

贵州蓝皮书
贵州法治发展报告（2018）
著(编)者：吴大华　2018年5月出版 / 估价：99.00元
PSN B-2012-254-2/10

贵州蓝皮书
贵州人才发展报告（2017）
著(编)者：于杰 吴大华
2018年9月出版 / 估价：99.00元
PSN B-2014-382-3/10

贵州蓝皮书
贵州社会发展报告（2018）
著(编)者：王兴骥　2018年4月出版 / 估价：99.00元
PSN B-2010-166-1/10

杭州蓝皮书
杭州妇女发展报告（2018）
著(编)者：魏颖　2018年10月出版 / 估价：99.00元
PSN B-2014-403-1/1

河北蓝皮书
河北法治发展报告（2018）
著(编)者：康振海　2018年6月出版 / 估价：99.00元
PSN B-2017-622-3/3

河北食品药品安全蓝皮书
河北食品药品安全研究报告（2018）
著(编)者：丁锦霞　2018年10月出版 / 估价：99.00元
PSN B-2015-473-1/1

河南蓝皮书
河南法治发展报告（2018）
著(编)者：张林海　2018年7月出版 / 估价：99.00元
PSN B-2014-376-6/9

河南蓝皮书
2018年河南社会形势分析与预测
著(编)者：牛苏林　2018年5月出版 / 估价：99.00元
PSN B-2005-043-1/9

河南民办教育蓝皮书
河南民办教育发展报告（2018）
著(编)者：胡大白　2018年9月出版 / 估价：99.00元
PSN B-2017-642-1/1

黑龙江蓝皮书
黑龙江社会发展报告（2018）
著(编)者：谢宝禄　2018年1月出版 / 估价：99.00元
PSN B-2011-189-1/2

湖南蓝皮书
2018年湖南两型社会与生态文明建设报告
著(编)者：卞鹰　2018年5月出版 / 估价：128.00元
PSN B-2011-208-3/8

湖南蓝皮书
2018年湖南社会发展报告
著(编)者：卞鹰　2018年5月出版 / 估价：128.00元
PSN B-2014-393-5/8

健康城市蓝皮书
北京健康城市建设研究报告（2018）
著(编)者：王鸿春 盛继洪　2018年9月出版 / 估价：99.00元
PSN B-2015-460-1/2

33

江苏法治蓝皮书
江苏法治发展报告No.6（2017）
著(编)者：蔡道通 龚廷泰　2018年8月出版 / 估价：99.00元
PSN B-2012-290-1/1

江苏蓝皮书
2018年江苏社会发展分析与展望
著(编)者：王庆五 刘旺洪　2018年8月出版 / 估价：128.00元
PSN B-2017-636-2/3

南宁蓝皮书
南宁法治发展报告（2018）
著(编)者：杨维超　2018年12月出版 / 估价：99.00元
PSN B-2015-509-1/3

南宁蓝皮书
南宁社会发展报告（2018）
著(编)者：胡建华　2018年10月出版 / 估价：99.00元
PSN B-2016-570-3/3

内蒙古蓝皮书
内蒙古反腐倡廉建设报告 No.2
著(编)者：张志华　2018年6月出版 / 估价：99.00元
PSN B-2013-365-1/1

青海蓝皮书
2018年青海人才发展报告
著(编)者：王宇燕　2018年9月出版 / 估价：99.00元
PSN B-2017-650-2/2

青海生态文明建设蓝皮书
青海生态文明建设报告（2018）
著(编)者：张西明 高华　2018年12月出版 / 估价：99.00元
PSN B-2016-595-1/1

人口与健康蓝皮书
深圳人口与健康发展报告（2018）
著(编)者：陆杰华 傅崇辉　2018年11月出版 / 估价：99.00元
PSN B-2011-228-1/1

山东蓝皮书
山东社会形势分析与预测（2018）
著(编)者：李善峰　2018年6月出版 / 估价：99.00元
PSN B-2014-405-2/5

陕西蓝皮书
陕西社会发展报告（2018）
著(编)者：任宗哲 白宽犁 牛昉　2018年1月出版 / 估价：99.00元
PSN B-2009-136-2/6

上海蓝皮书
上海法治发展报告（2018）
著(编)者：叶必丰　2018年9月出版 / 估价：99.00元
PSN B-2012-296-6/7

上海蓝皮书
上海社会发展报告（2018）
著(编)者：杨雄 周海旺
2018年2月出版 / 估价：99.00元
PSN B-2006-058-2/7

社会建设蓝皮书
2018年北京社会建设分析报告
著(编)者：宋贵伦 冯虹　2018年9月出版 / 估价：99.00元
PSN B-2010-173-1/1

深圳蓝皮书
深圳法治发展报告（2018）
著(编)者：张骁儒　2018年6月出版 / 估价：99.00元
PSN B-2015-470-6/7

深圳蓝皮书
深圳劳动关系发展报告（2018）
著(编)者：汤庭芬　2018年8月出版 / 估价：99.00元
PSN B-2007-097-2/7

深圳蓝皮书
深圳社会治理与发展报告（2018）
著(编)者：张骁儒　2018年6月出版 / 估价：99.00元
PSN B-2008-113-4/7

生态安全绿皮书
甘肃国家生态安全屏障建设发展报告（2018）
著(编)者：刘举科 喜文华
2018年10月出版 / 估价：99.00元
PSN G-2017-659-1/1

顺义社会建设蓝皮书
北京市顺义区社会建设发展报告（2018）
著(编)者：王学武　2018年9月出版 / 估价：99.00元
PSN B-2017-658-1/1

四川蓝皮书
四川法治发展报告（2018）
著(编)者：郑泰安　2018年1月出版 / 估价：99.00元
PSN B-2015-441-5/7

四川蓝皮书
四川社会发展报告（2018）
著(编)者：李羚　2018年6月出版 / 估价：99.00元
PSN B-2008-127-3/7

云南社会治理蓝皮书
云南社会治理年度报告（2017）
著(编)者：晏雄 韩全芳
2018年5月出版 / 估价：99.00元
PSN B-2017-667-1/1

地方发展类-文化

北京传媒蓝皮书
北京新闻出版广电发展报告（2017~2018）
著(编)者：王志　2018年11月出版 / 估价：99.00元
PSN B-2016-588-1/1

北京蓝皮书
北京文化发展报告（2017~2018）
著(编)者：李建盛　2018年5月出版 / 估价：99.00元
PSN B-2007-082-4/8

创意城市蓝皮书
北京文化创意产业发展报告（2018）
著(编)者：郭万超 张京成　2018年12月出版 / 估价：99.00元
PSN B-2012-263-1/7

创意城市蓝皮书
天津文化创意产业发展报告（2017～2018）
著(编)者：谢思全　2018年6月出版 / 估价：99.00元
PSN B-2016-536-7/7

创意城市蓝皮书
武汉文化创意产业发展报告（2018）
著(编)者：黄永林 陈汉桥　2018年12月出版 / 估价：99.00元
PSN B-2013-354-4/7

创意上海蓝皮书
上海文化创意产业发展报告（2017～2018）
著(编)者：王慧敏 王兴全　2018年8月出版 / 估价：99.00元
PSN B-2016-561-1/1

非物质文化遗产蓝皮书
广州市非物质文化遗产保护发展报告（2018）
著(编)者：宋俊华　2018年12月出版 / 估价：99.00元
PSN B-2016-589-1/1

甘肃蓝皮书
甘肃文化发展分析与预测（2018）
著(编)者：王俊莲 周小华　2018年1月出版 / 估价：99.00元
PSN B-2013-314-3/6

甘肃蓝皮书
甘肃舆情分析与预测（2018）
著(编)者：陈双梅 张谦元　2018年1月出版 / 估价：99.00元
PSN B-2013-315-4/6

广州蓝皮书
中国广州文化发展报告（2018）
著(编)者：屈哨兵 陆志强　2018年6月出版 / 估价：99.00元
PSN B-2009-134-7/14

广州蓝皮书
广州文化创意产业发展报告（2018）
著(编)者：徐咏虹　2018年7月出版 / 估价：99.00元
PSN B-2008-111-6/14

海淀蓝皮书
海淀区文化和科技融合发展报告（2018）
著(编)者：陈名杰 孟景伟　2018年5月出版 / 估价：99.00元
PSN B-2013-329-1/1

河南蓝皮书
河南文化发展报告（2018）
著(编)者：卫绍生　2018年7月出版 / 估价：99.00元
PSN B-2008-106-2/9

湖北文化产业蓝皮书
湖北省文化产业发展报告（2018）
著(编)者：黄晓华　2018年9月出版 / 估价：99.00元
PSN B-2017-656-1/1

湖北文化蓝皮书
湖北文化发展报告（2017~2018）
著(编)者：湖北大学高等人文研究院
　　　　　中华文化发展湖北省协同创新中心
2018年10月出版 / 估价：99.00元
PSN B-2016-566-1/1

江苏蓝皮书
2018年江苏文化发展分析与展望
著(编)者：王庆五 樊和平　2018年9月出版 / 估价：128.00元
PSN B-2017-637-3/3

江西文化蓝皮书
江西非物质文化遗产发展报告（2018）
著(编)者：张圣才 傅安平　2018年12月出版 / 估价：128.00元
PSN B-2015-499-1/1

洛阳蓝皮书
洛阳文化发展报告（2018）
著(编)者：刘福兴 陈启明　2018年7月出版 / 估价：99.00元
PSN B-2015-476-1/1

南京蓝皮书
南京文化发展报告（2018）
著(编)者：中共南京市委宣传部
2018年12月出版 / 估价：99.00元
PSN B-2014-439-1/1

宁波文化蓝皮书
宁波"一人一艺"全民艺术普及发展报告（2017）
著(编)者：张爱琴　2018年11月出版 / 估价：128.00元
PSN B-2017-668-1/1

山东蓝皮书
山东文化发展报告（2018）
著(编)者：涂可国　2018年5月出版 / 估价：99.00元
PSN B-2014-406-3/5

陕西蓝皮书
陕西文化发展报告（2018）
著(编)者：任宗哲 白宽犁 王长寿
2018年1月出版 / 估价：99.00元
PSN B-2009-137-3/6

上海蓝皮书
上海传媒发展报告（2018）
著(编)者：强荧 焦雨虹　2018年2月出版 / 估价：99.00元
PSN B-2012-295-5/7

上海蓝皮书
上海文学发展报告（2018）
著(编)者：陈圣来　2018年6月出版 / 估价：99.00元
PSN B-2012-297-7/7

上海蓝皮书
上海文化发展报告（2018）
著(编)者：荣跃明　2018年2月出版 / 估价：99.00元
PSN B-2006-059-3/7

深圳蓝皮书
深圳文化发展报告（2018）
著(编)者：张晓儒　2018年7月出版 / 估价：99.00元
PSN B-2016-554-7/7

四川蓝皮书
四川文化产业发展报告（2018）
著(编)者：向宝云 张立伟　2018年4月出版 / 估价：99.00元
PSN B-2006-074-1/7

郑州蓝皮书
2018年郑州文化发展报告
著(编)者：王哲　2018年9月出版 / 估价：99.00元
PSN B-2008-107-1/1

社会科学文献出版社

皮书系列

✦ 皮书起源 ✦

"皮书"起源于十七、十八世纪的英国，主要指官方或社会组织正式发表的重要文件或报告，多以"白皮书"命名。在中国，"皮书"这一概念被社会广泛接受，并被成功运作、发展成为一种全新的出版形态，则源于中国社会科学院社会科学文献出版社。

✦ 皮书定义 ✦

皮书是对中国与世界发展状况和热点问题进行年度监测，以专业的角度、专家的视野和实证研究方法，针对某一领域或区域现状与发展态势展开分析和预测，具备原创性、实证性、专业性、连续性、前沿性、时效性等特点的公开出版物，由一系列权威研究报告组成。

✦ 皮书作者 ✦

皮书系列的作者以中国社会科学院、著名高校、地方社会科学院的研究人员为主，多为国内一流研究机构的权威专家学者，他们的看法和观点代表了学界对中国与世界的现实和未来最高水平的解读与分析。

✦ 皮书荣誉 ✦

皮书系列已成为社会科学文献出版社的著名图书品牌和中国社会科学院的知名学术品牌。2016年，皮书系列正式列入"十三五"国家重点出版规划项目；2013~2018年，重点皮书列入中国社会科学院承担的国家哲学社会科学创新工程项目；2018年，59种院外皮书使用"中国社会科学院创新工程学术出版项目"标识。

中国皮书网

（网址：www.pishu.cn）

发布皮书研创资讯，传播皮书精彩内容
引领皮书出版潮流，打造皮书服务平台

栏目设置

关于皮书：何谓皮书、皮书分类、皮书大事记、皮书荣誉、
皮书出版第一人、皮书编辑部

最新资讯：通知公告、新闻动态、媒体聚焦、网站专题、视频直播、下载专区

皮书研创：皮书规范、皮书选题、皮书出版、皮书研究、研创团队

皮书评奖评价：指标体系、皮书评价、皮书评奖

互动专区：皮书说、社科数托邦、皮书微博、留言板

所获荣誉

2008 年、2011 年，中国皮书网均在全
国新闻出版业网站荣誉评选中获得"最具商
业价值网站"称号；

2012 年,获得"出版业网站百强"称号。

网库合一

2014 年，中国皮书网与皮书数据库端
口合一，实现资源共享。

权威报告・一手数据・特色资源

皮书数据库
ANNUAL REPORT(YEARBOOK)
DATABASE

当代中国经济与社会发展高端智库平台

所获荣誉

- 2016年，入选"'十三五'国家重点电子出版物出版规划骨干工程"
- 2015年，荣获"搜索中国正能量 点赞2015""创新中国科技创新奖"
- 2013年，荣获"中国出版政府奖・网络出版物奖"提名奖
- 连续多年荣获中国数字出版博览会"数字出版・优秀品牌"奖

成为会员

　　通过网址www.pishu.com.cn或使用手机扫描二维码进入皮书数据库网站，进行手机号码验证或邮箱验证即可成为皮书数据库会员（建议通过手机号码快速验证注册）。

会员福利

- 使用手机号码首次注册的会员，账号自动充值100元体验金，可直接购买和查看数据库内容（仅限使用手机号码快速注册）。
- 已注册用户购书后可免费获赠100元皮书数据库充值卡。刮开充值卡涂层获取充值密码，登录并进入"会员中心"—"在线充值"—"充值卡充值"，充值成功后即可购买和查看数据库内容。

数据库服务热线：400-008-6695　　　　　图书销售热线：010-59367070/7028
数据库服务QQ：2475522410　　　　　　　图书服务QQ：1265056568
数据库服务邮箱：database@ssap.cn　　　　图书服务邮箱：duzhe@ssap.cn

更多信息请登录

皮书数据库
http://www.pishu.com.cn

中国皮书网
http://www.pishu.cn

皮书微博
http://weibo.com/pishu

皮书微信"皮书说"

请到当当、亚马逊、京东或各地书店购买，也可办理邮购

咨询 / 邮购电话：010-59367028　59367070

邮　　箱：duzhe@ssap.cn

邮购地址：北京市西城区北三环中路甲29号院3号楼
　　　　　华龙大厦13层读者服务中心

邮　　编：100029

银行户名：社会科学文献出版社

开户银行：中国工商银行北京北太平庄支行

账　　号：0200010019200365434

牌协会艺术品电商专业委员会揭牌仪式在北京新闻大厦顺利举行，标志着中国艺术品电商行业在规范化进程中进入一个新的阶段。总体而言，北京作为艺术电商较为发达的城市，艺术电商行业在本年度保持良好发展势头。在文化创意产业蓬勃发展的大环境下，北京市艺术电商行业不断提升完善自身品牌，探索新的发展路径，逐步培养艺术品购买端的消费意愿，积极推动艺术电商行业的发展。

一　艺术电商的概念与类型

所谓艺术电商，即艺术品电子商务，是指通过计算机技术、网络技术和远程通信技术等现代通信手段，实现艺术品交易的数字化、电子化、信息化和网络化的商务活动。简言之，是传统艺术品交易商业活动各环节的电子化、网络化、信息化。艺术电商的发展离不开互联网信息技术的发展。我国互联网的发展从当初的门户网站建立，到搜索引擎开启，到用户参与互动，再到手机互联用户体验，每一次都带来信息技术的革命性突破。伴随互联网的发展，艺术电商在其发展过程中也形成了多种电商模式，从最初的线上产品展示，到平台交易，到人机互动，再到多向交流、线上线下互动体验，互联网技术的重要突破也不断推动着艺术电商行业向前迈进。从交易的平台来看，主要包括综合性电商平台中的艺术板块、艺术品综合电商平台、移动手机APP 和微信社交平台。

1. 综合性电商平台中的艺术板块

"互联网＋"概念为传统电商的 PC 端注入无限活力，而艺术品的涉入更是扩展了其延伸性。由此，国内外各大综合性电商平台都把目光伸向艺术品，纷纷在其互联网版图中开辟艺术品这一新的板块，开始涉水艺术品市场。

2013 年，全球在线零售业巨头亚马逊上线了"亚马逊艺术"；同年，中国大陆最大的家电零售连锁企业国美集团也在其官方商城中开设了艺术品交易平台"国之美"；而苏宁易购（网上拍卖）以及淘宝（闲鱼拍卖）等也相继开设艺术板块，加入艺术电商行业的角逐之中。综合性电商平台的艺术品商城较之传统的艺术品实体店，具有产品丰富和成本较低的优势，再依据本身平台的流量优势，主营以零售和拍卖为主的中低端艺术品，而购买者也主要集中在有艺术审美需求且具有购买力的年轻"白领阶层"。这一类电商平台由于艺术品量级偏轻，满足不了以艺术品投资为主要诉求的中高端收藏投资者的需求。虽然未来普通大众审美消费有着巨大的市场需求，但从新的移动设备的普及程度来看，综合性电商艺术平台如果只是在电脑 PC 端做出艺术板块而不在细分领域进行深耕的话，艺术电商市场份额难免会被手机移动互联网大潮吞噬，而其在未来的成长空间也极为有限。

2. 艺术品综合电商平台

艺术品综合电商平台是指通过互联网平台专门从事艺术品咨询、交易、互动的综合性门户网站，像雅昌艺术网、99 艺术网、博宝艺术网、盛世收藏网、嘉德在线等。这些艺术品综合电商一般是通过门户网站发布艺术展览的信息、艺术评论的文章、艺术家的个人系列作品以及拍卖的记录等引入流量，通过线上线下服务完成交易。

艺术品综合电商平台成为当下"互联网 + 艺术品"发展中不可忽视的一支力量，它整合各种艺术资源，提供了极为丰富的艺术品品类以及优质的原创艺术作品，充分发挥其平台的优势及门户效应，为买卖双方提供了一个各类艺术品销售与拍卖的综合性平台。① 博宝艺术网（北京）是这一类平台的典型。博宝艺术网隶属于北京千渡网讯科技有限公司，是中国艺术收藏品领域的综合资讯类门户网站。博宝网涉及多种艺术门类的收藏品，主要有绘画、书法、陶瓷、珠宝、钱币、雕塑、玉石、金银铜器、家居、工艺品等；网站开通了资讯频道、人物频道、鉴赏频道、拍卖频道、藏品频道、图库频道等多种频道，是北京乃至全国艺术界、收藏界极为重要的艺术交易中心之一。

3. 移动手机 APP 平台

伴随移动互联网的发展和移动设备的普及，再加上交易终端支付手段及4G 技术的成熟，移动手机 APP 成为当下所有 PC 电商竞相追逐用来增强其市场竞争力的手段。而此时，艺术电商也在不断转变自身的经营模式，它们利用移动互联网终端的低成本、多互动、重体验、方便快捷等特点，随时随地进行精准营销，迅速开发众多艺术类的应用软件 APP 和移动社交群，通过福利营销、互动营销、场景营销等手段，逐步实现"移动 + 互动 + 娱乐 + 社交 + 消

① 裘涵：《互联网 + 艺术品：艺术品电商的问题与发展趋势》，《美术观察》2016 年第 1 期。

费"的多元化模式的发展目标。

Artand 是北京地区"最专业的当代艺术社交平台",主打社交艺术,APP具有评论、点赞、分享、打赏等功能,用户可以直面艺术家,通过最简单直接的方式,了解艺术家创作背后点点滴滴的经历。通过拉近购买者与艺术家之间的距离,尽可能打消互联网带给人们的距离感,增加用户对于 APP 的黏度;APP 还增加了支付宝支付和微信支付,对于心仪的作品用户可以直接下单购买,极为便利;此外 APP 的用户体验也凸显高贵格调,其 UI 设计采用黑白色调,主张极简主义,带给用户完美的视觉体验。以 Artand 为代表的手机艺术类 APP 平台相对于 PC 端互联网有着巨大的便捷性,用户可以随时随地关注艺术信息,进行模拟现场场景的艺术品交易,其互动的交易场景不仅具有现场的真实感,而且具有极强的趣味性,这也深受热衷于手机互联网的年轻消费者青睐。

4. 微信社交平台

智能手机的普及以及微信 5.0 支付功能的实现,为微信自媒体社交平台艺术交易提供了强大的生长空间,微信拍卖也正以参与门槛低、方便快捷等特点在朋友圈大为流行。大咖拍卖、扬子微拍、蔷薇拍卖、艺术周周拍、艺麦拍卖、阿特姐夫日夜场微拍等微信社交平台的艺术拍卖相继出现。

微信社交艺术电商平台,主要是从事艺术品拍卖和销售,而拍卖与销售的方式大致分为三种。第一种是朋友圈拍卖,个人利用自己积累的微信朋友,在朋友圈发布将要拍卖的艺术品、拍卖的时间、拍卖的群组、拍卖的规则等。而朋友圈的朋友看到就会自动加入拍卖群组中,入群拍卖,最后通过电子支付平台(微信/支付宝)完成收款交易。第二种是微信社群拍卖,拍卖发起人拉微信艺术品相关行业的好友,有艺术家、收藏家、艺术经纪人、艺术评论家、艺术媒体、艺术品爱好人士等,建立一个专门进行拍卖的微信群,定期竞拍。在竞拍过程中,在拍卖群以文字或语音的形式来模拟现实拍卖场景,具有极大的互动性与趣味性。第三种就是艺术微店,微店的模式一部分是艺术传媒企业自己的官方微信公众账号,一部分是由淘宝店主的移动端转变而来,微店卖家有很多是淘宝艺术电商,还有一些有艺术品渠道的个人,他们的经营模式主要是依靠微信强大的流量以及微信群和朋友圈营销。

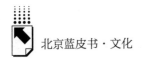
二 艺术电商行业的发展特点

传统的艺术品交易一般是在小圈子进行，具有小众性的特点。而"互联网＋"新媒体时代的到来，直接颠覆了这种格局。互联网整合了传统媒体的各自优势，普及程度极为广泛，具有大众传播的优势，信息推送与更新的时效性强，具有跨国、跨地区、跨时间空间的强大优势。而与现代互联网信息技术紧密结合的自媒体，"它的快速崛起以及形式的更迭，使其拥有越来越多的用户和市场影响力，成为推动当代信息革命的重要力量"。① 互联网与"艺术领域"的完美融合，势必给艺术电商行业带来新的发展特征与趋势。

北京艺术电商行业发展繁荣，在"互联网＋"的新媒体时代，艺术电商作为一个平台，快速地将北京艺术品交易的各个环节对接起来。不仅如此，艺术品的零售和拍卖等交易还可以形成虚拟且真实的交流、互动现实场景。总体而言，北京地区艺术电商行业的发展特点主要表现在以下几个方面。

1. 艺术电商行业生产端实力雄厚

北京作为国家首批电子商务示范城市，电子商务的发展水平位居全国前列，所以，艺术电商在北京也率先占领制高点。艺术电商与普通电商的差别主要体现在交易核心"艺术品"，即：艺术品的非标准化特性、重复交易与收藏投资的升值特性。而在艺术电商的生产端，北京不仅拥有位居八大美院之首的中央美术学院，拥有代表中国当代艺术最高水平的798艺术区和宋庄艺术区，还有代表中国艺术品拍卖最高级别的嘉德拍卖、保利拍卖等。所以，北京市以其丰厚的艺术资源，使艺术电商行业发展引领全国。

随着互联网信息技术的不断发展和艺术市场的不断细分，北京传统艺术品交易行业也由线下交易模式转为线上线下同时运营，像老牌的琉璃厂、西泠印社、荣宝斋等都开设了自己行业的配套网站；传统文化的展示平台，像北京故宫，也在文化创意产业"互联网＋"的大环境中与电商结合；而围绕强大的艺术圈资源，以艺术区为背景建立起来的艺术品专业网站也是如火如荼，像北

---

① 王林生：《信息革命：中国自媒体发展简史》，《互联网经济》2017年第11期。

京 798 艺术区自身网站 www. 798. net. cn 和 www. 798art. org，以及基于 798 艺术区的艺客网、HIHEY 艺术网，基于北京宋庄艺术区的中国宋庄艺术品交易网等。这些艺术电商利用北京艺术区雄厚的品牌优势以及独特丰富的艺术家资源、美术馆资源、收藏机构资源等引入流量，完成交易。

2. 艺术电商交易体系系统完善

艺术电商并非"艺术"与"电商"的简单叠加，其本质是资本在艺术板块产业链深度整合的互联网化。艺术电商随着互联网技术的发展有着巨大的变化，从简单的传统业务复制到如今的注重用户体验、流量变现，是利用互联网创造稀缺的艺术（艺术家和艺术品），夺取制定艺术市场价格机制话语权，从而实现更大利益。[①] 因此，艺术电商的交易体系应包括独立的艺术家和艺术作品体系、专业的艺术品鉴定专家体系、核心的互联网技术团队体系、完美的物流配送体系、完美的仓储服务体系以及完美的售后服务体系等。

北京翰墨千秋艺术交易中心隶属于翰墨千秋（北京）网络科技股份有限公司，是北京地区最早开始做艺术品移动电商的机构，旗下的 APP 主要经营当代书画作品。翰墨千秋具有独立的艺术家和艺术作品体系，专业的艺术品专家鉴定体系，机构提供最新的艺术资讯、画廊信息、行业观点、拍卖市场行情、展览展会咨询、艺术家信息、艺术家访谈等艺术界前沿信息；具有专业的艺术品经营管理团队，致力于媒体、机构、画廊、艺术家、策展人、藏家等全产业链的沟通合作。相对完善的电商交易系统极大提升了交易中心在业界的口碑。此外，交易中心还配有专业的艺术品维护团队，和最专业的艺术品物流公司合作，并且配备专业的艺术品售后服务。艺术交易中心以"艺术品 100% 保真和 30 天无条件退换货"为服务宗旨，主打"消费型艺术品"和"收藏型艺术品"，价格从几千元到上百万元不等，可满足不同藏家和投资者的需求。

3. 艺术电商线上大数据分析与线下交易相结合

艺术电商与传统的艺术品交易方式（画廊、艺术博览会、拍卖会等）有着很大不同。其一，艺术电商平台的建立与运营所需成本大大降低，而成本的

---

① 桑子文、金元浦：《互联网＋、文化消费与艺术电商发展研究》，《山东大学学报》2016 年第 5 期。

降低和平台的增多势必会改变传统艺术市场的规则。这样，年轻的艺术家或是不知名的艺术家便有机会参与到艺术市场竞争中来。其二，艺术电商情景模式的创新、页面的美观设计、用户体验的舒畅以及支付方式的便利，使得它比传统的艺术交易机构更具大众化。其三，艺术电商的精准营销与大数据分析，可以在艺术家与消费者之间搭建更好的服务平台，为消费者提供更为直接、详细、便捷、全面的服务。大咖拍卖和北京观复博物馆的运营较为明显地体现了这一特征。

大咖拍卖是由北京智艺文化艺术有限公司开发的一款为拍卖行、画廊、艺术机构和收藏家提供艺术品移动拍卖和零售的创新型手机 APP，主要经营中国书画、油画、版画、水彩、综合材料、唐卡等。APP 最新版本新增加了多种功能：众筹拍卖，即用户可以邀请好友通过赞助一起拍一件拍品，通过社交模式完成交易；艺术红包功能，即买家有机会获得系统不定期发放的大咖红包，通过现金奖励获得用户黏度；银联支付，支持在线大额结算。APP 支持数据分析，通过互联网、大数据、云计算等技术的运用，推动网络交易平台系统升级。

北京观复博物馆创始人、著名收藏家马未都参与组建库拍，库拍是易居中国联合新浪收藏全力打造的全球首创分享式拍卖平台，致力于搭建融合"分享式拍卖、主题式营销、兴趣社交、互动体验"等功能的交易生态 APP。拍卖每天甄选出十件拍品，并会集全国各地艺术经营者和爱好者，以游戏化的出价场景、娱乐化的出价体验，在线尽享竞拍的乐趣，并且每次出价均能获得一定比例的出价红包，朋友点赞还能奖励红包；同时 APP 还设有艺术社区、库拍主题频道，用户在主题频道还可以直接购买喜欢的艺术商品。①

三 艺术电商行业存在的问题

伴随"互联网＋艺术"线上艺术品市场的开启，越来越多的艺术电商加入市场红利的争夺中，而在艺术电商行业高速发展的同时，北京艺术电商也存在一系列不可忽视的问题。

---

① 库拍 APP 界面主题内容介绍，2017 年 11 月 28 日。

1. 运营模式同质化现象严重

艺术电商并非只是将艺术品交易简单地从线下转移到线上。在艺术与电商的结合中，互联网不仅是作为媒介，还要作为营销的手段，配套并服务于整个交易系统。而在市场红利的角逐中，大多数艺术电商都只是复制了传统的线下艺术品交易模式，或是做成了一个在线拍卖的场景，重形式而忽略交易的艺术品本身的这种运营模式，同质化现象极为严重。琉璃厂、西泠印社、荣宝斋等虽然都开设了自己的配套网站，但在具体的经营过程中并无太大区别。尤其是一些不知名的艺术电商线上平台，由于展示交易的艺术品水平低下，品质不能得到保证，高端藏品、有实力的艺术家的拍品无法顺利进入线上拍卖，难以满足中高档收藏家、投资人的需求。所以，很多艺术电商线上交易额极为有限，交易的数量与质量不足以支撑艺术电商平台的良性发展，处于不温不火的"鸡肋"状态。

2. 品牌意识与自身定位模糊

艺术品品类有上百种，纯艺术作品类就包括绘画、雕塑、摄影、装置、版画，还包括文玩、古董、家具、陶瓷等收藏品、衍生品，每一种艺术品的行业历史、专业知识、喜好人群都不尽相同。这些艺术品具有文化、历史、审美、收藏等多种价值，而且也都有自己的上下游关系。对于这些价值与关系的判断，就会成为艺术品电商自身品牌与定位的依据。易拍全球、库拍、当当文玩拍卖、艺狐在线、荣宝斋在线、杏坛艺拍、雅昌在线拍、指拍shop、艺加拍卖等虽在业界已具有一定的知名度，但大多数艺术电商平台还是谋求一种"大而全"的发展模式，没有从某一专业领域深耕的能力，在用户数据分析领域也做不到精细化，这种不考虑长久品牌意识以及自身定位模糊的行为，导致艺术品电商平台客户黏度不高，容易流失客户，制约其发展。

3. 信用缺失，专业服务意识不强

在传统艺术品交易（线下交易）中，艺术品的真伪问题屡见不鲜，这成为制约艺术品市场发展的短板。而这一短板在艺术品线上交易中被进一步放大。艺术电商线上交易由于其网络的虚拟性、远程性，使得"李鬼现象"频出，购买者只能根据艺术品的图像来判断真伪，难辨真假。大多数艺术电商虽然也出具了艺术家本人的作品签名，还配有相关鉴定专家的鉴定证书，然而这

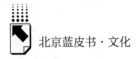

些签名和证书是否真的具有法律效力和公信力，难免令人生疑。所以，从艺术电商实际的成交结果来看，大部分成交的艺术品属于中低端，高端的艺术品交易难以实现。而对于艺术品物流的安全性、快捷性等问题，大多数艺术电商也往往容易忽略。

与此同时，由于资本的介入，大多数艺术电商的管理团队并不专业，他们在与艺术家的沟通方面、艺术品的价值方面、艺术品的流通支付运输方面以及艺术市场的商业运营等方面显得不够专业，因此使得电商在各个层面的管理运营均不规范。2015 年，北京朝阳法院审判中国艺术品电商 Hihey 欺诈一案，体现出艺术电商在艺术产业化的过程中，必须拥有专业的管理、鉴定、运营团队，提供专业的服务。有效解决艺术电商行业的真伪信用问题和提升专业服务意识，是艺术电商行业突破发展的重要条件。

四　艺术电商行业未来发展的路径选择

伴随互联网信息革命进程的加快、高新技术的广泛应用以及中国艺术品市场的蓬勃发展，艺术电商行业必定会迎来一个新的春天。为进一步推动北京艺术电商行业的发展，根据上文梳理出的相关问题，本文拟从国家政策法规、艺术电商市场的培育与优化、专业领域的深耕细化以及商业模式的转型与升级等方面，提出以下相关建议。

1. 完善国家政策、法规，强化制度保障

针对我国艺术品交易中出现的信用与服务问题，国家应该出台相应的政策法规。一方面，保护艺术电商平台、艺术家以及消费者等各方利益，杜绝艺术品交易的造假、欠款等行为，严格规范艺术品交易行为，为艺术品电子商务提供公正、公平、有序、良好的交易环境。北京作为电商行业较为发达的城市，可在相关法规和制度建设层面先行先试，为全国艺术电商行业的规范与治理摸索经验。另一方面，为艺术电商发展提供切实的金融服务，协调引导企业、平台与银行之间的合作，帮助电商平台实现自身的转型升级，鼓励中小企业开展艺术品电子商务，提高艺术电商的服务意识与服务品质。在这方面，北京可以出台相关税收和扶持政策，鼓励各种资本积极与艺术电商行业相对接，强化对艺术电商行业的金融支撑。

2. 优化和培育艺术电商市场

艺术品交易一直被认为是小众化的交易，而艺术电商的出现，既具有大众传播的优势，又兼具小众化、分众化传播的特点，使得艺术品交易具有了大众化的特点。而在"互联网＋"消费升级的大数据时代，艺术电商并非只是被动地观看交易结果，他们可以通过京东、库拍、当当等大数据平台，实时分析消费者对于艺术品的喜好、购买意愿与购买动机等。一方面，艺术电商平台可以通过后台大数据，比如消费者对于各种艺术品的浏览次数、购买次数以及点击率等进行系统分析，得出平台的目标客户；另一方面，由数据分析，艺术电商平台可以根据每一位客户的喜好，再进行多次推送，达到精确营销，并提供专业的后续服务，从而达到艺术电商市场的培育与优化。

3. 深耕艺术电商的专业化运营

针对自身定位模糊以及行业同质化的问题，艺术电商应该从艺术品行业的专业领域进行深耕细化。在艺术电商行业发展中，平台并不一定非要"大而全"，也可以"小而美"，并且在移动客户端蓬勃发展的今天，美观的设计、专业的服务往往会刺激消费者的购买欲望。2017 年，北京艺术品电商专业委会成立，致力于推动艺术电商的专业化水平，通过加强行业的联动与协作，让艺术品电商在找寻差异化发展的过程中，推动整个行业由量向质提升转变。而对于艺术品不同品类的突破，则可以通过大数据的精准营销，快速获取用户、积累用户，迅速构建艺术品电商平台的各方资源体系，使其生产、流通、分配、消费、服务更具专业性，并发挥自身强大的品牌效应。

4. 推动商业模式的转型与升级

随着中国艺术品市场的发展壮大，艺术电商的内在机制（生产、流通、分配、消费等环节）将进一步完善，其内在动力也将进一步增强，而未来艺术电商的商业模式也面临转型与升级。由此，面对行业资源单一、客户资源有限、运营资金不足、链条环节偏弱等问题，跨行业多方资源的整合势在必行。不同行业资源的整合，为艺术电商的转型升级提供了条件。艺术电商正在由艺术品的交易平台向产业链条完整的生态化模式发展，其涉及的不仅是生产、流通、分配、消费等环节，而是将"服务"与"金融"纳入艺术电商整个体系之中，除了展示、交易还涉及艺术品咨询、投资、租赁、置换、体验等多方位的服务，由此完成艺术电商商业模式的不断转型与升级。

历史文化名城保护与
文化交流传播

**City Cultural Heritages Preservation
and Cultural Communication**

B.18
2017年北京历史文化名城保护新进展

晏 晨*

摘 要： 2017年北京历史文化名城保护进入新阶段，在顶层设计、老城保护、文化带保护、地下考古、文博教育研究以及文化传承创新方面取得了一系列新进展。立足当下面向未来，名城保护仍然面临着老城保护与北京历史文化名城整体保护、名城保护与名城文化传承、文物古迹保护与区域环境维护几对主要矛盾，需要结合北京城市整体发展战略和历史文化名城保护实践对当前保护传承工作进行整合提升，以新格局、新气象开创新时代北京历史文化名城保护的新局面。

---

* 晏晨，博士，北京市社会科学院文化研究所助理研究员。

关键词： 历史文化名城保护　老城保护　名城景观体系

一　2017年北京历史文化名城保护的
年度重点工作

2017年，随着《北京城市总体规划（2016年－2035年）》的出台，北京历史文化名城保护步入新阶段。围绕着城市战略定位和北京全国文化中心建设大局，北京历史文化名城保护积极擦亮"金名片"，在城市整体发展战略下谋篇布局，确立了名城保护的层次和保护重点。2017年名城保护从老城保护、三个文化带保护、遗产日活动、地下考古、文博教育研究以及推进历史文化资源的现代转化利用等方面展开，保护工作的有效开展重塑了古都风貌，进一步优化并提升了北京历史文化名城形象和城市软实力。

（一）明确名城保护顶层设计，凸显名城景观体系

2017年9月，《北京城市总体规划（2016年－2035年）》正式对外公布，其中用一章的篇幅专门谈到北京历史文化名城保护，强调历史文化名城保护在北京整体规划建设中的重要地位和作用。从首都城市的功能定位和空间格局出发，城总规中提出构建全覆盖、更完善的北京历史文化名城保护体系，从空间层次、重点区域、文化带和重要方面等对北京历史文化名城保护进行了系统梳理和总结提炼，为北京历史文化名城保护工作的开展提供了总体性框架。具体而言，历史文化名城保护体系包括"四个层次、两大重点区域、三条文化带、九个方面"，即加强老城、中心城区、市域、京津冀四个空间层次的历史文化名城保护，推进老城和三山五园地区两大重点区域的整体保护，推进大运河文化带、长城文化带、西山永定河文化带的保护利用，以及传承和合理利用世界遗产及文物、历史建筑及工业遗产、历史文化街区及特色地区、名镇名村及传统村落、风景名胜区、历史河湖水系和水文化遗产、地理形态及山水环境、古树名木、非物质文化遗产九大方面。这一新的历史文化名城保护体系的提出，首次正式将京津冀作为整体纳入北京历史文化名城保护中，极大丰富并拓展了北京历史文化名城保护的对象和空间范围，将历史文化名城保护置于首都城市

提升发展和京津冀一体化的时代背景下，定位高远、视野开阔、层次清晰、重点突出、内容丰富，将为今后一段时间的历史文化名城保护提供工作纲领和行动指南。

根据新版《北京城市总体规划》，其一个重大的变化是原有的旧城改称老城，规定老城内不再拓宽道路、也不再拆胡同四合院，这一改变标志着北京历史文化名城保护迈入最严时期，将最大限度地留存老城历史文化信息，延续历史文脉。"老城"这一新提法，意味着历史文化核心区域的保护重点已从过去的旧城更新、基础设施改善走向功能升级和空间重构，这一区域今后将以彰显历史文化内涵、传承古都文脉为核心和主题。老城以后还将打造 13 片具有突出历史和文化价值的地段作为文化精华区，并将历史文化街区保护范围从目前的 22% 扩大到 26%。总的来看，城市总体规划中老城保护部分对中轴线、凸字形城廓、明清皇城、建筑格局、空间形态、重要历史景观、色彩形貌、河湖水系、古树名木等的保护都做出了相应规定，尤其突出了城市整体景观格局和视觉效果，如保护凸字形城廓、保护和恢复水系景观、保护棋盘式路网和街巷胡同格局、保护景观视廊和街道对景等，都表明了从名城保护到构建名城景观美学体系的转向，下一步名城保护工作的重点，也将从物质文化保护阶段进入内涵挖掘、文脉传承的保护提升阶段。

（二）核心区域风貌逐渐恢复，东西城夯实老城保护管控

作为老城保护的核心区域，东西城近年来加大对胡同、水系的整治力度，逐步恢复古都传统风貌，历史文化街区疏解整治取得实效。为擦亮中华文化"金名片"，东西城制定了清晰的行动计划和保护目标，通过疏解、腾退、环境整治等手段恢复传统风貌，使文化传承融入首都建设发展大局（见表 1）。2017 年，老城区文物腾退工作持续进行。据统计，东西城直管公房中各类文物建筑共 13 万平方米仍被占用，在城市副中心建设发展的背景下，一些原本占用文物建筑的机关单位也将搬迁置换，随着人口疏解和古建修缮，什刹海畔、万寿寺、东四和钟鼓楼附近的历史原貌有望恢复[1]，这将进一步复现传统风貌和古都风韵。

---

① 《老城区 32 处文物腾退今年启动》，《北京日报》2017 年 7 月 31 日，第 9 版。

表1　东西城历史文化保护相关行动规划与目标制定

类别	东城区	西城区
行动规划	《东城区实施"文化强区"战略推进全国文化中心建设行动计划(2017~2020年)》;《2018年~2020年"疏解整治促提升"专项行动方案》	《西城区"十三五"期间不可移动文物保护行动计划》;《西城区街区整理实施方案》《西城区街区整理城市设计导则》《西城区街区公共空间管理办法》
保护目标	"十三五"期间计划打造包括南锣鼓巷、雍和宫－国子监、张自忠路南、东四三至八条、东四南、鲜鱼口在内的6片历史文化精华区;到2020年历史文化街区修缮整治率达80%,重点文物周边综合整治率达80%	到2020年实现历史文化街区自愿腾退全覆盖;街区整理推动老城保护;计划构建"虚拟全域文化博物馆"

　　东城区拥有全市最多的历史文化街区,现有18.5片历史街区,约10.35平方公里,占全市历史街区总数的43%。作为传统风貌的核心区域,东城区将老城保护列为全区重点工作,将历史文化名城保护写入行动计划,出台《东城区实施"文化强区"战略推进全国文化中心建设行动计划(2017~2020年)》。"十三五"期间,东城区计划打造6片历史文化精华区,包括南锣鼓巷、雍和宫－国子监、张自忠路南、东四三至八条、东四南、鲜鱼口等,加强对文物的保护和利用。东城区各类会馆集中,仅前门地区就有会馆遗存35处,至2020年努力实现会馆类文物全部腾退和文化利用。另外,制定完善街巷胡同和全区整体风貌管控导则,使历史街区成为城市"街道客厅",积极打造胡同漫步系统。

　　2017年,东城区围绕疏解整治逐步落实各项重点项目,老城区正焕发新活力,前门地区三里河重现"水穿街巷"景观,修缮后的临汾会馆建成北京会馆文化陈列馆,成为历史建筑活化利用的例子。自2016年4月南锣鼓巷主动申请取消3A景区资质后,按照东城区委"腾退、治理、保护、建设、管理"的基本思路进行了全面修缮整治,整改后的南锣鼓巷进行了门面升级,以往的小吃摊、美食店等低端业态改造成文创店铺和老北京民俗展,并增设"老物件博物馆",设立"非遗公益大讲堂"。为推进"大故宫文化区"建设,现编制实施故宫周边综合整治工作方案,启动故宫周边环境整治,推进太庙、皇史宬等腾退修缮,目前故宫周边的主要大街架空线已全部入地,街面恢复了整洁的天际线。故宫周边的部分胡同也将逐步实现弱电入地。2017年东城区启动 17 项不可移动文物的腾退和修缮工作,包括清末太医院、丰城会馆、袁崇焕祠墓等,以及曹雪芹故居纪念馆建设工作,并新增不可移动文物和清华寺、清末太医院、长春别墅、颜料会馆 4 处区级文物保护单位。环境提升方面,以"百街千巷"环境整治提升塑造绿色空间,通过"留白增绿"专项行动推进生态修复,使公园绿地 500 米服务半径覆盖率提高到 93%①。根据北京市委组织开展"疏解整治促提升"专项行动的要求,东城区将编制出台《2018～2020 年"疏解整治促提升"专项行动方案》,在风貌保护、民生保障、区域品质、经济结构等方面做出详细规划。

西城区 2017 年历史文化名城保护工作的重点,一是继续推进占用文物的腾退保护。根据《西城区"十三五"期间不可移动文物保护行动计划》,西城区拟在今后几年陆续展开对 47 项直管公房类不可移动文物展开腾退保护,已于 2016 年启动 17 项,2017 年启动 15 项,还将于 2018 年和 2019 年分别启动 6 项和 8 项等,所涉及文物历史文化价值突出、社会关注度高且存在安全隐患,如安徽会馆、浏阳会馆、沈家本故居等。在文物创新性利用方面,西城区与最高法院合作推进文物合理利用,依托沈家本故居建设的中国法治名人博物馆于 9 月 30 日对外开放。

二是以街区整理为重点推进老城保护。西城区引入"街区"概念,创新性地形成街区整理模式。街区整理即在传统社区、街道治理基础上,综合考虑功能定位、风貌特征、公共设施、社会管理、文化氛围等因素,突破现有规划界限和空间规制、根据主要功能划分街区,通过统一设计和综合治理以提升街区品质。街区作为人居基本单元,居民也可参与街区设计方案。街区整理以街区概念为核心,对以往零散的规划设计予以系统、科学、条理化的设计和更新,积极提升区域人居环境和生活品质,实现城市更新、生态修复、文化复兴的多重目标和良好局面。西城区在北京率先制定出台《西城区街区整理实施方案》《西城区街区整理城市设计导则》《西城区街区公共空间管理办法》,现已基本划定 80 个街区,被归类在政务活动、繁华商业、生活居住和公共休闲等功能定位下,将采用"一街一策"逐步开展整理工作。2017 年,西城区启

---

① 《未来三年疏解方案出台 故宫周边主要大街架空线全入地》,http://www.morningpost.com.cn/2017/1123/1672547.shtml。

动鼓楼西大街和阜成门内大街作为试点开展传统风貌区的街区整理。在实施过程中，首先根据街区的历史和现状进行设计，将设计方案公示征求意见，如鼓楼西大街整理与复兴计划于6月公布，包括拆除街道两侧违建，整治"开墙打洞"，进而梳理街道空间和业态，腾退重点文物，预计2～3年内带动地区复兴，将其打造为高品质文化休闲区。8月，阜成门内大街整治提升一期工程启动，从市政带建设、线杆入地、交通提升、街区绿化、建筑立面修缮等方面展开，旨在改善提升沿线包括妙应寺白塔、历代帝王庙、鲁迅故居等文保单位在内的历史文化街区整体环境，打造整洁美丽的城市历史文化景观。与历史文化保护一同进行的还有背街小巷整治提升专项行动。西城区陶然亭街道通过背街小巷环境整治提升不仅增加绿化、开辟行人专道，还增设传统文化普及专栏，如龙泉社区里仁东街结合地名文化内涵增添孔子画像和"里仁"含义阐释，打造社区居民活动议事的"里仁之家"，优化了人居环境。

此外，西城区还在研究构建"虚拟全域文化博物馆"①，借助现代科技手段，实现线下线上文物资源的整合和充分利用，希望借信息化统合区内市级、区级和街道各级各类图书馆，还原已经消失的文物与历史文化，并借相关历史典故、文化主题串联起特色文化线路，进一步挖掘名城历史文化内涵。

作为老城的核心，中轴线申遗前期准备工作也在有序推进，目前景山公园寿皇殿建筑群和大高玄殿的修缮正在紧锣密鼓进行，南中轴线天坛周边违建已搬迁完毕，永定门西侧的先农坛也已启动腾退整治，与此同时，有北京的"历史景观长廊"之称的朝阜大街也通过整治提升工程重现最美大街的古老韵味。一系列修缮整治工作的开展，将重现北京"一轴一线"魅力景观。

（三）三大文化带保护取得新进展，自然和文化遗产日活动精彩纷呈

随着《北京城市总体规划（2016年－2035年）》正式公布长城、运河、西山永定河三个文化带，按照国家文物工作"保护为主、抢救第一、合理利

---

① 《北京西城打造全域文化：181个区级文物建二维码系统》，中新网，http：//www. chinanews. com/cul/2017/11－10/8373007. shtml。

用、加强管理"的工作方针，三个文化带历史文化保护工作得到推进和提升，相关文化研究不断深入。三个文化带保护定期召开保护带建设工作例会，明确阶段工作项目和目标，融合自然与历史、皇家与民俗文化，推动整体保护。打造北京北部历史文化体验和生态环境保护带，长城文化带保护方案《长城文化带保护建设五年行动计划（2018～2022 年)》将于 2018 年公布。京津冀协同保护下的长城文化带保护将统一管理规范和模式，在维修加固的基础上有效整合不同路段长城文化资源，做好开放工作，积极探索长城旅游的丰富形式。运河文化带以展示漕运文化为重点，目前已初步形成集合文保单位标志、遗产界桩、河道遗产说明牌的大运河遗产管理展示体系，结合运河周边环境整治、污水治理逐步开展相关文物古迹的保护修缮。目前通州标志建筑燃灯佛塔已修缮完成，下一步运河文化带将改善河湖水环境治理，使生态环境和人文展示相得益彰。西山永定河文化带整合区域内古商道、进香道和古村落历史文化资源，做好整体保护、特色展示和文脉传承工作，打造永定河文化节文化品牌和特色文创产业基地，推动西山永定河历史文化保护传承与综合利用。三个文化带的保护利用，充分发挥并利用丰富的自然历史文化资源，从更大的空间范围推动京津冀三地及周边区域经济文化发展，对于促进北京全国文化中心建设和京津冀协同发展具有重要作用。作为西山永定河文化带的重要组成部分，三山五园历史文化区保护工作有序开展，文物修缮、学术研究和文化线路旅游并行推进。11 月底，历时五年修缮的香山寺全面修复开放，同时，香山寺文化展拉开帷幕。12 月，"三山五园区域文化认知与传播"学术研讨会在北京召开，会议聚焦中西交流视野下的三山五园，邀请国内外专家学者从三山五园区域文化认知、国际化传播、文化带保护与传承等问题展开研讨，为深入挖掘和传播三山五园历史文化奠定了研究基础。12 月底，有轨电车西郊线正式开通，游客可以更便捷地游览沿线的"三山五园"皇家行宫苑囿区。

由 2016 年 9 月国务院正式发布，自 2017 年起，将每年 6 月第二个星期六的文化遗产日调整为文化和自然遗产日。2017 年 6 月 10 日北京首个"文化和自然遗产日"主会场活动在大运河举行，以"擦亮北京金名片"为主题，遗产日活动结合北京丰富的历史文化资源展示了北京的优秀文化遗产，并结合近年来文化遗产保护工作进展总结了已经取得的成果，积极发挥了文化遗产在促进经济社会发展中的重要作用，进一步塑造了北京历史文化名城的魅力形象。

北京各区文委结合自身文化资源和地域特色开展了丰富的遗产日主题活动①，凸显了历史文化遗产的丰富内涵，历史文化宣传、非遗展示、文物保护成果展、遗址免费参观和各类主题文艺演出走进博物馆、公园、校园，各类文化场馆、广场，让历史文化保护在传承展示中深入民心。以"非遗保护——传承发展的生动实践"为主题的非遗宣传展示活动汇集了京津冀三地传统工艺精品和非遗时尚设计，积极向公众普及非遗知识、宣传非遗保护成果和非遗创新发展经验，推动非遗保护的纵深发展。故宫博物院则通过海上丝绸之路展览、艺术亲子活动和苏州评弹演出普及文化遗产知识，营造了保护遗产人人有责的良好氛围。

（四）文物考古取得重要成果，文博教育与研究持续深化

随着城市副中心、新机场、世界园艺博览会等城市建设工程的开展，2017年北京考古勘探面积不断扩大，发掘古代墓葬、窑址、灰坑、房址等约66000平方米，陶器、瓷器、铜器等地下文物共计1万余件（套）。12月，北京市文物局发布2017年七大地下文物保护成果，包括副中心考古发现战国至清代墓葬、路县古城发现辽金窑址和唐代墓、新机场考古发现清代家族墓、世园会建设区考古发现魏晋家族墓、圆明园如园遗址发现清代皇家园林建筑基址、圆明园紫碧山房遗址发现清代建筑基址、房山区河北镇发现清代庄亲王园寝群。地下考古工作的开展遏制了文物盗掘，有效保护了北京地下文物安全，并借助地下考古成果，还原了城市遗失了的久远历史信息，勾勒出不同历史时期北京的社会文化面貌，为北京城的保护和研究提供了宝贵的一手资料。

凭借丰富的历史文化资源，北京市文博教育不断深入，北京文物机构与各级学校教育合作，在中小学普及北京历史文化知识，并借助高校科研资源推动古都文化研究。推动传统文化走入校园，大葆台西汉墓博物馆与丰台八中中海分校、北京古代建筑博物馆与史家小学展开合作，将博物馆教育融入中小学通识教育中，通过博物馆综合实践活动拓展学生基础教育，增进了学生对北京城市古代文化和历史知识的了解。徐悲鸿纪念馆与北京启喑实验学校的共建活

---

① 《2017文化和自然遗产日北京市系列主题活动清单》，http：//renwen. beijing. gov. cn/sy/whkb/t1482457. htm。

动，则发挥了文化场馆的社会教育功能，积极探索了与特殊教育的合作模式，通过徐悲鸿精品画作展丰富了残障儿童的精神文化生活。研究方面，首都博物馆与北大考古文博学院签署战略合作框架协议，议定今后双方将通过馆校资源和科研成果共享，集合优势力量共同推进北京历史文化研究工作的开展。

在京津冀协同发展的语境下，京津冀三地协同保护仍是北京文物工作的亮点之一。2017年，延续京津冀三地的文化交流合作机制，西周燕都遗址博物馆举办了第四届京津冀古代历史研究与区域文化建设研讨会，河北廊坊举办了第三届京津冀非物质文化遗产联展，天津举办了京津冀非遗创新发展论坛，都积极深入三地进行文物保护和研究的共商合作，推进了三地的文化遗产协同保护和利用。

（五）历史文化传承谱新章，古都文化彰显年轻气质

文博创意、藏品展览和传统街区现代设计成为北京历史文化名城文化传承的重要内容。作为北京文博文创的重要力量，继《我在故宫修文物》和各类文创产品走红以来，故宫又推出《国家宝藏》纪录片，邀请明星、匠人加盟助力，对传世国宝进行现代演绎，其生动活泼不乏搞笑的形式再一次受到大众的热捧。文物保护和历史文化传承不断推进，2017年故宫以古代精华藏品为核心掀起观展高潮，推出的《赵孟𫖯书画展》《千里江山——历代青绿山水画展》，以及国家博物馆推出的《秦汉文明特展》都吸引了大批古代文化拥趸，文物藏品所蕴含的博大精深的古代文明和广阔的精神文化世界拉近了与现代观众的距离，特展盛会的背后呈现出人们对古代文化日益增长的强烈兴趣和深入了解的愿望。

为鼓励民众和社会力量参与传统文化保护，西城区推出了"四名"汇智计划，支持自下而上的名城保护活动。活动启动后，众多年轻人将新理念、新设计、新传播形式融入历史文化街区和名城保护中，在社区营造、传统手艺、口述史、古建修缮上贡献了年轻智慧，成为北京国际设计周上活跃的身影。东城区同样在历史文化街区保护中引入现代设计，西打磨厂通过邀请隈研吾、朱小地、张永和等7位知名建筑设计师打造七个"大师院"，将历史元素、文化信息与现代生活因素结合，赋予老院落以新功能，吸引了众多文创企业入驻，成功带动了传统院落更新利用。

以"弘扬传统文化,传承历史文脉"为主题,海淀青龙桥地区"三山五园"系列活动于6月至11月开展,活动包括摄影和创意设计两大块,其中,"光影忆像"摄影作品展走进八一学校附属玉泉中学、培星小学等中小学校,以摄影艺术展现了"三山五园"历史文化区四季风貌。同时展出的还有文创大赛获奖的文创作品,由西山设计产业协同创新联盟的设计师作为文创导师,带领、协助青龙桥学区的学生进行三山五园文化主题创意设计,将文化元素融入杯垫、抱枕、手账本、翻糖蛋糕上,进行了文创设计的生动实践。

非遗领域同样强调传统手艺与现代生活的融合,"设计+非遗"在推动非遗创新传承上发挥了重要作用,非遗文创产品设计大赛成为培育非遗文创项目的重要平台,许多传统手工艺得以焕发新的生机,如"琉璃重生计划"打造琉璃文创品,使过去专供皇家的琉璃烧造技术能进入日常生活领域,点缀现代文化生活。

二 当前北京历史文化名城保护的主要问题

(一)老城保护与历史文化名城整体保护

作为北京历史文化名城保护的核心区域和历史文化资源最为集中的地区,老城直接代表了古都文化,老城保护也一直是北京历史文化名城保护的重中之重,在很长时间内北京名城保护主要就是对包括中轴线、故宫、胡同四合院、凸字形城廓在内的老城(旧城)的保护,而其他历史文化资源保护一直处于边缘地位。随着北京历史文化名城保护视野和空间格局的不断扩大,其他区域各类丰富的历史遗迹和传统文化资源也被纳入名城整体保护之中,包括三个文化带整体保护利用,名镇名村、传统村落保护与发展,历史建筑与工业遗产保护等,保护体系上由以前的名城保护、片区保护和文物保护单位保护三个层次拓展为老城、中心城区、市域和京津冀四个空间层次的历史文化名城保护,逐渐形成全覆盖、更完善的保护体系。目前老城保护已经形成了良好的保护基础和社会氛围,但其他区域历史文化的保护还处于文化遗产调研和整理阶段,各方面投入力度远不及中心城区,文物破坏现象时有发生,保护工作的体制机制还须完善。

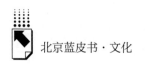

（二）北京历史文化名城保护与名城文化传承

第一，北京历史文化名城保护还存在物质性保护和名城文化传承、基础保护和创新利用方面的不平衡。当前北京历史文化名城保护的工作重点仍在文物古建的腾退和修缮维护上，名城历史文化资源的传承利用程度不高，虽然以故宫为代表已在古都文化的现代诠释和呈现上取得了一定成效，但对于如何更好地发挥传统文化优势、挖掘文化内涵还在探索中。第二，名城保护和北京城市发展的关系还须进一步理顺。北京历史文化名城的文化传承和发展尚须深入，历史文化资源的社会经济效益有待进一步发挥，须积极融合古都风韵与时代风貌，处理好千年古都和现代化国际大都市之间文化继承与发展的关系。

（三）文物古迹保护与区域环境维护

目前存在的文物古迹与周边环境不协调、历史文脉与自然景观融合不足的问题，反映出北京历史文化名城保护的整体性还不强，保护视野不够开阔，尚未能从全面综合的视角看待名城保护，北京历史文化名城的风貌整体性和文脉延续性有待加强。下一步要认真研究并落实《北京城市总体规划（2016 年 – 2035 年）》对历史文化名城保护的要求，不仅要保护好文物古迹，还要从区域整体发展的视野综合统筹文物建筑与周边环境，在文物修缮保护的同时加强城乡综合治理，改善城乡生态环境，通过改善环境品质提升名城保护成效。

三　历史文化名城保护工作的对策和建议

历史文化是城市的灵魂，如何擦亮北京历史文化名城这张金名片，传承北京宝贵的历史文化遗产，是摆在北京城市发展面前的一项必须做好的重要工作，直接关系着城市发展的整体质量和水平。当前北京城市发展进入新阶段新时代，历史文化名城保护也需要把握时代契机，捋顺名城保护与未来发展的关系，进一步完善名城保护模式，打造并维护好北京历史文化名城形象，做好传统文化深耕，积极开发文化资本，构建独具特色的名城历史文化景观，增强名城竞争力和影响力，解决好北京历史文化名城保护面对的主要问题，在城市提升发展中更好地保护名城文化遗产和传承名城历史文化。

（一）逐步完善名城立体保护模式

北京深厚的历史文化底蕴和漫长的建城、建都史赋予了城市丰富的文化内涵和历史信息，在市域范围内广泛分布着大量文化遗产，京津冀协同发展的时代背景下，北京历史文化名城保护的对象和内容进一步扩大，但各区之间、城乡之间、三地之间目前在保护力度上还不均衡，经济优势区域相较于落后地区在历史文化保护上更为健全完善，另外跨行政区域的历史文化保护还未在总体层面得到协调统一。今后应遵循《北京城市总体规划（2016 年 - 2035 年）》的保护体系框架，确定保护重点和文保薄弱地区，有步骤、分阶段地开展保护工作，在市级层面对历史文化资源丰富但保护不到位的区域予以扶持，并加强中心城区和远郊区、村镇以及京津冀三地在历史文化保护方面的交流合作。在名城保护层次上，以老城、中心城区、市域、京津冀四个层次为基础，打破行政区划和空间限制，寻找关联，连线成片呈现历史内蕴，积极做好历史文化保护区、文化带和线性遗产等保护工作，统筹协调建立多部门跨区域的联席会议制度，进行统一规划、保护和管理。在跨区域合作上，有效推进体现京津冀优秀历史文化遗产的文化带、文化线路建设和非遗保护，彰显京津冀三地同根同源的历史文化内涵，共同整合资源，打造历史文化遗产景观廊道，以遗产保护和开发带动周边区域发展，促进京津冀协同发展。

（二）从"见物"到"见人"的转变

北京历史文化名城保护的物质性保护工作已形成一定的基础，但名城文化内涵挖掘和文脉传承还有很大的空间。北京历史文化名城的文化传统源于其自身漫长的历史，积淀于许多世纪以来的古建古迹和生活传统之中，它们绝不仅是过去时代的象征或历史的陈迹，也是通往城市未来发展的重要通道。当下保护历史文化名城正是为了继承北京过去的伟大传统，从历史文化资源中汲取养分，推动城市发展。从文化延续性上着手，克服名城保护中出现的重物质轻人文的倾向，不仅要尊重和保护好名城文化的物质载体，更要积极挖掘名城文化内涵，古为今用，在现实中激发传统的活力和生命力。切实做好在保护中发

展、在发展中保护，加大对文化遗产的创造性转化和创新性发展力度，多渠道、多手段探索文物保护的活化利用途径。

在名城物质性基础保护之上的名城文化传承，一是继承传统，留住名城的文化灵魂和传统精粹，挖掘其优秀，继承其精华。北京名城文化包括皇家文化、民俗文化、军事文化、运河文化、园林文化等多个方面，要分类别、分层次、分时期进行整理研究，厘清北京历史文化脉络，并在北京古都的整体语境中把握名城独特的精神标识和思想精髓，将其作为城市发展的坚实基础和厚重底蕴，善于继承才能更好创新，推进文化传统融入现代生活。二是创意优先，根据时代特点和社会需求，打破规则和模式的束缚，用现代表达形式和包装手法对名城文化进行恰当诠释，勇于推陈出新，在过去与未来、高雅与通俗、传统内容和现代传播手段间取得平衡，融入现代设计元素和创作理念，译解古都传统文化密码，让北京名城文化更加生动活泼地走进大众视野。三是注重产业开发，让文化遗产走进现代生活的一个重要途径就是对传统文化加以现代化、普适化、大众化的产业开发，在继承传统和创意设计的基础上，利用产业化生产、运作手段和呈现方式，采用大众喜闻乐见的形式如动漫、影视、文化旅游、演艺，推动传统文化创新性传承和发展，扩大名城文化的受众面和接受度。

（三）从文物保护走向构建全域历史文化景观

文物保护是北京历史文化名城保护的初步基础，在新版《北京城市总体规划（2016年-2035年）》要求凸显名城历史风貌和景观格局的语境下，北京历史文化名城保护需要构建山水形胜、传统和现代交融的城市空间形貌，实现城市自然、历史、文化、社会要素的有效整合，打破空间规制和地理分隔，形成连贯完整的北京历史文化风貌保护。全域历史文化景观在城市总体发展层面强调历史文化名城的整体视野，突破地域和空间限制，整合自然环境和历史文化资源，塑造历史文脉和生态环境和谐交融的名城全域景观格局。打造全域文化景观有助于促进京津冀文化协同发展，推动北京历史文化名城全面保护，也是贯彻《国家文物事业发展"十三五"规划》中实现由注重文物本体保护向文物本体与周边环境、文化生态的整体保护转变的有效举措。具体而言，全域历史文化景观一是强调整体视野，将孤立的文物建筑还原到传统街区或村落环境中，重现古都风貌和传统景观特色；二是融入生态环境，保护城市山水格局，打造生态文化保护精品，再现山水绕京华的景观；三是凸显景观视角，突出名城的传统景观视廊，同时注重城市传统与现代景观的有机结合、相得益彰；四是实现资源全域整合、保护全域统筹、景观全域管理、环境全域协调、社会全域参与，以全域历史文化景观的构建积极推动北京历史文化名城提升保护。

B.19
2017年北京非物质文化遗产保护与传承

黄仲山*

摘　要： 2017年北京非物质文化遗产保护与传承迎来良好的发展机遇，无论是国家文化战略，还是首都自身发展定位，都为北京非遗文化提供了适宜的发展环境。随着非遗行业创新求变思路的引入，非遗在文化创意、市场化转型、新媒体营销等方面形成某些亮点，适应了时代的潮流。与此同时，非遗保护与传承工作也存在资源协调不均衡等方面的问题，需要结合实际不断进行改进，使非遗文化深入、稳定、均衡地发展。

关键词： 非物质文化遗产　保护传承　文化中心　传统文化

2017年，随着北京全国文化中心建设定位越发明确，首都各项文化发展战略不断落地生根，非物质文化遗产保护与传承事业迎来绝佳的发展机遇，在政策扶持、资金支持和氛围营造等方面取得了较大的提升，同时围绕"三个文化带"等主题进行了非遗资源的重点挖掘、整理和传播，给非遗文化的发展带来了新的契机，使非遗文化的整体面貌焕然一新。

一　非物质文化遗产保护与传承的整体格局

2017年，北京非物质文化遗产保护与传承处在一个非常关键的时间节点。从整体而言，得益于政策利好和社会大环境的支持，非遗的发展正好站在文化

---

* 黄仲山，博士，北京市社会科学院文化研究所副研究员，主要从事城市历史文化和美学研究。

发展几条主线的交叉点上；在国家导向层面，弘扬中华优秀传统文化成为时代主旋律；在首都发展层面，文化中心地位日益凸显；在区域合作层面，京津冀文化协同发展成为热点；在产业创新层面，"互联网＋"思维继续引领时代风潮。所有这些趋势与动向都与非遗紧密关联，使得非遗保护与传承的整体格局呈现稳中向好的态势，在跟进弘扬传统文化战略、适应首都转型步伐、融入文化创意氛围等方面展示出积极的一面。

（一）弘扬中华优秀传统文化成为主旋律，提升非遗传播整体氛围

弘扬与传承中华优秀传统文化是本年度文化建设最重要的一条主线，2017年开年，中办、国办印发《关于实施中华优秀传统文化传承发展工程的意见》，首次以中央文件的形式对弘扬中华优秀传统文化提出新的规划，为非物质文化遗产的传承与发展提供了政策层面的支持。2017年3月，文化部牵头出台了《中国传统工艺振兴计划》，要求强化对非物质文化遗产技艺的保护与传承，明确了振兴中华优秀传统工艺的10项主要任务，这显示出国家层面对非遗作为传统文化重要组成部分的充分认识与大力支持。不可否认，官方的导向作用在当下非遗保护与传承中影响很大，非遗作为传统文化的核心内容，在弘扬中华优秀传统文化的大背景下，必然会得到政策、资金、媒体渠道等多方面的支持。

北京作为首善之区，同时又是著名古都，拥有得天独厚的传统文化资源，尤其是非物质文化遗产，不仅数量多，种类丰富，而且质量高，保护与传承工作也相对比较得力。2017年，北京通过多种方式，更为自觉地将非遗纳入弘扬中华优秀传统文化的各项行动计划中。而从非遗自身发展来看，也在积极彰显传统文化的身份，无论从保护与传承非遗文化的使命感，还是从各类非遗文化活动的宣传口号来看，弘扬中华优秀传统文化都成为重要的主题。北京的主要媒体在传播非遗文化过程中，都强调了非遗的传统文化属性。北京电视台于2017年筹划大型京剧传统文化节目《传承中国》，以传承中华传统国粹——京剧为主题，组织百名京剧名角，打造10场公演并陆续进行播放。此外，在北京举办的各种大型非遗活动中，弘扬传统文化成为醒目标题。比如丰台区一直坚持以戏曲作为传统特色文化，努力打造中国戏曲文化周等品牌，2017年中

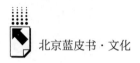

国戏曲文化周共举办活动 213 场，有 24.25 万人次参与，使得传统戏曲文化深入人心，同时也大大提升了区内的文化底蕴。

（二）文化中心战略定位日益明确，推动北京成为全国非遗文化荟萃之地

"四个中心"是国家赋予北京的角色定位，对于非遗文化的发展具有关键意义，尤其是为推进文化中心建设，北京投入大量资金用于非遗项目的保护与传承，在媒体宣传等方面也不遗余力。此外，文化中心定位不仅给北京文化发展带来机遇，同时赋予了一种使命，需要北京在文化上联结全国，为各地的文化作品提供展示舞台。

非物质文化遗产方面，北京与全国各地频繁交流来往，首先是积极"走出去"，将自己的优秀非遗项目向外推介。组织雕漆技艺、紫檀雕刻、同仁堂中医药文化、天桥中幡等非遗项目，参加全国性非遗主题活动，比如第三届中国非物质文化遗产传统技艺大展、第六届中国成都国际非物质文化遗产节、第九届浙江·中国非物质文化遗产博览会等。其次是将各地非遗"请进来"，吸引各地非遗入京，会聚形成中华文化的盛宴。戏曲是交流非常频繁的非遗类型，每年都有大量地方戏进入北京演出。2017 年"中国戏曲文化周"荟萃了众多地方戏表演，以"乡音乡情乡韵乡味"为主题，在园博园等 10 个地方开展地方戏演出，推出全国近 20 个剧种共 150 余场演出，极大地丰富了北京市民的文化生活。此外，一些同类型的、有广泛群众基础的非遗项目便于开展各种交流，如泥塑、木刻、剪纸等，南北各地工艺不同，非遗文化交流显得十分有意义。2017 年 10 月 25 日至 30 日，北京市文联会同中国文艺家协会等单位在中华世纪坛举办"剪不断的乡愁——中国剪纸传统与创新艺术邀请展"，一共展出 24 个省区市 170 余位剪纸艺术家的 360 余幅作品。此外，北京利用传媒优势和科教优势，积极承担全国非遗文化传播、研究、培训等工作，成为国家非物质文化遗产的技艺交流中心、学术研究中心和文化传播中心，有力地支撑了北京文化中心的地位和功能。

（三）国际交往中心地位凸显，促进非遗传播国际化

北京作为国际交往中心，城市的文化面貌代表着国家的形象，城市的文化

遗产展示着中华民族的文化精神。北京不少非遗项目积极参与国家各项外事活动，让来华友人和使节感受中华文化的魅力；此外，每年有许多非遗项目走出国门，承担对外文化交流的重任。2017年，北京非遗项目参与对外交往活动的情况如表1所示。

表1 2017年北京非物质文化遗产项目参与对外交往的主要活动

活动项目	时间	活动地点	参与非遗项目和内容
华盛顿"欢乐春节"系列活动	1~2月	美国华盛顿	内画鼻烟壶、彩塑京剧脸谱、北京鬃人、北京剪纸等展示
2017外国驻华领事官员新春招待会	2月	北京	雕漆技艺、北京剪纸、彩塑京剧脸谱等展示
2017年阿斯塔纳世博会北京活动周	6月	哈萨克斯坦阿斯塔纳	京剧、杂技等展演
地坛文化庙会全球行·2017莫斯科之旅	7月	俄罗斯莫斯科	景泰蓝、京绣、剪纸等展演展示
第二届"16+1"首都市长论坛活动	9月	黑山首都波德戈里	同仁堂中医药、抖空竹、剪纸等展演展示
国际刑警组织第86届大会欢迎酒会	9月	北京	北京皮影、北京兔儿爷、绳结等展演展示
剪纸艺人黄英赴美文化交流	11月	美国华盛顿特区、马里兰州等地	剪纸互动讲座

通过对外文化交流，扩展了非遗的生存空间，提升了非遗自身的价值。一方面体现非遗项目传承人的使命感与大格局，另一方面也说明国际交往给非遗带来的视野变化，使非遗文化的视野更宽，传播更远，总体呈现一种双赢的局面。

（四）京津冀文化合作不断深化，丰富非遗文化活动内容

北京市2017年继续力推京津冀文化协同发展战略。在非物质文化遗产保护与传播传承方面，京津冀三地在多个层面上相互合作，举办了多场联合展示展演活动，其中主要活动如表2所示。

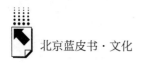

表2 2017年京津冀非物质文化遗产主要交流合作活动

活动项目	时间	举办地	组织和参与部门	内容和主题
第三届京津冀非物质文化遗产联展	6月	河北廊坊市	文化部非遗司、河北省文化厅、北京市文化局、天津市文化广播影视局、廊坊市人民政府等	非遗保护——传承发展的生动实践
"京津冀太平鼓"非物质文化遗产展演	6月	北京市	北京市门头沟区	盛世舞太平
2017年西城区非遗演出季曲艺专场	6月	北京市	北京市西城区	艺术天桥 古韵荟萃
2017年京津冀优秀剧目展演(河北站)	7月~9月	河北石家庄市	河北省文化厅、北京市文化局、天津市文化广播影视局	喜迎十九大 同唱盛世曲
京津冀非遗走进王府井	9月	北京市	北京市东城区等	国宝非遗聚金街工匠精神共传承
京津冀民俗文化邀请展暨天津市南开区第三届民俗文化博览节	11月	天津市	天津市南开区	非遗民俗展演展示

表2所示的"第三届京津冀非物质文化遗产联展""京津冀优秀剧目展演",是京津冀三地非遗文化合作交流的重头戏,已形成固定的品牌,采取三地轮流举办的方式,将京津冀非遗文化精品展示在三地民众面前,加深彼此之间的文化感情,提升三地历史文化认同感。

(五)非遗名录体系建设规范化,丰富非遗资源

非物质文化遗产名录体系是非遗保护与传承的重要环节,健全的非遗认证标准与收录程序为文化保护提供了依据和保证。2017年北京一些区进行了区级非遗代表性项目的评选、认证,其中朝阳区46项、石景山区5项、房山区17项、平谷13项,具体情况如表3所示。

除此之外,石景山和密云等区还评选出非物质文化遗产代表性传承人,其中石景山第四批区级非遗代表性传承人4人,密云第一批区级非遗代表性传承人21人。结合2016年来看,北京各区这两年有条不紊地推进非遗名录体系建设,几乎都推出了新一批代表性项目名录,使北京非遗文化资源越来越丰厚,非遗保护与传承工作更有针对性和可操作性。

表3 2017年北京部分区级非物质文化遗产代表性名录项目评选结果

区县	项目类别	项目名称	项目申报单位
朝阳区第五批区级非物质文化遗产代表性项目名录（共计46项）	传统音乐（2项）	古琴艺术（泛川琴派）	中关村学院
		京西吹打乐	北京市海淀区文化馆
	传统舞蹈（1项）	前沙涧少林子弟棍会	北京市海淀区苏家坨镇杨彤养殖中心
	传统体育、游艺与杂技（6项）	霍元甲迷踪拳（霍氏练手拳）	北京平英一诺文化有限公司
		中幡（万柳）	海淀街道汇新家园居委会
		掼跤	北京体育大学
		太极拳（王其和式）	北京大学
		六子联方	新莱蒙文化艺术（北京）有限公司
		梅花拳	北京武悦体育产业发展有限公司
	传统美术（13项）	葫芦雕刻	诗书开世（北京）教育科技有限公司
		蛋壳雕	北京三师汇文化传播有限公司
		核雕	北京玉海腾龙文化艺术有限责任公司
		连环画	神州共享（北京）技术有限公司
		染色剪纸	北京百美源文化艺术中心（有限合伙）
		剪纸	北京玉海腾龙文化艺术有限责任公司
		北京雕漆	北京博利宏泰商贸有限公司
		纸塑（胡青梅）	北京三师汇文化传播有限公司
		面塑（姚惠敏）	北京市海淀区翠微小学
		食品雕刻	北京龙凤鲲鹏商贸有限公司
		石画	北京玉海腾龙文化艺术有限责任公司
		剪纸（倪巧凤）	新莱蒙文化艺术（北京）有限公司
		鸟虫篆	文化部艺术发展中心鸟虫篆艺术研究院
	民俗（13项）	京式旗袍制作技艺	京华绣丽（北京）文化有限公司
		景泰蓝制作技艺	北京铭客诚景泰蓝工艺品有限公司
		毛猴制作技艺	北京市丰台第七中学
		纸胎容器制作技艺	北京诺信泰克信息技术有限公司
		中山装制作技艺	北京市工贸技师学院
		八珍糕制作技艺	上和元（北京）中医研究院有限公司
		吹糖人技艺	北京玉海腾龙文化艺术有限责任公司
		传统制香技艺	北京太平庚寅商贸有限公司
		绒布唐工艺	新莱蒙文化艺术（北京）有限公司
		金镶玉制作技艺	北京艺博鼎园商贸有限公司
		盘扣制作技艺	新莱蒙文化艺术（北京）有限公司
		普洱茶膏制作技艺	北京市海淀区东升青少年活动中心
		传统核桃油制作技艺	诗书开世（北京）教育科技有限公司

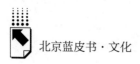

续表

区县	项目类别	项目名称	项目申报单位
朝阳区第五批区级非物质文化遗产代表性项目名录（共计46项）	传统医药（9项）	鹿胶膏制作技艺	北京金丰餐饮有限公司
		刘氏正骨	北京优逸互动广告有限公司
		道医按摩正骨	北京金雀未来科技有限责任公司
		邢氏利水散	北京中豪国研中医门诊部
		中医膏滋制作技艺	北京城市学院
		连氏针法	上和元（北京）中医研究院
		高氏点穴	北京盛邦科华商贸有限公司
		何氏通络开结术	何氏浩生（北京）国际中医药科学研究院
		连氏饮膳制作技艺	上和元（北京）中医研究院有限公司
	民俗（2项）	京西北坞村普兴万缘净道圣会	北京市海淀区玉泉工业公司
		前沙涧灯棚习俗	北京市海淀区苏家坨镇杨彤养殖中心
石景山区第五批区级非物质文化遗产代表性项目名录（共计5项）	民间文学（1项）	八宝山传说	石景山区文化馆
	传统技艺（2项）	和香制作技艺	北京隆和昌商务有限责任公司
		京派内画鼻烟壶制作技艺	石景山区老山街道办事处
	传统美术（1项）	宫廷绘画技法	石景山区文学艺术界联合会
	传统体育、游艺与杂技（1项）	八极拳	北京国际雕塑公园管理处
房山区第五批区级非物质文化遗产代表性项目名录（共计17项）	传统舞蹈（1项）	上万村小车会	北京市房山区青龙湖镇文化体育服务中心
	传统戏剧（2项）	山梆子戏（史家营乡）	北京森缘山梆子戏剧文化有限公司
		山梆子戏（西苑村）	北京逸之行体育文化发展有限公司
	传统体育、游艺与杂技（3项）	戴氏心意拳	房山区武术家协会
		陈式太极拳	房山区武术家协会
		形意拳	北京市房山区康健青少年体育俱乐部
	传统美术（4项）	汉白玉雕刻	北京石窝雕塑艺术学校
		泥塑	北京市房山区房山第二中学
		剪纸	北京市房山区燕山文化馆
		葫芦烙画	北京市房山区燕山文化馆
	传统技艺（7项）	制埧技艺	北京市房山区佛子庄乡佛子庄村经济合作社
		青石砚制作技艺	北京北河振军实叶石材商店
		风车制作技艺	房山城关街道文体中心
		道口烧鸡制作技艺	北京盛聚玄德商贸有限公司
		苏造肉制作技艺	北京龙凤缘千禧食府
		老北京烧饼制作技艺	北京巧姑靓嫂文化发展有限公司
		"皇城四酱"制作技艺	北京利民恒华农业科技有限公司

续表

区县	项目类别	项目名称	项目申报单位
平谷区第四批区级非物质文化遗产代表性项目名录（共计12项）	民间文学（1项）	金海传说	
	传统舞蹈（1项）	舞狮	
	传统体育、游艺与杂技（1项）	太极大杆	
	传统美术（2项）	面塑	
		红石坎村刺绣	
	传统技艺（6项）	平谷民间剪纸书法	
		毛官营武家豆片制作技艺	
		古琴制作技艺	
		金属錾刻技艺	
		灯彩制作技艺	
		夏各庄村老豆腐制作技艺	
	民俗（1项）	平谷峨眉山道教习俗	

（六）人才与科教优势充分彰显，推动首都非遗研究与人才培训事业发展

非遗保护与传承离不开专业的学术研究，北京高校与科研院所林立，在非遗文化研究方面也在国内领先，拥有一批有实力、有影响的业内专家，他们是非遗文化保护的重要力量。北京在推动非遗保护与传承过程中，将非遗学术研究作为重要一环，重视专家的声音，借重专家的研究成果，增加非遗项目的历史浓度和文化价值。在文化传播层面，实际工作中经常将专家推向前台，向民众普及非遗知识，解读非遗蕴藏的文化密码。比如，国家图书馆于6~8月举办2017年"非物质文化遗产保护讲座月"活动，陆续推出10场非遗专题讲座和展示活动，邀请安德明等知名非遗研究专家登台主讲，将非遗研究成果向社会敞开，向公众介绍非遗保护理念和方式，促进了专家、非遗传承人和社会公众之间的交流互动，有助于形成非遗保护的共同理念和共

同声音。

高水平的专家团队和实力雄厚的研究机构，使北京成为非遗人才的培训中心，开展各种人才培训项目，不仅限于本地，也为全国、京津冀地区培养了大批人才。12月17日，由北京市文化局指导的非遗传承人研修班开班。为加强京津冀非遗文化人才交流合作，落实三地签署的《京津冀三地文化人才交流与合作框架协议》，本次研修班专门向天津市文广局、河北省文化厅发送了通知和招生函，津冀两地非遗传承人报名踊跃，共有15人参加了研修班，以实际举措支持了京津冀三地非遗人才的交流与合作。非遗相关的人才培训包括多个方面，除了非遗传承人研培计划，还包括非遗文化经营人才、文化传播人才等培训。8月29日，文化部非遗司、中央网信办网络新闻信息传播局联合主办的2017非遗传播高级研修班在北京开班，研修班致力于培养专业的非遗传播人才，促进非遗多层次、多渠道传播。

（七）法制建设持续深入，促进非遗相关法律法规不断完善

现代社会是法制社会，非遗保护与传承不能仅仅依靠政策与社会各界的自觉热情来推动，而是要靠相对健全的法律法规来建立长效而稳定的机制，对涉及非遗的各种行为与各项活动进行规范。

2017年，北京非遗立法工作有条不紊地向前推进，其中的标志性事件就是《北京市非物质文化遗产保护条例》完成了专家咨询、立项论证、深入调研、人大审议调研等诸多程序，充分显示北京对这部关乎非遗未来发展的地方性法规的重视，以及对非遗立法程序的严谨态度。到2017年底，基本明确了条例部分条款的主要内容，逐步进入法规起草阶段，未来一两年内有望正式出台，为北京非遗保护与传承工作的长期发展保驾护航。除了制定专门性的法规，北京还出台相关办法，进一步规范非遗保护专项资金的管理。北京市财政局、北京市文化局于12月联合印发《北京市非物质文化遗产保护专项资金管理办法》，明确了财政资金支持非遗发展的一系列办法，包括非遗调查研究、记录，举办非遗传承活动和展演展示活动，媒体宣传推广，非遗传承人补助等。通过出台这个办法，避免违规现象的发生，让非遗专项资金用在刀刃上，将确保非遗项目得到长期而稳定的资金支持，为非遗文化发展铺好路，架好桥。

二 非物质文化遗产保护与传承的亮点分析

综合来看，2017年北京非物质文化遗产保护与传承亮点在于求新、求变的思路，这充分体现在老传统与新思维、老手艺与新潮流等之间的鲜明对照与完美融合，给老北京文化带来一股清新空气，也让我们对非遗文化传承更添一分期待。

（一）老把式玩出新花样

演艺类非遗项目相比而言，覆盖面较广，传播人群也最多，传播途径更为灵活，传播方式不断地花样翻新。最为民众熟知的戏曲曲艺等，就通过举办戏曲节、曲艺大赛等提升人气、推出新人。2017年9~11月，北京举办了"第八届北京青年相声节"，共收到京、津、冀、蒙、浙等12个省区市报送的76件参赛作品，最终有34件作品获奖。北京青年相声节自2010年起，至今已举办八届，通过比赛活动，推出了相声表演新人，增加了相声的形象展示。

北京电台、电视台媒体资源较为丰富，借助电视、广播等视听媒介，制作电视和广播节目，也是演艺类非遗项目寻求突破的常见手段，而电台、电视台一般乐于将非遗纳入内容生产，提升节目品质和收视率、收听率。2017年11月，北京电视台推出评书文化类节目《北京评书大会》，还原传统京味书馆的真实面貌，通过增加视觉元素，展现评书的传统艺术魅力。此外，非物质文化遗产利用电视综艺的形式进行传播，在近年来形成一种新趋势，尤其是流行综艺元素的加入，让非遗在荧幕上更显生动，更具文化吸引力。自2015年起，北京电视台就重磅推出以弘扬传统文化为宗旨的真人秀节目《传承者》，这档综艺节目为非遗文化传播量身定做，立意"让经典再次流行，让传承走向世界"，节目嵌套了当下流行的一些综艺元素，真正让非遗老把式在现代舞台上玩出了新花样。由于得到持续的关注和人气支撑，《传承者》在竞争激烈的电视收视市场存活下来。迄今为止，《传承者》已播出两季，而且正在筹拍第三季。这说明将综艺与非遗结合起来的玩法得到了观众的认可，为电台、电视台等大众媒体编导节目提供了很多新的思路。

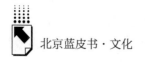

（二）老手艺焕发新生机

传统工艺类非遗项目相较而言最能带动就业，提供持续而稳定的就业基础，旧时代不少老艺人凭借精湛的技艺创造出古色古香而又美轮美奂的工艺品，并以此养家糊口。现代社会人们的消费习惯发生改变，但传统审美依然有巨大的市场空间，虽然非遗手工艺品是新制品，但由于沿袭传统老工艺，富含传统文化特色，因此在非遗爱好者看来，这些非遗手工艺品也属于具有年代感的老物件儿，在追求历史质感的消费者眼中自有其价值。然而，这些用老手艺制造出来的老物件，往往受限于使用的方式和场景，而被固定在很小的圈子里难以进一步发展。许多非遗传承人跟随时代潮流，期待在市场中突围，寻求更大的生存空间，这就需要进行适当的外观器型创新，让手里的老物件以全新的面貌呈现在众人面前。比如景泰蓝工艺的应用范围早已突破了传统的花瓶摆件等，广泛应用在牙签盒、签字笔、化妆盒、纸筒、饮水杯等日常用品上，这些文创产品为老手艺提供了用武之地，也大大增加了非遗文化在民众中的知名度。2017 年 10 月 1 日至 10 日，北京市珐琅厂举办了为期 10 天的第五届景泰蓝老物件淘宝大集，汇集了上万件各式各样的景泰蓝制品，大到插屏、钟表、孔雀等家居摆件，小到手镯、吊坠、戒指等穿戴首饰，吸引了大批爱好者来到集市进行淘宝，现场呈现了供需两旺的热闹场面。此外，本年度还陆续举办了几场非遗文创交易会，都将"非遗工艺＋现代设计"作为卖点，在 9 月份举办的 2017 年（国际）文创产品交易会上，非遗文创产品成为最抢眼的热门，通过加入现代元素，融入现代生活，非遗老手艺在市场中焕发了新的生机。

（三）老传统遇上新时尚

非物质文化遗产体现了我们过去的传统，定格在非遗产品和技艺中，一代代流传下来。这些古老的传统看似与时尚文化相距甚远，然而经过思维的转变和技艺、产品的革新，许多非遗项目成功对接时尚潮流，非遗文化特色已成为新的时尚元素，从而呈现新的面貌。

事实上，北京市近年来一直在努力尝试让非遗融入现代时尚生活，为非遗注入时尚元素，体现非遗文化的魅力和活力。2017 年更是掀起一股非遗时尚化的热潮，其标志性事件就是"民间瑰宝·魅力之都"2017 北京非物质文化遗产时尚创意设计大赛的成功举办。这项于 2015 年创办的活动已成为西城区的品牌文化活动，也成为时尚产业界的一桩盛事。今年开始，这项活动由北京市非物质文化遗产保护中心和西城区文化委共同主办，正式升级为全市性文化活动，覆盖和影响范围更广，活动形式更为多样。本次大赛从 6 月 10 日一直持续到 11 月 10 日，向全市范围共征集 117 件作品，最终评选出一等奖 2 名、二等奖 4 名、三等奖 6 名、优秀奖 20 名，向社会传递了"非遗＋时尚"的理念，通过设计新颖、时尚感十足的作品，让大众体验到非遗也可以这样"潮"，非遗就在我们的时尚生活中。

（四）老商号对接新市场

北京作为古都，留存下来大量老商号，依托非物质文化遗产而形成独具魅力的城市风景线，成为北京最重要的文化财富之一。然而，这些老商号面对市场环境的变化，如何适应并生存发展是一个非常大的难题。

目前来看，多数老商号通过自身的变革，同时得益于政府的支持，在市场大潮中都站稳了脚跟，针对消费者不断变化的口味和需求，不断开发出适销对路的产品。以制作传统糕点的老字号稻香村为例，面对普通百姓的需求，一直积极尝试，吸纳新的生产方式和营销模式，结合老技艺开发出新产品，不仅维护了自身丰厚的文化底蕴，而且成功融入了现代市场。2017 年，稻香村京式月饼手工制作技艺入选东城区区级非物质文化遗产代表性项目。同时，在新华网举办的 2017 中国品牌高峰论坛上，稻香村凭借历史底蕴、先进工艺与营销模式入选"2017 年中国品牌 100 强"，成为这个百年老商号在新市场中历久弥新的最好注脚。除此之外，北京还有一大批老字号经过多年努力，赢得了市场，也赢得了消费者的口碑，其中北京同仁堂、全聚德凭借雄厚实力，已成为上市企业；六必居、王致和等老字号食品企业的产品则大量进入超市，进入寻常百姓的生活；荣宝斋、一得阁凭借深厚积淀和业内口碑，在传统书画领域几乎无人不知；全聚德、东来顺等餐饮老字号作为老北京美食的代表，已成为首都迎接四方来宾的金色招牌。这些老商号善用自身文化资源，同时勇于更新经营模式和理念，形成现代消费市场中耳熟能详的知名品牌，继续服务百姓，回馈社会，这成为北京非物质文化遗产保护与传承最丰厚的成果。

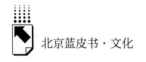

（五）老艺人遇到新媒体

当下网络新媒体全面进入我们的生活，互联网思维日新月异，带动社会各界跟随其脚步而产生变化，"互联网＋"成为发展新趋势。非遗老商号也不例外，通过网络找到了商业化的新模式，过去的老字号店铺纷纷"触网"，开设网店，开通公众号，过去的沿街叫卖变成了网络营销，非遗老艺人逐渐融入新媒体，无论从营销模式，还是传习方式，都渗入了新媒体的因素。

2017 年，面对互联网日新月异的发展，北京非物质文化遗产传播顺利搭上互联网的快车道，呈现多层次、多角度、多样态的发展趋势，互联网的求新求变思维相应地传导到非遗传播路径中，不断推出新理念，完善新模式，形成新业态。从内容上说，更多非遗项目被容纳进来；从形式上说，传播方式更为生动丰富，O2O 销售、众筹、移动终端扫码、VR 新技术等创新领域纷纷成为非遗文化新的推广方式；从时间节点上说，互联网行业格局正经历野蛮生长之后的大洗牌，而非遗文化的互联网传播在互联网发展和文化建设持续推进的大环境下，面临新的格局，形成了一系列富有创新意义的平台产品。比如，北京工业大学与海信集团工业设计创新中心合作开发了"工艺大师"APP，并在 6 月 10 日"文化和自然遗产日"当天惊艳亮相。这款 APP 借助移动端，采用了 VR、AR 等互联网技术，通过沉浸式体验方式，让网友可以制作景泰蓝、陶瓷作品，由此了解和学习传统手工艺的材料、程序和工艺等。通过网上网下融合，线上线下并举，非遗文化的传播效率、传播效果都得到了质的提升。

三 非物质文化遗产保护与传承的问题分析

总体来看，2017 年北京非物质文化遗产保护的力度和成效都超过往年，形成了社会各界关注和参与非遗文化传播、传承的整体氛围，如果纵向来比较，北京非遗文化发展引领全国，在世界上也形成了一定的知名度。然而许多问题也一直存在，而且问题往往就潜藏在亮点与优势当中，形成非遗保护与发展的短板与缺陷。

第一，非遗保护享受到官方政策红利，但同时也暴露出民间力量薄弱的问题。首先，非遗大型活动基本由政府举办，其他中小型活动也是依靠政府推动，民间自发的组织能力较弱；其次，非遗文化链条中，政府往往起到不可替代的关联作用，非遗传承人与普通民众的联系纽带不够紧密；最后，非遗民间保护力量话语权薄弱，缺乏与媒体、政府、非遗传承人等各方的沟通渠道，导致这部分具备相当热情的人群难以发挥力量，只能充当观众而不是实际参与者角色。

第二，不少非遗项目在国内外各项活动中惊艳亮相，但却掩盖不了更多非遗项目无人问津的事实。现在来看，非遗项目众多，公众知名度、商业开发度、技艺传承效果等方面都存在差异，不可避免地形成长短不齐、冷热不均的局面。非遗保护存在视角不同的问题，非遗保护机构从全局考虑，而非遗传承人和企业则从自身生存发展出发，常常产生非遗保护机构的想法和举措与利益相关方难以合拍的现象。

第三，非遗的各项活动开展得如火如荼，但许多活动存在肤浅化、同质化的现象，未能让民众深入了解非遗的历史，深切体会非遗文化的精髓。一直以来，非遗保护工作都存在资源协调的问题，目前非物质文化遗产的保护与传承多数从大的方面着眼，举办活动通常是将多种非遗项目集中起来展览展示，虽然这样有利于更大限度地利用平台资源，但同质化的集中传播常常效果平平，让参加活动的市民感觉凑了热闹，却很难深入去体验。

第四，非遗相关产业和市场成长较快，但非遗产业的扩张也带来粗放有余、精细不足的问题。从客观条件来看，非遗文化近年来发展势头迅猛，某种程度上得益于日益增长的文化需求，得益于文化市场的不断扩大，但存在的问题就是市场的野蛮生长带来非遗文化从业者的浮躁心态，同时非遗业态也大量采用粗放式管理方式，缺少深挖精耕的细致功夫，缺乏精益求精的精细化管理。

第五，非遗文化创意产业蓬勃发展，却未能真正解决传承与创新的关系。随着市民不断增长的文化消费需求，北京非遗文创市场和演出市场持续火爆，不少非遗项目以不同方式获得了第二春，但与此同时面临一个无法回避的问题，即非遗项目在市场化改造过程中，如何不拘泥于形式，却又能最大限度地保留技艺精髓。在文创市场上，我们常常可以看到标榜非遗文创、实际上面目全非的产品；在演出市场上，也可看到打着非遗旗号、传统文化精气神全无的文化表演。实际上，非遗表演过程中所追求的"原汁原味"，应该从另一个角

度来理解，而不是机械地强调一成不变，因为相对以前，不少非遗表演的氛围和观演对象都发生了变化，因循守旧无异于自绝于市场。而如何掌握创新的度和方向，这需要传承人对非遗文化精神有深入的理解，慢慢摸索一条合适的创新之路。

第六，非遗生活化成为业界共识，但融入现代生活还需观念的转变。2017年，文化和自然遗产日的主题是"非遗保护——传承发展的生动实践"，同时提出了口号"保护非遗——在生活中弘扬，在实践中振兴""保护传承非遗，展现生活智慧"等，这就提示非遗保护与生活实践结合的重要性。将非遗文化融入生活实践，不仅是非遗服务社会、回馈社会的具体体现，而且是关乎非遗本身存续命运的关键。非遗如果脱离我们当下的日常生活，就会变成无根之木、无源之水，只有进入普通百姓的生活，才能使非遗的传承真正成为"活态"的传承，真正摆脱被社会自然淘汰的命运。然而这其中最大的问题是，非遗文化是过去社会时代的产物，面对当下社会已经发生根本变化的文化环境，非遗如何适应时代、如何与社会生活形成良性互动，成为非遗保护与传承中最大也最难的命题。这其中包含许多矛盾和争议，一方面，我们的文化生活缺乏质感，受西方文化的过度侵袭；另一方面，北京有大量非遗资源却未能很好地进入普通百姓的生活，也缺少为非遗项目量身定制的文化生活体验方式。

四　非物质文化遗产保护与传承的对策分析

北京非物质文化遗产保护与传承是一项伟大而持久的工程，需要不断地纠偏纠错，根据新情况、新形势、新要求进行调整和规范。2017年北京非遗经历了不同寻常的一年，取得了辉煌的成就，但也留下一堆问题，需要在接下来的一年中逐步解决，不断完善。鉴于此，针对目前存在的问题，联系目前非遗发展的现状，提出以下对策和建议。

（一）继续以弘扬中华优秀传统文化为主题，确保非遗文化发展良好的外部氛围

弘扬中华优秀传统文化是国家的大政方针，需要落实到具体的文化标识物上。传统非遗不仅拥有可观、可感、可品的实际内容，而且生动地体现传统文

化精神内核。以传统文化为旗帜、以传统文化为宗旨、以传统文化为卖点、以传统文化为动力，对于非遗保护与传承工作本身来说，是一种明智之举，也是题中之义。北京既是国家首都，又是历史古都，非物质文化遗产发展拥有得天独厚的优势，让北京非遗自然而然成为中华优秀传统文化的代表。北京非遗业界应珍惜自己的文化身份，明确自身的文化定位，打好传统文化牌，维护全社会弘扬优秀传统文化的积极氛围，从而使非遗文化成为传统文化精神最显眼的标识。

（二）加强非遗项目的精细化管理，探索更为高效的非遗保护与传承模式

北京目前的城市治理模式强调精细化，就是针对之前粗放型发展的不足。非物质文化遗产保护与传承是一项系统而复杂的工程，需要无数人耐心细致的工作，从非遗资源梳理、名录体系建设、扶持资金的发放、名家传艺工程的设计等，都需要精细化的操作。这需要从三个方面入手，首先，要做到精细化必须做到专业化，只有专门人才和专业流程，才能将非遗保护与传承工作真正科学而严谨地进行下去；其次，要做到精细化需要专门化，即尝试非遗项目的分类、分项甚至分个体进行管理与经营，过去一直强调举办大型活动的益处，比如节省资源，让更多非遗获得亮相机会，但这种做法也不能一概而论，有时专门针对某一项或某几项非遗的活动，反而能取得良好的效果，有益于非遗项目深耕目标观众，培养固定消费人群；最后，要做到精细化还需要空间的专门化设计，很多非遗技艺需要单独的展示空间，传习方式也需要固定的场所，因此，可以鼓励有实力的企业和传承人开办非遗项目陈列馆和传艺馆，实现非遗项目的精细化运营，这方面，北京评书宣南书馆可作为范例，该书馆已成立十周年，有国家级非遗项目代表性传承人连丽如等优秀的评书艺人坐镇书馆，迄今连续演出 540 余场，观众达 10 余万人次，已成为专精评书的知名文化场所，为我们探索一种全新的非遗项目精细化运营模式提供了许多启示。

（三）借助中心城区疏解的契机，努力扩大非遗项目生存空间

老城区集中了大量非物质文化遗产资源，但由于环境狭小，发展受到极大的限制。近两年北京大力推行中心城区人口和产业疏解政策，疏解后将产生大

量可供利用的空间，从政策层面来看，这部分空间将优先供文化类企业入驻。非遗企业和传承人应利用疏解契机，填补疏解后的空间，政府应该加大支持力度，以适当补贴的方式，鼓励非遗传承人建设非遗博物馆、传艺馆、非遗俱乐部等，以非遗为内容做文创旅游，在老城区实现非遗文化生态的自然平衡。

（四）加强"三个文化带"非遗项目保护力度，促进区域间非遗文化发展平衡

从北京非遗资源的区域分布来看，中心城区与郊区呈现极度不平衡的现象。东城区和西城区集中了大量知名度高、发展前景好的非遗文化品牌，而郊区尤其是远郊区不仅非遗资源相对较少，而且关注度较低。非遗保护力度的差别与非遗资源分布的差距大致吻合，由于资金、政策和人才等诸多方面的限制，郊区历年来非遗保护都比不上中心城区。然而可喜的是，近年来郊区的非遗文化发展开始加快了追赶的步伐，其中的重要因素是政策导向，如通州区得益于城市副中心建设，文化发展也正迎头赶上。北京在推进文化中心建设过程中，提出"一核一城三带两区"的概念，其中尤其强调对"三个文化带"即大运河文化带、西山—永定河文化带、长城文化带文化资源的系统梳理与保护。由于"三个文化带"一般分布于郊区，恰好在这些地区形成非遗文化发展的良好机遇，抓住整理发掘"三个文化带"文化遗产资源的契机，使一些处于边缘化状态的非遗项目获得生机。

（五）建立长效合作机制，为京津冀非遗文化交流提供稳定保障

京津冀一体化国家战略确实为三地非遗文化交流打了一针强心剂。围绕京津冀区域文化的概念专门开展了一系列品牌活动，如每年的"京津冀非物质文化遗产联展"，至2017年已举行了三届，由文化部非遗司指导，三地文化主管部门主推，因此规格高、持续时间长、参展项目多、精品项目比重大，体现了三地非遗文化的最高水平。由此可见，京津冀非遗文化协同保护、共同发展，需要三地文化部门在京津冀战略合作框架内，建立多方面、多层次的长效机制，除了目前签署的《京津冀三地文化人才交流与合作框架协议》等文件，以及已形成的非遗联展活动模式，还需要在非遗文创、非遗融资和非遗传播等方面形成固定合作模式，让零散的活动聚拢起来，让分散的人力和资金集中起

来，实现京津冀非遗保护与传承工作效益的最大化。

非物质文化遗产保护与传承是一项百年工程、千年大计，以一年为时间跨度来分析，只能是断面式的，许多问题看似凸显，却是存续多年的痼疾，一些保护模式和支持手段让人惊喜连连，却也是多年来一直在坚持的做法。问题给我们带来启示，经验为我们照亮未来，非物质文化遗产将在社会各界共同努力下，成为北京古都成色十足的文化金名片。

B.20
2017年北京文化传播分析报告

景俊美　李明璇*

摘　要： 北京作为我国的政治中心、文化中心，承担着文化发展的重要功能。本报告分析2017年北京文化传播的现状。首都在地传播具有快速、协同和创新的特点，但公共服务效能有待提升；北京文创产业发展机遇与挑战并存；文化传播持续辐射全国，但群众需求未能得到凸显；海外文化交流活跃，但对文化产业出口的带动作用不明显。本报告提出，要以市场为导向，提升公共服务效能；以需求为旨归，满足民众的文化"获得感"；以文化产品竞争力为目标，强化文化贸易的世界影响力。

关键词： 文化传播　在地传播　文创产业　文化"走出去"

　　北京作为首都城市与全国政治中心、文化中心，其文化发展与传播不仅影响北京本地的文化发展路径，也对全国文化布局、中国文化"走出去"具有重大意义。2017年北京文化传播整体上看呈现积极的发展态势，但在今后的文化传播过程中，应该深入民众，更重视民众的真实需求；发挥文化资源优势，打造具有国际影响力的北京"文化名片"；大力增强文化产品对经济发展的带动作用，强化文化贸易在世界其他城市和地区的影响力和辐射力。

---

* 景俊美，博士，北京市社会科学院副研究员，主要研究方向为民族艺术与文化产业研究；李明璇，北京师范大学新闻传播学院2017级传播学硕士研究生。

一 在地传播：具有快速、协同、创新的特点

（一）快速：2017年北京文化传播快速发展，多个项目再创新高

作为全国文化中心，北京近年来文化产业发展势头强劲，在国家、北京市及各区政策的推动下，取得了不俗的成绩。2017年随着各项优惠政策的推出，北京在地文化传播发展迅速，例如北京市惠民文化电子消费券、北京市原创动漫形象作品专项扶持资金和北京市音像、电子、网络出版物奖励扶持专项资金等，推动北京市各文化项目蓬勃发展、再创新高。

1. 北京演出市场票房收入再创新高

2017年北京市演出市场继续保持平稳增长态势，演出场次达24557场，较上年稳中有升；观众人数、票房收入达到历史新高，分别为1075.8万人次和17.17亿元，观众人数比上年增加了4.4万人次。

戏曲演出市场蓬勃发展，演出场次增长近一成。2017年传统戏曲演出2164场，比上年增加了8.3%。话剧、儿童剧演出发展势头良好，演出场次达8763场，比上年增长4.9%，实现票房收入4.46亿元，占所有演出票房的26.0%。2017年恰逢中国话剧诞生110周年，话剧演出稳定增长，全年演出4915场，同比增长7.8%。舞蹈演出表现抢眼，演出场次为428场，比上年增长31.3%，票房收入达7731.0万元，比上年增长42.1%。大中型场馆演出票房对北京演出市场贡献最高，收获7.72亿元，占总票房的45.0%。众多展演活动已成为行业品牌。小剧场演出场次最高，达8199场，占演出总场次的33.4%。年演出场次超过200场的小剧场达18家，包括繁星戏剧村壹剧场、雷剧场等；年演出场次超100场的小剧场达31家，占小剧场总数的五成，是活跃北京演出市场的重要板块。郊区演出市场大幅增长，推动城乡文化平衡发展。[1]

---

[1] 北京市文化局官网，http://www.bjwh.gov.cn/bjwh/zwgk0/bmdt/gzdt4/419657/index.html，20180108。

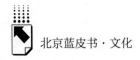

2. 北京电影领跑全国

一是北京电影市场进入理性增长期。据统计，2017 年北京电影票房 33.95 亿元，同比增长 12.1%；放映场次 273.71 万场，同比增长 19.8%；观影人次 7636.31 万人次，同比增长 11.1%；人均观影 3.51 场次，同比增长 11%。

二是北京电影市场继续保持良性发展。2017 年，北京新增影院 26 家，新增银幕 211 块。全年营业影院达到 215 家，同比增加 23 家，银幕 1469 块，同比增加 202 块。全国票房排名前 5 名的影院中北京有 3 家，平均单影院贡献票房 1579.07 万元，单银幕贡献票房 231.11 万元，人均贡献票房 156.24 元，均为全国最高。

三是北京电影为拉动全国票房、观众增长及国产影片占比发挥了重要作用。2017 年全国共有 6 部国产影片票房超过 10 亿元。其中，北京创作生产的《战狼 2》以 56.83 亿元成为年度票房冠军；《羞羞的铁拳》以 22.12 亿元成为年度国产电影票房亚军。仅这两部影片就占 6 部超过 10 亿元的国产影片总票房的 58.7%，占全国国产影片总票房的 26.23%，为拉动全国票房和观众增长及国产影片占比发挥了决定性作用。[1] 一言以蔽之，北京电影逐渐走上理性、良性的发展道路，在市场占比和竞争实力上全国领先。

3. 北京动漫游戏产业产值增长迅猛

2017 年北京动漫游戏产业总产值达 627 亿元，相比 2016 年的 521 亿元，增长约 20%。原创研发企业网络游戏出口金额为 116.09 亿元，与上年的 60.2 亿元相比增长 93%。[2] 北京目前已成为全国动漫游戏产业的研发中心，形成了包含创作、出版、运营、发行以及产品开发的全产业链，涵盖了从研发型到渠道型的全产业类型。2017 年电子竞技规模迅速扩张，呈现移动化、年轻化趋势。众多动漫游戏企业加大对电竞赛事的投入，通过赛事提高产品的知名度和用户覆盖率。2017 年电竞赛事持续火爆，完美世界举办的亚洲邀请赛，京东举办的京东杯 2017 中国电子竞技嘉年华，特别是《英雄联盟》总决赛以及《王者荣耀》移动电竞赛事总决赛在北京的举办，推动了整个电子竞

① 北京市新闻出版广电局官网，http：//www.bjpprft.gov.cn/zwxx/gzdt/201801/t20180108_3982.html，20180108。

② 北京市文化局官网，http：//www.bjwh.gov.cn/bjwh/zwgk0/bmdt/gzdt4/419660/index.html，20180108。

技产业链的完善和成熟，并使得北京电子竞技产业成为动漫游戏产业中重要的一环。

（二）协同：各地区各单位协同合作，举办覆盖全市的首都市民系列文化活动

2017年北京市委宣传部、各区文化委员会等多个部门协同举办了2017首都市民系列文化活动，全年举办各类文化活动2.2万场，3000万人次参与，并评选出了多个优秀群众文艺原创作品。本活动由市委宣传部、市文化局主办，北京文化艺术活动中心、首都图书馆、北京电视台承办，各区文化委员会、文化馆协办，围绕"歌唱北京""舞动北京""艺韵北京""戏聚北京""影像北京""阅读北京"六大板块展开。此外，市文化局制定《北京市优秀群众文化项目扶持办法》，开展了年度全市优秀群众文化项目扶持工作。经各区推荐，专家评审，全年评出优秀群众文艺原创作品30个、优秀群众文化团队85个、优秀群众品牌文化活动45个。其中，原创作品包括歌曲类作品11首、舞蹈类作品10个、戏剧类作品7部、曲艺类作品2个；品牌文化活动包括一类活动5个、二类活动10个、三类活动30个，涵盖区级、街乡和社区（村）不同层级。

以"阅读北京"板块为例，3月22日，"阅读北京 品味书香——2017年度首都市民阅读系列文化活动"在首都图书馆正式启动。作为"书香中国·北京阅读季"的重要组成部分，依托北京市公共图书馆四级服务网络开展阅读推广的阵地资源，精心策划全市性阅读系列文化活动，引领广大市民关注阅读、参与阅读、热爱阅读，力争在全市营造出"多读书、读好书、好读书"的良好文化氛围，从而丰富北京市民的精神文化生活，弘扬社会主义核心价值观，助力城市精神文明建设。本次活动由北京市委宣传部、北京市文化局主办，首都图书馆、北京市各区文化委员会、首都图书馆联盟承办，活动还得到了北京市新闻出版广电局、北京教育委员会等多家单位的支持。

（三）创新：借助互联网进一步创新文化传播形式

1. 以直播为代表的"互联网＋文化"新形式

随着4G网络和智能手机的普及，直播也逐渐成为一种新的文化传播形式。北京市各文化活动中也利用直播，创新文化传播形式。北京文化艺术基金

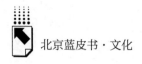

2017 年度资助项目"互联网直播——京剧、昆曲、评剧、河北梆子等传统戏曲艺术人才交流平台",标志着中国传统文化和互联网技术碰撞交融的新开始。该项目自 9 月 15 日启动以来,陆续在直播平台上向大家展示了各类艺术表演。11 月 2 日至 5 日,项目邀请到了北京京剧院梅派传人白金、窦晓璇,北方昆曲剧院老生袁国良,中国评剧院花脸名家孙路阳等四位戏曲名家做客秀色直播间,以演出、访谈、互动的形式展示了戏曲文化的魅力,使网友零距离感受"国粹之美"。

2017 首都市民系列文化活动也借力互联网直播的方式,300 万网民留言参与,视频点击量达 8800 万次。在传统戏曲的演出中,也积极与现代媒体融合发展,通过"直播 + 戏曲"的模式,让更多年轻人接触、了解和喜欢戏曲,引导观众进入剧场现场欣赏。除此之外,北京市文化论坛、文化交流活动和展览等,都纷纷开通直播,扩大影响力和传播力。

2.借助大数据进行更高效、多渠道的文化传播

2016 年底,百度与北京市文化局宣布达成战略合作,文化局借助互联网大数据实现了高效便捷的文化传播。此次战略合作使双方实现了资源互通,百度可以获得由北京市文化局提供的关于非遗、艺术演出服务等多方面的资源;文化局则通过互联网大数据进行更高效、多渠道的文化传播。2017 年,北京市借助大数据进行文化传播取得一定成效。例如"北京毛猴"作为北京市非物质文化遗产专题项目,已经在"百度知道"重点栏目"知道非遗"中进行展示,结合文字、图片和中英文语言等多种形式,将"北京非遗"文化知识介绍给广大用户,且具有一定的专业性和权威性,对于弘扬北京传统文化具有重要的意义。

二 北京文创产业发展:机遇与挑战并存

(一)政府的宏观政策更加有利

文化创意产业作为 21 世纪最有发展前景的产业之一,日渐成为我国经济增长的重要组成部分。作为全国文化中心,近年来首都北京的文化创意产业一直处于国内领先地位,发展势头强劲,整体趋势向好。2017 年上半年,全市

文化创意产业实现增加值 1734.7 亿元，按现价计算同比增长 13%，占地区生产总值的 14.0%；规模以上文创产业法人单位①实现收入 6902.7 亿元，同比增长 8.6%，比上年末和 2017 年 1 季度分别提高 1.3 个和 0.2 个百分点；文创企业实现利润总额 349.8 亿元，同比增长 30.6%。2017 年北京文化创意产业取得不俗的成绩，这离不开国家、北京市及各区文化创意产业政策的推动。

《国家"十三五"时期文化发展改革规划纲要》明确要求全面推进文化发展改革，全面完成文化小康建设各项任务。此前，文化部相继发布了《关于推动数字文化产业创新发展的指导意见》《"十三五"时期文化产业发展规划》《"十三五"时期文化科技创新规划》等系列政策规划。为深入推进社会主义文化强国战略，我国通过一系列政策规划，既提出了新时期文化产业改革发展的方向与纲领，又明确了路径措施与重点任务，对于文化创意产业而言，国家的宏观政策更加有利。除此之外，北京市及各区也相继推出一系列项目、补贴和奖励等，推动文创产业的发展（见表1）。

表 1　2017 年北京文化创意产业部分政策

发布单位	项目名称	具体内容
市文资办	北京市文化创意发展专项基金	分为补助类贴息、贴租类、贴保类、上市奖励类
	北京市惠民文化消费电子券	补贴领域：文化艺术、新闻出版发行、广播影视和文化电商 扶持方式：消费者持券消费时，按照规定比例直接抵扣消费券面值的消费金额
市文化局	北京市原创动漫形象作品专项扶持资金	优秀原创动漫形象作品的创意，给予不超过 5 万元的扶持。优秀的原创动漫形象作品，给予不超过 10 万元的扶持
	北京市文化创意产业发展专项资金	舞台艺术创作、文化传播交流推广、对外文化交流项目、艺术人才培养
	北京市民营美术馆奖励扶持项目	优秀项目奖励 10 万 ~ 20 万元

---

① 规模以上文化创意产业统计范围是指年营业收入 1000 万元及以上或从业人员 50 人及以上的文化创意产业法人单位（其中批发业企业和工业企业年主营业务收入 2000 万元及以上，零售业企业年主营业务收入 500 万元及以上，文化体育娱乐业企业年营业收入 500 万元及以上或从业人员 50 人及以上）。

续表

发布单位	项目名称	具体内容
市科委	首都设计提升计划项目	项目以科技经费后补贴形式下达,每个项目不超过50万元
	北京市设计创新中心认定	市科委认定后,统一授予"北京市设计创新中心"的命名
	科技文化融合专项	以北京市科技计划项目(课题)直接补贴方式支持
	创新创业服务机构建设促进专项	补助20万元左右
市经信委	国家级工业设计中心认定	重点支持装备制造、消费品、电子信息等行业,授予"国家级工业设计中心"称号
	中小企业发展专项资金	为中小企业提供信息、投融资、信用担保、法律、培训等专业服务的公共平台
	北京市级企业技术中心认定	制造业;信息传输、计算机服务和软件业;建筑业
市委组织部	优秀人才培养资助	资助青年骨干个人项目、青年拔尖个人项目、青年拔尖团队项目、人才工作集体项目
市人社局	北京市留学人员回国创业启动支持计划	—
	北京市留学人员科技活动项目	申报项目在国内或本地区、本领域具有领先水平,具有应用开发前景,可产生良好的经济社会效益,申报成功后给予15万元的资金支持
	北京市海外高层次人才引进专项计划	享受居留与出入境、落户、进口税收、医疗、住房保障相关政策支持
市商委	北京市商业流通发展项目	不超过项目总投资的50%,最多不超过200万元
市旅游委	北京市旅游发展专项资金	进行补助、贴息与奖励
	北京市旅游商品扶持资金	北京礼物:10万~30万元; 旅游商品孵化基地:100万~300万元
市知识产权局	北京市发明专利奖励	特别奖:100万元;一等奖:20万元; 二等奖:10万元;三等奖:5万元
市新闻出版广电局	北京市绿色印刷出版物奖励资金	一般奖励不超过2万元(含);特殊类型出版物不超过3万元(含)
	北京市实体书店扶持项目	予以资金扶持20万元左右
市体育局	体育产业发展引导资金	青少年体育培训业机构、职业体育俱乐部项目、足球场地建设类项目、全民健身服务业体育场馆、冬季运动项目等

发布单位	项目名称	具体内容
中关村管委会（人才政策）	雏鹰人才创业支持资金	予以创业资金支持
	中关村高端领军人才认定	获得专项资金支持，享受居留与出入境、落户、进口税收、医疗、住房保障相关政策支持
	海外高层次人才申报推荐	享受相应的创业园优惠政策及一定的财政资助等

（二）以大赛带动文化创意产业发展

为进一步推动北京市文化创意产业发展，扶持小微文创企业，2017 年 4 月至 7 月举办了"北京文投会杯"第二届北京市文化创意创新创业大赛，主题为"创赢未来 新无止境"。大赛除在北京设主赛区外，首次设立天津、河北分赛区。举办这样的大赛，对于进一步推动北京市文化创意产业的发展具有重要意义，同时大赛中也能够挖掘优秀的文创项目，对参与大赛的创业人才进行系统培养，给予小而优的文创企业以各方面的扶持，并为创新创业搭建了一个互通、共享的平台。经过项目路演、激烈角逐，从初赛、复赛、决赛层层晋级，来自京津冀的近千个文创企业（项目）一路打拼，脱颖而出的 16 个文创企业和文创项目，最终获得大赛一、二、三等奖，对北京的文创产业发展做出了积极贡献。

（三）面临挑战，需要重视

首都文化资源基础雄厚，市场潜力巨大，文化产业前景广阔，但同时也面临着不容忽视的挑战。诚如学者所指出的："从经济环境看，国际经济形势复杂严峻，国内经济进入增速放缓的新常态，经济下行压力增大给文化创意产业稳定增长带来不确定性，特别是对与实体经济联系较紧密的广告、会展、设计等业态方面的影响较为明显。从产业自身看，产业发展进入增速换挡期，从追求速度的粗放型增长向追求质量的集约型增长转变，演出、出版、电视等业态转型升级压力较大。"[1] 政策方面，"十三五"期间国家出台针对文创产业的优

① 马一德：《构建北京"高精尖"文创产业体系的几点思考》，《小康》（下旬刊）2017 年第 36 期。

惠政策，为北京市文化创意发展带来新的发展机遇。但是与此同时，在国家宏观政策的刺激下，全国将迎来新一轮文化创意产业发展热潮，对北京优质文化资源的分割及文化产业的竞争压力也会随之加大。为此，北京必须正视和重视当前存在的各种问题，方能在未来的文创竞争中凸显实力，发挥优势。

三 国内传播：北京文化持续辐射全国

（一）京津冀文化协同发展迈上新的台阶

2014 年 2 月 26 日，习近平总书记在北京考察工作时发表重要讲话，首次将京津冀协同发展上升到国家战略层面。自 2015 年中共中央政治局审议通过《京津冀协同发展规划纲要》以来，北京市深入贯彻落实京津冀协同发展战略部署，与津冀两地共同打造区域发展新格局。推进京津冀协同发展，首先要重视文化的协同发展。通过文化协同能够实现三地文化资源优势互补，既能够打造区域文化特色，又能够带动全国文化改革发展。2017 年，三地以京津冀协同发展为大原则，举办一系列文化活动，并签署《京津冀文化产业协同发展行动计划》，在文化合作与交流上迈上新的台阶（见表 2）。

表 2 2017 年京津冀部分文化交流活动

时间	活动	内容
1 月	"戏剧东城"京津冀文化交流活动走进三河市	选取了《炒肝》《老北京记忆》两部反映老北京生活的原创剧目进行展演交流
6 月	第三届京津冀非物质文化遗产联展	本次联展活动的主题是"非遗保护——传承发展的生动实践"。联展精选京津冀三地有代表性的 217 项非物质文化遗产项目参展
7 月	2017 北京文交会场外系列活动暨"第二届京津冀文创＋"	以"协同共享，创意生活"为主题，链接京津冀三地文化资源，倡导三地协同、共享创意、资源互通，打造有创造力、有意思、有意义的生活方式
8 月	京津冀文化产业协同发展中心启动活动暨京津冀文化产业协同发展研讨会	整合京津冀文化产业资源，促进三地文化产业领域高水平、深层次、全方位开展合作
9 月	"喜迎十九大，京津冀手拉手"文化交流活动	文化志愿服务交流展、京评梆邀请赛、书画影交流展、京剧《南海子》巡演、京津冀精品节目展演和京津冀曲艺邀请赛六项主题活动

续表

时间	活动	内容
9 月	第五届京津冀文化创意产业合作暨项目推介会	活动主题为"协力协同,共荣共赢",设置了河北省沧州市、北京市西城区、天津市滨海新区为主宾城市(区)
10 月	2017 中国(廊坊)首届中华传统文化艺术节暨京津冀文化消费季	通过文化消费季整合廊坊红木、民俗、核雕、乐器、动漫、工艺美术、非遗产品等文化资源,为京津冀群众搭建特色文化消费平台,为推动京津冀协同发展做出新的贡献
12 月	2017 京津冀文化交流活动之"大运河的记忆"书画展	围绕大运河文化为核心内容,展出了京津冀三地书画艺术家的 90 余件优秀作品
12 月	京津冀特色文化产业项目推介会	来自京津冀三地的文化产业部门、金融机构和投融资机构的代表以及文化企业家等 200 多人会聚一堂,共商文化金融发展大计

(二)以优秀文化作品与大型文化活动起到文化辐射作用

2017 年北京文化作品在国内各大奖项中取得了优异成绩,通过这些优秀文化作品,北京文化影响力进一步辐射到全国。以电影作品为例,北京市重点扶持的电影作品在多个活动中获得奖项或表彰。在 2017 年 9 月举办的第十四届精神文明建设"五个一工程"表彰座谈会上,列入北京市文化精品工程项目、由北京市重点扶持创作的电影《战狼2》《智取威虎山》《湄公河行动》《百团大战》获得优秀电影奖,占 11 部获奖电影作品的 36%。第 26 届中国金鸡百花电影节闭幕式暨第 31 届中国电影金鸡奖评选中,北京创作生产的 5 部影片有所斩获。由博纳影业集团出品的《湄公河行动》获最佳故事片奖。由天画画天(北京)影业有限公司出品的《塔洛》获最佳中小成本故事片奖。导演冯小刚凭耀莱影视出品的《我不是潘金莲》获最佳导演奖,演员范冰冰和于和伟也凭此片分获最佳女主角和最佳男配角奖。丁晟、王千源凭北京功做事影视文化有限公司出品的《解救吾先生》分获最佳剪辑、最佳男配角奖。吴彦姝凭青年电影制片厂出品的《搬迁》获最佳女配角奖。在"迎接党的十九大重点国产影片推介活动"中,北京地区创作影片、首部"金砖国家"合拍电影《时间去哪了》以及《红海行动》获重点推介。同时,《一场呼啸而过的青春》《羞羞的铁拳》《蝴蝶公墓》《刀背藏身》《相亲相爱》5 部北京地区

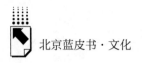

影片也纷纷举行了看片活动，并进行了主创交流。

北京作为首都，在举办大型文化活动方面具有天然的优势。2017年北京持续举办覆盖全国的文化活动，如2017春季北京电视节目交易会再创新高，带动了全国电视节目的发展。交易会共推介电视节目900部，其中前期筹备剧目345部13969集；开机拍摄及后期制作剧目97部3740集；首轮发行剧目238部9657集；二轮、多轮发行剧目153部6432集；纪录片、电视栏目42部11000集；动画片24部1308集。随着网络文学与电视节目制作行业的深度融合，本届交易会推介网络文学作品140部。北京电视节目交易会历年来贯彻信步可及的"商务洽谈间"交易模式，集中为买家和展商开辟便捷交流、洽谈合作的良好空间，本届交易会设置展商商务洽谈间近460间。

四 国际传播：北京文化海外交流活跃

（一）持续推进文化"走出去"系列活动

北京既是一座拥有深厚文化底蕴的历史名城，又是一座现代化的国际都市，承担着将中华文化推广至世界大家庭的重要任务。同时，实现中华民族伟大复兴也要求将优秀的中国文化推广到海外，提升中华文化的国际影响力。北京作为首都，在增强中华文化国际影响力方面有着义不容辞的责任。2017年，北京文化海外交流活跃，通过一系列形式多样的文化活动，促进了中华文化的海外传播。

"欢乐春节"是北京文化"走出去"的重点项目之一，既配合了国家外交活动，又为北京特色文化展示提供了重要平台。2017年春节期间，北京市文化团组分赴美、德、法等35个国家和地区，开展了百余场文化展演活动，展示北京的历史文化、风土人情，包括文艺演出、文化庙会、文化培训活动以及小型展览展示等。活动期间，美国职业篮球赛华盛顿奇才队主场迎战湖人队的中场间歇，北京杂技团为比赛助兴。此外，远道而来的泥塑、剪纸、宫灯、皮影、雕漆、景泰蓝等传统艺术，中国特色浓郁的音乐、舞蹈、京剧折子戏等，为当地观众带来了中国人过年的种种喜庆感受。

除了"欢乐春节"系列活动，2017 年北京市与惠灵顿市和塞尔维亚电影中心签署了《电影合作谅解备忘录》，对北京市对外深入开展电影务实合作，扩大北京电影业在境外的影响力，加快中国电影"走出去"步伐具有深远的意义。

值得注意的是，当下的动漫游戏业已成为中国文化产品"走出去"的主要力量。北京市实力雄厚的企业积极收购海外的研发和发行公司，布局全球动漫游戏市场。2017 年，以智明星通、昆仑游戏、完美世界、猎豹移动等为首的原创研发企业网络游戏出口金额 116.09 亿元，与 2016 年的 60.2 亿元相比增长了 93%。[①]

（二）文化贸易同比增长相对稳定，但贸易逆差进一步扩大

文化贸易是文化"走出去"和文化辐射力最有力的证据，更是一个城市实现自身文化影响力的重要途径。纵观 2013 ~ 2017 年北京市文化产品进出口贸易对比情况可知，在 2013 年进口贸易额呈大幅增长之后，2016 年与 2017 年再次增长，增幅分别为 7.45% 和 7.00%。出口方面，2013 ~ 2017 年连续呈增长态势，比较而言，2017 年的同比增幅最大，为 30.40%。由此可知，北京市文化产品进口与出口两方面的商品量值总数均呈增长态势，但逆差一直存在，并由 2016 年的 2.36 亿美元上升为 2017 年的 8.19 亿美元（见表 3）。

表 3　2013 年至 2017 年 1 ~ 11 月北京市文化产品进出口贸易对比

单位：千美元，%

年份　进/出口	进口	同比增幅	出口	同比增幅
2013 年	570929.04	42.45	143875.04	0.69
2014 年	448173.15	− 21.54	156964.70	11.66
2015 年	431550.53	− 3.76	177829.45	13.28
2016 年	1465940.05	7.45	581500.60	27.91
2017 年	1342487.75	7.00	522936.68	30.40

---

① 北京市文化局官网，http：//www.bjwh.gov.cn/bjwh/zwgk0/bmdt4/gzdt4/419660/index.html。

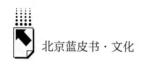

五 2017北京文化传播问题分析与对策建议

（一）在地传播：以市场为导向，提升公共服务效能

北京在地文化传播的主要问题是公共服务效能有待提升。如前所述，2017年北京市举办了市民系列文化活动，但是增加活动数量的同时，如何保证活动质量是必须综合考虑的现实问题。2017年2月，北京市社情民意调查中心对全市16区2129名常住居民开展了北京市公共文化服务状况调查。调查结果显示，被访者参加的文体娱乐活动仍以看电视、上网、体育健身为主，说明政府举办的系列文化活动尚未成为市民文体活动的主流形式之一。调查还显示，北京针对各类人群提供的公共文化服务中，被访者对老年人群文化活动的满意度最高。目前，各类文化活动的参与主体分布不均，青年群体由于工作、学习等原因，较少参与到文化活动中来。文化服务领域往往存在"知晓率低、参与低、设施利用率低"的问题。针对于此，提升公共服务效能应坚持市场为导向，利用社会化运营的手段，整合各区域文化资源，改进服务方式，提高服务效能，从而更好地满足广大民众多元化的文化需求。

（二）国内传播：以需求为旨归，满足民众的文化"获得感"

国内文化传播的主要问题在于政府主导作用虽强，但群众的实际需求未能凸显。北京文化对全国文化的辐射带动作用，首先体现在京津冀文化协同发展进一步加强，其次通过优秀文化作品与大型文化活动体现首都文化的辐射力。但是这些活动多响应国家政策，传播主体主要为政府，相对而言，北京对全国范围内民众文化需求的关注度不高，对引领全国的文化力量缺乏系统而综合的分析研究。针对于此，北京市应坚持以人民为中心的工作导向，关注并积极推动全国文化中心建设，推进公共文化领域的供给侧改革，既要尊重市场需求，也要满足民众需要，提升广大民众的文化"获得感"。具体来说，可以通过首都科研院所及高校汇集的先天优势，利用各类型的新型高端智库，开展北京市及全国人民的文化需求调研、访谈、数据分析与综合研判，关注新时代面临的新问题，特别是社会主要矛盾转变之后，当前阶段民众内心真正的文化需求，以需求为标准进行调整，尽可能全面而真实地满足全国最广大民众的文化需求。

（三）国际传播：以文化产品竞争力为目标，强化文化贸易的世界影响力

与世界其他文化名城的文化影响力与文化辐射力相比，北京国际文化传播的难题主要表现在宣传活动对文化产业出口的带动作用不明显。2017年北京文化海外交流活动活跃，但以宣传作用为主，对经济贸易的带动作用甚微。根据北京海关相关数据统计分析，2017年前11个月，北京地区主要出口商品为机电产品、高新技术产品、成品油和纺织服装等，[①] 文化产品尚未在出口商品中占据主要位置。前已有述，2017年前11个月北京市文化产品进出口贸易额呈增长趋势，但是贸易逆差依然存在，高达8.19亿美元，说明2017年北京市对外文化活动虽然频繁，但是对经济的带动作用不明显。针对于此，文化企业应强化市场观念，形成具有国际影响力的文化品牌。我国有众多的民族文化资源，但是多数文化资源未能实现在国际市场上具有强大竞争力的文化品牌。北京的文化工作者及文化企业，必须根据国际主流文化市场的要求，在深入挖掘本民族优秀传统文化的基础上进行创意、创新、创造，进而形成强有力的国际市场竞争力。此外政府应扶持文化产品出口，制定切实的鼓励措施，例如简化出口手续、对文化产品出口给予补贴等。

---

① 北京海关官网，http：//beijing. customs. gov. cn/publish/portal159/tab60405/info874941. htm. 20171228。

B.21
2017年城市公共外交推动
北京文化"走出去"深入发展[*]

张　丽[**]

摘　要： 北京大力开展公共外交活动，推动文化"走出去"深入发展。北京坚定文化自信，牢牢把握城市战略定位，积极服务于国家发展战略，加强统筹协调，大力开展了文化"走出去"活动，在文化"走出去"的内容、形式、机制、创新方法等方面，均实现了突破性进展，展示了北京城市形象，推动了国家软实力的提升。与往年不同，北京文化"走出去"在渠道平台上进一步拓展，尤其是受到城市公共外交活动的积极性影响，依靠首都资源优势，坚持政府主导作用，通过内容丰富、形式多样的活动推广，为北京文化"走出去"搭建起规模庞大的平台。

关键词： 城市公共外交　文化"走出去"　国际交往

2017年，中共十九大胜利召开，我国进入中国特色社会主义新时代，文化影响力在国际社会普遍提升。北京坚定文化自信，牢牢把握城市战略定位，积极服务于国家发展战略，加强统筹协调，大力开展文化"走出去"活动，在文化"走出去"的内容、形式、机制、创新方法等方面，均实现了突破性进展，展示了北京城市形象，推动了国家软实力的提升。

---

[*] 本文是北京市社会科学基金项目（16XCA002）、北京市社会科学院课题成果。

[**] 张丽，博士，北京市社会科学院副研究员。

一　北京文化"走出去"深入发展

与往年不同的是，北京文化"走出去"在渠道平台上进一步拓展，尤其是受到城市公共外交活动的积极影响，依靠首都资源优势，坚持政府主导作用，通过内容丰富、形式多样的活动推广，为北京文化"走出去"搭建起了规模庞大的平台。

（一）对外文化贸易稳步增长，提升中国文化海外影响力

对外文化贸易在我国受到越来越多的重视，目前已经成为推动文化"走出去"的重要渠道。不仅拉动经济增长，而且依托文化产品与服务扩大文化影响力。北京的文化贸易在全国处于领先水平，2017年北京文化"走出去"进一步发展。据北京市商务委数据显示，北京市2017年1~6月的文化贸易进出口总额为22.94亿美元，同比增长11.1%，其中，出口额达9.78亿美元，进口额为13.16亿美元，分别同比增长了21.8%和4.3%。核心文化服务（包括广告、电影、音像）的进出口为13.91亿美元，与上年同比增长了6.3%，其中，出口额为7.34亿美元，进口额为6.57亿美元，分别同比增长了13.6%和下降了0.9%。核心文化产品的进出口额为9.02亿美元，同比增长了19.5%，其中，出口为2.43亿美元，进口为6.59亿美元，分别增长了56%和10%。

北京发挥首都在"一带一路"相关国家中的作用，创设文化贸易服务平台。2017年7月，北京举办了"一带一路"中小企业国际合作高峰论坛，这次论坛是一个中小企业投融资交易会，目的是在"一带一路"建设过程中，加强中小企业融入，积极帮助中国的中小企业了解投资环境，讲解项目优惠政策，为中小企业当参谋，关键在于为中小企业寻找合作对象。通过合作对象，传递中国的文化价值理念、中国政治制度、经济开放改革的政策、社会多元化发展形势。

在对外文化贸易中，文化产品的内容本身具有丰富性，在文化交流与文化产业合作中，创造出具有丰富内涵的文化产品。随着对外投资与合作的规模不断扩大，世界市场接受了文化产品，也相应地传递一种文化价值，从而推出了

蕴含文化价值的城市印象，这就是文化贸易传播的力量。充分发挥群体优势，坚持共商、共建、共享，扩大区域经济合作，打造经济建设的基石，在全球资源配置中发挥作用，从而推动中国文化"走出去"，提升国家软实力。

对外文化贸易系列扶持政策提供了有力的支撑。在对外文化贸易发展的过程中，北京市培育了一批文化企业，以资本为纽带完成了兼并重组，跨国经营能力增强，扩大境外文化资产规模，推动文化产品进入国际市场。在世界各地，消费者通过文化产品与服务以及企业感知文化价值，中国的文化影响力不断增强。

北京每年一届的国际文化创意产业博览会是文化产业发展的重要展示平台。2017年，63个国家和地区和4个国际组织参加了此次会议，到会的境外代表团组有86个。在中外客商进行商谈、交易的过程中，文化创意产品向国外商户展示了其所具有的商业价值，自觉呈现文化价值，也传递着文化魅力。

（二）多元主体协同开展公共外交活动，带动文化"走出去"

中华文化"走出去"，不仅需要政府的力量，也需要社会的力量。在政府主导下，一些社会团体、企业事业机构、社会每个成员都是公共外交的参与者。

第一，政府积极发挥主导作用。政府搭建平台，出台政策优惠措施，组织企业参加培训，主动发挥引领作用。北京市2017年举办对外文化贸易骨干人才培训，继续完善北京优惠政策，创造服务条件，提供服务场地，不断创新对于艺术生产的引导，不断完善财政投入的方式，扶持原创，引导文艺院团进行精品创作。比如，2017年，北京市文化局加大戏曲演出的政府购买力度，加大对戏曲剧目演出的扶持力度，全方位搭建戏曲艺术的国际交流平台，推动戏曲艺术在传承基础上向海外发展。

第二，社会团体的参与。社会组织、学术团体、智库等机构的对外交流是公共外交的重要内容。通过这些团体在相应的国际组织里发挥的作用，进一步推动中华文化走向世界。许多社会组织参与孔子学院和一些海外文化中心的建设，通过国际人文交流的项目，使国际经济合作与文化"走出去"相互促进。

第三，企业间的市场行为是国际交往的基础。企业在"走出去"的过程中，不仅注重自身的利益，而且越来越多地与国家形象联系起来，形成企业利益与国家利益紧紧结合在一起的格局。国家形象能够带给企业便利的营商环境，企业的行动也能够为国家形象的塑造与传播提供基础的元素。通过企业的经营活动，传递准确信息，能够减少和消除国家之间的误解，扩大对话。企业的对外宣传是公共外交的重要方面，包括企业之间的交往交流、商业往来。在竞争与合作中，企业在"走出去"时要不断强化公共外交意识。2017年初，国务院发布了《关于扩大对外开放积极利用外资若干措施的通知》。2017年7月北京通过举办外商投资政策的说明交流会，向外资企业和投融资机构等阐明中国政策原则，并结合企业的需求，围绕主题"中国制造2025"、自贸区建设、外商投资产业的指导目录等相关政策和法规以及行业热点话题，进行专门的解读。这不仅搭建了一个政策宣传的平台，而且加强了与企业的沟通，尤其是外资企业的代表，使其更加了解中国对于外商的态度、政策原则以及文化理念。另外，也有一些企业直接以产品内容出口国外，不仅产品本身获得消费者的大量购买，而且产品蕴含的文化价值理念也受到消费者的接受与喜爱。如同仁堂扩张海外市场，在海外多个地区开设网点，包括中医诊所、零售终端、养生中心，通过品牌将中医药文化传播到了世界各地。

第四，个人在国际交往中发挥着重要的作用。随着城市国际化程度的不断提高，日益频繁的国际交往让一些去各国的留学生、旅游者，以及华人华侨自动承载着文化国际传播的使命。政府搭建公众参与的舞台，为国际交流人士提供机会，使他们成为文化使者、国家形象的表达者。华侨华人是一个重要的载体，对于中华文化传播起到了巨大的作用，成为中国和世界各地交往的桥梁，推动中华文化深入走向世界。

北京重视海外侨胞在公共外交中发挥的重要作用和所具有的重要地位。北京市侨办围绕服务大局的原则，利用侨胞回国的机会使其与北京城市全方位地接触，产生新的感受，把新的收获充实成为与国外进行文化交流的内容。2017年11月，北京市侨办召开为侨服务交流会，凝聚侨心、发挥侨力。2017年12月，北京在天桥艺术中心举行了华时代全球短片节，选题立意为华人主题，通过来自全球100多个国家和地区的华人的视角叙述中国故事，展示了全球环境下华人在世界各地的生活状态以及精神追求，反映了中外文化之间的交流与融合。

（三）多种媒介全面传播中国文化影响力

公共外交活动不是传统的外宣思维，城市宣传部门的宣传推广工作只是其中的一个方面。新型公共外交活动在形式上包括了城市广告和宣传片，也包括通过各种介质对城市形象与国家形象进行系统传播，实际上是城市对外形象沟通的系统工程。北京综合各种传播方式，对外宣传进一步加强和改进，传播中国声音，在对外传播过程中，逐步建立立体化、多渠道、多层次的内容结构多样的对外传播体系。

第一，文艺团体的海外演出。2017年春节期间，北京市文化局组织了36支演出团组的400多位艺术家参加在国外的演出。在芬兰首都赫尔辛基，中国的春节演出成为政府提供给市民的文化福利，也成为赫尔辛基的品牌化活动。2017年6月在阿斯塔纳开展文化活动周活动，在世博会的中国馆，表演了京剧《京韵华彩》、杂技《激踏·球技》、武术《太极》等节目，让观众观赏到并热爱中华文化艺术，从而推动"一带一路"沿线国家城市间的文化交流与合作。在台北举行北京地坛庙会，有地道的北京小吃，驴打滚、豌豆黄、京味茶汤、艾窝窝、炸糕等，有传统手工艺内画鼻烟壶、绢人、景泰蓝、京绣等非遗作品，有悠久的老字号，便宜坊、都一处、吴裕泰、同升和等，北京的民俗风情，有老北京胡同吆喝、古彩戏法、街头杂技、京韵大鼓。英文原版歌剧《红楼梦》2017年3月在香港演出，向全球观众传播了中国古典文学的美。

第二，中国名著的海外翻译与阅读。国外汉学家喜欢中国文化，热衷于对中国古典诗词、古典文学著作的研讨，对于著名诗人与作品非常关注。利用这个机会，使本土文化对接国际范儿，质量向高端化发展。既有传统图书、期刊、报纸，也有电子图书、电子期刊、数字报纸等。2017年北京海淀区举办的书籍展览，展出10种语言译本的《三体》，英文版全球销售76万册。

第三，电影、电视剧、游戏的国际推广。我国电影、电视剧以及与之相配套的网络游戏质量在不断提高，向国际社会传递国家文化价值，达到社会效益、经济效益的统一。以影视剧为前锋，中华文化通过一批优秀的国产剧目在国外热播，在国际社会的地位不断地提高。中国影视作品在国际社会讲述中国故事、传播中国文化的能力不断得到加强，越来越受到欢迎，全球社会正在普遍地认识和理解中国文化的价值理念。

2017 年 3 月，《电影产业促进法》实施。这个法律明确规定了电影产业的权利和义务，向电影产业界提供了法治环境，将有力地促进电影业的良性发展。在北京 2017 年国际电影节上，关于电影科技的国际论坛首次召开，推进了电影产业技术化、专业化、规范化发展，提升了北京电影产业的内涵，使电影自觉地走向国际电影市场。

第四，新闻媒体传播规模扩大。人民网海外版、中国网、中国网络电视台等重点新闻网站，在网络舆论场中不断地放大中国声音。同时，我国的社交平台随国力的增强而得到快速的发展。国内主要媒体积极拓展海外社交平台，国外主要媒体的社交平台账号纷纷加强对中国全方位的关注，在社会、科技、经济、文化等方面，不断加强对中国的报道，尤其是对于北京城市创新发展成就的频繁报道。中国新闻已经登上了海外社交平台的焦点与热点条目。同时，社交平台的受众对象以及操作对象年轻化，说明世界各地的年轻人关注中国更多，而且是从当下的中国文化与北京城市变化的视角来进行关注。海外青年用户的关注，是中国文化"走出去"的深入发展的表现。"《人民日报》、新华社、中央电视台（中国环球电视网）、《中国日报》等四家主要媒体在 Facebook 和 Twitter 上的英文账号的关注数量和互动水平都已今非昔比。如截至 2017 年 3 月，相较四年前，《人民日报》英文 Facebook 账号关注数从 5.4 万增长至 3374.4 万，英文 Twitter 账号关注数从 0.03 万增至 305.0 万；新华社英文 Facebook 账号关注数从 0.5 万增长至 1672.1 万，英文 Twitter 账号关注数从 0.3 万增至 801.0 万。"① 可以说，当这些账号在为吸引青年用户做出优化与调整时，中国故事就生动地进入了世界视野，传播到了国际社会的各个角落。北京举办国际交往活动，中国向世界传递的对人类的美好愿景，被世界广泛地了解与认知、接受与传扬。

（四）依托城市主场活动推动文化"走出去"

城市作为国家间交往的重要的载体与场所，不仅在服务本国总体外交时代表行为体的力量，而且城市内部聚集了具有行为能力且对国家政策过程产生影

---

① 刘扬：《利用"微传播"向海外青年讲好中国"砥砺奋进的五年"》，《对外传播》2017 年第 7 期。

响的行为体，例如跨国企业、社团机构、国际组织等。在公共外交活动中，中央政府赋予一些重要的城市以国际交往功能，在某些条件和环境下，城市可以代表着国家。国家总体外交中的某些具体项目得到有效的贯彻落实，比如，重大庆典的召开、重要国际会议的召开、重要国际论坛的举办等。2017年12月北京举办了"一带一路"商贸与文化交流论坛，19个国家的驻华使节参会，共商共议，表达传承丝路精神。

城市主场举办各种国际会议、国际论坛、国际会展等活动，是地方开展公共外交的主要形式。通过在各种国际活动中增强城市印象，进而提升国家形象。现代化与国际化的首都，具备了开展主场国际活动的条件，当参与人在各种国际会议、论坛中感知中国首都的城市魅力与文化氛围，文化得以传播。这需要城市精心地营造良好环境，塑造良好国家形象。这不仅体现在基础设施的完善和行政治理的提升，而且需要城市间的友好合作，需要首都服务于国家总体外交战略，提升城市功能。

城市公共外交的战略方向、活动方式、议题模式由地方政府总体引导，民间社团组织与企业是重要的载体。北京城市规划形成了战略性的空间结构布局，北京市政府在城市战略定位基础上，通过举办国际瞩目的国际会议、国际体育赛事、国际博览会以及姐妹城市活动等，全方位开展对外文化交流合作。2017年12月，北京举办了迎冬奥冰雪冬令营。125名青少年参加了冰雪活动，他们来自澳大利亚、加拿大、芬兰、西班牙、瑞典等国家和地区，在实践体验活动中，通过课堂教学、参观游览等活动，身临其境感受中国北京的城市魅力与文化氛围，对于认识北京、传播中国文化起到了极大的推动作用。

政策环境受到国家主权的约束，城市拥有资源，要求城市发挥本城的有利特色，提升城市影响力，有自身的独特的发展方向，公共外交的经验做法是适应本城市的特点，以本城优势为基础，深入对本城的资源以及国家的政策进行分析，充分调研，做好决策。由于城市公共外交的范围广、领域宽、层次多，因此必须发挥政府的主导力量，发挥顶层设计的作用，否则易成为散沙，没有效率，甚至危害城市公共安全。

以资源禀赋为基础，依托人文历史、地理特点等形成城市功能定位，并且带动其他城市的整体建设与发展，已经成为特大城市的战略任务。"今天城市的物质规模和社会的范围都变了；城市大多数的内部功能作用和结构都必须彻底改变，重新铸造，以便有效地促进将为之服务的更大的目的，即：统一人的内部的和外界的生活，逐渐促进人类自身的大同团结。将来城市的任务是充分发展各个地区、各种文化、各个人的多样性和各自的特性。"① 一个城市的公共外交凸显城市发展过程积聚的影响力，在城市历史文化的长期积淀中，以文化为抓手，促进社会全面发展，培养文化地标，扩大城市的世界知名度。对于一些开放发展的城市而言，在城市的顶层设计中，地方政府站在国家发展战略的高度，规划城市发展战略，着眼于从全球视角与地方特色结合，突出城市功能的战略布局。城市公共外交不仅补充了国家总体外交的某些内容，而且全面地在世界树立起城市形象，从而积累国家软实力，提升国家影响力。

对于首都城市，在全国范围内的影响更是全方位的。北京发挥首都城市的辐射功能，与全国各地方城市进行协同合作，共同推动文化"走出去"。比如北京与沈阳的对口合作，2017年8月召开的京沈交流会上，北京20多家政府部门以及100多家企业参加，并在辽宁自贸区的沈阳区、铁西产业园区、沈北新区等展开对接合作，涉及文化旅游、文化创意产业等领域的招商引资活动。这种有组织的政府主导的合作，能够通过协同合作的方式，联合两地的优势，共同实施国际文化交流与国际经济合作。在推动文化"走出去"方面，实现了国内的共赢模式，有利于推动京沈两地共同走向世界市场。

二 目前北京文化"走出去"所存在的问题

从城市开展公共外交的角度来看，城市公共外交活动进一步推动了文化"走出去"，城市公共外交地位与作用提高。目前北京市开展公共外交尚存在一些问题，主要包括以下几点。

（一）面临严峻的世界市场环境

经济全球化发展进程中，世界各国经济得到合作发展，而2008年金融危

---

① 刘易斯·芒福德：《城市发展史——起源、演变和前景》，中国建筑工业出版社，2004，第580页。

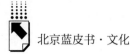

机后美国一再实施贸易保护政策，造成的逆全球化严重影响世界市场运行秩序，文化产品的出口不可避免地受到影响。

近年来，我国的文化创意产品出口增加，以货物为载体，文化产品带动文化"走出去"快速发展。目前，美国和欧盟已经是我国文化产品出口的主要市场，同时，出口的文化产品遍及世界 220 个国家和地区。在逆全球化发展态势下，大国竞争的传统战略思维和国家利益冲突，带来国家间战略性矛盾和冲突，凸显出世界市场竞争的激烈程度。如果贸易出口减少，依托货物贸易带动的文化影响也会减弱。

（二）涉外资源多元但整合利用不够

北京的涉外资源多元化，但是缺少目标明确的统筹安排。北京国际交往的城市功能尚需要优化空间布局。作为第二大经济体的首都，重要国际组织、有影响的国际论坛尚不能够与之匹配。

市民往往服从并执行行政级别的命令，在参加文化传播的社会活动中，缺少城市融入感，在国际性资源聚集、国际文化交流、教育培训、议题论坛频繁的首都，弘扬优秀传统文化、民族文化、地域文化、特色文化的自觉性和责任感还不够强。

三 进一步拓展城市公共外交的对策建议

借助北京城市公共外交活动的视角，我们观察到文化"走出去"的程度与地方外事活动与对外文化贸易密切相关。从国际交往角度看，我们要从中国特色大国外交的高度、主场外交活动增多的角度和城市国际化品质的尺度入手，拓展城市公共外交活动，推动北京文化"走出去"全面深入发展。

（一）强化地方政府治理能力和外事能力

文化"走出去"目的在于提高国家在国际社会的地位与作用，地方政府的作用不容忽视。要着力发挥政府职能，提升地方外事工作力度。根据本地发展的实际需求，引导充分发挥涉外资源的潜力。根据地区的优势，形成外事工作体系，发挥国际资源的优势作用。带动文化"走出去"全面发展，要发挥北京的政治优势，发挥首都功能，全面提高服务保障能力，在对外开放条件下，不断提高国际交往功能，增强承载能力，服务于国家发展战略和总体外交的需要。在提供具有国际标准的优良服务环境的同时，既要提高硬件设施的服务环境标准，又要提升软件服务能力，包括提供国际化的基础设施、新闻中心，提高服务人员的技术水平与业务素质，以国际视野和地方特色相结合，统筹规划与开展公共外交活动。各企业、事业或相关部门在地方政府的政策引领下，要充分发挥社会力量的影响力，积极地主动地发现问题，为政府提供反馈建议。要鼓励政府进行实践经验的获取，不断完善文化"走出去"政策机制。地方政府要大力培养具有国际视野的人才，了解国际时事，熟悉国际规则，熟悉多元文化，具有跨文化沟通的能力、国际交流与国际合作的能力。

（二）提高文化产品的品牌影响力，推动文化国际贸易广泛发展

在信息化深入发展的进程中，世界各地通过普遍的技术应用更为紧密地联系在一起，对外文化贸易得到了更为广泛的发展的同时，公共外交的受众群体规模巨大，通过消费文化产品、接受文化服务而成为文化内容的感受者、体验者，从而成为文化理念的拥护者。当在国际体系当中的非国家行为体角色日益多样，其扮演的角色地位日益重要，对国家的政策影响日益增大，公共外交发挥作用的空间就越来越大，作用不容忽视，成为推动与促进文化"走出去"的重要手段。公共外交理念下，要特别重视企业跨国经营的作用，引导企业在产品内容上不断创新。

（三）遵循城市发现规律，多元化开展公共外交活动

引导各阶层积极地开展对外交流和合作活动。目前，北京地区包括经济、文化体育、科技、金融、教育等国际民生各个方面的公共外交活动机构和团体众多，具备开展公共外交的优厚基础条件，要进一步地统筹安排，使多元化的文化"走出去"活动全面发展，维护国家形象。遵循"人－城市－国家"相融合的逻辑，实现政府－市场－社会的城市治理模式，发挥政府主导作用，整合非营利性组织、私营公司、非政府组织等公共外交资源，引领公共外交活动有序开展。现在，公共外交已进入全民参与时代，要强化"公共外交，匹夫有责"，加强对城市居民特别是年轻人进行国际交往知识的普及，在重大国际

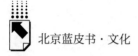
赛事、国际展览展示活动中带动广大市民的爱国积极性，催生更多的"市民外交家"。

（四）发挥首都媒体优势，提升国际话语权

在塑造北京的城市形象的过程中，要特别重视提高主流媒体的传播力。同时，全面运用新媒体的高端技术与灵活方式，发挥其传播规模大、传播效应强的效应。总之要发挥首都全媒体的优势作用，增强国际意识，增强时效性，不断传播正能量，持续壮大我国主流思想阵地，推动文化"走出去"。在自媒体时代，要规范舆论场行为，做到准确传播北京国际形象，侧重对党和国家以及北京城市规划发展中的成就进行全面的、正确的传播。组织企业参与促进"走出去"的调研活动，了解世界市场，扩大受众群体规模，依靠实体经济，借助网络平台着重培育有对外文化传播能力的企业，扩大规模，实现跨国经营，推动企业以产品带动软实力进入国际市场。

（五）前瞻性谋划好国际交往功能的空间布局，打造现代化"主场"

对于主场的打造，绝不是简单的迎来送往，而是主动迎合他者对于自己的期待，充分提供答案。继承和发扬人文精神，打造具有"主场情怀"的大国首都形象是未来国际交往中心强化的发展方向。要从中国特色大国外交的高度出发，强化国际交往中心建设，规划建设好重大外交外事活动区、国际会议区、国际交通枢纽、外国驻华使馆区、国际组织集聚区等。强化中心城区国际交往高端服务功能，着力发挥已有的硬件作用，提高城市治理水平；在新城区，致力于拓展空间，对硬件设施进行扩容、拓展与提升，比如依托怀柔国际会都，拓展雁栖小镇建设，提升综合承载力。在老城区与新城区联动发展进程中，侧重提升城市建筑所表达出的人文情怀。既提供更广阔的国际交往舞台，同时通过"舞台效应"展示别具一格的大国首都形象。

B.22
首都文化传媒业国际化发展的
现状与趋势研究

张 力*

摘 要： 首都"四个中心"建设为文化传媒业发展带来新的历史契机，随着近年文化传媒业快速转型发展，首都文化传媒业加速进军国际市场已是形势使然，亟须从政策引导、资源整合、国际影响力提升等方面推出得力举措。

关键词： 北京 文化传媒 国际化

文化传媒企业化国际化发展是目前全球媒体业市场的主流趋势，我国文化传媒业面临着实力强大的境外文化集团的市场挑战，而首都北京是国家文化中心，是我国经济发展水平、国际化程度最高的大城市之一，面临的挑战和冲击可以说是最明显的。加速完成首都文化传媒业转型，打造国际化文化传媒企业，内化于建设国家文化中心、国际交往中心的过程，是当下推动文化传媒业增强国际竞争力的必然路径。

一 首都文化传媒国际化发展的现实背景

（一）国家重视文化传媒国际化发展，扶持性政策不断出台

梳理近年颁布的政策文件，可以看到内容所及已涵盖文化创意产业、设计

---

* 张力，北京市社会科学院外国问题研究所副研究员。

服务业、文化科技、文化金融、影视新闻出版、传媒企业体制改革等与文化传媒行业相关的各个领域,积极推进文化传媒业全方位、多层次发展,为文化传媒业长期健康发展创造了优越的政策环境。随着政策红利正面效应的释放,文化传媒行业也成为资本市场高度青睐的行业之一,据前瞻产业研究院《2016～2021年中国互联网文化传媒行业市场前瞻与投资规划分析报告》显示,近年国家连续出台有利于文化传媒行业健康发展的政策,财政部、海关总署、国家税务总局联合发文实施支持文化企业发展若干税收政策,以支持文化传媒企业发展,降低传媒企业运营成本,增厚业绩。北京"十三五"规划也明确指出,"要创新文化产品生产机制,营造有利于打造文艺精品和文化品牌的政策环境""推动传统媒体和新兴媒体融合发展,提高国际传播能力"。总体看,在我国深化文化体制改革和文化消费逐年升级的发展背景下,文化传媒业发展态势持续景气、不断推进。

(二)日新月异的数字传播技术为文化传媒业带来跨越式发展机会

全球数字化时代,文化信息传播具有重要意义和价值,远远超过传统媒体时代,文化传媒业发展呈现出新的特征与趋势,更为重要的是数字化传播技术为包括中国在内的发展中国家的文化传媒事业带来了跨越式的发展机会。当前,世界各国传媒都积极面对这一全球化数字技术浪潮的挑战,国际上很多传统媒体机构竞相乘势而为谋求生存与发展。对于首都文化传媒业而言,在数字时代抓住机会大力发展,是首都文化传媒在数字全球化时代参与国际竞争、提高市场份额、开展与世界沟通交流的有效途径。然而文化传媒业的经营思维须随时代变迁而变,才可能有大的作为。由于数字化技术对文化传播体系的加速渗入,从根本上改变了人们对文化传播的传统认识与理解,引发了对整个传播活动过程的重新考量与研判,除了颠覆已有的大众传播结构链条之外,数字化技术还为传播活动带来了新内容、新方式与新特点,因此,文化传媒业的架构、经营模式、管理体制与运作机制等正经历着剧变。近几年,首都各家文化媒体先后投入数字转型谋求发展之中,并涌现出包括"北青社区传媒""新京报政事儿"等优秀媒体融合产品。

（三）传统媒体与新媒体融合推动文化传媒业重构转型走向深化

伴随着网络媒介传播的发展，报刊、广播、电视等传统媒体面对新兴媒体的冲击与挑战需要调整、转型以适应新时代互联网传播环境的竞争。传统媒体在传播技术与形式上创新突破，积极采取措施推动生产传播模式转型升级，借助于互联网的数据库，进行跨媒介的内容资源整合，适应眼下客户移动性接受信息的需求，改造生产信息和发布信息工具，重视社交媒体的充分利用，将丰富多彩的内容通过多媒体平台传递给受众。

就国家级传统媒体单位来说，有新华社、中央电视台、中央人民广播电台、《求是》杂志、《人民日报》、《光明日报》、《经济日报》等中央级主流新闻媒体，地方传统主流媒体单位则有北京电视台、《北京日报》以及各类型都市报。主流传统媒体依然代表主流声音，但是在互联网大数据时代，面临着许多问题和考验。网络新媒体已经广泛普及，在突发热点、敏感问题上，反应与跟进的速度与广度都比传统媒体有明显优势，传统媒体有失声之虞，缺乏作为主导舆论的应有引导力。

形势所迫，传统媒体积极探索转型，与新媒体融合运作，面向新媒体全流程、全内容、全平台转型，将传播平台延伸到网站、微博、微信等适应时代传播要求的新平台建设上，以适应新媒体传播环境，从而增强整体实力，具备与新媒体竞争的活力。包括《人民日报》《光明日报》等纸媒都相继开发了新媒体客户端，在与新媒体的融合转型过程中探索了适合自身特色的发展道路。新媒体运营平台主要包括官方微博、微信、移动客户端等。其中官方微博重点发布原创新闻、评论；官方微信重点发布权威独家新闻、民生政策解读；微博、微信还与报纸版联动，此外，开通了一批服务性强的微信小号。电视台的转型，以北京电视台为例，他们从组织建设、平台搭建、节目生产等方面进行改革，以台网融合为核心思路，全方位推进三网融合，搭建了以广播电视台网站、IPTV、移动互联网业务为主的"三位一体"新媒体业务体系，建立起基于云计算平台的统一的用户系统、云媒资系统和数据服务平台，在统一的数据后台基础上面向不同的用户需求，全面覆盖电视台涉及的新媒体业务。然而，需要看到，文化传媒重构的尝试与探索还只是新旧媒体融合的一个开端，如何完成二者的深度融合与华丽转型还有更长的路去开拓，这个过程中要不断面对和解决转型过程中的问题。

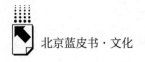

二 首都文化传媒国际化发展的现状

（一）新媒体保持强劲的市场活力

近年，经济发展速度放缓促使产业结构升级的需求更加凸显，文化创意产业成为经济的支柱性产业，而消费升级与技术发展为文化传媒产业的持续发展提供了现实支撑，文化传媒业持续进入中长期繁荣发展阶段。最大的变化在于媒介技术的不断进步加速新旧媒体的分化，与国外的媒体相比，以北京为代表的新兴媒体在国际化进程中表现抢眼。2017年，今日头条积极开拓东南亚等海外市场，全资收购北美知名短视频社区 Flipagram 和短视频社交软件 Musical. ly，且今日头条的海外版"Topbuzz"已经在北美 Google Play 新闻类下载排名中稳居第一，显现了旺盛的市场活力。新媒体的活力还体现在与以报纸、广播等为代表的旧媒体整体断崖式下滑相比，互联网、移动互联网、电影等相关的新兴领域发展势头良好，市场容量增长幅度达到30%以上，新兴媒体呈现繁荣发展态势。移动互联网的迅速发展带动了互联网应用整体上升发展。统计表明，移动购物、移动支付、移动炒股、移动预订增长近5成，从新媒体的普及状况来看，以北京为代表的一线城市对新媒体的使用与接受度丝毫不弱于国际其他城市。

（二）文化传媒"走出去"步伐加快

2016～2017年传统媒体与新媒体角色地位发生格局性变化，新媒体全面替代传统媒体占据主流地位，优势明显。新媒体以快速的信息传播、开放性的平台和广泛的覆盖度，能够更好地满足当下人们日益增长的精神文化多元化需求，尤其受到年轻人群的欢迎与推动，随着不断的消费升级和上升的文化需求，当下文化传媒产业呈现景气繁荣态势，再加上国内互联网企业全球布局的发展以及"文化出海"战略，文化传媒行业风头正劲，一批文化传媒公司在"走出去"过程中实力逐渐壮大。（北京）时代出版传媒把"走出去"作为企业重要板块，并不断创新对外合作、对外贸易模式，实现了从产品"走出去"到产业"走出去"、从产业项目化到资本国际化、从出版"走出去"到文化"走进去"三大跨越。文化传媒业在政策利好的推动下，基本面持续向好。值得关注的是，文化传媒业在 2016 年迎来知识付费的兴起，用户数量达到 0.98 亿人。2017 年知识付费媒体平台呈爆发式增长，主要分为综合知识付费平台、付费问答平台、付费教育平台等几类，其中佼佼者是知乎 live、分答、喜马拉雅 FM 等应用。据统计，截至 2017 年 6 月，喜马拉雅 FM 拥有超过 3.5 亿的用户，超过 6000 万为月活跃用户，221 万用户为付费会员，月均 ARPU（每用户平均收入）值超过 90 元；2016 年 5 月上线的知乎 live，截至 2017 年 6 月共实现流水 6508 万元。[1] 2017 年 9 月，"喜马拉雅 FM"正式在日本上线，迈出国际化第一步。

（三）文化传媒与金融融合趋势明显

北京大力推动文化与金融融合发展，新兴业态、消费模式、平台渠道不断涌现，北京文化产业投融资体系日渐完善。2016~2017 年间，文化传媒产业的融资呈快速增长态势，2016 年文化传媒产业流入资金为 3966 亿元，2017 年上半年流入资金是 2706 亿元，反映出文娱传媒类的创业获得了资本的高度青睐，文化传媒产业的集约式发展在逐渐地增强。这其中，上市公司凭借日渐强大的资本运营能力通过投资、并购来进行文化产业布局。据统计，2016 年北京市文化传媒产业流入资金是 1600 亿元左右，同比增长 68.07%，2017 年 1~7 月，资金流入额为 873.15 亿元，股权融资额为 274 亿元，新增挂牌企业 42 家，新增 4 家上市公司。[2] 北京吸引资本的行业多是互联网文化信息服务业以及一些新兴传播业态。

从国际比较的视野来看，北京乃至全国文化传媒业的发展步伐还落后于整体经济发展的步伐。数据显示，近几年中国文化传媒产品的 TCI 指数（贸易竞争力指数）多为 0.3~0.4，表明现阶段的文化传媒产品的国际竞争优势尚不明显，而中国传媒服务 TCI 指数则在 -0.10 处左右，在国际传媒市场竞争中处于相对劣势。总体而言，首都文化传媒业国际竞争力呈增强趋势，但是尚处于国际平均水平，文化传媒产品出口规模在增长但出口地位仍待提高。

---

[1] 《2017 年中国传媒产业总体规模持续增长》，中国产业信息网，http://www.chyxx.com，2017 年 12 月 4 日。

[2] 刘德良：《2016~2017 年（上半年）北京市文化创意产业投融资成果》，投资界网站，http://news.pedaily.cn，2017 年 9 月 7 日。

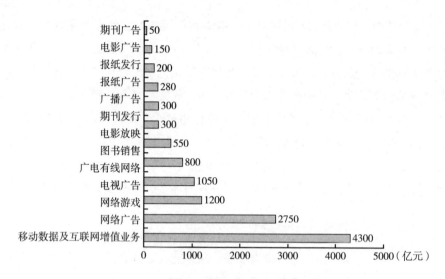

图1 2016年中国传媒产业细分行业总体收入

资料来源：《2017年中国传媒产业总体规模持续增长》，中国产业信息网，http：//www.chyxx.com，2017年12月4日。

三 首都文化传媒国际化发展的问题

互联网技术发展带来了"第三次工业革命"和"第四次传播革命"。文化传媒业发展出现新趋势，移动新媒体的迅速崛起对已有的媒体业稳定的市场格局造成巨大冲击，促使全球传媒格局重构。传统媒体受众很多已被网络新兴媒体吸附占有，并且这种趋势将随着网络技术的进步变得越发明显，文化传媒业转型从媒介技术应用层面的转型开始，逐渐意识到必须在理念、机制、经营、人才等方面，进行深入的全方位转型，才能真正延续媒体的市场生命力，实现文化传媒企业的现代化、产业化和规模化转型，增强文化传媒业的国际竞争力，然而这个过程需要不断面对挑战、解决问题。

其一，文化传媒企业化国际化发展需要对互联网带来的传播革命有更加深刻的认识。在转型思路上，如果只局限于依靠自身资源把互联网等新技术当成工具，去实现传统媒体与新媒体的融合，是失之肤浅和表面化的认识，仍然是停留在旧体制窠臼内的思路，不可能实现真正意义上的转型，因此首先要意识到理念转型是当务之急。文化传媒企业化国际化发展，还须切实解决管理机制问题、技术转型问题、人才培养问题、资金来源不足问题、对外输出渠道有限问题等。此外，还存在重投入不注重产出、投资效益欠佳、缺乏必要的引导和保护、重复投资和投资回报率不高等问题。这些都在不同程度上制约了首都文化传媒业发展的国际化进程。

其二，文化传媒业的内容生产与信息服务是提升国际竞争力的核心工作，多数文化传媒企业缺乏对大数据技术以及信息内容生产的正确认识。目前，很多传统文化传媒企业仍然将数字化当成数据化，只是简单地将传统内容转换成手机版、网站版等数字可视化内容，忽略大数据技术的本质，没有通过挖掘和分析不同数据之间隐性的内在联系，揭示事物之间的内在关联，从而真正实现数据的内涵价值。现在，多数文化传媒机构的转型做的仅仅是数字化，只是数据库资源的筹建工作，还谈不上真正的数据化。

为适应大数据时代的要求，对于转型中的传媒国企而言，除了重视内容生产，还要重视信息服务，建立有规模的信息丰富的大媒体数据库。大数据技术战略对首都文化传媒业转型成功与否至关重要。当前互联网环境下的媒体受众已不仅仅是受传者或者读者，更大意义上应该被称为用户。相较于互联网商业化媒体，传媒国企不太注重用户体验、大数据抓取和分析传统媒体用户的相关阅读信息，对用户关注热点、信息需求等数据缺乏着力分析，在信息的个性化服务和用户体验等方面须着力提升。例如，《金融时报》通过开通免费阅读专区，获得大量读者阅读信息，通过大数据进行分析读者的喜好与需求，打造付费的个性化信息服务。开拓数字化新闻，通过大数据技术使新闻可视化。传媒国企可以利用资金与技术优势实现数据可视化，吸引用户的兴趣和关注。我国社会转型期舆情多发凸显，传统国企肩负传播主流声音、引导舆情的社会责任，可以利用大数据技术的挖掘分析能力开发舆情管理业务、舆情管理产品。

其三，北京具有实力的媒体开始向全媒体转型，但是仍然处于初始阶段，与国际知名文化传媒集团差距明显。主要问题是还保留有传统事业体制惯性下的管理理念，表现在集团的架构、体制、机制基本延续传统，仅仅是在传播形态上实现平台多元化呈现，而距离真正统一协调管理下所形成的组织融合、传播融合、渠道融合的水平还有相当距离。传统媒体成功转型必然依赖数字传媒时代的管理体制转型，管理转型是北京传统媒体在全媒体时代做大做强过程中

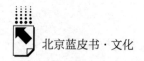

必须要下大功夫攻克的一个难题。此外，在当下全新的网络时代，传统媒体不再能垄断信息源，只有依赖技术转型开创个性鲜明的客户端，全方位整合新闻资讯，建立为用户服务的商业模式，并借助数字互联网技术将各类形态的产品统一整合到联动平台中，实现跨媒介的内容资源整合，进而在与用户的互动中取得跨越式发展。

其四，国际化复合型传媒人才将是北京文化传媒发展所急需，这种复合型传媒人才应该是既懂传播，又懂如何应用媒体技术，还要了解用户需求。目前来看，存在的人才错配问题制约着新业态的发展。传统媒体在新媒体业务的人员配置上，大多是将传统业务中的优秀人员调到新业务岗位上，但是随之而来的问题是，因为传统业务与新媒体业务具有不同的传播特性，对人才专业知识、业务能力和综合素质均有不同的要求，传统业务人才未必能在新媒体业务中做得好，同时由于传统思维惯性而不能很好地适应新媒体业务的创新需要。再者，大数据技术要求文化传媒业人才能适应行业自身广度和深度的拓展，广度是指媒体要具备海量信息的数据库资源，在拥有采编队伍与原创内容、一手信息的同时，建立与受众、网民、用户进行互动的数字化平台，广泛汇聚各方信息，打造大数据平台；深度是指作为信息社会清醒的思考者，依靠训练有素的专业采编队伍披沙拣金，成为大数据时代的舆论引领者，利用大数据技术对社会做出深入的观察深刻的思考、分析、解读和预见，在互联网时代把握正确的方向。以上问题是北京文化传媒企业化、国际化发展的转型困境，如何面对以及采取何种路径攻克解决，当下传媒业正在实践中探索和找寻答案。

四　首都文化传媒国际化发展的路径建议

第一，从政策上大力扶持文化传媒企业国际化发展，在理念、技术、人才等方面的转型上加以推进和引导。政府应改变行政方式、管理方式，在财政投入、资金筹措、奖励出口和税收优惠等方面出台扶持措施，促进文化传媒企业国际化发展，促进北京文化传媒企业"走出去"。积极鼓励传媒企业多渠道筹措发展需要的资金，进一步通过公司改制改建实现文化传媒企业投资主体多元化，鼓励商业银行创新信贷模式，通过加大信贷支持力度推动文化传媒企业发展，同时鼓励文化传媒企业与银行合作，通过发行企业债券等丰富信贷形式。

在国家层面，充分运用国家文化产业发展专项资金、国家文化出口重点企业和项目扶持资金等，对通过银行贷款实施"走出去"战略的重点文化传媒企业给予利息补贴，加强对以自有资金为主投资的文化传媒企业"走出去"项目给予重点补助，并按照出口实绩给予奖励，认真落实税收优惠政策等。按照国家相关规定，对出口图书、报刊、音像制品等文化产品享受增值税出口退税政策。这些都是保障文化传媒企业参与国际竞争的重要措施。

第二，整合资源，制定文化传媒产业整体发展战略以增强国际竞争力。目前，由于传媒业区域化分割以及传媒企业自身实力等问题，北京尚未真正组建跨区域和跨媒介的大型传媒集团，因此对外传播的实力和影响力很有限。鉴于此，要打破条块分割，创造有利于传媒企业兼并重组的市场环境，传媒业进行合理的传媒产业结构调整，实施兼并重组战略，推动传媒产业多元化和规模化发展，转单一经营为多元经营模式，鼓励传媒企业跨媒体、跨行业、跨地区、跨所有制，推动企业规模化经营，形成传媒产业链，使得上游产业与下游产业能够顺利地结合起来。鼓励与引导传媒单位集聚的地区或者拥有多家相似业务的单位部门，按照优势互补、自愿结合的原则，将传媒资源进行优化整合，组建新的传媒集团，通过这样的战略组合形成更具实力的市场主体，从而培育一批核心竞争力强、业务突出、实力雄厚且国际传播影响力大的传媒企业，增强北京文化传媒业的国际竞争力，促进北京城市文化的跨文化传播。

第三，实行多元化经营，在原有基础上打造延伸平台、延伸业务，实现多元化效益，这是文化传媒企业国际化发展中做大做强的一条路径。国际上不乏这样的成功经验。国际上传媒巨头很早便在多种不同领域开展经营，拓展产业范围，比如英国《金融时报》借助品牌优势拓展了手机版服务、掌上电脑版服务、年度调查报告、图书出版、会议等相关延伸业务，扩大品牌价值。全球最大的媒体企业集团之一的新闻集团经营的业务范围涵盖电影、电视、网络、报纸、杂志、书籍出版以及数字广播，等等，其收益多来自娱乐产业。我国南方报业传媒集团是转型较为成功的范例，迄今已建立了报纸期刊、出版社和网络三大平台组合，实施以平面媒体、网络媒体、移动媒体、图书出版、文化会展、文化实业和社会公益活动为"七大舰队"的品牌经营战略。

第四，提升传媒文化产品国际影响力和竞争力。传媒文化产品和传媒文化服务的跨文化输出，要在了解文化差异的基础上，适应目的国的文化环境与接受习惯，积极消除语言表达、审美习惯与价值观的隔阂，深切把握各民族文化心理，以降低在文化贸易中"文化折扣"现象的发生，保证对外文化贸易得以顺利进行。从既往经验来看，西方文化的低语境属性与东方文化的高语境属性，在价值观念、语言使用、美学趣味等方面具有明显的差异，如果不懂得这方面存在的文化差异，传媒文化产品的跨文化输出必将遭到冷遇。从目前的状况分析，我们尚停留在对外输出文化中一些比较表层的东西，比如杂技、功夫和民俗等。这些文化展示帮助世界了解中国是有限的，甚至是肤浅的，因为缺少意义的交流与细节的打动，这是需要重视的一个问题。我们对外输出的传媒文化产品和文化服务，如果与输出目的国的基本文化价值观不相容，就不能为目的国的文化所接受。因此，我们要研究我国传统文化价值理念如何按当代核心价值体系予以媒介表达的可能性，通过有感染力的、丰富的艺术表达方式，传达给世界，实现有效的文化传播，才能实现市场国际化。

五　结语

从全球范围来看，文化传媒企业集团化、规模化、国际化竞争是大势所趋。目前，传媒企业普遍呈现出多元化发展的趋势，包括产权多元化、运营资本多元化、经营内容多元化及效益多元化等。传媒企业、传媒集团在其文化信息传播这一核心业务方面，已经普遍开发利用多元化传播媒介，选择与新媒体融合转型的发展路径。通过整合资源、重组机制、经营延伸等一系列转型动作，传媒企业向集团化、专业化、规模化方向发展，加强对传媒市场的影响力。我国正式批准的传媒集团共分五类，包括报业集团、广电集团、出版集团、发行集团和电影集团。文化传媒企业转型、并购、重组是多元化经营和实现快速发展的重要方法，可以重新组合生产要素，使生产资源配置更加合理化，进而最大可能地发挥资源的使用效率。随着北京作为国际交往中心的建设与发展，北京需要进一步发展文化传媒业，打造国际化的文化传媒企业，采取适应国际市场的策略，运用多种方式提高文化传媒产品和服务的输出能力，从而不断提高首都文化传媒业的国际辐射力与影响力。

B.23
2017年北京文化发展纪事

1月3日

北京市文化局、北京市演出行业协会通报：2016年北京演出市场规模再次扩大，票房收入突破17亿元，观看各类型演出的观众达1071.4万人次，同比均有增长。

1月5日

由首都精神文明办、北京市文化局和国家大剧院联合举办的2017 "我爱北京——市民新春联欢会"启幕。

同日，"非物质文化遗产传承——手绘布艺"展在密云博物馆开展。展览以 "传承中华民族传统民俗手工艺文化，弘扬国粹精华"为主题，旨在进一步传承发展优秀非物质文化遗产。

1月7日

由中国文艺评论家协会、国家行政学院社会与文化教研部、中国文联文艺评论中心共同主办的 "电影题材与市场环境建设研讨会"在京举办。

1月11日

大型组雕《旗帜》在中央党校揭幕。

1月12日

中国国家博物馆联手法国卢浮宫博物馆推出开年大展—— "卢浮宫的创想"，展出了来自卢浮宫博物馆的126件（套）珍贵文物艺术品。

1月12~14日

2017北京图书订货会在中国国际展览中心（老馆）举办。订货会共设展位2369个、参展单位737家、举办文化活动200余场。

1月13日

"何要浮名——北京画院藏齐白石精品展"在北京画院美术馆开幕。

1月18日

由中国版权保护中心、国家新闻出版广电总局发展研究中心等共同主办的

319

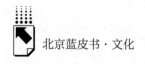

"中国微电影微视频版权大会"在京举行。

1月23日

以"凝聚善美、共筑家园"为主题的市民新春联欢会——京津冀专场在北京喜剧院登场。

1月22~24日

由首都精神文明办、北京市文化局和国家大剧院联合主办的2017"我爱北京——市民新春联欢会"在京上演。

1月25日

中共中央办公厅、国务院办公厅印发《关于实施中华优秀传统文化传承发展工程的意见》。

1月26~29日

朝阳区文化馆公共文化创意产品——"漂亮的兵马俑"继续世界之旅，42尊"漂亮的兵马俑"在英国曼彻斯特交易所广场展出。

2月10~14日

连续举办了20年的"正月十五唱大戏"锣鼓钗如约响起，为京城各区县的戏迷朋友奉献了5场精彩的戏曲演出。

2月11日

猜灯谜，赏花灯，北京多地举行一系列丰富的民俗、非遗演出"闹元宵"，打造浓浓的京味儿风情。

2月20日

国家文物局局长刘玉珠在北京市通州区调研北京市城市副中心建设文物保护与考古工作。

2月21日

国家文物局正式发布《国家文物事业发展"十三五"规划》。

2月22日

中意文化合作机制第一次会议在北京中国国家博物馆召开。

2月23日

《文化部"十三五"时期文化发展改革规划》正式发布。

同日，文化部、国家文物局召开学习贯彻《公共文化服务保障法》视频会议。

2月27日

全国舞台艺术优秀剧目展演在中国评剧大剧院开幕。

3月1日

"大英博物馆100件文物中的世界史"展览在中国国家博物馆开幕。2001年宣布中国加入世贸组织（WTO）的木槌和中国加入世贸组织的签字笔作为第101件展品亮相。

3月2日

中国社会科学院外国考古研究中心在北京成立。

3月12日

国务院发布《中国传统工艺振兴计划》，明确了未来几年我国振兴传统工艺的重要意义、总体要求、主要任务和保障措施。

3月18日

第四届金长城杯小魔星魔术比赛暨全国擂台赛开幕式在农业嘉年华举办。此次活动共有100多名中小学魔术师共同参与，1000人次参与。

3月22日

"第四届北京曲剧艺术节"在昌平区开幕，北京曲剧《龙须沟》作为首场演出精彩开锣。

同日，"阅读北京 品味书香——2017年度首都市民阅读系列文化活动"在首都图书馆正式启动。

3月23日

北京市全市文物工作会议召开。

3月27日

国家文物局、《文明》杂志社在北京共同举办文化遗产与文明交流互鉴座谈会。

3月29日

故宫博物院2014~2016年藏品清理工作总结会在北京举行，院长单霁翔公布了故宫博物院藏品最新总数为1862690件。

3月31日

由首都文明办、石景山区委区政府共同主办的第十届北京清明诗会在北京国际雕塑公园西园成功举办。

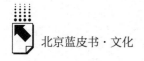

4月7日

京演集团第四届"梦想成真"演出季在北京盛大开启。

4月11日

文化部发布《关于推动数字文化产业创新发展的指导意见》。

4月13日

第二届北京市文化创意创新创业大赛在京启动。大赛以"创赢未来,新无止境"为主题,除在北京设主赛区外,还首次设立天津、河北分赛区。

4月16~23日

第七届北京国际电影节在京举行。电影节前后北京29家影院共展映500部左右、1000多场中外佳片。

4月19日

北京市知识产权局、市工商局、市版权局、市文化执法总队、北京海关等机构联合举行"北京知识产权保护状况新闻发布会",通报2016年查处侵权盗版类案件37起,罚款50余万元,涉案金额1.4亿元。

4月21日

由文化部主办、北京市文化局承办、北京文化艺术活动中心实施的"群星奖获奖作品全国巡演北京行"活动在北京天桥艺术中心举行。

同日,国家新闻出版广电总局发布《关于规范点播影院、点播院线经营管理工作的通知》,规定申请成立点播影院,除工商注册信息外,应当明确隶属院线、所用点播影院计费系统和放映系统设备等信息,经所在地县级人民政府电影主管部门批准,获得专项电影放映经营许可证。

同日,由中国国家图书馆、大英图书馆联合举办的"从莎士比亚到福尔摩斯:大英图书馆的珍宝"展在北京开幕。

4月23日

"北京语言文化主题驿站"揭牌仪式暨"北京市民语言文化大讲堂"启动仪式在北京皇城驿站主题邮局举行。

同日,中国首家"残疾人美术馆"在京开馆。

4月25日

"京津冀一体化·文化谱新篇"书影画作品展在密云文化馆开展,展览共展出京津冀相关省市县书影画爱好者作品147幅。

4 月 27 日

由文化部、国家新闻出版广电总局、北京市人民政府主办的第十七届"相约北京"艺术节在北京上演。

5 月 2 日

纪念潘天寿诞辰 120 周年座谈会在京举行。

5 月 3 日

"'青春 梦想 担当'——王蒙同志与文化青年共话青春"五四团日活动在北京举办。

5 月 4 日

中共中央办公厅印发《中国作协深化改革方案》。

同日，文化部发布《"十三五"时期繁荣群众文艺发展规划》，明确了"十三五"时期繁荣群众文艺的指导思想、基本原则、发展目标、重点任务和保障措施。

5 月 6 日

"第二届丝绸之路国际文化经贸交流巡礼——2017 丝路新语·国际书画艺术联展暨阿拉伯国家联盟文化图片展"在北京智慧长阳中国国家画院美术馆开幕，展出近百幅精品国家文化图片。

同日，为纪念中国话剧诞生 110 周年，由中国戏剧家协会、中国话剧协会联合主办的"李默然戏剧生涯展"全国巡回展在北京中国国家话剧院启动。

5 月 7 日

中共中央办公厅、国务院办公厅印发《国家"十三五"时期文化发展改革规划纲要》。

5 月 8 日

在"一带一路"国际合作高峰论坛即将在北京举办之际，"紫禁城与'海上丝绸之路'"展在故宫博物院开幕。

5 月 9 日

由文化部主办的中国民族歌剧创作座谈会暨"中国民族歌剧传承发展工程"指导委员会成立会议在京召开。

5 月 12 日

由文化部主办的 2017 年全国非物质文化遗产保护工作会议在京举办。

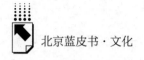

5 月 15～19 日

由中国文联、印度驻华大使馆、印度文化关系委员会主办的"多彩印度文化节"——印度佛教文化遗产摄影展在中国文艺家之家展览馆开展。

5 月 16 日

由国务院参事室、中央文史研究馆、国家民委、中国文联和中国美协共同策划组织并指导实施的"中华家园"美术创作项目在京启动。

5 月 17 日

"2017 年北京大学生舞蹈节"在京开幕。为期 17 天的舞蹈节包括开闭幕式、市级展演、剧目展示、教学公开课、舞蹈工作坊、创意舞蹈营、户外舞蹈体验等 26 场各种形式的舞蹈活动。

5 月 18 日

在第 41 个国际博物馆日，由国家文物局、北京市人民政府共同主办的 2017 年"5·18 国际博物馆日"中国主会场活动在北京首都博物馆开幕。首博"美·好·中华——近二十年考古成果展"展出近 400 件藏品。

同日，"中国精神·中国梦"全国农民画创作展暨第十三届山花奖·优秀民间工艺美术作品初评在中国美术馆开幕。

5 月 19 日

"为你歌唱"第七届北京合唱节暨第四届"北京之声"首都市民合唱周开幕式在海淀公园举行。活动时间跨度为 5 月至 10 月，包括开（闭）幕式、合唱普及讲座、合唱新作品推荐会、群众合唱指挥法大赛、合唱比赛、专场音乐会、基层慰问演出、合唱指挥培训课、原创合唱歌曲集出版等十个大项，若干个子项的丰富内容。

5 月 19～21 日

"京剧流派的传承与创新——第七届京剧学国际学术研讨会"在京举行，来自海内外的戏曲专家学者、表演艺术家、院团管理者及京剧爱好者 100 余人参加了会议。

5 月 21～27 日

2017 北京现代音乐节在京举办，来自世界各地的数十位音乐家参加演出。

5 月 23 日

由光明网、中国文联文艺评论中心主办的"网络文艺发展与新型智库建设"研讨会在京召开。

5月25~30日

"我们的节日·端午节系列文化活动"在北京民俗博物馆举办。

5月26日

由中国美术馆、立陶宛国家美术馆、立陶宛驻华大使馆联合主办的"立陶宛艺术：透过风景的思考"展览在中国美术馆开幕。

5月27日

中宣部、文化部、教育部、财政部出台《关于新形势下加强戏曲教育工作的意见》。

5月30日

作为2017北京国际服务贸易交易会的重要活动之一，第二届中国—中东欧国家文化创意产业论坛暨第十一届国际服务贸易论坛在北京国家会议中心举办。

同日，"白俄罗斯文化日"活动开幕式在北京国家大剧院举行，白俄罗斯文化中心在京举行揭牌仪式。

6月1日

《中华人民共和国网络安全法》正式施行。新闻出版广电总局印发《关于进一步加强网络视听节目创作播出管理的通知》，对网络视听节目的创作播出提出进一步要求。

同日，2017国家大剧院国际戏剧季开幕。

6月5~20日

2017中国国际当代金属艺术精品展在国家大剧院艺术沙龙展厅举行，来自中、英、日、韩、美5国的31位艺术家的诸多力作纷呈亮相。

6月7日

"2017柏林戏剧节在中国"精华剧目来京展演，著名导演赫伯特·弗里奇的作品《他她它》在天桥艺术中心上演。

6月8日

第三届京津冀非物质文化遗产联展暨第十届河北省民俗文化节文艺演出——"多彩非遗·共筑中国梦"在廊坊市举办。

同日，中国民间文艺家协会在京启动《中国民间工艺集成》编纂工作。

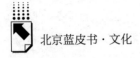

6月12日

由中国文联、中国书协主办的第二届"'深入生活、扎根人民'——文质兼美优秀基层书法家创作活动作品成果展"在中国文艺家之家展览馆开幕。

6月13日

由南京大学文学院教授傅谨撰著、中国社会科学出版社出版的《20世纪中国戏剧史》在京首发。

6月14日

在中国人民解放军建军90周年之际，由中央歌剧院精心打造的大型原创民族歌剧《红色娘子军》在国家大剧院首演。

6月14~15日

"纪念中国话剧诞生110周年主题论坛"在国家话剧院隆重举行。论坛由国家话剧院主办，中国话剧协会、中国艺术研究院话剧研究所协办。

6月16日

宛平记忆文化室在丰台区宛平城地区正式成立。文化室以"宛平记忆"命名，呼吁更多的青年人铭记红色历史，感念中华民族英勇抗争的抗战精神。

6月20日

清华大学文学创作与研究中心成立仪式在京举行。

6月23日

为庆祝香港回归祖国20周年，由中国美协、中国文学艺术基金会主办的"庆祝香港回归祖国20周年——全国中国画作品展"在中国美术馆开幕。

6月27日

"香港回归祖国二十周年——同心创前路，掌握新机遇"成就展在中国国家博物馆展出。40余件（套）展品、230多张照片讲述了多姿多彩的香港风貌和未来蓝图。

6月28日

文化部《"十三五"时期艺术创作规划》公布，明确了"十三五"时期艺术创作的指导思想、基本原则、发展目标及主要指标、创作主题、重点任务、保障措施。

7月3日

由中宣部、文化部主办的2017年全国基层院团戏曲会演在中国评剧大剧院开幕。

7月6日

文化部印发《文化部关于规范营业性演出票务市场经营秩序的通知》，进一步加强对营业性演出票务市场的监管，保护消费者的合法权益。

同日，世界首部大型民族器乐剧《玄奘西行》近日在北京天桥艺术中心首演，开创"民族器乐剧"新形式。

7月7日

以北京为中心、辐射全国的第七届中国儿童戏剧节开幕。该届戏剧节历时45天，涵盖优秀剧目展演、国际儿童戏剧交流以及戏剧嘉年华活动。

7月8日

中国摄影图书榜启动仪式暨2016中国摄影图书榜入榜典礼在京举行。

7月11~18日

"画聚石景山——原件再造《圆明园四十景》京西特展"在石景山区图书馆举行。

7月13日

"北京文投会杯"第二届北京市文化创意创新创业大赛总决赛暨颁奖典礼在京举行。来自京津冀三地的1295个文创项目经过激烈角逐，最终有16个文创项目脱颖而出。

7月17~19日

由全球国际音乐家协会主办的"2017年爱乐国际音乐大赛"总决赛在京举办。

7月18日

全国深化文化市场综合执法改革工作视频会议在京召开，部署推进文化市场综合执法改革工作。

同日，文化部印发《文化部关于引导迷你歌咏亭市场健康发展的通知》，要求地方文化行政部门和文化市场综合执法机构将迷你歌咏亭纳入管理视线，正式确立迷你歌咏亭的文化行业地位。

同日，由故宫博物院与香港特别行政区政府康乐及文化事务署共同举办的"我的家在紫禁城"教育出版主题展览在北京故宫博物院开幕。

同日，北京电视艺术家协会人才培养之系列短剧《我的北京我的家》征

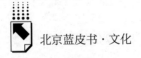

集活动正式在京启动。

7月19日

中国曲艺家协会第八次全国代表大会在京开幕。中共中央政治局委员、中央书记处书记、中宣部部长刘奇葆出席开幕式并发表重要讲话。

7月21日

2017年度"看中国·外国青年影像计划"在北京师范大学展映。

7月24日

由文化部和中国社会科学院共同主办的2017"汉学与当代中国"座谈会在京开幕。

7月26日

"镜头里的人民军队"——庆祝中国人民解放军建军90周年摄影展在北京中华世纪坛展出。

7月27日

由文化部、中央军委政治工作部、中国美术家协会联合举办的"庆祝中国人民解放军建军90周年全国美术作品展览暨第13届全军美术作品展览"在中国美术馆开幕。

7月28日

庆祝中国人民解放军建军90周年文艺晚会《在党的旗帜下》在北京人民大会堂举行。

同日，由中国艺术研究院、中国国家话剧院、北京人民艺术剧院联合主办的"历史回放，舞台辉煌——中国话剧诞生110周年纪念展"在北京国家大剧院开幕。

7月31日

由北京市新闻出版广电局主办、四达时代集团承办的"2017北京影视剧非洲展播季"在赞比亚首都卢萨卡启动。

8月2日

中宣部、教育部、财政部、文化部联合发布《关于戏曲进校园的实施意见》。

8月3日

文化部召开网络安全技术防护工作会议。

8月5日

中央人民广播电台第五届"夏青杯"朗诵大赛(北京赛区)暨第四届"放飞梦想"北京诗歌朗诵大赛决赛落幕。此次大赛推出了一批优秀朗诵作品、原创诗歌及艺术人才,促进了首都文化繁荣发展。

8月5~20日

由北京戏剧家协会、北京市朝阳区文化馆联合主办的第十六届"金刺猬大学生戏剧节"在京举行。

8月11日

以"网络正能量、文学新高峰"为主题的首届中国"网络文学+"大会开幕式暨中国网络文学高峰论坛在北京亦创国际会展中心举行。

8月14~15日

反腐题材现代京剧《在路上》在北京梅兰芳大剧院上演,用京剧形式唱响了一曲现代廉政之歌。

8月16日

第26届中国金鸡百花电影节组委会在京举办新闻发布会,公布了第31届中国电影金鸡奖评委会提名名单。

8月18日

北京市召开推进全国文化中心建设领导小组第一次会议,市委书记、市推进全国文化中心建设领导小组组长蔡奇强调,建设全国文化中心,要集中做好首都文化这篇大文章。

8月20日

中国国家画院"国家当代艺术档案库"在通州区宋庄挂牌成立。

8月21日

由西藏自治区人民政府和中国文联主办的"喜迎党的十九大——第十届西藏珠穆朗玛摄影展"在北京民族文化宫开幕。

8月23~27日

第二十四届北京国际图书博览会举行。该届图博会展出30多万种全球最新出版的图书,共达成中外版权贸易协议5262项,同比增长4.9%。

8月24日

由北京市文史研究馆主办的北京重大历史题材美术作品展在中国美术馆一

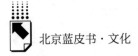
层大厅举行开幕式，展览持续至 9 月 1 日。

同日，中国文联所属中央文化企业国有资产监督管理工作小组会议在京召开。会上宣布成立"中国文联所属中央文化企业国有资产监督管理工作小组"。

8 月 28 日

京津冀文化产业协同发展中心启动活动在京举行。中心由中国文化产业协会、国家文化产业创新实验区共同建设成立。

8 月 30 日

首部原创京味儿农村现实题材话剧《乡愁如霞》在京首演。

9 月 1～30 日

文化部艺术司、北京市文化局共同主办的"2017 年全国小剧场戏剧优秀剧目展演"在京举行。

9 月 5 日

由北京市文学艺术界联合会、团市委、北京剧协、北京青年戏剧工作者协会联合举办的第十届北京青年戏剧节开幕。

9 月 6 日

"喜迎十九大 放歌副中心"精品合唱音乐会在通州文化馆举行。

9 月 8 日

由文化部文化艺术人才中心主办的全国优秀青年艺术（书画）人才成果展在北京炎黄艺术馆开幕。

9 月 10 日

北京市出台《关于加快推进公共文化服务体系示范区建设的意见》。

9 月 10 日

2017 年"以书为友 共读经典"京津冀三地青少年经典导读阅读季启动仪式举行。

9 月 11～13 日

第十二届中国北京国际文化创意产业博览会在京举办。该届文博会以"文化科技融合 传承创新发展"为主题，举办了综合活动、展览展示、推介交易、论坛会议、创意活动、分会场六大系列百余场活动。

9 月 13 日

中共中央、国务院正式批复《北京城市总体规划（2016 年－2035 年）》。

9月13日、14日

北京市文化局分组召开全市非遗保护工作会议。

9月14日

中国文化部、亚美尼亚文化部、亚美尼亚驻华使馆在京共同举办"亚美尼亚文化日"活动。来自亚美尼亚的艺术家表演了充满外高加索风情的音乐和舞蹈,"亚美尼亚人眼中的阿勒山"风光摄影作品展同时亮相。

同日,由中国文联曲艺艺术中心、中国曲艺家协会相声艺术委员会、北京曲艺家协会、北京市东城区文化委员会联合主办的首届"2017年全国曲艺相声新作展演"活动在京举行。

9月15日

国家文物局在北京召开符合国情的文物保护利用之路研讨会。

9月20~21日

以推动各国文化遗产保护传承工作及古代文明的国际交流与合作为主旨的"太和·世界古代文明保护论坛"在故宫博物院举行。

9月22日

中共中央政治局委员、中央书记处书记、中宣部部长刘奇葆在北京调研京剧像音像工程情况,强调要深入学习贯彻习近平总书记系列重要讲话精神和治国理政新理念、新思想、新战略,认真落实支持戏曲传承发展的有关政策。

9月22~24日

北京市文化局组织北京三六三教育科技股份有限公司等6家企业,参加第七届天津滨海国际文化创意展交会,展示涉及动漫、非物质文化遗产、演出等内容。

9月23日

2017首都市民系列文化活动"歌唱北京"第四届"我爱唱歌"——2017年京津冀百姓歌手大赛在密云区开幕。

9月24日

第六届京津冀河北梆子邀请赛决赛暨获奖节目展演颁奖活动在京举行。

9月24~25日

2017首都市民系列文化活动之"歌唱北京"——首届"奏响北京 共筑中国梦"全市器乐大赛在中央音乐学院王府音乐厅拉开帷幕。

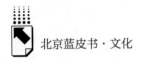
9月24~26日

"民间瑰宝·魅力之都"2017北京市非物质文化遗产时尚创意设计大赛·一米之内非遗体验行动亮相第二届白洋淀（雄安·容城）国际服装文化节，并成为此次活动吸睛亮点，获得多方关注。

9月26日

由京津冀三地八城联合主办的"喜迎十九大，京津冀手拉手"系列文化交流活动在首都图书馆启动。

同日，北京非遗保护中心受国际刑警组织第86届全体大会组委会邀请，组织中国书法、北京皮影、北京兔儿爷、绳结等八个非遗项目参加大会欢迎酒会，在现场营造了热烈祥和的中国传统文化氛围，并向来宾传递了"仁爱共济 立己达人"的中国传统安全文化理念。

同日，由北京古代建筑博物馆制作的"中华古村落——京津冀风情"展览正式向观众开放。

9月27日

第十四届精神文明建设"五个一工程"表彰座谈会在北京召开。中共中央政治局常委、中央书记处书记刘云山出席并讲话。

9月29日

由市委市政府主办、国家大剧院承办的国庆68周年音乐会在国家大剧院音乐厅精彩上演。该音乐会是"不忘初心 筑梦祖国"北京市迎接党的十九大主题系列重点文化活动之一。

10月1日

国家大剧院历时六年倾力打造的中国原创歌剧《兰花花》首次与观众见面。

10月8日

第十届"春华秋实——艺术院校舞台艺术精品展演周"在国家大剧院开幕。

10月8~29日

第20届北京国际音乐节在京举行，为观众献上29场演出，涵盖歌剧演出3部8场、交响乐演出17场、教堂音乐会1场、儿童音乐会2场以及"漫步系列"音乐会1场。

10 月 9 日

全国古籍保护工作部际联席会议在北京召开。

10 月 10 日

中华儿童文化艺术促进会戏剧教育专业委员会成立大会在京举行。

同日，在 92 周年院庆之际，故宫博物院正式实行全网售票，每天 8 万张门票全部网上销售，现场售票处取消。

10 月 10 ~ 18 日

"伟大的民族复兴——中国共产党领导全国各族人民为实现中国梦而奋斗的光辉历程档案文献展"在北京民族文化宫举行。

10 月 12 日

北京国际摄影周在中华世纪坛开幕。影展突出展示了中共十八大以来在多个领域取得的历史性变革，推出"航拍中国""天空之眼瞰祖国"等一批专题摄影展，以多种创新方式展现社会生活的变化。

10 月 13 日

"第二届北京文学高峰论坛：全国文化中心建设中的北京文学力量"主题活动在京举行。

10 月 15 日

由中共中央文献研究室编辑的《习近平关于社会主义文化建设论述摘编》一书出版发行。

10 月 20 日

北京市推进全国文化中心建设领导小组办公室召开会议，市文化局通报制定北京市加快推进公共文化服务体系示范区建设运行机制和行动计划相关情况。

10 月 21 ~ 22 日

"大地情深"京津沪渝群星奖获奖作品在上海进行巡演。北京传统非遗舞蹈《武吵子》及舞蹈《邻里守望》2 个作品参加巡演。

10 月 27 日

"首届京津冀新广场舞展演活动"在天津大学体育馆隆重举行，共有来自京津冀三地的 13 支队伍 400 余人参加展演。

10 月 31 日

"喜庆十九大 共圆中国梦"京津沪渝四直辖市群星奖获奖作品巡演活动在

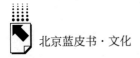
重庆上演。来自北京市的舞蹈《邻里守望》、京剧联唱、舞蹈《武吵子》、男声小组唱《四合院儿》等节目充分展现出了京味文化、京味生活，让观众在演出中感悟城市的发展、时代的变迁。

11 月 2 日

市人大李伟主任主持召开市人大常委会主任会议，审议通过了《〈北京市非物质文化遗产条例〉立项论证报告》，同意列入 2018 年度市人大常委会立法审议项目。

11 月 3 日

第三届丝绸之路国际经贸文化交流巡礼——2017 中欧投资与创新合作论坛在北京智慧长阳文化产业基地盛大开幕。

同日，"沧海一粟——刘海粟艺术展"在北京中国美术馆开幕。

11 月 4 日

第十二届"舞动北京"群众舞蹈大赛广场舞决赛在京举行，共有来自 16 区 18 个文化馆选送的 36 个广场舞作品亮相决赛。

11 月 7 日

为深入学习贯彻十九大精神，集中展示近两年北京市艺术表演团体的创作成果，由北京市文化局主办的"2017 年北京金秋优秀剧目展演"开幕。展演期间，共有 23 台剧目 46 场演出在首都各大剧场上演，参展作品题材广泛、内容丰富。

11 月 11 日

2017 首都市民系列文化活动"歌唱北京"闭幕式暨颁奖音乐会在中山音乐堂举行。该届"歌唱北京"系列活动历时 5 个月，共有 10000 余名市民现场参与，网上参与留言、评论、投票达 350 余万人次，视频播放量达 8000 万次，"线上 + 线下"的影响从京津冀延伸至全国。

11 月 14 日

由北京市国有文化资产监督管理办公室主办的首届文化消费研讨交流会在北京举办。

11 月 21 日

第八届中国国际新媒体短片节高校日在京举行，启动中国传媒大学"青年影像创作和国际传播平台"。

11 月 25 日

2017 年第四届"艺韵北京"群众曲艺大赛及展演在北京朝阳区举办。大赛最终评选出一等奖 6 名、二等奖 10 名、三等奖 12 名、最佳创作奖 5 名、最佳风采奖 8 名,推出一批坚定文化自信、弘扬主旋律、宣传社会主义核心价值观的优秀原创作品。

11 月 27 日

由北京市文化局主办的"北京故事"优秀小剧场剧目展演精选作品巡演启动。这是"北京故事"优秀小剧场剧目展演首次走出北京,至 12 月 24 日期间,京剧《碾玉观音》、肢体剧《吾爱至斯》、话剧《狼》等 7 部优秀作品共上演 28 场次。

11 月 28 日

由中国文联主办的全国文联"互联网 + 文艺"工作会议在京召开,中国文联网络文艺传播中心正式揭牌。

同日,"传统文化 × 未来想象"数字文化艺术展、"文化 + 科技"国际论坛在北京故宫博物院举办。

12 月 4 ~ 5 日

文化部召开推进文化产业园区建设和企业发展工作会议,明确新时代文化产业发展思路,对推进文化产业园区建设和企业发展进行专题部署。

12 月 5 ~ 8 日

第七届书香中国·北京阅读季阅读盛典在京举行。

12 月 7 日

《2016 ~ 2017 年度北京市全民阅读综合评估报告》在京发布。数据显示,北京居民中"一小时"阅读成为主流,其纸质阅读日均时长 21.07 分钟,数字阅读日均时长 44.02 分钟。

12 月 11 日

由文化部、中国文联共同主办的中国话剧诞生 110 周年纪念座谈会在京举行。

12 月 15 日

文化部发布新修订的《社会艺术水平考级管理办法》。

12 月 18 ~ 29 日

"影像北京"2017 年全市美术书法摄影比赛优秀作品展在首都图书馆新馆展览厅举行。

12月19日

由北京市文联、天津市文联、河北省文联共同主办的进一步加强京津冀文艺事业协同发展研讨会暨合作签约仪式在京举行。京津冀三地文联签订了《京津冀文艺事业协同发展合作协议》《京津冀文联建立采风创展基地的合作意向书》,公布了《京津冀文艺事业协同发展三年规划(2018 — 2020年)》。

12月22日

纪念中国首批世界文化遗产列入《世界遗产名录》30年座谈会在故宫博物院召开。文化部部长雒树刚、故宫博物院院长单霁翔、国家文物局局长刘玉珠等出席。

同日,中国曲协在北京召开新媒体语境下曲艺著作权保护圆桌会议。来自中国文联、中国曲协的版权保护部门以及曲艺界和法律界的代表与会,围绕相关议题展开深入探讨。

同日,由中国文联、中国摄协主办的"与时代同行——全国摄影艺术展览60年摄影精品回顾展"在北京中华世纪坛开幕。

12月23日

北京市朝阳区香河园地区文化中心正式对外开放。

12月26日

"坚定文化自信 追求德艺双馨——中国文联知名老艺术家艺术成就展"在京开幕。

12月27日

由中国舞协、国家大剧院联合打造的"舞典华章"——2017年度舞蹈巡礼在中国国家大剧院隆重上演。

12月28日

在世界电影诞生122周年纪念日,"畅想新时代"电影界音乐诗歌朗诵会在北京喜剧院上演。

12月29日

"学习十九大,话说新征程——2017年第二届京津冀曲艺邀请赛"成果展演在京举行。展演作品题材以学习宣传十九大精神、反映丰富多彩的现实生活、传承中华优秀传统文化等为主要内容。

B.24
后 记

　　《北京文化发展报告》（2017～2018）是集体性年度报告研究成果。课题组主要成员陈红玉博士、王林生博士、陈镭博士、黄仲山博士、晏晨博士在组稿、编稿等方面做了许多工作，尤其是三位副主编陈红玉副研究员、王林生副研究员、陈镭博士做了大量工作；北京文化发展年度纪事由《农民日报》常力强收集整理；其他学者唐正才、刘洪新、韩硕、吕宗坤、徐健、余安安、代冬梅、贾涵斐等参与了本报告相关调研、课题研讨、问题咨询、资料整理等工作，为本报告顺利完成提供了重要智力支撑和实际支持，在此谨表谢意。感谢撰写各分报告的新老作者和相关专家学者，同时感谢社会科学文献出版社的支持和责任编辑辛勤的智力付出，正因为有了他们的大力支持和倾情奉献，本报告编撰工作才能够顺利开展。

李建盛

2018 年 2 月 9 日

Abstract

In the year of 2017, Beijing actively implements capital strategic orientation, pushes forward the developments in the realm of culture in the context of national cultural center construction. *Master Plan of City of Beijing* (2016 – 2035) further makes clear of the cultural development and national cultural center construction as the strategic object of the city. In the index ranking of related fields in 2017, Beijing remains 9th in the global city index, as in the previous year; in the global power city index, Beijing ranks 13th; in the index of global cultural communication, Beijing places 7th in the ranking list. Beijing tops the list among the Chinese cities in these indexes, while behind global cities such as London, New York, Tokyo. In 2017, in the comprehensive competitiveness ranking of Chinese cities, Beijing ranks No. 4 three years in a row, which behind Shanghai, Hongkong and Shenzhen. Beijing ranks first in the general innovation and entrepreneurship environment, also holds No. 1 in the city brand development, cultural brand, tourism brand, livability brand, investment brand and brand communication. At the same time, Beijing is the best in city cultural competitiveness and cultural impact of Chinese cities. The research shows that Beijing's cultural development comes out in front of the country, the status of national cultural center has been consolidated and improved.

The first part is a general report, the main theme is the construction of national cultural center in the view of new edition of *Overall Planning of City of Beijing*, generalizes situations and trends of preservation of historic city, construction of the system of public culture service, development of cultural & creative industries, and cultural communications in the year 2017. This part compares and analyses the strength and weakness of comprehensive competitiveness and cultural strength of Beijing in the national as well as global system of cities, then proposes suggestions based on the problems of cultural development.

The second part is "Cultural Construction and Cultural Development Strategy", reporting on Beijing's new progress in annual cultural development, overall strategy of cultural development in the vision of new edition of overall planning, cultural & creative industries development strategy in the background of construction of national cultural center, as well as collaborative development of Beijing, Tianjin and Hebei, analyses new trends of Beijing cultural development, then put forward pertinent countermeasures.

The third part is "City Culture and Public Cultural Service", analyses the construction and utilization of the Three Cultural Belts, public service development report, nationwide reading and reading room, development of private bookstores, museum and cultural & creative industries development, then offers proper suggestions.

The fourth part is "Cultural & Creative Industries and Cultural Economy", focuses on the enterprises of the integration of culture and science, constructive problems of cultural & creative industries, innovations of cultural finance, "tourism plus" integrating innovation, film industry development, then discusses the strengths, problems and countermeasures.

The fifth part is "Cultural Heritage Preservation and Cultural Communications", reporting on the conservation of historic city and intangible cultural heritage, analyzing current situations of cultural communications, culture stepping-out and international communication of Beijing, then provides targeted suggestions.

Contents

I General Report

Abstract: In the year of 2017, Beijing actively implements capital strategic orientation, pushes forward the developments in the realm of culture in the context of national cultural center construction. *Master Plan of City of Beijing* (2016 –2035) further makes clear of the cultural development and national cultural center construction as the strategic object of the city. In the index ranking of related fields in 2017, Beijing remains 9th in the global city index, as in the previous year; in the global power city index, Beijing ranks 13th; in the index of global cultural communication, Beijing places 7th in the ranking list. Beijing tops the list among the Chinese cities in these indexes, while behind global cities such as London, New York, Tokyo. In 2017, in the comprehensive competitiveness ranking of Chinese cities, Beijing ranks No. 4 three years in a row, which behind Shanghai, Hongkong and Shenzhen. Beijing's cultural development comes out in front of the country, the status of national cultural center has been consolidated and improved. Beijing ranks first in the general innovation and entrepreneurship environment, also holds No. 1 in the index of the city brand development, cultural brand, tourism brand, livability brand, investment brand and brand communication. At the same time, Beijing is the best in city cultural competitiveness and cultural impact of Chinese cities. It is noticeable that Beijing places 4th in the general ranking of city's cultural soft power, and the public satisfaction on cultural soft power is 13th in China, which suggests there is room for improvement on construction of livable city, strengthening cultural soft power, especially on improving public satisfaction on the cultural service in Beijing. This report focuses on the construction of national cultural center, generalizes the progress in the preservation of historic city, construction of the system of public culture service, development of culture & creative industries and the expansion of cultural communications, then compares and analyses Beijing's comprehensive competitiveness and cultural strength as well as the existing gap in the urban system in the country and worldwide, and puts forward suggestions based on current problems.

Keywords: *Overall Planning of City of Beijing*; National Cultural Center; Historic City; Cultural Development of the City

II　Capital Culture Construction and Culture Development Strategy

B. 2　On the New Progress in Cultural Development in Beijing in 2017　　　　　　　　　　*Zhang Kai* / 035

Abstract: In 2017, Beijing has achieved a series of new success in various aspects of the cultural field, based on capital's core functions and national cultural center: the protection mechanism of historic and cultural cities is further improved; the construction of public cultural service system demonstration area is further promoted, and the cultural supply is more diversified; cultural and creative industry investment and financing channels are further expanded, and cultural market is more prosperous; there are more rich cultural exchange program, and the city's international influence is further improved. This report summarizes the new progress

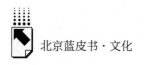
of Beijing cultural development in 2017, and put forward focused some suggestions according to current situation.

Keywords: The Capital's Core Functions; The Conservation of Historic City; Public Cultural Service; Cultural and Creative Industry; Cultural Communication

B. 3 The Strategy of Beijing Urban Cultural Construction in the Vision of New Urban Overall Planning

Wang Linsheng / 054

Abstract: The overall planning of Beijing (2016 − 2035) has clearly defined the goal and direction of Beijing's urban culture construction, and it has drawn up the creative city to be a high-end positioning for the construction of Beijing cultural center. In the creative city construction process, promoting the creative transformation of the traditional outstanding culture, improving the modern cultural industry system and market system, and constructing the distinctive urban overall landscape pattern, constitute the main paths. The construction of creative cities should focus on the application of creativity in the social, economic, cultural and daily life areas. It is necessary to make efforts to handle the dialectical relationship between government-led and market-driven interaction, the interactive relationship between urban protection and innovation and development, the structural relationship between high-end and low-end industries in cities, and the coordinational relationship between urban hard environment and soft environment .

Keywords: Urban Overall Planning; Creative City; Urban Cultural Construction

B. 4 Development Strategy of Beijing Cultural & Creative Industry in Building National Cultural Center

Mei Song, Liao Min / 067

Abstract: Against the backdrop of building the national cultural center, it is urgent to address the questions of what cultural & creative sectors. Beijing should focus on, and how to develop them. Based on the analysis of the status qua, this paper describes the new situation and new goals, and put forward future measures centering on new types of business, new space, new plans and new projects with enhancement of institutional building.

Keywords: National Cultural Center; Beijing Cultural & Creative Industry; Institutional Building

B. 5 Beijing's Innovation Development within the "Four Centers" Urban Function *Chen Hongyu* / 085

Abstract: As the orientation of the Beijing's urban function in the new era, the "Four Centers" is the strong direction and function realization for the future development of the capital, especially in Beijing's urban innovation and development. In 2017, Beijing's urban make great progress and breakthroughs in urban innovation and development within the new urban function orientation.

Keywords: Beijing City's Function; "Four Centers"; Innovation Development

B. 6 The Present Situation, Characteristics, Problems and Countermeasures of BeiJing-TianJin-HeBei's Cultural Integration Construction in 2017 *An Jing, Ma Liuting* / 096

Abstract: The work of easing Beijing's non-capital functions is effectively and orderly, and BeiJing-TianJin-HeBei's cultural integration construction acquired remarkable achievements in 2017. It is not only a necessary meaning of the coordinated development of the BeiJing-TianJin-HeBei's region, but also strong spiritual motivation and powerful cultural support to BeiJing-TianJin-HeBei's collaborative development in other areas. At the same time, there are still some problems in BeiJing-TianJin-HeBei's construction of cultural integration, such as on its own system, the lack of talent and so on, which needs making great efforts by three regions, and promoting regional cultural cooperation and achieve win-win situation.

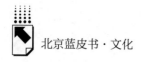北京蓝皮书·文化

Keywords: BeiJing-TianJin-HeBei, Coordinated Development, Cultural Integration Construction

III Capital City Culture and Public Services

B. 7 The Analysis on the Construction and Utilization of the "Three Cultural Belts" in Beijing in 2017

Wang Shujiao / 115

Abstract: The achievements of the construction and utilization of the "Three Cultural Belts" in Beijing in 2017 are remarkable. This paper summarizes the current situation of the construction of the "Three Cultural Belts" from the following aspects: the protection and utilization of cultural relics along the "Three Cultural Belts", the excavation of historical and cultural connotation and the improvement of the surrounding environment; and then analyze the existing problems and put forward relevant suggestions to deepen the construction of the "Three Cultural Belts".

Keywords: "Three Cultural Belts"; Culture Construction; The Protection of Culture Relics; The Excavation of Historical and Cultural Connotation

B. 8 Analysis on Beijing's Construction of Public Cultural Service System in 2017

Chen Lei / 128

Abstract: Beijing accelerated the development of demonstration zones in 2017, and made important progress in primary public cultural service. This report summarizes Beijing's construction of public cultural service system of 2017, and analysis the new issues and challenges. It also proposes some countermeasures and suggestions for the development of Beijing Public Cultural Services.

Keywords: Beijing; Internet +; Public Cultural Service System

B. 9   The Situation of Civil Reading and Development

Strategies of Libraries and Bookstores

in Beijing (2016 −2017)   *Zheng Yiran* / 140

Abstract: Beijing, as the nation's cultural center, it has launched reading programs for the general public. In the year 2017, Beijing's Comprehensive reading rate, paper reading rate, digital reading rate are all above the national average level. However, low reader entry rate, idle facilities, unsatisfactory service quality are still can be seen in some public libraries. Private bookstores have brought a prosperous book market and made impressive achievements. At the same time, they are suffering huge rent pressure and running at a loss. The government management may provide good policy guidance to give public libraries and private bookstores more relaxed, superior development, thus to promote the building of spiritual civilization.

Keywords: Beijing; Civil Reading; Public Library; Private Bookstore

B. 10   Analysis on Current Situation and Countermeasures in

2017 for Beijing's Private-Owned Bookstores

YangYang, Zhang Xueqian / 151

Abstract: With the rapid development of digital technology and great changes in people's living habits, Private-Owned Bookstores are heading into a crisis. In response to the structural changes of competitors, operators and consumers, Beijing's private bookstores made some adjustments. This report analysis current situation and issues for Beijing's Private-Owned Bookstores, and puts forward some development proposals.

Keywords: Beijing; Private-Owned Bookstore; Urban Cultural Space

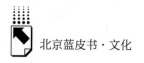

B. 11   A Study on Current Situation and Promotion Strategy

for the Cultural and Creative Industry of Museum

in Beijing   *Wang Wenchao* / 164

Abstract: In 2017, the cultural and creative industries in Beijing made new breakthroughs. Various types of museums were selected as experimental ones to explore new development model for the cultural and creative industry of Museum. Meanwhile, most of museums still have many issues to be resolved, such as homogenization of development modes and lacking of motivation in the industrial chain. In the new era, the museum should continue to explore diversified development modes and proper market mechanisms, enhance the display of cultural and creative products in various activities, and build a museum union to expand the integrated development for the cultural and creative industries of museum in Jing-jin-ji Regional.

Keywords: Beijing; Museum; the Cultural and Creative industry

IV   Culture Creative Industries
and Culture Economy

B. 12   A Study on the Identification Standard of Beijing Cultural

and Technological Integration Enterprise

Liao Min, Zhou zheng and Ye Liangqing / 176

Abstract: This report introduces the concept of British creativity intensity, analyzes a typical area of Beijing's integration of culture and technology——the developmental case of cultural and technological integration in Haidian District, and compares the identification standards of cultural and technological integration enterprises in the state and relevant provinces.

Keywords: Cultural and Technological Integration Enterprise; Identification Standard; Creative Intensity

B. 13   Research on the Structural Problems of Beijing Cultural
and Creative Industries（2017） −Analysis Based
on Boston Matrix Method   *Kong Shaohua* / 189·

Abstract：The development of cultural and creative industries is affected by the total amount, and is also affected by the structure. The reasonable and scientific industrial structure and regional structure are conducive to the rational distribution of cultural and creative industries in Beijing and the maximum effect of resource utilization and promote Industry further development. Through the Boston matrix, this study studied the industrial structure and regional structure of Beijing's cultural and creative industries, analyzed the structural problems of Beijing's cultural and creative industries, and gave suggestions for further development.

Keywords：Cultural and Creative Industries；Structural Problems；Boston Matrix

B. 14   The Analysis on the Innovation of Beijing's Finance and
Culture Development in 2017
He Qun, *Yan Peixuan and Zhou Qingyu* / 198

Abstract：In 2017, Beijing has achieved a number of innovations in the field of cultural and financial finance：in the field of cultural finance, it continued to improve the special fund management for the development of cultural and creative industries in various districts, innovated cultural and consumer support methods, and refined cultural and financial supportive policies. In the field of culture and finance, banks continued to deepen the financial services for cultural industries, boosted the development of traditional culture industries, upgraded the service cultural industries with the mode of PPP, and capital continued to focus on the entertainment industry. At the same time, Beijing's cultural and financial areas also face some challenges. For instance, the comprehensive assessment and evaluation system for supporting projects is not perfect, the investment and financing paths for small and medium-sized and

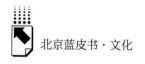
micro-sized enterprises are single, and the market for entertainment capital is volatile. In this regard, we need to take a comprehensive assessment and assessment system that continuously improves and supports projects, actively broaden the financing channels for small and medium-sized micro-cultural enterprises, and cautiously face such measures as the civic capital market.

Keywords: Beijing; Cultural and Creative Industry; Cultural Finance; Cultural Finance

B. 15　Report of Beijing Tourism Development under the Trend of "Tourism ＋" in 2017

Jing Yanfeng, Lu Yuexiang, Liu Min and Zhang Yu / 211

Abstract: The paper analyzes the dividend policy of Beijing tourism development in 2017, summarizes the main line and focus of Beijing tourism market in 2017, investigate the impact on consumption of people's snow and ice tourism after the bid to host the Winter Olympics, to explore the functional orientation of Beijing tourism in the contradictions of new era, forecasts the trend of the future development, and give some suggestions on it.

Keywords: Tourism +; Structural Reform of Supply-side; Tourism Development

B. 16　Report on Beijing's Film Industry Development in 2017

Zhang Rui, Xu Yan / 227

Abstract: 2017 is a turning point for Chinese film industry, and through this year, we see a especially rapid development in film industry at the capital of China, Beijing. This report aims to explore the development of film industry in Beijing by collecting data and analyzing some of the most prominent features it showed during its rapid growth. This report will focus on the policy and the change of capital market, and then try to conclude the film industry in Beijing by looking at the some of the most important current players in the market, and examine how they produce, distribute and screen their films.

    Keywords: Beijing's Film Industry, Movie Production, Movie Market

B. 17   The Current Situation and Problems of the Development of the Beijing Art Electricity Business Industry in 2017

Guo Jinliang / 242

Abstract: In 2017, the art electricity business in Beijing is still maintaining a good development trend even though it met a lot of crises. Concerning the art business, the Beijing art electricity business as a capital resource has incomparable advantages not only in the industry system, but also in the trading environment compared to other regions. However, while the art electricity business is developing, it has many problems such as homogenization of the operation mode, the enterprise doesn't have enough brand awareness and it has unclear market positioning, a lack of credit and a lack of professional services. Nowadays with the developing of internet, there are many key words, such as "updating of consumption", internet plus, big data and "cloud computing ear", different platform of art electricity business in Beijing want to supply better services to user. They improve brand, enhance user experience degree and make an intensive study of professional art. Besides that, they also clear industry positioning, make translation transparent and standardized. As they could complete the transformation and upgrading of their business model.

    Keywords: Beijing; Art Electricity Business; The Art Trade

V City Cultural Heritages Preservation and Cultural Communication

B. 18   New Progress in Preservation of Historic City in Beijing

Yan Chen / 252

    Abstract: In the year of 2017, the preservation of historic city is embarking on a new stage, a series of new progresses have been made in aspects of top-level design, preservation of inner city and traditional culture-zone, underground archaeology, museum education and research as well as innovation of cultural inheritance. Looking into the future, there are contradictions between preservation of inner city and preservation of historic city, preservation of historic city and cultural inheritance, preservation of cultural relics and conservation of regional environment. We should take Beijing's overall development strategy and situations of preservation of historic city into account, and actively establish a new setup, create a new situation in the preservation of historic city in Beijing.

Keywords: Preservation of Historic City; Preservation of Inner City; Famous City Landcape System

B. 19 Protection of and Inheritance on Beijing's Intangible Cultural Heritage in 2017 *Huang Zhongshan* / 266

Abstract: In 2017, the protection and inheritance of intangible cultural heritage in Beijing usher in good development opportunities. Both the national cultural strategy and the orientation of the capital's own development provide a suitable environment for the development of Beijing's intangible cultural heritage. In addition, with the introduction of innovation ideas, intangible cultural heritage has formed some highlights in cultural creativity, market transformation and new media marketing, which has been adapted to the trend of the times. At the same time, there are also some problems in the protection and inheritance of intangible cultural heritage, such as the imbalance of resources coordination. We need to improve constantly with the reality so as to make the intangible cultural heritage develop in an in-depth, stable and balanced way.

Keywords: Intangible Cultural Heritage; Protection and Inheritance; Cultural Center; Traditional Culture

B. 20　The 2017 Analysis Report of Cultural Communication

in Beijing　　　　　　　　　*Jing Junmei*, *Li Mingxuan* / 284

Abstract: This report analyzes the current situation of the industry of cultural communication in Beijing in 2017. It analyzes the status quo and problems in the cultural communication in Beijing from three aspects: the cultural communication in Beijing city, cultural diffusion and communication across China, and culture's "going abroad". It proposes suggestions which including "improving the efficiency of public service", "meeting the cultural gain of the people", and "strengthening the world influence of cultural trade".

Keywords: Cultural Communication; Local Communication; Cultural and Creative Industries; Culture's "Going Abroad"

B. 21　Public Diplomacy of Cities Drives Culture to Go Global

with Innovative Approaches　　　　　　*Zhang Li* / 298

Abstract: Beijing vigorously carried out public diplomacy activities and promoted the development of culture. Beijing strong cultural self-confidence, firmly grasp the urban strategic positioning, service in the national development strategy actively, strengthen overall coordination, vigorously develop the cultural activities of "going out", In the context of the culture, the form, the mechanism, the innovative methods, we have achieved breakthroughs, and we have shown the image of Beijing, which has helped to promote the country's soft power. Beijing culture has gone out to further expand on the channel platform, especially the positive influence of urban public diplomacy activities, relying on the capital resources advantage, insisting on the government's leading role, through abundant content and diversified forms of activities, and building a huge platform for Beijing culture to go out.

Keywords: Public Diplomacy of Cities; Culture's Going Global; International Exchange

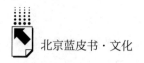

B. 22   Research on the Trend and Current Situation of

International Development of Beijing Cultural

Media Industry   *Zhang Li* / 309

Abstract：The construction of "Four Centers" in Beijing will bring new historical opportunities to the development of cultural media industry. With the rapid development of cultural media industry in recent years, to promote Beijing cultural media industry to entry international market and have more market share is an inevitable choice, which requires us to face and resolve problems of policy guidance, resource integration and international influence.

Keywords：Beijing；Cultural Media；International

社会科学文献出版社　　皮书系列

❖ 皮书起源 ❖

"皮书"起源于十七、十八世纪的英国,主要指官方或社会组织正式发表的重要文件或报告,多以"白皮书"命名。在中国,"皮书"这一概念被社会广泛接受,并被成功运作、发展成为一种全新的出版形态,则源于中国社会科学院社会科学文献出版社。

❖ 皮书定义 ❖

皮书是对中国与世界发展状况和热点问题进行年度监测,以专业的角度、专家的视野和实证研究方法,针对某一领域或区域现状与发展态势展开分析和预测,具备原创性、实证性、专业性、连续性、前沿性、时效性等特点的公开出版物,由一系列权威研究报告组成。

❖ 皮书作者 ❖

皮书系列的作者以中国社会科学院、著名高校、地方社会科学院的研究人员为主,多为国内一流研究机构的权威专家学者,他们的看法和观点代表了学界对中国与世界的现实和未来最高水平的解读与分析。

❖ 皮书荣誉 ❖

皮书系列已成为社会科学文献出版社的著名图书品牌和中国社会科学院的知名学术品牌。2016年,皮书系列正式列入"十三五"国家重点出版规划项目;2013~2018年,重点皮书列入中国社会科学院承担的国家哲学社会科学创新工程项目;2018年,59种院外皮书使用"中国社会科学院创新工程学术出版项目"标识。

权威报告·一手数据·特色资源

皮书数据库
ANNUAL REPORT(YEARBOOK)
DATABASE

当代中国经济与社会发展高端智库平台

所获荣誉

- 2016年，入选"'十三五'国家重点电子出版物出版规划骨干工程"
- 2015年，荣获"搜索中国正能量 点赞2015""创新中国科技创新奖"
- 2013年，荣获"中国出版政府奖·网络出版物奖"提名奖
- 连续多年荣获中国数字出版博览会"数字出版·优秀品牌"奖

成为会员

通过网址www.pishu.com.cn访问皮书数据库网站或下载皮书数据库APP，进行手机号码验证或邮箱验证即可成为皮书数据库会员。

会员福利

- 使用手机号码首次注册的会员，账号自动充值100元体验金，可直接购买和查看数据库内容（仅限PC端）。
- 已注册用户购书后可免费赠送100元皮书数据库充值卡。刮开充值卡涂层获取充值密码，登录并进入"会员中心"—"在线充值"—"充值卡充值"，充值成功后即可购买和查看数据库内容（仅限PC端）。
- 会员福利最终解释权归社会科学文献出版社所有。

社会科学文献出版社 皮书系列
SOCIAL SCIENCES ACADEMIC PRESS (CHINA)

卡号：161478341142
密码：

数据库服务热线：400-008-6695
数据库服务QQ：2475522410
数据库服务邮箱：database@ssap.cn
图书销售热线：010-59367070/7028
图书服务QQ：1265056568
图书服务邮箱：duzhe@ssap.cn

S 基本子库
SUB DATABASE

中国社会发展数据库（下设 12 个子库）

全面整合国内外中国社会发展研究成果，汇聚独家统计数据、深度分析报告，涉及社会、人口、政治、教育、法律等 12 个领域，为了解中国社会发展动态、跟踪社会核心热点、分析社会发展趋势提供一站式资源搜索和数据分析与挖掘服务。

中国经济发展数据库（下设 12 个子库）

基于"皮书系列"中涉及中国经济发展的研究资料构建，内容涵盖宏观经济、农业经济、工业经济、产业经济等 12 个重点经济领域，为实时掌控经济运行态势、把握经济发展规律、洞察经济形势、进行经济决策提供参考和依据。

中国行业发展数据库（下设 17 个子库）

以中国国民经济行业分类为依据，覆盖金融业、旅游、医疗卫生、交通运输、能源矿产等 100 多个行业，跟踪分析国民经济相关行业市场运行状况和政策导向，汇集行业发展前沿资讯，为投资、从业及各种经济决策提供理论基础和实践指导。

中国区域发展数据库（下设 6 个子库）

对中国特定区域内的经济、社会、文化等领域现状与发展情况进行深度分析和预测，研究层级至县及县以下行政区，涉及地区、区域经济体、城市、农村等不同维度。为地方经济社会宏观态势研究、发展经验研究、案例分析提供数据服务。

中国文化传媒数据库（下设 18 个子库）

汇聚文化传媒领域专家观点、热点资讯，梳理国内外中国文化发展相关学术研究成果、一手统计数据，涵盖文化产业、新闻传播、电影娱乐、文学艺术、群众文化等 18 个重点研究领域。为文化传媒研究提供相关数据、研究报告和综合分析服务。

世界经济与国际关系数据库（下设 6 个子库）

立足"皮书系列"世界经济、国际关系相关学术资源，整合世界经济、国际政治、世界文化与科技、全球性问题、国际组织与国际法、区域研究 6 大领域研究成果，为世界经济与国际关系研究提供全方位数据分析，为决策和形势研判提供参考。

法律声明

　　"皮书系列"（含蓝皮书、绿皮书、黄皮书）之品牌由社会科学文献出版社最早使用并持续至今，现已被中国图书市场所熟知。"皮书系列"的相关商标已在中华人民共和国国家工商行政管理总局商标局注册，如LOGO（ ）、皮书、Pishu、经济蓝皮书、社会蓝皮书等。"皮书系列"图书的注册商标专用权及封面设计、版式设计的著作权均为社会科学文献出版社所有。未经社会科学文献出版社书面授权许可，任何使用与"皮书系列"图书注册商标、封面设计、版式设计相同或者近似的文字、图形或其组合的行为均系侵权行为。

　　经作者授权，本书的专有出版权及信息网络传播权等为社会科学文献出版社享有。未经社会科学文献出版社书面授权许可，任何就本书内容的复制、发行或以数字形式进行网络传播的行为均系侵权行为。

　　社会科学文献出版社将通过法律途径追究上述侵权行为的法律责任，维护自身合法权益。

　　欢迎社会各界人士对侵犯社会科学文献出版社上述权利的侵权行为进行举报。电话：010-59367121，电子邮箱：fawubu@ssap.cn。

社会科学文献出版社